covadonga

The whole world's a racecourse

Paul Kimmage

RAUBEINE RASIERT

Bekenntnisse eines Domestiken

Die Originalausgabe erschien unter dem Titel
»Rough Ride. Behind the Wheel with a Pro Cyclist.«
erstmals bei Stanley Paul & Co. Ltd.

Paul Kimmage:
Raubeine rasiert. Bekenntnisse eines Domestiken.
Aus dem Englischen von Andreas Beune

Covadonga Verlag, Bielefeld
4. unveränderte Auflage
ISBN 10: 3-936973-03-2
ISBN 13: 978-3-936973-03-7

Lizenzausgabe mit freundlicher Genehmigung von
Yellow Jersey Press/The Random House Group, London.

Umschlagfoto: Hans-Alfred Roth

Besuchen Sie uns im Internet: www.covadonga.de

In Gedenken an John Walsh (1982–1995)

»Herr Lehrer? Sie haben gesagt, dass Josef und Maria und das Jesuskind arm waren, aber... was haben sie denn mit dem Gold der Heiligen Drei Könige gemacht?«

Vorwort: Am neunten Tag

Vor ein paar Wochen, nach einem Besuch bei meinem Verleger in London, setzte ich mich hin – mit einer Vielzahl aufregender Pläne für die Wiedergeburt von *Rough Ride*. Für die neue Ausgabe würde ich das Buch komplett überarbeiten. Gleich mit dem ersten Kapitel würde ich ein Musterbeispiel für Raymond Chandlers hohe Schule der Thrillerliteratur (»Wenn du nicht mehr weiter weißt, lass einen Mann mit 'ner Knarre in der Hand die Tür reinkommen...«) abliefern. Das Buch würde nicht mehr im Jahr 1962 mit einem neugeborenen Knaben und einer netten Entbindungsschwester im Rotunda-Hospital von Dublin beginnen, sondern zweiundzwanzig Jahre später, wenn ein Junge auf der Suche nach Ruhm und Glück in Paris ankommt. Der erste Satz stand schon fest: »Am Flughafen erwartete uns ein Hüne von Mann mit riesigen, schaufelartigen Händen, ergrautem Haar und sonnengegerbter Haut.« Okay, so würde es vielleicht ein paar Kapitel lang dauern, bis in meinem Buch endlich mal eine Knarre gezogen würde, aber in welche Richtung es gehen sollte, war klar. Auch andere Sachen würde ich ändern.

Denn *Rough Ride I* war ein Buch mit zu viel Wahrheit und zu wenig Romantik. Beim zweiten Anlauf würde ich die richtige Balance herstellen. An jedem einzelnen Kapitel würde ich liebevoll feilen – mit literarischem Kunsthandwerk, das Preise gewinnen könnte. Ich würde den Schweiß trocknen und die harten Kanten glätten. *Rough Ride II* würde ein hintergründiges und wichtiges Buch werden.

Ein paar Tage später kramte ich meinen Laptop hervor und begann, an dem Text herumzufriemeln, als mir plötzlich mein alter Freund Peter Purfield eine Nachricht faxte, die ihn am gleichen Nachmittag über das Internet erreicht hatte:

Subject: Wo ist Paul??!!!
Date: So. 7. Dez. 1997 17:15:45 EST
Organisation: AOL (http://www.aol.com)
To : purfield@indigo.ie

Mr. Purfield,
ich suche nach Informationen über Paul Kimmage. Wo ist er, und warum finde ich nirgendwo etwas über diesen Mann? Ich besaß einmal ein Exemplar seines (und ich hoffe, ich breche damit kein Tabu) Buches *Rough Ride*, habe es aber verloren. Als ein Radsportler aus den USA, der gerade eine Drogenentzugsmaßnahme durchläuft, denke ich immer wieder an dieses Buch. Zu der Zeit, als ich es las, merkte ich noch nicht, welchen Einfluss es Jahre später auf mich haben würde. Ich habe eigentlich nur eine Frage, vielleicht auch zwei: Wo ist das verdammte Buch? Und wie komme ich an ein neues Exemplar heran? Die meisten Buchhändler haben keine Ahnung. Wo ist Paul, und wie kann ich ihn finden? Ich bin für jede Antwort und jeden Hinweis dankbar.

Bewegt durch die merkwürdige Fügung des Schicksals und geschmeichelt durch das Interesse, wurde mir klar, dass die erste Ausgabe vielleicht doch nicht so schlecht war. Ich legte meine Überarbeitungspläne vorerst auf Eis, bis ich das Buch gegengelesen hatte. Ich sage bewusst gegengelesen. Denn als ich mich letzte Woche mit dem Buch hingesetzt habe, war es das allererste Mal. Vorher hatte ich es nie ganz gelesen. Seit es das erste Mal veröffentlicht wurde, waren acht Jahre vergangen – acht Jahre, in denen ich es hin und wieder aus dem Bücherregal genommen und schnell wieder zugeklappt hatte.

Meine Geschichte beginnt mit meinem Vater Christy. Da' war eine Radsportgröße. Von dem Tag an, an dem ich ihn das erste Mal bei einem Rennen gesehen hatte, wollte ich selbst ein großer Radsportler werden. Als ich zehn war, schenkte er mir mein erstes

Rennrad und pflanzte in meinem Herzen eine tiefe Liebe zum Radsport, die dann in meinen Teenagerjahren zu voller Blüte gelangte. Der Radsport bestimmte meine Jugend. Als meine Freunde die Freuden von Partys, Musik und Mädchen entdeckten, zog ich meine Kicks aus dem Nervenkitzel, Radrennen zu bestreiten. Es gab nichts Vergleichliches – gerade dann nicht, wenn du gut warst. Und dafür sorgten bei mir die Gene, die ich von meinem Vater geerbt hatte. Mit neunzehn wurde ich irischer Landesmeister. Im Alter von dreiundzwanzig Jahren war ich der sechstbeste Amateur der Welt. Und mit vierundzwanzig wurde ich Profi. Es war der glücklichste Tag meines Lebens, ein Kindheitstraum hatte sich erfüllt. Doch es dauerte nur sechs Monate, bis der Traum begann zu verblassen.

Es war im Juli 1986 während meiner ersten Tour de France, als ich eines Dilemmas gewahr wurde, das mein Leben als Berufsrennfahrer zu einer schmerzvollen Erfahrung machen sollte. Nachdem ich Profi geworden war, hatte ich schon mehrfach den Missbrauch von Dopingmitteln miterlebt. Doch zunächst versuchte ich die Tatsache zu verdrängen, dass man die Gesetze dieses Sports brechen und doch ungestraft davonkommen konnte. Sechs Monate lang redete ich mir selbst ein, dass ich es an die Spitze schaffen könnte, ohne zu Spritzen zu greifen. Das änderte sich im Verlauf dieser Tour de France. Acht Tage lang lief alles so, wie ich es mir als Kind vorgestellt hatte: Ich war der bestplatzierte Fahrer unseres Teams und in der Form meines Lebens. Doch dann, am neunten Tage, war ich fix und fertig. Meine Batterien waren restlos aufgebraucht. Es waren noch vierzehn Etappen zu überstehen, und ich hatte eine Entscheidung zu fällen. Eine wichtige Entscheidung. Die wichtigste Entscheidung meines Lebens. Wollte ich meine Batterien wieder aufladen lassen?

Es war ein grausamer Augenblick – ein Moment, den viele Sportler auch in zahlreichen anderen Sportarten erleben. Ein Moment der Wahrheit. Was hatte Christy an dem Tag gedacht, als er mich zur ersten Ausfahrt mit dem neuen Rennrad einlud? Er hatte mich nie auf diese Situation vorbereitet. Wo war mein Sicherheitsnetz? Ich wollte nicht dopen! Ich wollte die Gesetze nicht brechen! Aber wo war nur mein Sicherheitsnetz? Wo waren die investigativen Journalisten, die diesen Skandal aufdeckten? Wo waren die Kontrollen, die dafür sorgten, dass sich Betrug nicht auszahlte? Am neunten Tag wurde ich von meinem Sport verraten. Ich war nicht bereit zu dopen, um meine Karriere zu verlängern. Warum? Ich weiß es nicht. Es wäre natürlich schön, wenn ich behaupten könnte, dass es eine Sache von Prinzipien war. Doch das wäre unter Umständen eine glatte Lüge. Vielleicht hatte ich einfach Angst. Vielleicht war es einfach so, dass ich, als es hart auf hart kam, nicht den Mumm hatte, den letzten Schritt zu gehen. Nicht mit dem großartigsten Talent der Welt ausgestattet, ging es für mich in meinen Profijahren stets nur darum, zu schwimmen oder abzusaufen. Am neunten Tag der Tour verlor ich meinen Ehrgeiz und begann zu ertrinken.

In den nächsten vier Jahren im Peloton der Profis ging es für mich nur darum, zu überleben. Es gab gute Zeiten und schlechte Zeiten, und zweifellos während letzterer kam mir die Idee, ein Buch zu schreiben. Dieses Buch sollte meine Geschichte erzählen. Friede-Freude-Eierkuchen würde es ebenso wenig geben wie Verrat an meinen Kollegen. Mein Angriffsziel war die Union Cycliste Internationale (UCI), der Radsportweltverband. Ich wollte offen legen, wie sie den Krebs fütterten, an dem unser Sport krankte. Ich wollte die Initialzündung für einen Wandel zum Besseren geben.

Rough Ride erschien im Mai 1990. Ich hatte durchaus eine Kontroverse erwartet. Aber ich ging davon aus, dass die Leute, sobald sie das Buch ganz gelesen hatten, zustimmen würden, dass es fair war und auf der richtigen Seite stand. Die ersten Alarmzeichen, dass die *Fatwah* bereits in der Post und ich auf dem besten Weg zum Salman Rushdie der Radsportwelt war, bemerkte ich, als eine Woche vor dem Veröffentlichungstermin Peter Crinnion anrief. Peter Crinnion war früher gemeinsam mit meinem Vater gefahren und jetzt Manager von Stephen Roche. Er sagte mir, dass er sich Sorgen über ein paar Gerüchte machte, die er gehört hatte. Ich sollte ihm versichern, dass sie nicht wahr wären. Nun, es wäre reines Understatement, zu sagen, dass ich nur leicht verärgert war, wie sehr er sich schon eine Meinung über mein Buch gemacht hatte. Ich gab ihm zu verstehen, dass er das Schlimmste erwarten sollte. Aber es war erst mein Auftritt in *The Late Late Show* ein paar Tage später, der das Feuer richtig schürte.

The Late Late Show, besser bekannt als *Late Late*, ist Irlands erfolgreichste Fernseh-Talkshow. Gastgeber Gay Byrne ist der respektierteste und professionellste Moderator des Landes. Byrne ist in Irland eine Institution. Er präsentiert *Late Late* schon so lange (36 Jahre und noch immer nicht genug), dass die Zuschauer längst in seiner Mimik und Gestik lesen können wie in einem Buch. Wenn er einen Gast mag, knuddelt er ihn beinahe. Wenn nicht, ... nun, auch das merken alle sofort. Hocherfreut über die Chance, über mein Buch sprechen zu können, war ich mir ziemlich sicher, einen fairen, wenn nicht gar einfachen Auftritt vor mir zu haben. Byrne war als großer Radsportfan bekannt und hatte mich während meiner Karriere immer gut behandelt. Aber irgendetwas an seiner Körpersprache legte mir nahe, wachsam zu bleiben. Das Interview dauerte bereits ein paar Minuten, als Byrne härtere Bandagen anlegte. »Der Rückschluss aus dem, was Sie schreiben«, warf er ein, »ist, dass alle es tun...« Ich musste keine Gedanken lesen können, um zu wissen, was als Nächstes kam. Byrne hatte seine hohe Anerkennung mit der Fähigkeit gewonnen, stets genau die Fragen zu stellen, die auf der Hand lagen. Ich war darauf vorbereitet, dass diese Frage kommen würde. Ich hatte gut abgewogen, was ich antworten würde.

»Was ist mit den Jungs?«, fragte er: »Was ist mit Stephen [Roche] und Sean [Kelly]?«

»Was soll mit ihnen sein?«, antwortete ich: »Das Buch erzählt meine Geschichte. Es hat nichts mit ihnen zu tun.«

Das genügte ihm nicht, er hakte nach. Jetzt wurde mir erstmals bewusst, dass er mich heute wohl nicht mehr knuddeln würde. Irlands beliebtester Moderator war nicht zufrieden. Er hatte einen Gesichtsausdruck, den ich in den nächsten Wochen noch oft sehen sollte. Einen Blick, der sagte: »Wie kannst du es wagen, einen Schatten auf unser Märchen zu werfen?« Einen Blick, der sagte: »Wie kannst du es wagen, unseren Traum zu vergiften?« Er erwartete von mir, dass ich aufstand und den braven irischen Bürgern versicherte, dass sich nur Loser wie ich im Netz des Dopingmissbrauchs verfingen und die Helden des Sports sauber waren. Byrne hatte kein Interesse an meiner Geschichte. Meine Träume zählten nicht. Er verlangte von mir, 200 Seiten und fünf Monate der Mühsal auf ein simples Sauber oder Vollgepumpt zu verkürzen. Schwarz oder Weiß? Ja oder Nein? Helden oder Schurken? Aber in meinem Buch ging es nicht um Helden oder Schurken, und ich war nicht bereit, Kompromisse zu machen. Nicht für Byrne, nicht für irgendjemand anderen. Kelly und Roche würden das verstehen.

Das Interview ging halbwegs freundschaftlich zu Ende und ich dachte nicht mehr darüber nach, als mir eine Woche später während einer Autogrammstunde in Dublin eine Ausgabe der *Evening Press* zugesteckt wurde. Ein Artikel dominierte die Titelseite vom 26. Mai: »ROCHE DENKT AN KLAGE WEGEN LATE LATE«:

> Irlands Tour-de-France-Held konsultiert einen Rechtsanwalt, nachdem er eine Aufzeichnung der letztwöchigen *Late Late Show* gesehen hat, in der sein Freund und früherer Radsportkollege Paul Kimmage über Dopingmissbrauch in dem Sport spricht. Nach Angaben von Roches irischem Manager werden sich Roche, Kelly und Martin Earley an diesem Wochenende bei einer Radsportveranstaltung in Kanada zusammensetzen, um die Angelegenheit zu besprechen.
>
> Kimmage, mittlerweile Journalist, hat erzählt, dass er selbst einmal zu Dopingmitteln, zu Amphetaminen, gegriffen hat – »um den Kampf mit denselben Waffen zu bestreiten wie alle anderen auch.« Im Interview mit Gay Byrne räumte er ein, dass der Sport ein schwer wiegendes Dopingproblem habe, und berichtete, dass er gesehen hat, wie andere Fahrer sich Stimulanzien spritzten, um ihre Leistung in den Rennen zu steigern.
>
> Jetzt scheint festzustehen, dass Stephen Roche »juristischen Rat über eine mögliche Klage« einholt. Sein Manager Peter Crinnion sagte, dass in der *Late Late Show* »Fragen offen geblieben sind«

und dass »einige der Schlussfolgerungen ziemlich unfair waren«. Kimmage hingegen erklärte auf Nachfrage der *Evening Press*, dass er »klar gemacht« hätte, die drei besten irischen Fahrer nicht in Verbindung mit Dopingmissbrauch zu bringen. »Es ist meine Geschichte, nicht die irgendeines anderen«, sagte er mit Bezug auf sein in Kürze erscheinendes Buch *Rough Ride*.

Rückendeckung gewann Kimmage heute durch Sportminister Frank Fahey. Mr. Fahey lobte die Ehrlichkeit, mit der der Mann aus Ballymum zugegeben habe, gedopt zu haben, und verlieh seiner Hoffnung Ausdruck, dass dies dazu beitragen könnte, die Aufmerksamkeit auf das Problem zu lenken. Kimmages Bekenntnis selbst wäre ein Schritt, um die Gefahr des Dopings im internationalen Sport zu bekämpfen.

Kritik hingegen äußerten Freunde und Familien der führenden irischen Fahrer sowie ein hoher Radsportfunktionär. Sean Kellys Schwiegervater Dan Grant kritisierte, dass Kimmage nicht ausdrücklich gesagt hätte, ob seine drei Kollegen am Dopingmissbrauch beteiligt gewesen sind. »Er hätte Ja oder Nein sagen sollen«, meinte ein verärgerter Dan Grant.

Ein führender Radsportfunktionär sagte, dass Kimmage dem irischen Radsport keinen Gefallen getan habe. »Er hat die Tatsache verwischt, dass Topfahrer wie die drei erwähnten schon deshalb nicht dopen, weil sie so oft getestet werden. Kelly wurde in der vergangenen Tour de France beinahe jeden Tag getestet – er würde ein solches Risiko einfach nicht eingehen.«

Der Funktionär räumte ein, dass es weiterhin Doping gibt, wies aber darauf hin, dass sich dieses Problem auf einen kleinen Kreis zweitklassiger Profis beschränke. Er ergänzte, dass der Ruf des Radsports in diesem Land durch den Skandal beschädigt würde, weil die Öffentlichkeit aus den Dopinggeschichten die falschen Schlüsse ziehe. »Die großen Fahrer gehen das Risiko einfach nicht ein, und für die Amateure spielt es keine Rolle. Es sind die Profis aus der zweiten Reihe, die mit Mühe und Not ihren Lebensunterhalt verdienen, die zu solchen Dingen greifen«, betonte er.

Frank Quinn, Manager von Sean Kelly und Martin Earley, sagte, dass er nicht wisse, ob eine Klage unbedingt notwendig sei, aber in jedem Fall einige Dinge in der *Late Late Show* unbeantwortet geblieben seien.

»Die Situation wurde nicht aufgeklärt«, sagte er: »Die Geschichte von Paul Kimmage ist unter vielen Gesichtspunkten deprimierend – er war vier Jahre lang Profi, ohne ein Rennen zu gewinnen.«

Als ich den Artikel zu Ende gelesen hatte, war ich zu verblüfft, um in Rage zu geraten: Nicht, weil der Autor des Beitrags den Beweggrund, warum ich Amphetamine genommen hatte, vollkommen missinterpretierte. Nicht, weil der führende hohe Funktionär das Recht hatte, seine Lügen anonym auszuspucken. Ich verstand auch, warum Kellys Schwiegervater wütend war und warum sein Manager versuchte, meine Geschichte als die eines Verlierers zu diffamieren. Was mir nicht in den Kopf wollte, war die Einstellung von Stephen Roche. Wir waren Freunde. Wir waren immer Freunde gewesen. Ich hatte ihn bewundert, seit ich zwölf war. Und diese Bewunderung spiegelte sich in dem Buch wieder. Ich glaube, dass meine Perspektive auf Roche, Kelly und Martin Earley eindeutig genug ist. Vielleicht sollte ich sie trotzdem noch einmal wiederholen: Nichts in diesem Buch sollte als Anschuldigung gegen einen dieser drei Fahrer verstanden werden. Der Grund, dass ich mich auf keine Diskussionen über einzelne Fahrer einlasse, ist einfach der, dass es bei all dem, was ich sage, nicht um den Einzelnen geht. Es spielt keine Rolle, was X oder Y getan hat. Es geht um den Sport als Ganzes und die Gefahr, in der er sich befindet. Warum konnte Stephen das nicht verstehen? Warum hat er das Buch nicht gelesen, bevor er seinen Anwalt aufsuchte? Was dachte er? Wer beriet ihn?

Das Leben war in den nächsten paar Wochen ziemlich hart. Ich versuchte, die Kontroverse zu vergessen, doch es gab keinen Ausweg. Der Streit bestimmte jeden meiner Tage. Es war auch für meine Familie eine schwere Zeit. Aber sie schwankte nie in ihrer

Unterstützung. Außerdem gab es keinen Weg mehr zurück. Im Juli stand meine Rückkehr zur Tour de France an – zum ersten Mal als Journalist. Ich hatte Angst.

Wenige Wochen vor dem Rennen, während des Critérium International im Juni, lud Stephen Roche abends einen Journalisten der *L'Équipe* auf sein Zimmer. Er zog ein Exemplar von *Rough Ride* hervor und begann, ausgewählte Passagen zu zitieren. Hätte er das Buch auf Seite 1 geöffnet, ich wäre hocherfreut gewesen. Aber Roche interessierte sich nicht für die wahre Geschichte, die das Buch erzählte. Er konnte scheinbar nicht akzeptieren, dass es in dem Buch nicht um ihn ging. Als ich von seinem Auftritt hörte, war ich so wütend wie niemals zuvor in meinem Leben. Weil das Buch nicht auf Französisch erschienen war, war ich darauf angewiesen, dass Roche gegenüber unseren früheren Teamkollegen für die Integrität meines Werkes bürgte. Stattdessen hatte es den Anschein, er trampele mit den Füßen auf dem Buch herum. Ich konnte es nicht glauben. Ich konnte es einfach nicht glauben.

Was für eine Kehrtwende! Drei Jahre zuvor hatte er dem Journalisten Tom O'Riordan einen Tag nach seinem Toursieg in einem Interview für *Irish Independent* erzählt: »Man kann einen falschen Eindruck bekommen, wenn man sich nur die Aufregung ansieht, die den Sieg in der Tour de France umgibt. Ich kann von vielen Radsportlern erzählen, die extrem gute Amateure waren, denen es dann aber nur mühselig gelingt, als Profis Fuß zu fassen. Paul Kimmage und Martin Earley sind zwei ausgezeichnete Radsportler, aber es ist schwer für sie, den Durchbruch zu schaffen. Ich würde allen jungen irischen Radsportlern raten, sich einmal mit Paul zu unterhalten. Es ist nicht alles Ruhm und Ehre. Es steckt viel mehr dahinter, als die Leute denken.«

Aber einen Monat nach dem Erscheinen von *Rough Ride* hatte er in einem von einem Ghostwriter verfassten Kommentar für die *Irish Times* (»KIMMAGES DOPINGENTHÜLLUNG IST UNFAIR«) seine Meinung offensichtlich geändert. In einer klassischen Reflexreaktion, die unpräzise war und voller Widersprüche steckte, hieß es:

Ich habe das Buch *Rough Ride* von Paul Kimmage gelesen und nichts von dem, was er geschrieben hat, bereitet mir Sorgen. Ich denke, Paul hat einfach ein oder zwei der schlechten Erfahrungen im Radsport herausgegriffen und generalisiert. Zum Beispiel hat er zum Thema Doping ein Kriterium, das im Anschluss an die Tour in Château Chinon stattfand, genommen und verallgemeinert. Aber während seiner gesamten Karriere auf dem Kontinent ist Paul nur zwei oder drei solcher Kriterien gefahren.
Ich glaube, dass der Eindruck, den er vermittelt, unfair ist. Denn er überlässt es Sean Kelly und mir als den bekanntesten irischen Fahrern, alle Anschuldigungen hinsichtlich des Einsatzes von Dopingmitteln auszubaden. Es gibt eine Liste mit hunderten von Substanzen, darunter allgemein gebräuchliche Produkte wie Codein und Koffein, die eine Dopingprobe positiv ausfallen lassen würden.
Ich glaube nicht, dass es irgendwen außer mir selbst etwas angeht, ob ich Amphetamine oder dergleichen genommen habe. Wenn ich es bestreite, glaubt mir keiner. Und wenn ich sage: »Ja, ich nehm's«, würden mich alle als Abhängigen bezeichnen. In meinem ersten Jahr in Frankreich habe ich Paris-Nizza, die Korsika-Rundfahrt und eine Reihe weiterer großer Rennen gewonnen. Und niemand, der mich kennt und halbwegs bei Sinnen ist, könnte behaupten, dass ich mich über Nacht von einem Installateur aus Dublin in einen Fahrer verwandelt habe, der dopt. Ich wusste damals noch nicht einmal, dass es solche Dinge gab.
Man muss bedenken, dass Spitzenfahrer wie ich öfter in eine Dopingkontrolle kommen als Domestiken wie Paul Kimmage. Zu 99 Prozent werde ich getestet, während Fahrer wie Paul Kimmage nur eine Außenseiterchance haben, eine Probe abgeben zu müssen. Ich weiß, würde ich etwas nehmen, um den Tag zu überstehen, nähme ich die Gefahr in Kauf, an einem der nächsten Tage positiv zu sein. Ich bin nicht verrückt genug, um dieses Risiko einzugehen. Ich kann behaupten, dass ich in meiner ganzen Profikarriere nicht einmal positiv getestet wurde.

Was Hormone betrifft, kann jeder Arzt, der mit Radsport zu tun hat, bestätigen, dass diese längst ausgerottet sind, da sie sich drei Monate lang nachweisen lassen. Vor zwei Jahren wurde Delgado positiv getestet, nachdem er ein Mittel genommen hatte, das die Spuren von Hormonen verwischt - also gut, diese Präparate lassen sich jetzt also verschleiern.

Alle Sportler wissen, dass da, wo Geld, Ruhm und Glück winken, auch Doping nicht weit ist. Der Radsport war in den sechziger Jahren der erste Sport, der ernsthafte Kontrollen eingeführt hat. Heute gibt es 2.500 Kontrollen pro Jahr. Wenn dabei nur ein oder zwei positive Befunde herauskommen, beginnt schon das große Klagen. Aber wenn es nur hundert Kontrollen und keine positiven Tests gäbe, würde das im Vergleich viel aussagen? Wenn in anderen Sportarten ebenso viel getestet würde, kämen dabei wahrscheinlich genauso viele positive Befunde heraus.

Ich habe in Pauls Buch Dinge gelernt, von denen ich nie zuvor gehört hatte. Er sagt, dass er gesehen hat, wie Fahrer während der Rennen etwas nahmen. Das mag stimmen. Aber ich bin jetzt seit zehn Jahren Radprofi und kann darauf schwören, dass ich derlei nie gesehen habe. Paul berichtet davon, wie sich alle für die Abschlussetappe der Tour de France auf den Champs Elysées aufgeputscht hätten. Das ist absolut falsch. Die Fahrer wissen, dass sie schon einen Tag später Kriterien in Holland fahren müssen, und dass sie dort im Gegensatz zu Frankreich automatisch kontrolliert werden.

Man darf den Dopingmissbrauch nicht verallgemeinern. Es gibt wie in jedem Sport Einzelne, die sich dopen. Jeder kennt diese Typen. Manchmal haben führende Fahrer das Gefühl, andere Spitzenfahrer könnten etwas nehmen. Aber solange all deren Tests negativ ausfallen, hat niemand das Recht, Anschuldigungen zu erheben.

Das Einzige, was mich an Pauls Buch aufgeregt hat, ist die Passage, in der er schreibt, dass ich 1987 nach meinem Toursieg 1.000 Pfund bezahlt habe, um ein Kriterium in Dublin zu gewinnen. Er hat nicht die ganze Geschichte erzählt. Ich habe tatsächlich 1.000 Pfund bezahlt, um zu gewinnen. Aber ich tat es vor dem Hintergrund, dass das Geld in eine Gemeinschaftskasse kam, die zwischen sieben Fahrern aufgeteilt wurde - zwischen Sean Kelly, Martin Earley, mir und vier anderen. Es ging um Unterstützung gegen die fünfundvierzig Fahrer, die aus Großbritannien angereist waren, um Kelly und mich zu schlagen. In unserer Kombine half jeder dem anderen, und wir teilten uns das Preisgeld.

Sein Kommentar in der *Irish Times* markierte das Ende meiner Freundschaft zu Stephen Roche. Ich kehrte im Juli zur Tour zurück, doch es war eine erbärmliche Reise. Ich hasste jede einzelne Minute. Das Gerücht hatte die Runde gemacht, dass ich meine Kollegen verraten hätte. Thierry Claveyrolat und Jean-Claude Colotti, zwei meiner engsten Freunde in den Jahren bei RMO, zeigten mir die kalte Schulter. Ich bat sie, zu vergessen, was sie gehört hatten, und ihr Urteil erst dann zu fällen, wenn sie mein Buch selbst gelesen hatten. Sie hatten kein Interesse. Es fiel das Wort *Pute* - Hure.

So oder so ähnlich ging es für den Rest des Jahres weiter. Monatelang, wann immer das Gespräch auf mein Buch kam, stieg mein Blutdruck und ich bekam Schaum vor dem Mund, um es zu verteidigen. Und auch wenn ich mir gerne einreden würde, dass ich heute nicht mehr mit derselben Leidenschaft dahinter stehe, weiß ich nur zu genau, dass sich nichts geändert hat. Als ich begann, für meinen Lebensunterhalt zu schreiben, gab mir mein Freund David Walsh einen guten Rat: »Lauf niemals vor der Wahrheit davon«. *Rough Ride* mag keines der besten Sportbücher aller Zeiten sein, aber immerhin ist es ehrlich.

Diese letzten acht Jahre als Sportjournalist haben meine Ansichten in der Dopingfrage deutlich verändert. Es gibt eine Reihe von Dingen, die ich in Kapitel 23 (»In die Suppe gespuckt«) geschrieben habe, mit denen ich überhaupt nicht mehr einverstanden bin. (Insbesondere würde ich auf die diplomatische Anonymität verzichten, die ich den Champions dieses Sports mit Rücksicht auf das »Gesetz des Schweigens« angedeihen ließ.) Auch wenn diese Einsicht schmerzvoll ist: *Rough Rid*e hat nichts geändert. Es war die Geschichte eines »verbitterten kleinen Mannes«. Das »Geflenne eines Verlierers«. Der Sport machte weiter wie zuvor. Hätte einer der Stars dieses Buch geschrieben, wären die Dinge anders gelaufen. Die UCI wäre gezwungen gewesen, Gegenmaßnahmen einzuleiten. Vielleicht würden einige der Fahrer, die in den frühen Neunzigern starben, noch leben. Dennoch habe ich mit Ausnahme des Epilogs und einer kleinen Änderung im ersten Kapitel der Versuchung widerstanden, an der Originalausgabe herumzuhantieren. Die Sprache des Buches ist immer noch sehr raubeinig. Die kriecherischen Huldigungen an Stephen Roche habe ich nicht gestrichen. Als *Rough Ride* im Jahr 1990 erschien, war es die Geschichte eines Radsportlers, nicht die Geschichte eines Sportjournalisten. So sollte es bleiben.

Paul Kimmage im Januar 1998

1 Musste es so zu Ende gehen?

Toulouse, 13. Juli 1989
12. Etappe: Toulouse – Montpellier (242 Kilometer)

Ich wusste an diesem Morgen, dass es verdammt hart werden würde. In einem Rennen, das drei Wochen dauert, gibt es gute Tage und schlechte Tage. Das Überleben ist allein eine Frage der Moral. Mit schwachen Beinen und einem starken Kopf kannst du weit kommen. Mit guten Beinen und einem schwachen Kopf kommst du nirgendwo hin. An diesem Morgen fuhr ich mit einem schwachen Kopf aus Toulouse heraus auf die zwölfte Etappe der Tour de France.

Wäre der Start nur ein bisschen einfacher gewesen, hätte es vielleicht anders laufen können. Vielleicht wäre ich dann heute noch ein *Coureur Cycliste Professionel.* Aber wir jagten aus Toulouse heraus, als gäbe es kein Morgen mehr. Ich litt vom Start weg. Der dänische Fahrer Jesper Worre attackierte, und ich verfluchte ihn, denn das war einfacher, als ihm zu folgen. Schnell bemerkte ich, dass meine Beine nicht auf die Anforderungen reagierten, die ich ihnen abverlangte. Ich fiel zurück. Es ist schlichtweg demoralisierend, wenn sie dich zu einem solch frühen Zeitpunkt in einer Etappe abhängen. Doch ich kämpfte mich noch einmal zurück, schaffte es wieder, Kontakt zum Peloton herzustellen.

Ich schaffte es sogar, vom Ende des Feldes wieder etwas nach vorne zu fahren. Doch als auch die anderen das Tempo erneut anzogen, verlor ich gleich wieder Position um Position. Das Feld reihte sich in einer langen Schlange auf. In Panik wurde mir klar, dass ich dieses Tempo nicht halten könnte, dass sie mich schon bald wieder abhängen würden. Ich wechselte die Seite, um keinen der

Fahrer hinter mir zu behindern. Dann hörte ich jemanden lachen. Der Belgier Dirk De Wolf lachte. Ich war vor zwei Tagen einmal mit ihm aneinander geraten. Lachte er jetzt etwa über mich? Das konnte nicht sein. Es konnte doch. Er lachte mich aus. Dieser Bastard lachte mich aus. An einem guten Tag wäre ich vermutlich zu ihm hinübergefahren und hätte ihm ins Gesicht gespuckt. Aber dies war ein schlechter Tag, und ich tat mir nur selbst Leid. Urplötzlich war meine Willenskraft zerstört. Dabei war doch gerade meine Moral das größte Vermögen, das ich in die Waagschale werfen konnte. Andere haben es mit Talent an die Spitze geschafft oder mit einer Mischung aus Klasse und Willenskraft. Alles was ich hatte, war stets nur mein Wille. Mein Kampfgeist. Getreu dem Motto: *Never say die, spit in your eye*. Es war allein meine Willenskraft, die meine Kindheitsträume von der Tour de France Realität werden ließ. Meine Moral war schon früher hin und wieder in sich zusammengebrochen, oft sogar, doch war ich bisher stets in der Lage gewesen, sie wiederherzustellen. Heute nicht.

Ich begann zu grübeln: »Brauche ich diesen Mist wirklich? Ich kann nach Hause fahren, Journalist werden und ein glückliches Dasein fristen. Ich muss mir nicht anhören, wie ein Belgier mich auslacht. Scheiß auf ihn. Scheiß auf die ganze verfluchte Bande.« Und dann hörte ich auf zu treten. Ich war völlig durcheinander. Ich hatte nichts dergleichen geplant. Ich war davon ausgegangen, dass ich die Tour zu Ende fahren und eine Medaille bekommen würde – so wie alle, die es bis nach Paris schaffen. Dann würde ich bis zum Ende der Saison noch ein paar Rennen bestreiten, um meine Karriere dann in der Nissan Classic auf der O'Connell Street in Dublin ausklingen zu lassen. Ich würde keine Etappe gewinnen, ich würde nichts mehr gewinnen. Das wäre illusorisch, und ich hatte aufgehört zu träumen, als ich Profi wurde und damit vermutlich den ersten Schritt meines Niedergangs absolviert hatte. Als Anerkennung für meine bescheidene Karriere würden mir die Veranstalter noch einen Blumenstrauß in die Hand drücken, und die Radsportfans in meiner Heimatstadt würden applaudieren, wenn ich ihnen zum finalen Abschied zuwinkte. Glücklich würde ich in die Anonymität des Privatlebens hinübergleiten und am nächsten Tag als ganz normaler Bürger in die Stadt gehen und mich um einen Job kümmern – ganz gleich um welchen Job auch immer. So hätte es zu Ende gehen sollen. Genau so hatte ich es geplant. Doch als mich die Begleitfahrzeuge der Rennleitung überholten, und ich nach 55 Kilometern der zwölften Etappe im Freilauf die Landstraße hinunterrollte, waren meine Gedanken nicht in Dublin. Ich dachte nur an das Gelächter, dieses schreckliche, schwachsinnige Gelächter. Nein, ich brauchte diesen Scheiß nicht mehr. Ich hielt an und stieg ab. Sofort war ich umringt von Fotografen, die es vermutlich leid waren, immer nur Greg LeMond und Laurent Fignon zu knipsen: Ein schluchzender Domestike, der aus der Tour aussteigt, gibt immer ein gutes Fotomotiv für die Abendzeitung ab. Und das Beste würde ja noch kommen, sie wussten es genau.

Wer die Tour verlässt, hat nicht das Recht, einfach heimlich in das Begleitfahrzeug seiner Mannschaft zu verschwinden. Nein, er muss warten, bis der *Voiture Balai* auftaucht, der Besenwagen. Ich sah ihn kommen und wusste, was mich jetzt erwartete. Ich stellte meine Beine auseinander, legte meine Arme auf die Seitentür und hörte das Klicken der Kameras, während ein Rennkommissar die beiden Startnummern entfernte, die auf der Rückseite meines Trikots befestigt waren. Als er fertig war, sprang ich auf die Rückbank des Fahrzeugs, begrub das Gesicht in meinen Händen und schluchzte: »Musste es so zu Ende gehen?«

Der Fahrer, der die Tour aufgibt, ist wie ein verwundetes Tier. Er fühlt Schande und Leere. Er muss allein sein, um seine Wunden zu lecken, um seine mentalen Verletzungen auszukurieren. Ich musste noch am selben Abend fort aus Montpellier. Ich konnte die Gegenwart meiner Teamkameraden ebenso wenig ertragen wie das Stirnrunzeln meines *Directeur Sportif*, meines sportlichen Leiters. Nicht fünf Minuten länger als unbedingt notwendig. Mein Freund Gerard Torres fuhr zusammen mit meiner Frau aus Grenoble herüber ans Mittelmeer, um mich abzuholen. Ich war ihm so unendlich dankbar, dass er mich von meinen Qualen befreite. Mein Kopf quoll über vor lauter Emotionen und Fragen. Gemeinsam legten sie die Schaltzentrale meines Hirns lahm. Auf der Heimfahrt versuchte Gerard mich aufzuheitern. Er wies mich darauf hin, was alles noch vor mir lag: im August die Weltmeisterschaften in Chambéry, im Oktober die Nissan Classic in Dublin. »Erinnerst du dich, wie stark du im letzten Jahr in Dublin gefahren bist?«, fragte er. Ich nickte nur und versuchte, seinen Enthusiasmus nicht zu beleidigen.

Für mich wird es keine Weltmeisterschaften mehr geben. Keine Nissan Classic. Ich weiß, dass ich nie wieder ein Radrennen bestreiten werde. Meine Willenskraft ist zerstört – und zwar irreparabel. Meine Gedanken richten sich nicht mehr in die Zukunft, sie sind Gefangene der Vergangenheit.

2 Der erste irische Papst

Betsy McArdle, die wohl beleibte Oberschwester in der Dubliner Entbindungsklinik Rotunda liebte Babys. Immer wieder spazierte sie in der Station die Reihen kreischender Neugeborener ab, hob sie sanft aus ihren Wiegen, herzte und küsste sie, als wären es ihre eigenen. Zärtlich umarmte sie die Kleinen und liebkoste sie mit einem sanften irischen Akzent: »Oh, ich könnte dich fressen.«

Am Abend des 7. Mai 1962 tauchte ein weiteres nigelnagelneues Kind auf Betsys Babyfließband auf und nahm den Platz neben seiner Mutter ein. Betsy blickte das Kind lange nachdenklich an. Sie bemerkte seinen großen Kopf und entschied, dies wäre der Kopf eines Anführers, einer Leitfigur - eines Papstes. »Ich bin sicher, er wird der erste irische Papst«, sagte sie.

Meine Mutter lächelte. Sie hatte eine schwierige Schwangerschaft hinter sich, eine Schwangerschaft voller Komplikationen, und jetzt war sie froh, dass das Schlimmste vorbei und ihr Kind gesund war. Die Waage schlug mächtig aus, pendelte sich bei etwas mehr als neun Pfund ein: Ich war ein klobiger Bursche mit großem Kopf. Meine Mutter erinnert sich vor allem an den Kopf. Er hätte sie schließlich beinahe umgebracht. Sie hatte auch schon ein Namen für mich: Paul. Was hatte Betsy noch gesagt? Papst Paul, das klang doch nicht schlecht. Sie würde es Christy erzählen, wenn der später vorbeischauen würde.

Mein Vater arbeitete an einem etwas konventionelleren Fließband. Er schweißte Fahrzeugkarosserien im Volkswagenwerk an der Naas Road. Das war eine monotone, ermüdende Plackerei. Er freute sich jeden Tag auf den Feierabend, um noch zwei Stunden mit seinem Rad aufs Land hinauszufahren.

Da' wurde in Dublin geboren, als jüngstes der sieben Kinder von James und Mary Kimmage. Das war ein recht ungewöhnlicher Name, der aus einem Vorort im Süden der Hauptstadt stammt. Aber allzu weit können wir unsere Ahnenlinie nicht zurückverfolgen. Wir wissen nicht, woher wir kommen. Da' hatte drei Schwestern und drei Brüder. Es waren seine älteren Brüder Jimmy und Kevin, die ihn zum Radsport brachten. Die neue Freizeitbeschäftigung nahm ihn sofort gefangen. 1954 trat er den Radtouristen der Dublin Wheelers bei.

Einmal unternahmen die Mitglieder des Clubs gemeinsam einen Ausflug, um sich ein Rennen anzusehen: den Circuit of Bray. Shay Elliot, der beste irische Fahrer jener Tage, riss gemeinsam mit den beiden Engländern Harry Reynolds und Dick Bowes aus. Bald hatte er die beiden Widersacher abgeschüttelt – zur großen Freude der vielen Zuschauer, die an der Strecke entlang der Küste standen. Mein Vater war fasziniert von der Atmosphäre, von den vielen Farben, von Shay Elliot. Jetzt war er sich sicher: Er wollte selbst Rennen bestreiten. Der Radsportvirus hatte ihn erfasst.

1956 fuhr Da' seine ersten Rennen. Der neue Sport war verdammt hart, aber er brachte einiges Talent mit und so dauerte es nicht lange, bis er anfing zu gewinnen. 1957 kehrte er als Teilnehmer zum Circuit of Bray zurück und holte gleich den ersten seiner insgesamt vier Siege bei diesem einst renommierten Eintagesklassiker. 1958 gehörte er zur Équipe, die Irland bei den Weltmeisterschaften im französischen Reims vertreten sollte. Angesichts sengender Hitze bestand das Feld nur noch aus 40 Fahrern, als es auf die finalen beiden Runden ging. Da' war dabei. Er wollte unbedingt ins Ziel kommen – als einer der besten 40 Amateurfahrer der Welt.

Sein Freund John Flanagan stand an der Zieldurchfahrt, um meinem Vater die Verpflegung zu reichen. Jetzt im Finale des Rennens gab er Da' eine Trinkflasche mit Brandy. In Dauerregen oder arktischer Kälte hätte das Zeug vielleicht geholfen, aber nicht wenn das Thermometer weit über dreißig Grad zeigte. Vor Durst sterbend, nahm Da' einen Schluck. Das hätte ihn um ein Haar umgebracht – er musste das Rennen aufgeben.

Reims war das Ende einer sehr erfolgreichen Saison. Doch zurück in Irland begann gleich die nächste: die Ausgeh-Saison, die Saison des gemütlichen Beisammenseins. Die Wheelers kündigten ihre regelmäßigen samstäglichen Ausflüge im Schaufenster von Rutland an, dem Radsportgeschäft in der North Frederick Street. Am dritten Septemberwochenende stand auf dem Plakat: »Mittagessen ›Alfresco‹ bei Roundwood. Tee bei Butler's um 6 Uhr.«

Butler's Tearoom lag in der Nähe des Felsens *The Scalp* im County Wicklow und war der traditionelle Treffpunkt für alle Dubliner Radsportvereine, wenn sie im Süden des Liffey unterwegs waren. Hier labten sich die hungrigen Pedalleure an Tee, an selbstgemachten Kuchen und Keksen, um anschließend einen Abend bei Musik, Tanz und einer Menge Spaß zu genießen. Ungefähr um Mitternacht ging die Party zu Ende. Das letzte Abenteuer des Tages bestand in einer verrückten Abfahrt. In tiefster Finsternis ging es in halsbrecherischem Tempo in die Stadt hinunter.

Diesen Sonntag im September hatte mein Da' damit verbracht, durch die Hügellandschaft von Wicklow zu fahren, und war dann im Butler's eingekehrt. Dort erspähte er eine hübsche junge Radtouristin. Angela Davis. Sie gefiel ihm sofort.

Angela war die jüngste Tochter von Francis und Mary Davis. Die Familie lebte in einem kleinen Reihenhaus an der Kilfenora Road. Ganze zwei Schlafzimmer hatte ihr Zuhause – nicht gerade geräumig für ein Elternpaar mit vierzehn Kindern. Granda' arbeitete nachts: Er lieferte die *Irish Times* aus. Heute hätte er sich vermutlich eine kleinere Familie zugelegt. Aber wie sagte er stets mit seinem unverwechselbaren Dubliner Akzent? »Damals hatten wir halt noch kein Fernsehen.« Meine Mutter war sein zwölftes Kind gewesen, mit 14 verließ sie die Schule und begann eine Schneiderlehre bei Weartex, ganz in der Nähe ihres Zuhauses. Sie sparte hart, kaufte ihr erstes Rad auf Raten und schloss sich gemeinsam mit ihrer Schwester Pauline den Dublin Wheelers an. Es war während einer Ausfahrt mit dem Verein, als sie Christy bei Butler's traf. Die beiden unterhielten sich, tanzten den ganzen Abend miteinander. Doch auch wenn Ma' darauf besteht, es sei Liebe auf den ersten Blick gewesen, dauerte es noch eine Weile, bis sie zusammenkamen. Erst Monate später hatten sie ihr erstes echtes Rendezvous – im Royal Theatre sahen sie sich einen Film und eine Revue an.

Im Jahr darauf fuhr mein Vater die stärkste Saison seiner Karriere. 1958 gewann er alles, was es wert war, gewonnen zu werden. Im Juni organisierte Billy Morton eine gut besetzte Bahnveranstaltung, um die Eröffnung der neuen Radrenn- und Laufbahn im Dubliner Santry-Stadion zu feiern. Er ließ sogar Shay Elliot, der mittlerweile zu Irlands erstem Profi avanciert war, aus Frankreich einfliegen – gemeinsam mit dem französischen Star Albert Bouvet und dem italienischen *Campionissimo* Fausto Coppi. Vor vollbesetzten Rängen schlug Elliot die Profis vom Kontinent. Mein Vater gewann das Amateurrennen.

Am nächsten Tag saß Da' gemeinsam mit Coppi, Bouvet und Elliot in einem kleinen Flugzeug, das sie zum Start der Viking Trophy brachte, einem Rennen auf der Isle of Man. Er nutzte die Gelegenheit, um von seinem Landsmann mehr darüber zu erfahren, wie die Möglichkeiten standen, in Frankreich zu fahren. Shay empfahl ihm, sein Glück in Paris zu versuchen, bei einem Club namens ACBB. Er selbst kannte ein paar Leute dort und würde die Sache in die Wege leiten, wenn mein Vater Interesse hätte. Er hatte. Elliot gewann dann die Viking Trophy, Da' verlor knapp im Sprint und wurde Zweiter. Dreiundzwanzig Jahre später holte mein Bruder nach, was meinem Vater versagt geblieben war, und brachte die Viking Trophy nach Hause. Da' würde es nie zugeben, aber ich weiß, dass ihm dieser Pokal sehr, sehr viel bedeutet hat.

Zurück in Dublin organisierte Da' sein Abenteuer in Paris. Er kratzte seine Ersparnisse zusammen, sein Freund John Common half ihm mit weiteren 25 Pfund und einer Fahrradtasche aus. Im Gegensatz zu Dublin kam Paris meinem Vater so überaus riesig und verwirrend vor. Gerade angekommen verirrte er sich hoffnungslos in der Métro. Mit seinem Rad und seinem Gepäck war er angesichts der Menschenmengen in der U-Bahn aufgeschmissen. Irgendwann fand er den Weg zu seiner Unterkunft, einer Wohnung in Montparnasse.

Der Club stattete Da' mit einem neuen Helyett-Rad aus, doch in den zwei Wochen, die er blieb, fuhr er kein einziges Rennen. Aus dem Koffer lebend und unfähig, auch nur ein Wort Französisch zu sprechen, fühlte er sich gotterbärmlich allein auf dieser Welt. Er merkte, dass er nicht für ein Leben als Radprofi gemacht war. Er gab seinen Plan auf, kehrte nach Dublin zurück und hat seine Entscheidung bis zum heutigen Tag nicht einmal bereut.

Fünfundzwanzig Jahre später kamen mein Bruder Raphael und ich in Frankreich an. In derselben Stadt. Mit demselben Ziel. Beim selben Club. Bevor wir Dublin verlassen hatten, konnten wir nie wirklich verstehen, warum Da' es nur zwei Wochen ausgehalten hatte. Es dauerte nicht lange, und wir verstanden ihn nur allzu gut.

Als mein Vater aus Paris zurückkehrte, wurde er erneut für das irische Team für die Weltmeisterschaften nominiert. Doch eine Woche vor dem Ereignis stürzte er schwer und musste sich stattdessen ins Krankenhaus begeben. Die Verletzung und die Enttäuschungen in Paris ließen seine Leidenschaft für den Radsport abkühlen. Es gab jedoch noch einen weiteren Grund - Hochzeit. Ma' behauptet stets, er hätte in Paris weniger an Heimweh gelitten, sondern wäre schlichtweg liebeskrank gewesen. Schließlich hätte er ihr sofort nach der Rückkehr nach Irland einen Heiratsantrag gemacht und angefangen, für ein Haus zu sparen.

Die Feier ging im August 1961 über die Bühne, die anschließende Hochzeitsreise führte nach Edinburgh. Dann begannen die beiden ihr Eheleben in einem heruntergekommenen, einst im georgianischen Stil erbauten Haus in der Eccles Street. Das zweistöckige Gebäude war in acht Zimmer aufgeteilt, in denen ebenso viele Familien lebten. Im ganzen Haus gab es nur eine Toilette. Der einzige Wasserhahn spendete nur bitterkaltes Nass. Die Wohnung meiner Eltern lag im Erdgeschoss und hatte ein Fenster zur Straße. Alt und verlottert mag sie gewesen sein, aber nichtsdestotrotz bot sie den beiden ein Zuhause. Keine Beschwerden kamen ihnen über die Lippen. In den sechziger Jahren war es schließlich verdammt schwer, sich in Dublin überhaupt eine eigene Bleibe leisten zu können.

Auch mir bot diese Wohnung das erste Zuhause auf dieser Welt. Als ich sieben Monate alt war, brachte mir der Weihnachtsmann ein Dreirad. Es dauerte nicht lange, bis ich Rennen durchs Wohnzimmer fuhr. Ma' lacht noch heute, wenn sie an das kleine Gefährt denkt. Sie erinnert sich, wie ich nackt durch die Wohnung tobte, als sie versuchte, mir den Gang aufs Töpfchen beizubringen. Ich musste da wohl etwas falsch verstanden haben. Auf jeden Fall lag auf dem Sattel des Dreirads plötzlich ein brauner Haufen. Ma' sieht ihn noch heute vor sich.

Meine Mutter hat eine Reihe weiterer, weniger unterhaltsamer Erinnerungen an die Eccles Street. Da' und sie wachten mitten in der Nacht auf. Eine Faust hämmerte an die Fensterläden, eine Männerstimme rief nach einer gewissen »Joan!«. Das passierte regelmäßig. Die Stimmen waren andere, ihr Wunsch stets derselbe: »Joan!« Die beiden gingen der Angelegenheit nach und fanden heraus, dass diese Joan ihre Vormieterin gewesen war. Und Prostituierte. Der erschreckendste Vorfall trug sich drei Monate nach ihrem Einzug zu. Es war ein typischer Abend in Dublin: Es regnete Bindfäden. Meine Mutter war mit mir schwanger und litt an einer Niereninfektion. Um drei Uhr morgens weckte ein eindringliches Klopfen an der Tür meine Eltern. Granda' Kimmage war gerade sehr krank. Mein Vater fürchtete, dass jemand aus seiner Familie mit schlechten Nachrichten gekommen war. Da' sprang auf und öffnete die Tür. Aber da stand weder Bruder noch Schwester. Draußen stand ein großer, uniformierter Wachtmeister, durchnässt bis auf die Haut und nach Alkohol stinkend. Er verlangte, Joan zu sehen. Mein Vater erklärte ihm, dass besagte Dame vor Monaten ausgezogen sei. Der Polizist bestand darauf einzutreten. Er spazierte in das Zimmer, sah meine kranke Mutter, entschuldigte sich und verschwand.

Anfang 1962 begann Da' wieder, Rennen zu fahren. Seine Form litt nur wenig unter meiner Geburt mitten im Jahr. Zwei Monate, nachdem Ma' und ich ihn zum Vater gemacht hatten, wurde er in Markethill im County Armargh irischer Landesmeister. 1958 und 1959 war er bei den nationalen Titelkämpfen bereits zweimal Zweiter gewesen –

umso stolzer war Da' nun über den lang ersehnten Titel. Meine Mutter nahm mich regelmäßig mit, wenn sie sich seine Rennen anschaute. Es heißt, meine ersten Worte seien nicht »Da' Da'«, sondern »*Come on*, Da'« gewesen. Zwei Jahre nach mir kam Raphael auf die Welt. Da' nannte ihn nach dem berühmten französischen Radprofi Raphaël Geminiani – sehr zum Ärger von Grandma' Kimmage, die der Ansicht war, so einen Namen hätte kein Kind verdient. Drei Jahre darauf folgte Kevin, Sohn Nummer 3, und ließ die Wohnung an der Eccles Street langsam ziemlich beengt aussehen. Also zogen wir in einen neu errichteten Hochhauskomplex in Ballymun, fünf Meilen nördlich des Liffey.

Die neue Wohnung war hell und sauber, hatte eine eigene Toilette, fließendes Wasser und gar eine Zentralheizung. Doch meinen Eltern gefiel sie nicht. Am Tag unseres Einzug gab der Fahrstuhl seinen Geist auf. Da' musste die Waschmaschine acht Stockwerke auf seinem Rücken hochtragen. Wenig später erschreckte er sich höllisch, als er Raphael erwischte, wie dieser gerade über der Balkonbrüstung hing. Er verhängte die Standardstrafe über meinen kleinen Bruder: Raphael bekam den Arsch versohlt. Ich glaube, das ist die prägendste meiner Kindheitserinnerungen: das Kriegsgebrüll meines Vaters, wenn wir uns daneben benommen hatten. Immer hieß es: »Ihr werdet euer blaues Wunder erleben!« Nur selten machte er die Drohung wahr. Doch allein beim Gedanken an eine Tracht Prügel fürchteten wir uns zu Tode.

Wir blieben nur ein Jahr in Ballymun. Dann zogen wir in ein etwas größeres Heim drei Meilen weiter östlich: eine Doppelhaushälfte in Coolock. Elf Jahre nach mir erblickte Christopher das Licht der Welt. Mit dem vierten Sohn war die Kimmage-Familie komplett. Kilmore Avenue ist bis heute ihr Zuhause geblieben. Sein letztes Rennen fuhr Da' 1972. Er war mittlerweile 34 Jahre alt und die Erziehung seiner Kinder kostete ihn allzu viel Zeit und Nerven. Er versuchte, mich für eine Vielzahl von Sportarten zu begeistern. Doch mich hat immer nur die eine interessiert. Als ich zehn war, kaufte er mir ein Rennrad.

3 Tütensuppe und Obstkuchen

In seiner eigenen Vergangenheit zu graben, kann entmutigend sein. Ja sogar beunruhigend. Nur widerwillig gab meine Mutter Auskunft, wie sie meinen Vater getroffen hatte. Ähnlich schwierig gestaltete es sich, Da' über meine Kindheit auszuquetschen. Es kam mir vor, als würde ich von ihnen verlangen, Geheimnisse preiszugeben, die sie mit niemandem teilen wollen. Es ist sonderbar. Vielleicht werde ich mich ähnlich aufführen, sollte ich später selbst Kinder haben.

Ma' behauptet, ich sei ein extrem zuverlässiges Kind gewesen. Um das zu unterstreichen, erinnert sie sich gern an die Ein-Pfund-Zucker-Geschichte: Oft kam sie vom Einkaufen zurück und hatte eben besagtes Pfund Zucker vergessen. Manchmal ließ sie mich dann einfach in der Mitte des Flurs stehen, umringt von allerlei Stühlen, und lief schnell zu Geraghty's in der Dorset Street zurück. Als sie zurückkam, stand ich immer noch an derselben Stelle, ohne mich einen Millimeter vom Fleck bewegt zu haben. Ein zuverlässiges Kind halt.

Mein Grundschullehrer Michael O'Braoinain erinnert sich, dass ich schon früh beseelt davon war, gegen jede Form von Ungerechtigkeit zu opponieren. Nie hätte ich ihm irgendein unbilliges Verhalten durchgehen lassen – auch wenn derlei Aufsässigkeiten damals gleich einen Schlag hinter die Ohren bedeuteten. Mein Vater sagt, als Kind wäre ich ein einziger Albtraum gewesen. Doch ich weiß, dass er flunkert. Ich weiß, dass ich ein braves Kind war. Natürlich habe ich oft genug den Arsch voll bekommen. Aber grundsätzlich war ich folgsam. Das erschüttert mich. Es ist fast enttäuschend zu entdecken, dass ich als Kind eben kein kleiner Tyrann war. Ich war kein Desaster in der Schule, das nur durch sportliches Talent von einem sicheren Weg in den Knast abgebracht wurde. Nein, ich war ein braves Kind, ein ermüdend braves Kind.

An die Eccles Street habe ich nur ein paar vage Erinnerungen: an die alte verrückte Schachtel, die immer durch die Straße lief und vor der ich mich zutiefst fürchtete. An meinen Vater, der mich eines Nachts allein ließ, um ins Krankenhaus zu eilen. An den Bonbonladen von Mrs. Geraghty in der Dorset Street. An zwei, drei weitere triviale Dinge.

Meine Datenbank begann erst zu funktionieren, als ich sechs Jahre alt war und wir nach Ballymun zogen. Dort gefiel es mir. Der Asphaltdschungel um uns herum war noch im Entstehen begriffen. Die Bauplätze übten Faszination auf mich aus. Ma' übertrug mir früh die Verantwortung für Raphael. Schließlich war ich ja so zuverlässig. Doch ich zog mit meinem Bruder zum Spielen zumeist über die nicht ungefährlichen Baustellen. Ein anderer Lieblingsort war Lipton's, der Supermarkt. Wir hingen am Verbrennungsofen herum und aßen halb vergammeltes Gemüse, das auf dem Boden lag. Mein Vater erklärte derweil den Keller unseres Hochhauskomplexes zur verbotenen Zone, nachdem es Gerüchte gab, ein Pädophiler hätte sich hier an der Tochter eines Nachbarn vergangen.

Ein weiteres striktes Verbot galt für das *Scuttin'*. Bei dieser Disziplin schwangen wir uns hinten auf die Lieferwagen, die den Hof von Lipton's verließen, und sprangen erst ab, wenn eine der nächsten Ampeln die Fahrer zum Anhalten zwang. *Scuttin'* war ziemlich populär in der Nachbarschaft. Es fiel mir schwer, meinem Vater zu gehorchen. Es waren mindestens zwei oder drei versohlte Hintern vonnöten, um mich davon zu überzeugen, dass es die Sache nicht wert war.

Es geschah in Ballymun, dass ich erstmals auf einem Fahrrad saß. Da' hatte es gekauft und sofort die Stützräder abgebaut. Auf dem kleinen Parkplatz vor unserem Haus hob er mich in den Sattel und schob mich einfach an. Ich schwankte ein- oder zweimal, hatte aber eigentlich keine Schwierigkeiten, das neue Gefährt auf Kurs zu halten. Ich war stolz und glücklich. Ich genoss es, Rad zu fahren. Seit ich geboren wurde, waren Fahrräder stets ein Teil meines Lebens gewesen. Wann immer möglich, nahm uns Da' mit zu seinen Rennen. Ich liebte die Rennen. Ich liebte es, wenn Da' mich nach dem Rennen auf dem Oberrohr seines Rades bis zum Auto kutschierte. Ich war so stolz. Ich war fasziniert von seinen Beinen, von der Art und Weise, wie seine prallen Muskeln vom Massageöl glänzten. Doch am meisten liebte ich es, wenn er gewann.

Zuhause haben wir ein Foto, das Da' zeigt, wie er ein Rennen in Ballyboghil im Norden des County Dublin gewinnt. Raphael und ich stehen beide auf Höhe der Ziellinie hinter einem kleinen Zaun. Mein Bruder streckt seine kleinen Hände jubelnd in den Himmel. Uns beiden steht die reine Freude ins Gesicht geschrieben. Es versteht sich von selbst, dass Da' auch oft genug verlor. Seine Niederlagen konnte ich nie verstehen. Wenn ich ihn darauf ansprach, antwortete er immer dasselbe: »Ich muss doch den Kollegen auch mal eine Chance geben.« Das machte mich wahnsinnig. Ich glaubte ihm aufs Wort.

Oft habe ich ihn auch gefragt, ob er der Beste wäre. Dann flunkerte er nie. Nein, er war nicht der Beste. Er wäre wohl ganz gut, aber nicht der Beste. Das war Peter Doyle. Er hatte mir diesen Peter Doyle mehrfach gezeigt, und wenn der große Mann bei uns zu Besuch war, fragte Da': »Paul, weißt du, wer das hier ist?« Ich antwortete schüchtern, am Daumen nuckelnd und deshalb ziemlich unverständlich: »Peter Doyle«. Für mich war Da' ein Gott. Aber auch Peter Doyle war Gott.

Die Ausflüge zu den Rennen waren nicht immer ein Genuss. Ich erinnere mich an ein Abendrennen im Phoenix Park. Ich stand neben meiner Mutter, die sich mit anderen radsportbedingten Strohwitwen unterhielt und sehnsüchtig den Zielsprint erwartete. Ein Raunen ging durch die Zuschauermenge, als ein Fahrer mit einem geparkten Auto kollidierte, in hohem Bogen durch die Luft segelte und auf dem Grünstreifen landete. Ich weiß noch genau, wie ich meine Mutter stehen ließ und schnell zu dem Menschenauflauf hinlief, der den regungslosen, jammernden Körper umringte. Ich war natürlich zu klein, um über all die anderen Neugierigen hinüber sehen zu können. Also kniete ich mich einfach hinter sie, lugte durch ihre Beine und sah die Startnummer des gestürzten Fahrers. Startnummer 22. Ich war mir nicht ganz sicher, glaubte aber, Da' hätte die 22 gehabt. Dann sah ich den Sturzhelm. Den Sturzhelm aus blauem Leder, den er immer trug: »Er ist es. Es ist Da'!«. Ich lief schnell zu meiner Mutter, und rief: »Er ist es. Es ist Da'!« Aus irgendeinem verrückten Grund war ich sogar stolz, dass mein Vater im Mittelpunkt all dieser Aufmerksamkeit stand. Der Gedanke, dass er sich vielleicht verletzt hatte, kam mir nicht.

Sie brachten meinen Vater ins Krankenhaus, doch er war noch einmal mit einem blauen Auge davon gekommen. Sein Sturzhelm war in der Mitte durchgebrochen und hatte ihn vor einer schwer wiegenden Verletzung bewahrt. Als ich später selbst mein erstes Rennen fuhr, trug ich auch so einen Sturzhelm. Längst gab es viel bessere Modelle, aber ich wollte unbedingt diesen. Es war der Sturzhelm von Da'. Und Da' war Gott.

Mein erstes offizielles Radrennen fuhr ich mit zehn. Viel früher aber hatte ich begonnen, mich in informellen Wettkämpfen zu messen. Als wir nach Coolock zogen, veranstaltete ich mit den Nachbarskindern häufig Wettrennen um den Häuserblock. Ich gewann immer. Fast immer. Davy Casey, der direkt neben uns wohnte, war manchmal schneller als ich. Das machte mich vollkommen fertig. Ich war ein furchtbar schlechter Verlierer, brach sofort in Tränen aus, wenn ich mich denn einmal in dieser Rolle wiederfand. Als ich neun war, kam ich in die Klasse von Michael O'Braoinain. Michael motivierte mich. Er weckte in mir ein ungeahntes Selbstvertrauen in meine akademischen Fähigkeiten. Er brachte mich dazu, Gedichte zu schreiben, und lobte stets überschwänglich, was ich ihm vorlegte. Er entfachte in uns sogar eine Wertschätzung der gälischen Kultur. Er war brillant, wenn es galt, ein *Jig and a Reel* auf der Querflöte zu spielen. Heute lachen wir darüber. In den vergangenen sechs Monaten habe ich mich regelmäßig mit Michael getroffen, um Squash zu spielen. Er behauptet, dass er schon immer gewusst habe, dass ich mein Geld irgendwann mit Schreiben verdienen würde.

In einem Versuch, unser Irisch zu verbessern, organisierte er im Sommer einmonatige Klassenfahrten nach Gaeltacht. Wir wohnten dann bei einer Privatfamilie, den O'Donnels in Carraroe, einem kleinen Dorf 26 Meilen westlich von Galway. In der Schule sprachen wir eine Stunde pro Woche Irisch. Das war nett. Aber derlei einen ganzen Monat lang zu vollbringen, fiel mir furchtbar schwer. Die meisten von uns hatten ihre Fahrräder dabei. Ich war ganz vernarrt darin, mich für eine Stunde davonzustehlen und die malerischen Straßen von Connemara zu entdecken. Doch immer nur alleine zu fahren, wurde mir bald zu langweilig. Ich wollte eine Herausforderung.

Bevor ich nach Connemara aufbrach, war mein Da' gerade von der Großbritannien-Rundfahrt zurückgekehrt, dem Milk Race, wo er als Masseur für die irische Mannschaft gearbeitet hatte. Was er erzählte, hatte mich so sehr fasziniert, dass ich nun mit meinen Klassenkameraden ein Carraroe Milk Race veranstalten wollte. Da es ein Etappenrennen werden sollte, war ich überzeugt, eine angemessene Verpflegung organisieren zu müssen. Nach den Rennen meines Vaters hatte ich öfter mal in seiner Trikottasche gekramt und dabei die eine oder andere Rosine gefunden. Also kaufte ich jetzt eine Packung Rosinen in einem kleinen Lebensmittelgeschäft auf der anderen Straßenseite. Es war nicht ganz einfach, die anderen von der Teilnahme am Carraroe Milk Race zu überzeugen. Irgendwann gaben sie nach, und ich konnte mit Leichtigkeit die erste Etappe gewinnen. Doch es war zu einfach gewesen und so vermochte mich der Sieg nicht zufrieden zu stellen.

Also entschloss ich mich, auf der zweiten Etappe nicht gleich Tempo zu machen, sondern eine Meile lang bei den anderen zu bleiben und dann einen Sturz zu simulieren. Als geeigneten Ort für mein Schauspiel hatte ich mir, als ich den Rundkurs plante, einen Kieshaufen ausgeschaut, der in einer Kurve lag. Das Rennen begann und ich ließ mich vor den Augen der anderen vorsichtig in den Kies fallen. Ich sorgte dafür, dass es auch alle mitbekommen hatten, sprang wieder auf mein Rad, holte die Mitstreiter ein und gewann erneut. Nun war es ein ernsthaftes Problem, die anderen zu überzeugen, auch zur dritten Etappe noch anzutreten. Ich bot an, ihnen einen Vorsprung zu geben, bevor ich mir die Streckenführung überlegte. Doch ich war dabei allzu großzügig. Bald stellte ich fest, dass ich keine Chance hatte, sie einzuholen. Der Gedanke an eine Niederlage war mir unerträglich. Ich nahm eine Abkürzung, die meinen Rückstand deutlich reduzierte. Direkt hinter Pat O'Grady, der das Rennen anführte, kam ich zurück auf den Kurs. Ich fuhr an ihm vorbei und beendete auch die dritte Etappe als Erster. Doch Pat hatte meine Mogelei gesehen. Es gab einen großen Streit. Die vierte Etappe wurde abgesagt. Das Carraroe Milk Race war vorzeitig beendet.

Als die Klassenfahrt zu Ende ging, war ich froh. Ich hatte Heimweh. Einen Monat später begann mein Vater, an einem seiner alten Rennrahmen zu arbeiten. Er kaufte ein paar neue Komponenten und montierte sie zusammen. Ich hoffte, er würde mir ein Rennrad bauen. Aber ich wagte nicht nachzufragen. Meine Vermutung bestätigte sich. Eine Woche später schenkte er es mir. Ich konnte es nicht glauben. Ein echtes Rennrad mit Kettenschaltung. Er fragte mich, ob ich am Samstag an der Jugendmeisterschaft im Phoenix Park teilnehmen wollte. Natürlich wollte ich. Also nahm mich Da' mit auf eine Trainingsfahrt.

Wir fuhren los in Richtung Balgriffin. Er erklärte mir die Spielregeln. Die Idee war zunächst einmal ganz einfach. Ich würde hinter ihm fahren, bis zwanzig zählen und dann an ihm vorbeifahren. Nun würde er bis zwanzig zählen und so weiter. Auch wenn ich nicht unbedingt einer zusätzlichen Motivation bedurfte, gestaltete sich der zweite Teil anspruchsvoller: Immer wenn ich an der Spitze wäre, müsste ich so hart in die Pedale treten, wie mir nur eben möglich war. In Balgraffin bogen wir rechts ab, fuhren direkt hinunter an die Küste, dann links nach Portmarnock und zurück in die Malahide Road. Alles in allem waren wir vielleicht zehn Meilen unterwegs. Unsere Trainingsfahrt endete mit einem Sprint. Direkt vor dem als

Ziel auserkorenen Straßenschild überholte ich meinen Vater – auch wenn ich natürlich wusste, dass Da' mich absichtlich gewinnen ließ. Als wir wieder ins Haus gingen, war ich fertig, völlig am Ende. Da' setzte mich in einen Sessel und fragte, ob ich das Rennen immer noch bestreiten wollte. Nachdem ich gerade das Rennrad geschenkt bekommen hatte, sah ich ein, dass »Nein« wohl nicht die richtige Antwort gewesen wäre.

»Nun, das freut mich. Aber denk immer dran, Paul, der Radsport wird dir öfter das Herz brechen, als dass er dich glücklich macht.«

Guter Gott, Da', wie Recht du hattest!

Ich erinnere mich noch an das Carraroe Milk Race – daran, wie ich meine Klassenkameraden abhängte. Da verwundert es etwas, dass ich mich kaum an mein erstes Rennen zu erinnern vermag. Ich weiß nur, dass ich viel jünger war als die meisten meiner Kontrahenten. Ich glaube, ich kam als Vorletzter ins Ziel.

In jenem Winter begann ich, regelmäßig an den sonntäglichen Trainingsfahrten teilzunehmen. Einige Clubs trafen sich immer vor dem Bürogebäude der General Post. Häufig machten sich dreißig Fahrer starke Felder auf den Weg aus der Stadt hinaus. Die meisten meiner sonntäglichen Mitstreiter gehörten einem Club aus dem Süden der Stadt an. Also trat auch ich diesen Orwell Wheelers bei. Als ich zwei Wochen später nach der Trainingsrunde heimfuhr, bemerkte ich, dass ein anderer Junge aus der Gruppe in dieselbe Richtung fuhr. Er erzählte mir, dass er im Clin Drive in Coolock wohnte und für die Obelisk Wheelers fuhr. Dieser Martin Earley war einen Monat jünger als ich und hatte gerade erst mit dem Radsport begonnen. Bald waren wir die besten Freunde.

Gerade einmal elf Jahre alt, nahm ich den Radsport alsbald schon ziemlich ernst. Wenn ich aus der Schule nach Hause kam, traf ich mich gleich mit Martin, um eine Stunde zu trainieren. In meiner ersten echten Saison gewann ich zwei Rennen. Beide Male schlug ich Martin im Zielsprint. In den kommenden Jahren stellte sich dann heraus, dass unsere sportliche Konkurrenz zu groß war, um Freunde zu bleiben. Vielmehr wurden wir mit fünfzehn zu bitteren Rivalen.

Das änderte sich erst, als wir beide dann Profiverträge unterschrieben hatten.

Wenn ich heute an die frühen Jahre meiner Karriere zurückdenke, muss ich über all die Entbehrungen lachen, die ich für meinen neuen Sport in Kauf nahm, für mein Streben, die Spitze zu erreichen. Aber das hatte auch Vorteile. Es schützte mich in jener gefährlichen Phase der Pubertät, in der dich allerlei Verheißungen locken wollen. Rauchen. Saufen. Drogen. Mädchen. Der Radsport schirmte mich von all diesen Dingen ab. Die Woche über lebte ich nur auf den Schulschluss am Freitagabend hin. Alle vierzehn Tage organisierten die Obelisk Wheelers Wochenendtrips, bei denen wir in Jugendherbergen in Wicklow, Meath oder Louth übernachteten. Sobald die Klingel läutete, hetzte ich nach Hause, packte meinen Schlafsack, etwas Verpflegung und ein paar Klamotten zum Wechseln in die Gepäcktasche meines Rades und jagte in die Stadt, um die Clubkollegen zu treffen.

Es war bei einem dieser Ausflüge mit den Orwell Wheelers, dass ich zum ersten Mal Stephen Roche traf. Paul »Smidler« Smith, einer meiner besten Freunde im Verein, fragte mich, ob ich ihn am Wochenende begleiten würde. Ich fuhr los, um ihn bei sich Zuhause in Dundrum abzuholen. Als ich eintraf, meinte er, wir sollten doch auch seinen Nachbarn fragen, ob er nicht mitkommen wolle. Einen gewissen »Rochee«. Der war erst einmal ziemlich überrascht, als wir an seine Tür klopften. Aber er sagte zu, uns am nächsten Morgen in der Jugendherberge Baltyboys zu treffen, irgendwo in der Nähe von Blessington im County Wicklow.

Smidler und ich fuhren durch die stockfinstere Nacht nach Baltyboys. Und tatsächlich trafen wir dort am nächsten Morgen auf einen bestens ausgerüsteten Rochee, der Dundrum in der Morgendämmerung verlassen hatte. Die beiden entschieden, dass wir nach Aghavannagh fahren sollten. Als Jüngster fügte ich mich wie immer. Auch wenn das in diesem Fall einen langen Ritt über zwei Berge bedeutete: über den Glenmalure und eben über den Aghavannagh. Im Anstieg zum Glenmalure picknickten wir in einem kleinen, halbwegs trockenen Straßengraben. Obstsalat aus der Dose, Früchtekuchen von meiner Ma' und eine Dose Coke. Wir saßen in strömendem Regen, kauten mit vollen Backen, lachten viel und freuten uns einfach, welches Glück wir doch hatten, hier zu sein. Dann stiegen wir wieder in den Sattel und kletterten hinauf zum Denkmal für Shay Elliot, an dem ein Kamerateam gerade Szenen für die Neuverfilmung von Hitchcocks »Die 39 Stufen« drehte. Das Abendessen in der Jugendherberge war etwas für echte Gourmets: Tütensuppe, Bohnen, Eintopfgemüse und Würstchen, Reis aus der Dose und Obstkuchen.

Oh, wie ich diese Wochenenden genoss. Es waren wundervolle Tage – Tage so ganz ohne Sorgen. Wenn ich nach Hause kam, war ich vollkommen ausgelaugt und saß dann vor dem heißen Apfelkuchen meiner Mutter und vor einem riesigen Berg an Hausaufgaben. Wenn ich mich mit Stephen unterhalte, erinnern wir uns immer noch gern an diese Wochenenden. Jedes Mal planen wir, im Gedenken an die gute alte Zeit einen solchen Ausflug noch einmal zu wiederholen. Doch im gleichen Augenblick wissen wir schon, dass irgendetwas dazwischen kommen wird. Aber allein die Erinnerung ist schon Freude genug. Wenn ich das Leben als Radprofi mit seinem Glamour, seiner Korruptheit und seinem Leiden mit diesen unschuldigen Tagen im Grünen vergleiche, kratze ich mich unwillkürlich am Kopf und grüble, warum ich das alles auf mich genommen habe.

Ich ging weiter zur Schule, bis ich die Prüfungen absolviert und meinen Abschluss in der Tasche hatte. Dann nahm ich meinen ersten Job an. Peter Brambell, ein Freund meines Vaters, verschaffte mir eine Stelle als Aushilfe in einer Backsteinfabrik fünf Meilen von unserem Zuhause entfernt. Es war schön, selbst etwas Geld zu verdienen. Die Arbeit machte Spaß, ich genoss die neue Freiheit. Aber meiner Mutter behagte die Vorstellung weniger, dass ich für den Rest meines Lebens Steine stapeln würde. Sie sorgte dafür, dass ich mich auf jede Stellenanzeige bewarb, die in der Zeitung stand. Dabei hatte ich auf den Adressumschlag immer Artane anstatt Coolock zu schreiben, denn Artane galt als weitaus feinerer und beliebterer Stadtteil. Ich wurde zu einem Bewerbungsgespräch für eine Klempnerausbildung am Flughafen von Dublin eingeladen. Sie boten mir eine Lehrstelle an, und ich fing gleich am nächsten Tag mit der neuen Arbeit an.

Ich war siebzehn, als ich in jenem September 1979 meinen Job am Flughafen antrat, und immer noch vernarrt in den Radsport. Als Junior gehörte ich vielleicht zu den zehn besten Fahrern in Irland. Aber ich war weit davon entfernt, zu den besten drei zu gehören. Martin Earley war mit Abstand der beste Junior im Land. Das machte mich wahnsinnig und stachelte mich an, noch härter zu trainieren. 1980, in meiner letzten Saison bei den Junioren, gründeten wir unseren eigenen Verein: den Tara Road Club. Mein Bruder Raphael und Gary Thompson waren meine Mannschaftskollegen, Da' agierte als Teammanager. Er wachte über unser Training und plante unsere Taktik für die Rennen. Er zog die Angelegenheit gnadenlos durch. Im Gegenzug für seine Zeit erwartete er, dass wir uns voll reinhängten. Spätestens um halb zehn ins Bett, hartes Training, ordentliches Auftreten und vor allem Ehrlichkeit. Nie akzeptierte er Entschuldigungen. Er mochte es, wenn wir aggressiv fuhren und attackierten. Unser dreiköpfiges Team war ein durchschlagender Erfolg. Zwischen März und Juli gewannen wir jedes einzelne Rennen, an dem wir teilnahmen. Manchmal ich, manchmal Raphael, manchmal Thompson, aber stets ein Tara-Fahrer. Die Traumserie riss erst bei den Juniorenmeisterschaften in Lurgan. Das ganze Feld fuhr nur gegen uns. Und als ginge es darum, Salz in meine Wunden zu streuen, gewann auch noch Martin Earley das Rennen. In den drei Jahren, die wir als Junioren fuhren, wurde er zweimal Meister. Mir war nur eine Silbermedaille für einen zweiten Platz vergönnt. Es schien, als wäre das Glück stets auf seiner Seite und würde mich immer nur verschmähen. Ich verachtete ihn.

4 Mister »Knapp vorbei«

1981 war ich neunzehn und bestritt meine erste Saison als Amateur. Anfangs war es schwer, mich an die längeren Renndistanzen zu gewöhnen. Oft war ich das Opfer meiner eigenen Euphorie, griff viel zu früh an und brach dann im Finale regelmäßig ein. Aber es dauerte nicht allzu lange, bis ich mich zurechtgefunden hatte. Und als das geglückt war, hatte ich keinen Zweifel daran, dass ich bald zur Elite des irischen Radsports zählen würde. Die meisten Jungs, mit denen ich angefangen hatte, waren mittlerweile der Liebe, dem Alkohol und der Popmusik zum Opfer gefallen und hatten den Radsport längst aufgegeben. Ich war verliebt gewesen, hatte Alkohol probiert und begeisterte mich für Musik. Die Liebe hatte mich frustriert und unglücklich zurückgelassen, der Alkohol hatte mich glücklich, aber bewusstlos gemacht. Ich liebte Musik, weil es die einzige Teenagerleidenschaft war, die dem Radsport nicht in die Quere kam. Regelmäßig trieb ich mich in Plattenläden herum.

1981 gab Stephen Roche sein Profidebüt bei der französischen Peugeot-Mannschaft. Irland hatte jetzt neben Sean Kelly einen zweiten professionellen Radsportler. Die Abenteuer der beiden inspirierten mich: Ich wollte selbst Profi werden. Doch bis dahin war es noch verdammt weit. Zunächst einmal hatte ich unter Beweis zu stellen, dass ich gut genug war. Das sollte fünf Jahre dauern.

Im Juni durfte ich mein Land erstmals bei der Manx International auf der Isle of Man vertreten, einer hundert Meilen langen Feuertaufe auf dem Zeitfahrkurs der Insel. Das grüne Trikot überstreifen zu dürfen, hätte ein stolzer Moment sein sollen. Das Gegenteil war der Fall: Die Trikots waren ausgebleicht und zerrissen. Nach ihrem letzten Einsatz bei der Tour of Ireland sechs Monate zuvor, waren sie nicht mit sonderlicher Sorgfalt gewaschen worden. Der Zeugwart hatte vergessen, vor dem Waschgang die Verpflegung aus den Trikottaschen zu nehmen. So fand ich hier nun vergammelte Marsriegel und andere zum Himmel stinkende Reststoffe. So viel zur Ehre, für dein Land antreten zu dürfen.

Martin Earley gab im selben Rennen sein internationales Debüt. Wir waren beide in der Spitzengruppe, als es zum letzten Mal den Snaefell Mountain hinaufging. Es lief wirklich gut. Ich war etwas stärker auf dem zehn Kilometer langen Anstieg und kam als Zehnter ins Ziel, sehr zufrieden mit mir selbst.

Eine Woche später fanden die irischen Meisterschaften in Waterford statt. Mein Da' hatte während seiner Karriere nichts so sehr gefürchtet, als durch taktische Fehler die entscheidende Fluchtgruppe zu verpassen. In Waterford war ich fest entschlossen: Was immer auch passierte, ich würde mit im Boot sitzen. Ich attackierte früh aus einer großen Gruppe heraus. In der letzten Runde konnte ich mich mit zwei anderen Fahrern absetzen, mit Brendan Madden und Mick Nulty. Beide waren stärker als ich, aber keine guten Sprinter. Auf den letzten Metern des Rennens ging es leicht bergauf. Allein die Willenskraft machte den Unterschied aus, und ich hielt meine Mitstreiter mit Leichtigkeit in Schach. Mit neunzehn war ich Irischer Meister, der jüngste, der jemals diesen Titel geholt hatte. Ich war außer mir.

Stephen Roche war an diesem Tag ebenfalls in Waterford. Während einer Rennpause auf dem Kontinent machte er Heimaturlaub. Er tauchte in einem entzückenden weißen Peugeot auf, mit seinem Namenszug an beiden Türen. Er hatte ein sensationelles Profidebüt hinter sich mit Siegen bei der Korsika-Rundfahrt und Paris–Nizza. »Rochee« war über Nacht zum Star geworden. Er hatte ein Mädchen dabei, als er nach Waterford kam. Seine Begleiterin hieß Lydia, war Französin und ziemlich blond. Zudem steckte sie in einem aufreizenden Minirock. Es verlieh dem Profiradsport einen verführerischen Reiz, Stephen zusammen mit einer solchen Frau zu sehen.

Der Sieg in Waterford war sehr wichtig für mich: Ich war jetzt Irischer Meister. Niemand konnte mir diese Ehre wieder wegnehmen. Ich liebte den Titel. Schließlich würde ich nach dem Saisonabschluss oft genug in Kneipen auf Leute treffen, die mich fragten, ob ich mich für Sport interessierte.

»Radsport, hmm, das ist interessant. Und hast du schon mal was gewonnen?«

Und ich würde mit falscher Bescheidenheit erwidern: »Nun ja, ich bin der aktuelle Landesmeister.«

Der Glamour des Meistertitels hielt nicht lange an. Ende des Monats war ich Teil der irischen Mannschaft bei der Schottland-Rundfahrt. Mit im Rennen war ein Team aus Tschechien, lauter bullige Grobiane. Am meisten beeindruckte mich Milan Jurco. Ich hatte nie einen Mann mit so vielen Muskeln gesehen. Aber auch nie jemanden, der so hässlich war. Die Tschechen lehrten mich ein neues Spiel – die Kunst des Windkantenfahrens. Zuhause in Irland waren die Hecken und Mauern entlang der Landstraßen so hoch, dass Seitenwind kaum Einfluss auf die Renntaktik nahm. Wir waren allesamt noch ziemlich unerfahren im Umgang mit diesem unangenehmen Weggefährten. Die Tschechen spielten die ganze Woche lang Katz und Maus mit uns. Eines Abends fiel ich gebannt von der Furcht ins Bett, am nächsten Tag wieder aus den Rennschuhen gefahren zu werden. Die vorletzte Etappe ist mir noch in jeder Einzelheit vor Augen. Den ganzen Tag peitschte der Regen, ich erreichte das Ziel in einer abgeschlagenen Gruppe – Stunden hinter den Ersten und trotzdem komplett erschlagen. Nach der Ankunft fuhren wir direkt zum Umkleideraum. Mark Bell, ein Engländer aus Liverpool, war schon dabei, sich wieder etwas Vorzeigbares überzuziehen. Er hatte gerade zwei Tschechen geschlagen und die Etappe gewonnen – eine starke Leistung. Jemand fragte, ob er Profi werden wollte. Er lachte und erwiderte mit dem harten Akzent der *Scouser*: »Niemals! Es sieht im Fernsehen großartig aus, wenn sie in den Anstiegen Grimassen schneiden und sich über den ganzen Berg verstreuen. Aber das wirkliche Leben sieht anders aus. Es ist purer Schmerz. Niemals, Gott bewahre, ich bestimmt nicht.«

Mir schwante, dass Mark Bell Recht hatte, aber es änderte meine Meinung nicht. Ich wusste, dass ich noch jung war. Ich ging davon aus, dass ich noch genug Steigerungspotenzial hatte. Noch zwei Jahre im Rennsattel und ich würde um Einiges besser sein. Aber Mark sorgte dafür, dass ich etwas ins Grübeln kam.

Als Stephen im Winter nach Hause zurückkehrte, belagerte ihn ganz Irland. Jeder wollte etwas von ihm. Er hatte in seiner ersten Profisaison vier Rundfahrten gewonnen. Er hatte sich bereits einen großen Namen gemacht. Auch ich rief ihn an und lud ihn zu mir nach Hause ein, um mit ihm zu plaudern und mir Rat einzuholen, was einen Wechsel nach Frankreich anging. Als er kam, sprach er von den Problemen seiner Amateurzeit. Er erzählte mir, dass man sich nicht scheuen dürfte, im Umgang mit den Teammanagern und französischen Fahrern zu heucheln – ganz einfach, weil sie umgekehrt genauso falsch zu einem waren. Stephen erklärte mir, wie wichtig es wäre, »sie fertig zu machen, bevor sie dich fertig machen«. Das traf einen Nerv. Er versprach, Raphael und mir Ende 1983 einen Platz bei ACBB zu verschaffen. Dann hätten wir unsere Lehrzeit abgeschlossen. Nach dem Gespräch säuberte er die Decke von den Krümeln der Kekse und Tortenstückchen, die meine Mutter vorbereitet hatte. Es war schön zu sehen, dass er auch im Erfolg keine seiner alten Angewohnheiten verloren hatte.

Das Jahr 1982 fing gut an und wurde dann doch ein Reinfall. Am denkwürdigsten war, dass ich Ann traf. Ich habe immer gedacht, dass es eine seltsame Fügung war, dass ich meine Frau und meinen besten Freund am selben Tag, zur selben Zeit und am selben Ort kennen lernte. Es war im Phoenix Park in Dublin, am Ende der einwöchigen Ras Tailteann. Ich hatte Ann das erste Mal zu Beginn der Saison gesehen. Sie war die Schwester von Paul Nolan, einem der Typen, die mitfuhren. Ich wusste, dass Paul auch an der Ras teilnahm und vermutete, dass Ann dann ebenfalls im Park wäre. Ich fand sie nach dem Rennen in der Menschenmenge und wir unterhielten uns. Sie hatte das einwöchige Renngeschehen verfolgt, um Notizen für David Walsh zu machen, einen irischen Zeitungsjournalisten. Als wir miteinander sprachen, kam David mit seiner Frau Mary hinzu. Ann machte mich mit den beiden bekannt. Ich verabredete mich mit ihr für die Party im Anschluss an das Rennen. Während der Woche hatten wir zwei weitere Dates und am darauf folgenden Sonntag in Carrick on Suir fuhr ich nach mehr als zwei Monaten endlich wieder einen Sieg ein.

Carrick war 1981 einer der wenigen Anlässe, bei denen ich Raphael schlug. Er hatte ein hervorragendes Jahr und wurde bereits als neuer Kelly gefeiert. Es war verdammt hart, plötzlich nur noch die zweite Geige hinter meinem jüngeren Bruder zu spielen. Vater hütete ihn wie seinen Augapfel, doch wir standen uns immer nahe und sein Erfolg änderte nichts daran. Ann zu treffen, war ein großartiges Trostpflaster. Sie trat genau zum richtigen Zeitpunkt in mein Leben. Meine schlechte Form frustrierte mich. Je mehr ich probierte, umso weniger erreichte ich. Ich war unausstehlich, wenn ich mit dem irischen Team unterwegs war: launisch, griesgrämig, eine echte Nervensäge. Ann veränderte mich. Sie hellte meine Stimmung auf, brachte mich dazu, aus mir herauszugehen. Ann sorgte dafür, dass ich mehr lächelte. Es war wohl kein Zufall, dass ich seit dem ersten Tag unseres Kennenlernens anfing, wieder besser zu fahren.

Für mich ging es 1983 vor allem um zwei Rennen. Das Milk Race, eine zweiwöchige von der Marketinggesellschaft der britischen Molkereien gesponserte Rundfahrt durch Großbritannien, stand in dem Ruf, eines der härtesten Amateurrennen der Welt zu sein. Ich war mir vorher nicht ganz sicher gewesen, ob ich an den Start gehen sollte. Schließlich hatte ich bislang noch nie eine Rundfahrt bestritten, die länger als eine Woche dauerte. Aber ich entschied, dass die Zeit reif war, um mein Talent auf eine solche Probe zu stellen.

Die erste Etappe führte gleich über 120 Meilen nach Bristol. 20 Kilometer vor dem Ziel ging ich mit einer Ausreißergruppe mit, in der Tony Doyle und Malcolm Elliot saßen, der Träger des Führungstrikots. Ich wurde Sechzehnter. Nach diesem starken Start war ich wild entschlossen, mich so lange wie möglich an meiner guten Platzierung festzuklammern. Die Moral im Team war exzellent.

Vor der Abreise hatte uns die irische Presse ziemlich auseinander genommen. Doch diese Kritik schweißte uns noch mehr zusammen. Sie war Motivation, uns noch mehr reinzuhängen. Wir hatten keinen Druck. Wir hatten nichts zu verlieren. Also griffen wir jeden Tag aufs Neue an. Der gute Auftakt setzte sich fort, als mein Teamkollege Phillip Cassidy die dritte Etappe nach Welwyn Garden City als Zweiter beendete. Er nahm mir einige Trümpfe aus der Hand und spornte mich an, selbst zu attackieren. Auf der sechsten Etappe nach Leicester war ich erneut an einem erfolgreichen Ausreißversuch beteiligt. Das katapultierte mich auf den sechsten Platz des Gesamtklassements. Sechster beim Milk Race. Ich konnte es nicht fassen.

Ich rief jeden Abend zweimal zu Hause an: ein Anruf bei meinen Eltern, ein Anruf bei Ann. Alle waren sehr aufgeregt. Alle erzählten mir, wie sehr die Zeitungen von meinen Auftritten schwärmten. Auf der neunten Etappe, einem bergigen Ritt von Kirkby nach Halifax über 94 Meilen, knackte ich den Jackpot. Ich war plötzlich Erster der Gesamtwertung. Endlich ein Star. Aber es war eine Sache, die Führung zu übernehmen, und eine ganze andere, sie auch zu behalten. Angesichts unseres jungen, noch unerfahrenen Teams war ich überzeugt, dass es keine Möglichkeit gab, das Gelbe Trikot zu verteidigen. Ich schlief sehr schlecht in dieser Nacht und fühlte einen furchtbaren Druck auf meinen Schultern lasten. Ein Gelbes Trikot hatte ich zuvor erst einmal bei der Nordirland-Rundfahrt tragen dürfen und es gleich nach einem Tag wieder verloren. Und der Stellenwert der Tour of Ulster war nichts in Vergleich zu dem des Milk Race – wie konnte ich da nur auf die Idee kommen, das Trikot verteidigen zu können? Die ganze Nacht wog ich ab, welche Chancen ich denn wohl hatte. Ich verfügte über ein Polster von 42 Sekunden vor dem Deutschen Ulrich Rottler. Der Peugeot-Profi Sean Yates lag 54 Sekunden zurück. Am nächsten Tag stand eine 100 Meilen lange Etappe nach Hull an, anschließend folgte ein Ruhetag. Wenn ich das Trikot bis Hull verteidigen würde, hätte ich es immerhin drei Tage behalten. Das war Ansporn genug.

Die Flachetappe nach Hull verlief ereignislos, auch wenn der Start unruhig war. Eine gefährliche Ausreißergruppe stob davon. Aber Mitte des Rennens hatten wir wieder alles unter Kontrolle. Auch in Hull behielt ich mein Gelbes Trikot. Der Ruhetag war fantastisch. Ein zusätzlicher Tag, um den Ruhm auszukosten. Vorübergehend vorn zu liegen, bereitete schon so viel Freude. Aber jetzt war es mir nicht mehr genug. Jetzt wollte ich die Rundfahrt gewinnen. Ich konnte nicht schlafen, wenn ich daran dachte – der Druck war enorm. Nur noch drei Etappen lagen vor uns. Wenn ich meine Position zweimal verteidigen konnte, war der Sieg mein. Die nächste Etappe nach Middlesbrough war ziemlich hügelig. Der Ritt durch die Moore von Yorkshire erwies sich als harte Prüfung. Beim ersten Anstieg fielen all meine Teamkollegen zurück. Ich war auf mich alleine gestellt, wenn ich das Gelbe Trikot verteidigen wollte. In einem enorm steilen Anstieg in der Wildnis des Farndale Moors litt ich fürchterlich, setzte mich aber mit einer sechzehnköpfigen Gruppe ab. Rottler, Eaton und Yates blieben zurück. Ich war so glücklich, dass ich mich nicht um den Tagessieg bemühte. Ich gab mich damit zufrieden, am Ende der Ausreißergruppe über die Ziellinie zu rollen. Ich hatte die Führung ganz allein verteidigt. Jetzt war ich überzeugt, das Milk Race zu gewinnen.

Noch eine schwere Etappe war zu meistern: siebzig Meilen nach Harrogate. Der Tag fing gleich mit einem Berg der ersten Kategorie an, dem Stang. Ich flog geradezu den Anstieg hinauf und überquerte den Gipfel an siebter Position. Doch der Stang hatte das Feld in zwei Teile auseinander gerissen, und all meine Teamkollegen fuhren hinten. Nun war ich schutzlos. Die Amerikaner hatten die Situation sogleich erfasst und begannen zu attackieren. Einen Angreifer nach dem anderen holte ich wieder zurück. Diese Herausforderung gefiel mir. Als sie merkten, dass sie mich nicht loswurden, verringerten sie die Geschwindigkeit und meine Teamgefährten schafften den Anschluss.

Mein Waterloo erlebte ich nach dreizehn Meilen. Eine Meile vor dem Anstieg des nächsten Berges, dem Fleak, hatte ich eine

Reifenpanne. Eaton sah, wie mein Vorderrad Luft verlor. Sofort wies er seine Männer an, zu attackieren. Meine Mannschaftskollegen Eddie Madden und Mick McKenna warteten auf mich und wir wechselten das Laufrad. Ich verfiel nicht in Panik, weil ich mir sicher war, den Anschluss wiederherstellen zu können. Aber die Amerikaner rissen das Feld im Anstieg weit auseinander. Weder Madden noch McKenna schafften es, an meiner Seite zu bleiben. Ich suchte mir einen Weg durch die Nachzügler und jagte alleine die Abfahrt herunter. Ich begann, große Risiken in Kauf zu nehmen, kam bei einer T-Kreuzung von der Straße ab und stürzte. Eine Reifenpanne und ein Sturz – so viel Pech war einfach zu viel. Ich stieg wieder aufs Rad, doch ich hatte den Mut verloren. Es war ein hoffnungsloses Unterfangen, ganz auf mich allein gestellt eine Aufholjagd zu starten. Ich wartete auf die nächste Gruppe. Das Ziel erreichte ich dreizehn Minuten nach dem Sieger. Ich fiel vom ersten auf den dreiunddreißigsten Platz der Gesamtwertung zurück. Am nächsten Morgen durfte Matt Eaton mein Gelbes Trikot überstreifen, die Schlussetappe nach Blackpool war nur noch eine Ehrenrunde. Mir blieb eine Uhr, die ich beim Rennbankett als unglücklichster Fahrer der Rundfahrt erhielt. Ich schenkte sie meinem Vater und entsann mich seiner Warnung: »Der Radsport wird dir öfter das Herz brechen, als dass er dich glücklich macht.«

Hätte ich damals gewusst, was ich heute weiß, wäre mir der Sieg beim Milk Race nicht mehr durch die Lappen gegangen. Ich hätte meinen Teamgefährten einfach Geld zahlen müssen, um die Führung zu verteidigen. Heute verliert kein Fahrer mehr eine Rundfahrt wegen einer Reifenpanne oder eines Sturzes. Aber ich kehrte dennoch als Held nach Irland zurück. Nur ein anderer Ire hatte jemals zuvor das Gelbe Trikot beim Milk Race getragen: Peter Doyle. Ich hatte mit Gott gleichgezogen. Nicht schlecht.

Dank des Milk Race galt ich nun als der Top-Fahrer im Land. Ich unterstrich den neuen Status nach meiner Rückkehr gleich mit zwei Siegen. Zwei Wochen später fuhr ich die Manx International. Auf der letzten Runde riss ich im Anstieg zum Sneafell mit sechs anderen aus.

Wir rasten die Abfahrt hinunter, überquerten die Governor's Bridge und erreichten die Zielgerade. Joey McLaughlin eröffnete den Sprint, ich flog wie ein Geschoss an ihm vorbei. Mich erfüllte bereits dieses Gefühl, dieses wunderbare »Ich werde die Manx International gewinnen«-Gefühl. Ich hatte die Ziellinie vor Augen, da überholte mich der Schweizer Hans Reiss. Drei Meter vor dem Ziel. Er schlug mich um Haaresbreite. Zweiter. So nah und doch so weit. Wieder mal. Die Presse begann, mich »Mister Knapp vorbei« zu nennen.

Meine zweite Erinnerung an 1983 war die Tour de L'Avenir. Mit Start in Lorient und Ziel in Marseille war diese vierzehntägige, für Profis und Amateure offene Rundfahrt quasi eine Mini-Ausgabe der Tour de France – und meine erste Chance, gegen Profis vom Kontinent anzutreten. Das bedeutete neue Erfahrungen, die sich deutlich von all meinen bisherigen Rennen unterschieden. Alle fuhren so unglaublich dicht beieinander. Ich entsinne mich, dass Bremshebel auf meine Arschbacken drückten, als wir in Lorient zur ersten Etappe aufbrachen. Und ich erinnere mich, wie unwohl ich mich dabei fühlte. Völlig neu war auch die Renntaktik. Unter Amateuren sah das so aus: Arsch hoch, Kopf runter und wie aus der Pistole geschossen losjagen. Aber bei der Tour de L'Avenir hielt sich das Renngeschehen nicht an feste Regeln – außer vor dem Ziel, wo es immer hieß, sich das Weiße aus den Augen zu fahren. Schon auf den ersten Etappen kannte ich nur noch ein Ziel: einfach Überleben.

Bevor ich die Tour de L'Avenir fuhr, glaubte ich zu wissen, was es heißt, am Berg zu fahren. In Wirklichkeit hatte ich keine Ahnung. Am zehnten Tag führte die Rundfahrt auf zwei Halbetappen erstmals richtig ins Gebirge: Am Morgen ging es von Bourg-de-Péage nach La Chapelle-en-Vercors, nachmittags auf derselben Route nach Bourg zurück. Ich hatte die ganze Woche auf diesen Tag gewartet. Es sollte der Tag des Ruhmes werden. Es wurde der Tag des Untergangs. Es war so heiß, und die Berge waren so lang, dass ich keine Chance hatte. Auf der morgendlichen Halbetappe fiel ich zusammen mit John Herety und Paul Sherwan zurück, zwei britischen Profis, die für die französischen Mannschaften La Redoute und Coop-Mercier fuhren.

Beide standen in dem Ruf, alles andere als gute Kletterer zu sein. Es demütigte mich, im Gebirge in ihrer Gesellschaft zu fahren. Ich hatte mir eingebildet, ein Lucien Van Impe zu sein. Ich war zutiefst entmutigt. Zum ersten Mal erschien mir das Leben als Profi nicht mehr unbedingt als erstrebenswertes Ziel. Am Ende erreichte ich La Chapelle mit einer halben Stunde Rückstand. Mein Teamkollege John McQuaid kam mit mir ins Ziel, doch Raphael und Gary Thompson, die beiden weiteren irischen Überlebenden, hatte es noch schlimmer erwischt. Wir zogen uns schnell um. In einer heruntergekommenen Hotelbaracke verschlangen wir ein ziemlich schlechtes Mittagessen. Bernard Thévenet, der zweimalige Tour-Sieger, saß an einem der anderen Tische. Es hieß, er wäre in La Chapelle aufgewachsen.

Wir ruhten uns zwischen den beiden Halbetappen in einem kalten Steinhäuschen auf feuchten Matratzen aus. Die Moral unseres Teams war am Nullpunkt. Wir musterten uns gegenseitig. Allen schwirrten dieselben Gedanken im Kopf herum: »Was zur Hölle machen wir hier eigentlich?« Ich entschied, dass das Profileben nichts mehr für mich wäre. Ich hasste es. Die Nachmittagsetappe war ein Albtraum. Einige portugiesische Bastarde attackierten, als es in den ersten Anstieg ging. Die grünen Trikots wurden sofort durchgereicht. Raphael war in einem fürchterlichen Zustand. Fast spuckte er Blut. Gary Thompson war physisch und psychisch völlig erschöpft. Beide fielen schnell zurück. Ich fuhr in einer fünfköpfigen Gruppe, darunter ein Japaner namens Takahashi. Für einen Japaner war es eine außerordentliche Leistung, so weit in der Tour de L'Avenir zu kommen. Sein Teammanager lehnte sich immer dann mit einem Megaphon in der Hand aus dem Autofenster, um ihn lautstark auf Japanisch anzufeuern, wenn die Straße ein bisschen anstieg. Und das war die Regel an diesem Tag. Nach einer Weile begann mir das Geplärre ziemlich auf die Nerven zu gehen. Meine schlechte Form irritierte mich. Es wurmte mich, dass ich diese Rundfahrt noch sechs Tage auszuhalten hatte. Und als wäre das nicht genug, musste ich jetzt noch diesen verdammten Teammanager ertragen, der einen Höllenlärm für einen Typen veranstaltete, der schon eine halbe

Stunde hinter der Spitze zurücklag. Hatten die denn keinerlei Schamgefühl? Irgendwann konnte ich meinen Unmut nicht mehr kontrollieren, wandte mich an den japanischen Teamleiter und schrie aus voller Kehle: »Halt dein verdammtes Maul!«

Nie werde ich seinen Gesichtsausdruck vergessen. Er war erschrocken, entsetzt. Er zog sich zurück in sein Auto und sagte für den Rest des Tages kein Wort mehr. Am nächsten Tag tat mir die Angelegenheit schon wieder Leid. Ich ging zu ihm hin, um mich zu entschuldigen.

Sowohl Raphael als auch Thompson fuhren nach Hause. Ich beneidete sie. Zurück blieben nur noch ich selbst und John »Kippers« McQuaid. Für »Kippers« wäre die Genugtuung groß, als einziger Ire nach Hause zu kommen, der die Tour de l'Avenir beendet hatte. Ich würde mir das für den Rest meines Lebens anhören müssen. Ich schätze mal, dass mich diese Furcht mehr als alles andere anspornte, weiterzufahren. Aber ich hasste es. Mir graute vor jedem Morgen, vor jedem weiteren Tag im Rennsattel. Und die Profis beunruhigten mich: Immer waren sie gut gelaunt. Ständig lachten sie, unaufhörlich rissen sie Witze. Ich war als Morgenmuffel in die Rundfahrt gegangen und beendete sie als Ganztagsmuffel. Auch ein anderer regte mich auf: Cyrille Guimard, der berühmte sportliche Leiter. Ich lag gerade auf dem Massagetisch, um mich durchkneten zu lassen. Die Hoteltür war offen. Da kam Guimard herein – sehr zu meiner Überraschung und Freude. Ich schaute ihn verwundert an. Der große Cyrille Guimard in meinem Zimmer. Er näherte sich dem Massagetisch, lüftete das Tuch, das meine besten Stücke bedeckte und sagte nur: »Baf!« Er machte noch eine verächtliche Handbewegung und schon war er wieder verschwunden. Dieser Bastard. Ich hasste ihn für diesen Auftritt.

»Kippers« schied zwei Etappen vor dem Ende der Rundfahrt aus. Ich war der einzige Überlebende der irischen Equipe. Die fünf Teamkollegen, die vor uns aufgegeben hatten, waren längst nach Hause geflogen. Nun aber gab es keine Flugtickets mehr. Wir mussten eine Fähre nehmen. Das machte mir nicht wirklich etwas aus, ich wollte einfach nur noch von hier weg. Eine hervorragende Saison war mies zu Ende gegangen. Ich hatte den Radsport vorerst satt und brauchte eine ausgiebige Ruhepause.

Kurze Zeit später beendete ich meine vierjährige Lehre auf dem Dubliner Flughafen. Aer Rianta verfolgte die Strategie, die Jugend erst auszubilden und dann in die Arbeitslosigkeit zu entlassen. Ich stand auf der Straße. Wohin als nächstes? Mein Plan war es immer gewesen, meine Ausbildung abzuschließen und dann nach Frankreich zu gehen, um einen Profivertrag zu ergattern. Doch die Tour de L'Avenir hatte mir die Augen geöffnet. Vier Jahre lang hatten Raphael und ich unseren Freunden, der Familie und - am wichtigsten - den Radsportjournalisten erzählt, dass wir uns 1984 nach Frankreich aufmachen würden. War es jetzt zu spät für eine Umkehr? Und dann waren da ja auch noch die Spiele von Los Angeles. Die Olympiade rückte näher. Ich war mir ziemlich sicher, nominiert zu werden. Aber es gab dafür keine Garantie. Nach Frankreich zu gehen, könnte meine Chancen steigern und mir vielleicht auch die beste Vorbereitung auf das Großereignis bieten. So waren es wohl im Endeffekt drei Gründe, die uns im Februar 1984 zum Pariser Radsportverein ACBB führten: kein Job, Los Angeles und die Angst, fortan als »Feiglinge« zu gelten. Wir traten in die Fußspuren der Größten: Elliot, Roche, Millar und Anderson. Und wir traten auch in die nicht ganz so glorreichen Fußstapfen unseres Vaters, der sich vor fünfundzwanzig Jahren in das gleiche Abenteuer aufgemacht hatte.

5 Tage des nationalen Rumlutschens

Am Flughafen erwartete uns ein Hüne von Mann mit riesigen, schaufelartigen Händen, ergrautem Haar und sonnengegerbter Haut. Wir dachten, dass wir es mit Mickey Wiegant zu tun hätten, dem legendären Manager des ACBB, oder vielleicht mit Claude Escalon, dem *Directeur Sportif* des Vereins. Aber wir waren uns nicht sicher und hatten nicht den Mut, ihn zu fragen. Wir saßen auf dem Rücksitz seines Autos wie zwei erschrockene Kinder, als er uns nach Boulogne Billancourt fuhr, in einen Vorort im Westen von Paris.

Bei unserer Ankunft im ACBB-Sportzentrum begrüßte uns ein Typ in einer Lederjacke. Sein Lächeln hatte etwas beinahe Unheimliches. Er war mir sofort unsympathisch. Er stellte sich als Claude Escalon vor und gab uns zwei neue Peugeot-Räder, wie sie auch die Profis fuhren, dazu Trainingsanzüge, Trikots und Rennhosen. Es war großartig, so viel kostenlose Ausrüstung zu bekommen, aber ich war nicht gerade glücklich mit dem Rennsattel. Ich sammelte all meinen Mut und versuchte ihm in Kleinkinder-Englisch zu erklären, dass ich meinen eigenen Sattel montieren wollte. Er lachte nur. Wir mussten auf den Teamsätteln fahren. Bernard Hinault tat es ja auch.

»Wenn sie gut genug für Bernard sind, dann sind sie es auch für euch.« Es war zwecklos, zu diskutieren. Ich hatte die Sattelauswahl zu akzeptieren.

Am nächsten Morgen saßen wir um vier Uhr morgens in einem VW-Kleinbus, der in Richtung Südfrankreich fuhr. Wir waren nicht die einzigen Ausländer im Club. Es gab einen Neuseeländer (Gerry Golder), zwei Engländer (Kenny Knight und Christian Yates, den Bruder von Sean), einen Kanadier und »*Les Frères* Kimmage«. Nach zwölf Stunden Fahrt erreichten wir den Ausgangspunkt unserer nächsten Rennen: das Hotel la Quiétude in Les Issambres an der Côte d'Azur. Mickey Wiegant war bereits im Hotel, als wir ankamen. Er sah etwas eigentümlich aus. Es war quasi unmöglich, einzuschätzen, wie alt er denn wohl sein mochte. Wiegant war einer jener Burschen, die offenbar niemals altern. Er trug eine braune Lederjacke und fuhr einen riesigen Rover. Er sprach mit 400 Meilen pro Stunde. Wir verstanden kein Wort von dem, was er sagte. Er beharrte darauf, mit »*Monsieur* Wiegant« angesprochen zu werden. Wir aßen, wenn er es uns erlaubte. Wir sprachen, wenn er uns dazu aufforderte. Er sorgte dafür, dass wir uns ganz schön mickrig vorkamen.

Die französischen Fahrer des Teams fuhren in ihren eigenen Autos gen Süden. Auch ein Belgier war dabei. Ich erinnere mich an ihn, wegen des ganzen Mists, den er vor den Mahlzeiten einzunehmen pflegte: Pillen, *Ampoules* – er war ein echter, gottverdammter Apotheker. Wenn er uns dabei erwischte, wie wir ihn anstarrten, während er seine Pillen einschmiss, sagte er bloß: »Vitamine«. Die Franzosen bildeten einen Clan und waren nicht allzu freundlich zu uns. Wir formierten unseren eigenen Clan mit den anderen, die Englisch sprachen. Ein Norweger, Dag Otto Lauritzen, tauchte erst ein paar Tage später auf. Aber er wohnte in Wiegants Haus und war der unangefochtene Liebling des mehr oder minder alten Mannes. Wir begannen sofort mit dem Training. In einer großen Gruppe fuhren wir hinter dem Mannschaftswagen her. Escalon saß am Steuer, Wiegant dirigierte.

Sie spielten ihre kleinen Spielchen mit uns. An der Spitze eines Berges hielt Wiegant einen Rennreifen aus dem Fenster – der Preis für den Ersten, der oben ankam. Auf der ersten Trainingsrunde gewann ich zwei Reifen. Die ersten Rennen sollten sich als deutlich schwerer herausstellen.

Monsieur Wiegant bläute uns ein, dass in seinem Team der persönliche Erfolg eines Fahrers keine Rolle spielte. Es zählte nur der Sieg der Mannschaft. Um dieses zu betonen, würde er jedes Mal einen großen Cremekuchen kaufen und gerecht zwischen uns allen aufteilen, wenn ein ACBB-Fahrer ein Rennen gewann. Lauritzen war der Star und siegte bei mehreren Eröffnungsrennen. Meine beste Platzierung während des einmontigen Aufenthalts war ein vierter Platz in St. Tropez. Raphael fuhr stärker. In St. Maxime musste er sich nur knapp geschlagen geben. Aber das brachte uns keinen Cremekuchen ein. *Monsieur* Wiegant spendierte Cremekuchen für Siege. Ein zweiter Platz war nichts wert.

Während des Monats kamen einige Profis ins Hotel, um *Monsieur* Wiegant als ihrem ehemaligen Mentor und Guru die Ehre zu erweisen. Bernard Thévenet, Robert Millar, Raphael Géminiani und Stephen Roche besuchten den alten Herrn, aßen mit ihm zu Mittag. Stephen stellte mich seinem eigenen *Directeur Sportif* vor: Bernard Thévenet. Über dessen Gesicht huschte ein liebevolles, warmes Lächeln. Ihn mochte ich sofort.

Ende Februar kehrten wir nach Paris zurück, um die ersten ernsthaften Rennen zu bestreiten, die Amateur-Klassiker. Die meisten Ausländer blieben zusammen und bewohnten ein Apartment in der Nähe des Team-Hauptquartiers, aber Raphael und ich wurden in eine kleine Wohnung in Vincennes verfrachtet, am anderen Ende von Paris. An unserer Unterkunft angekommen, führte uns Abel in ein Kellerverlies mit dreckigem Fußboden. Abel war der hünenhafte Masseur, der uns einst vom Flughafen abgeholt hatte. Ich dachte: »Oh Gott, wie sollen wir hier nur überleben?« Glücklicherweise war es nur der Abstellraum für die Räder, den er uns gerade zeigte. Um die eigentliche Wohnung zu erreichen, mussten wir in einem engen, hölzernen Treppenhaus noch fünf Stockwerke hoch kraxeln.

Wir hatten keine Probleme, uns einzurichten. Ich übernahm das Kochen und Raphael den Abwasch. Die Wohnung verfügte über einen alten Schwarzweiß-Fernseher und ein Telefon, das jedoch ausschließlich eingehende Anrufe annahm. Die Toilette war von der Sorte »Loch in der Grube«. Gleichzeit diente sie auch noch als Dusche. Dafür war der Abfluss mit einem Holzgitter abzudecken. Anfangs empfanden wir derlei als ganz schön unbequem. Um die Sache einfacher zu machen, entfernte Raphael die Sitzfläche eines der Küchenstühle und versuchte, sich mit dieser Konstruktion über das

Loch im Boden zu setzen. Es funktionierte nicht. Im Endeffekt gingen wir dazu über, uns in einer Hockposition zu erleichtern. Mit der Zeit lernten wir, so gut zu zielen, dass wir zwischen die Lücken des Duschgitters trafen. Alles in allem war die Wohnung schon in Ordnung. Wir waren unabhängig von den anderen Ausländern und genossen unsere Privatsphäre. Aber es war unangenehm, jedes Mal am Tag vor einem Rennen kreuz und quer durch Paris zu fahren, bloß um Reifen zu wechseln oder sich auf dem Laufenden zu halten. Wiegant blieb in seinem Haus in Les Issambres und kam nur für die großen Rennen nach Paris.

Der erste Klassiker der Saison war Paris-Ezy. Das Rennen startete morgens um acht in tiefster Dunkelheit in einem kleinen, nebelverhangenen Dorf. Ich habe nie verstanden, warum Klassiker grundsätzlich zu solch einer lächerlichen Uhrzeit anfingen. Acht Uhr Start bedeutete, schon um vier Uhr aufzustehen. Das größte Problem war die richtige Verpflegung: Wir mussten drei Stunden vor Rennbeginn etwas essen. So stand ich um vier Uhr morgens in der Küche, um Hacksteaks zu braten und Reis zu kochen. Mitten in der Nacht hast du natürlich nicht den geringsten Appetit. Wir mussten uns zwingen, genug herunterzuwürgen. Sobald die nächtliche Kombination aus Frühstück und Abendessen vertilgt war, verließen wir die Wohnung, holten unsere Räder aus dem Keller und warteten in der Marmordiele darauf, dass sie uns abholten. In unseren Rennanzügen waren wir ein echter Blickfang für die anderen Hausbewohner, die gerade aus Diskotheken und Nachtclubs kamen. Ihre Gesichtsausdrücke sagten alles. Um vier Uhr für ein Radrennen aufzustehen, war komplett wahnsinnig. Auch später konnte ich mich nie damit anfreunden.

Als wir auf den Start des Rennens warteten, sprach mich ein Franzose in perfektem Oxford-Englisch an. Wir hatten uns vor ein paar Jahren schon einmal bei einem Zeitfahren gesehen, als er Irland besuchte - als Gast der Roche-Familie. Ich fragte ihn nach dem Leben als Radprofi, doch er lachte nur über mich: »Werde bloß nicht Profi. Es ist ein schreckliches Leben.« Damals war ich schockiert, dass sich ein Franzose so herablassend über den schönsten Beruf der Welt äußerte. In meinen Augen war er ein armer Irrer. Heute bewundere ich ihn für seine Weisheit. Wir sind immer noch eng mit Jean Beaufils und seiner Frau Ginette befreundet. Nie haben wir vergessen, wie freundlich uns die beiden während des schrecklichen Jahres beim ACBB aufgenommen haben.

Paris–Ezy stand ganz im Zeichen von eisigem Wind und Regen. Auf der letzten Runde lag Raphael in aussichtsreicher Position. Doch die Zielgerade führte bergauf. Der Sprint war zu schwer für meinen Bruder, er beendete das Rennen als Fünfter. Wir waren absolut begeistert. Fünfter im ersten Klassiker des Jahres – was für ein großartiger Start! Aber Escalon dachte anders. Noch zwei weitere ACBB-Fahrer waren mit Raphael ausgerissen. Auch sie hatten nicht gewonnen. Einer von beiden, der Franzose Thierry Pelosso, ging nach dem Rennen zu Escalon und beklagte sich, er hätte wegen Raphaels »egoistischer Taktik« verloren. Wir verstanden kein Wort von Escalons Tobsuchtsanfall und baten Jean Beaufils, die Litanei zu übersetzen. Raphael verteidigte sich, aber Escalon war nicht zu überzeugen. Mein Bruder war als Sündenbock für die Niederlage ausgemacht. Schluss, aus! Raphaels anfängliche Freude verwandelte sich in tränenreichen Ärger. Er war nie wieder derselbe.

März und April waren eine trübe Zeit. Wer in Paris lebt, hat ein Problem, wenn er trainieren muss. Wir mussten jedes Mal 45 Minuten durch dichten Verkehr radeln, bis wir anständige Landstraßen fanden. Bei einer dreistündigen Trainingsfahrt hatten wir uns stets die Hälfte der Zeit durch stickige Abgase zu kämpfen. Pro Woche fuhren wir nur einmal mit dem Club, was keineswegs ausreichte, um gut in Form zu kommen. Training ersetzte keine Rennen, und wir fuhren nicht gut. Nichts war leichter, als depressiv zu werden. An manchen Tagen absolvierten wir noch nicht einmal unser Trainingspensum. Wir nannten sie die Tage des nationalen Rumlutschens. Normalerweise regnete es am Morgen eines solchen Tages. Nach dem Frühstück sahen wir uns an und überlegten, ob wir uns auf unseren Rädern durch den Pariser Verkehr schlängeln sollten: »Nein, lass uns lieber warten, bis es aufklart.« Um die Zeit zu überbrücken, stiegen wir in die Métro und schlürften irgendwo an den Champs Elysées einen Kaffee. Wir überlegten, wo genau die Tour hier eigentlich endet. Anschließend besuchten wir den Eiffelturm und aßen etwas zu Mittag. Den Nachmittag verbrachten wir damit, diverse Schallplattenläden abzuklappern oder einen englischsprachigen Kinofilm auf den Champs zu sehen. Am Ende des Tages aßen wir in unserer Wohnung zu Abend, in der Gesellschaft einer billigen Flasche *Vin de Table*. Wir lehnten uns zurück und lachten darüber, wie wir der Touristenfalle Paris auf den Leim gegangen waren. Aber innerlich lachten wir nicht. Innerlich schrien wir. Die Sache mit dem ACBB lief alles andere als rund.

Im April verließ ich Paris für eine Woche. Ich war in die Nationalmannschaft für die Sealink International berufen worden – ein Rennen, das in Skelmersdale in der Nähe von Liverpool startete. Ich bedauerte es, Raphael allein zurücklassen zu müssen. An schlechten Tagen war sein Humor das Einzige, woran ich mich hochziehen konnte. Er verdiente den Platz in der Nationalauswahl mehr als ich, aber die irischen Verantwortlichen scheuten davor zurück, uns beide zu nominieren. So war ich dieses Mal an der Reihe. Es war großartig, endlich aus Frankreich rauszukommen. Meine Eltern reisten aus Irland an und begleiteten die einwöchige Rundfahrt. An den ersten Tagen hatte ich schwer zu kämpfen: Zu viele Tage des nationalen Rumlutschens waren meiner Kondition nicht gerade zuträglich gewesen. Aber ich brachte die Sealink International ordentlich über die Runden und kehrte mit viel besserer Moral und Form nach Paris zurück.

Nach dem einwöchigen »Urlaub« stand als erstes Rennen mit dem Verein der Klassiker Paris–Rouen auf dem Programm. Der Wecker klingelte um vier Uhr in der Frühe, wir stiegen müde aus unseren Betten und futterten das Steak und den Reis mit der üblichen Begeisterung. Dann holten wir unsere Ausrüstung und gingen ins Erdgeschoss. Es war ein feuchter, jämmerlicher Morgen. Wir saßen vor der Haustür auf dem kalten Marmorboden und warteten und warteten und warteten. Fünfzehn Minuten, eine halbe Stunde, eine Stunde. Immer noch ließ sich niemand blicken. Wir trugen die Räder zurück in den Speicher, gingen nach oben und verkrümelten uns wieder ins Bett. Wir hatten die Schnauze voll. Wir hatten genug von diesen herzlosen Bastarden, die uns wie Scheiße behandelten. Würden sie vielleicht wenigstens die Gnade haben, uns per Telefon zu informieren, was denn nun los war? Aufgebracht rief ich schließlich Escalon an und fragte, warum uns niemand abgeholt hatte. Er wand sich mit einer halbseidenen Ausrede heraus, dass sie ja versucht hätten, uns zu erreichen. Um mich zu beruhigen, fragte er, ob ich nicht am Dienstag ein Rennen an einem Ort namens Ostricourt in Nordfrankreich fahren wollte.

In Ostricourt tobte ein Kampf zwischen den beiden stärksten Mannschaften: Wir vom ACBB maßen uns mit Wasquehal, einem Team aus dem Norden des Landes. Aber auch der französische Amateurmeister war im Rennen. Ich war schwer beeindruckt von diesem Jean-François Bernard, bevor ihm die Taktiken der Teams den Zahn zogen und er ausstieg. Das Rennen wurde auf einem Rundkurs ausgetragen. Die beiden Scharfrichter waren ein kurzer Anstieg und eine rund einen Kilometer lange Kopfsteinpflasterpassage. Auf der letzen Runde attackierte ich im Anstieg und rettete den Vorsprung mit einem Soloritt bis ins Ziel. Fast hatte ich vergessen, wie gut es sich anfühlt, zu gewinnen. Ostricourt war eine große Genugtuung. Escalon schüttelte mir die Hand mit einem breiten Lächeln im Gesicht. Ich aber blieb ihm gegenüber reserviert. Die Erinnerung an den vergangenen Sonntag war noch zu frisch.

Im Mai, kurz nach Ostricourt, erfuhr ich, dass ich für die Olympischen Spiele in Los Angeles nominiert war. Raphael, desillusioniert und außer Form, hatte genug. Die meisten Ausländer, mit denen wir ins Jahr gestartet waren, hatten mittlerweile das Weite gesucht. Aber es gab keinen Mangel an Ersatz. Australier, Briten, Amerikaner wurden »wärmstens« begrüßt, getestet und anschließend unehrenhaft entlassen. Es glich einer Fließbandabfertigung. Ich war bestürzt, dass der Club, um eine Hand voll Stars zu entdecken, die

Träume hunderter Amateure zerstörte, deren Erinnerungen an Paris ähnlich bitter und nachtragend ausfielen wie die Raphaels, als er in die Heimat zurückkehrte. Er hatte Talent, er hatte sogar großes Talent, aber er hatte niemals das Glück, die entscheidende Ausreißergruppe zu erwischen. Und vor allem genoss er einfach nicht den Zuspruch, um es zum Star zu schaffen. Der ACBB hatte ihn zerstört. Wie vielen anderen hoffnungsvollen Talenten erging es genauso?

Angespornt durch meine zurückgekehrte Form entschied ich mich, das Meiste aus ihr zu machen. Noch am Wochenende, an dem Raphael nach Irland zurückkehrte, nahm ich an einer dreitägigen Rundfahrt im Norden Frankreichs teil. Es war mein erstes Etappenrennen mit dem Club. Das lag an den Regeln des französischen Verbandes: Bei Rundfahrten war nur ein ausländischer Fahrer pro Team erlaubt. Dem ACBB standen aber jeweils bis zu zehn Ausländer zur Auswahl. Bisher galt ich nie als gut genug. Ostricourt hatte alles geändert. Die erste Etappe beendete ich als Fünfter. Ein dritter Platz am zweiten Tag brachte mir die Führung im Gesamtklassement. Jetzt war ich nur noch ein sieben Kilometer langes Zeitfahren und eine Nachmittagsetappe vom Sieg entfernt. Für das Zeitfahren zog Escalon alle Register: Ich bekam ein spezielles Carbonrad und einen einteiligen Rennanzug. Beim Einrollen war ich überaus nervös. Roche, Millar, Anderson – alle hatten dem ACBB in Rennen wie diesem »die Ehre erwiesen«. Dies war meine Chance, es ihnen gleich zu tun. Ich vermasselte es und verlor das Trikot um vier Sekunden. Vier lausige Sekunden. Escalon zeigte seinen Ärger nicht. Aber ich wusste, was er dachte: »Dieser Ire hat es einfach nicht drauf.«

Kurz danach fuhr ich mehrere Abendrennen in Paris. Als ich von einer dieser Veranstaltungen nach Hause kam, hörte ich die Neuigkeit: Mein Freund David Walsh, der seit einem Jahr als freier Journalist in der Stadt arbeitete, erzählte mir, dass Martin Earley bald einen Profivertrag beim neuen spanischen Team Fagor unterzeichnen würde. Ich war fassungslos: Earley, mein Erzrivale. Der Bastard hatte es zum Profi gebracht. Es gab nie wieder einen Moment in meinem Leben, an dem ich so dermaßen neidisch war.

Martin wurde auch für die Olympischen Spiele nominiert. Im Juli absolvierten wir gemeinsam ein Vorbereitungsrennen in Colorado, die Coors Classic. Dann flogen wir nach Los Angeles. Plötzlich empfand ich Martin nicht mehr als Rivalen. Durch seinen Profivertrag spielte er jetzt in einer anderen Liga als ich. Wir gingen wieder netter miteinander um. Ich erinnere mich daran, dass wir wenige Tage vor dem Olympischen Rennen gemeinsam in den Hügeln von Hollywood trainierten. Ich sagte ihm, dass ich wohl selbst dann die Möglichkeit ergreifen würde, Profi zu werden, wenn ich nicht einen Cent dafür bekäme. Martin erwiderte nur, dass ich völlig verrückt wäre. Ich aber argumentierte, dass das Abenteuer beim ACBB bereits all meine Ersparnisse aufgefressen hätte. Zudem müsste ich mich in einem Profiteam nicht mit Typen wie Escalon herumplagen. Im Rückblick erkenne ich, welch naive Vorstellungen ich damals noch vom Leben als Profi hatte. Ein paar Jahre später, als ich mit meinem *Directeur Sportif* Bernard Thévenet über meinen Vertrag und mein Gehalt feilschte, erinnerte ich mich mit kopfschüttelndem Lächeln an dieses Gespräch mit Martin. Ich hatte gelernt, dass es bei den Profis sportliche Leiter gab, die sich noch weitaus rücksichtsloser verhielten als Escalon.

Die Olympischen Spiele waren wundervoll. Trotz meiner vorherigen Skepsis muss ich zugeben, dass Los Angeles einer der Höhepunkte meiner Karriere war – auch wenn ich am großen Tag des Straßenrennens der Amateure mal wieder nicht vom Glück verfolgt war. Ich hatte gerade ein Loch zu einer zwanzigköpfigen Spitzengruppe zugefahren, als sich am Hinterrad eine Speiche löste und den Umwerfer der Kettenschaltung blockierte. Ich schleuderte wild umher, kam dann endlich sicher zum Stehen. Die Ausreißergruppe sah ich nie wieder. Wenn nur... wenn nur... wenn, einmal mehr dieses Wort. Da war er wieder: Mister »Knapp vorbei«. Ich war an diesem Tag weitaus besser als Martin gefahren. Der aber erzielte mit Platz 19 das beste Ergebnis, das je ein irischer Radfahrer bei den Olympischen Spielen erreicht hatte, während ich als 27. ins Ziel kam.

Nach den Olympischen Spielen kehrte ich direkt nach Irland zurück, um an der irischen Landesmeisterschaft in Kellys Heimatstadt Carrick on Suir teilzunehmen. Meine Leistung von Los Angeles war auch der irischen Presse nicht verborgen geblieben. Im Vorfeld des Rennens stempelte sie mich zum Favoriten. Ich selbst war derweil geradezu besessen von dem Gedanken, dass nur extremes Unglück verhindert hatte, dass ich jetzt der beste irische Radsportler bei Olympischen Spielen war. Ich musste den nationalen Amateurtitel unbedingt gewinnen. Vom Start weg attackierte ich und stieg jedem vermeintlichen Ausreißer nach. Eine Runde vor Schluss setzte ich mich zusammen mit Eddie Madden vom Irish Road Club ab. Voller Angst stellte ich fest, wie stark Eddie fuhr und wie sehr sich meine Anstrengungen zu Beginn des Rennens bereits bemerkbar machten. Ich fürchtete, dass mein Begleiter angreifen und mich einfach stehen lassen könnte. Aber unglaublicherweise sagte er zu mir: »Attackier nicht, wir sprinten es auf der Zielgeraden aus.« Ich war überrascht. Eddie war ein hoffnungslos schlechter Sprinter – er dürfte sich also selbst nicht allzu gut fühlen. Da' saß mit meiner Mutter und Ann in einem der Begleitfahrzeuge. Zwei Meilen vor dem Ziel fuhr er neben mich und erinnerte mich daran, dass es verboten war, schon vor dem Zielstrich beide Hände in der Jubelpose vom Lenker zu nehmen. »Er ist sicher, dass ich gewinne«, dachte ich. »Doch was ist, wenn ich es vermassele?« Plötzlich wurde ich nervös. Wir zogen den Sprint gleichzeitig an. Eine Sekunde lang zweifelte ich noch an meinem Sieg. Aber dann zog ich davon und gewann locker. Irischer Meister. Schon wieder Irischer Meister.

Zurück in Paris bestritt ich noch die Klassiker zum Saisonabschluss und eine kleine Rundfahrt, die Tour Seine-et-Marne. Ich fuhr ziemlich stark, doch beim Zeitfahren am zweiten Tag nahm mir Martin mehr als zwei Minuten ab und übernahm die Gesamtführung. Auf der letzten Etappe legte ich mich richtig ins Zeug, um den Schlussabschnitt zu gewinnen. Gerade als ich dachte, es geschafft zu haben, holten mich die Verfolger doch noch ein – in Spuckdistanz von der Ziellinie. Im Platzregen beendete ich das

Rennen als Sechster. Ich erinnere mich noch daran, wie ich meinen Kopf hob und sah, dass Martin als Sieger die Arme nach oben riss. Ein schreckliches Gefühl. Die verbliebenen Klassiker spulte ich mit geringer Motivation ab. Paris verließ ich mit dem vagen Versprechen Escalons, in der nächsten Saison wiederkommen zu dürfen. Ich stimmte dem Angebot zu. Aber in Wirklichkeit war ich mir nicht sicher, ob ich mir die Sache noch einmal antun wollte.

Zurück in Irland plagte ich mich mit dieser Entscheidung. Sollte ich wirklich für ein weiteres Jahr nach Frankreich gehen? Earley hatte auch zwei Jahre gebraucht, um es zum Profi zu schaffen. Warum sollte ich es nicht noch mal versuchen? In Dublin wäre es ja eh aussichtslos, Arbeit zu finden. Raphael hatte seinen Job verloren, gemeinsam bezogen wir für ein paar Wochen Arbeitslosengeld. Dann fand unser Freund Michael Collins zwei Plätze für uns im staatlichen Trainingszentrum ANCO in Finglas. Michael war ein Radsportverrückter und bekniete uns, es noch mal zu versuchen. Für Raphael gab es keinen Weg zurück zum ACBB. Auch ich zweifelte noch. Im Endeffekt hast du nur eine Chance auf einen Profivertrag, wenn du Leistung bringst. Ein Anruf von Sean Kelly sorgte für Klarheit.

Er war den Winter über zu Hause in Irland. Neben dem Training verbrachte er seine Zeit damit, die zahlreichen Journalisten und Geschäftsleute vom Kontinent zu unterhalten, die in Scharen seine Tür belagerten – auf der Suche nach einer Story oder diversen Marketinggefälligkeiten. Einer von ihnen war ein Mann namens Guy Mollet, der für die PR-Abteilung des französischen Unternehmens Reydel arbeitete. Kelly war in den vergangenen zwei Jahren Sättel von Reydel gefahren. Jetzt wollte Mollet einen neuen Ausrüstervertrag aushandeln. Er war aber auch Präsident des Vereins CC Wasquehal. Und in dieser Funktion hatte Mollet Interesse daran, für die Saison 1985 den Irischen Meister zu verpflichten. Denn er hatte das Rennen in Ostricourt organisiert, das ich im Mai gewonnen hatte. Zunächst zögerte ich und sagte Kelly, dass ich zurück zum ACBB gehen wollte. Kelly antwortete, dass er nachmittags nach Dublin käme, um Mollet zum Flughafen zu begleiten. Er arrangierte ein Treffen.

Pummelig, kraushaarig und neuneinhalb Finger: Guy Mollet war ein Schlitzohr. Er erzählte, dass er eng mit Kellys sportlichem Leiter Jean de Gribaldy befreundet wäre und sicherte mir zu: Ich würde einen Profivertrag bekommen, wenn ich denn meine Leistung brächte. Darüber hinaus versprach er mir kostenlose Unterkunft, ein Grundgehalt von 150 Pfund pro Monat und attraktive Siegprämien. Ich musste nicht lange überlegen. Das Abenteuer ACBB hatte mich 1.000 Pfund gekostet. Nie hatte ich einen Centime an Preisgeld gesehen. Mollet war ein Schurke, aber ein liebenswerter. Wir gaben uns die Hand drauf. Der Deal war besiegelt.

6 Glorreiche Tage

Der Januar 1985 war wie der Januar 1984. Ein schwieriger Monat. In der Woche vor meiner Abreise bemerkte ich, wie Ann sich veränderte. Sie war launisch und wenig lebensfroh. Mitunter sah ich sie mit einer Träne im Auge, die sie dann schnell wegwischte. Sie wollte nicht darüber sprechen. Ich wusste, was sie so sehr mitnahm: Bald würde ich nach Frankreich gehen, und der lange Winter, den wir zusammen verbracht hatten, war dann nur noch eine Erinnerung, an der sie sich bis Gott weiß wann aufrichten musste. Auch ich fühlte den Schmerz, versuchte aber, ihn nicht zu zeigen. Männer können ihre Gefühle nicht offenbaren. Wir waren jetzt seit drei Jahren zusammen, kannten den anderen in- und auswendig. Aber meine Radsportleidenschaft machte es unmöglich, irgendwelche gemeinsamen Pläne zu schmieden.

Eines war sicher: Wasquehal würde meine letzte Chance sein. Ich entschied mich dafür, so lange bei diesem Club auszuharren, wie es mein Erspartes erlaubte. Raphael und ich gingen Ende Januar mit rund 500 Pfund nach Frankreich – die Hälfte von dem, was wir in den ACBB investiert hatten. Jetzt galt es: Erfolg oder Pleite. Eine bizarre Laune des Schicksals führte uns einmal mehr in die Hände von *Monsieur* Wiegant. Er war im Rahmen eines *Coup d'État* beim ACBB geschasst worden. Escalon übte nun die volle Kontrolle über das Team aus. Mollet rief Wiegant an und fragte, ob er nicht während der Saisonvorbereitung an der Cote d'Azur die Wasquehal-Fahrer betreuen könnte. Und so fanden wir uns im zweiten Jahr in Folge im Hotel La Quiétude wieder – unter dem Bann des alten Hexenmeisters. Er war ein Schweinehund, aber ich respektierte ihn. Ich empfand sogar etwas Mitleid, wie er sich vor Kummer über seine Entlassung verzehrte. Meine Form in dem Monat an der Mittelmeerküste war schlichtweg trostlos. Ich erreichte nicht eine anständige Platzierung. Mollet wurde langsam etwas ungeduldig mit uns. Aber ich versprach ihm Besserung, sobald ich erstmal zurück im Norden wäre.

Eine Woche nach der Rückkehr aus dem Trainingslager stand der erste Klassiker in Nordfrankreich auf dem Programm: Amiens-Beaurains. Zwanzig Kilometer vor dem Ziel riss ich mit drei anderen Fahrern aus und wurde auf der Ziellinie knapp von meinem Wasquehal-Teamkollegen Jean-Francois Laffile geschlagen. Der hocherfreute Mollet küsste und umarmte mich dankbar. Ich war glücklich, er war glücklich. Ich mochte ihn.

Die teaminternen Machtkämpfe bei Wasquehal waren weit weniger ausgeprägt als noch beim ACBB in Paris. Wir hatten die Möglichkeit, regelmäßig zu starten. Das war ein enormer Vorteil. Mein erstes großes Rennen, die Cambresis-Rundfahrt, gewann ich bei heftigem Regen im Sprint einer siebenköpfigen Gruppe. Zudem bezahlte Mollet uns zuverlässig. Und da der Club die meisten Rennen gewann, erhielten wir auch unsere Anteile an den Preisgeldern. Wir hatten immer genug zum Leben. Auch Raphael fuhr nun besser. Im Mai hatte er sein erstes französisches Rennen in der Küstenstadt Boulogne gewonnen. Ich wurde direkt hinter ihm Zweiter. Die bitteren Erinnerungen an Paris waren für uns beide ausradiert.

Den ganzen Mai über war ich richtig gut in Form. In diesem Monat fuhr ich vielleicht sogar stärker als alle anderen in der Mannschaft. Mitte des Monats erreichte ich den dritten Platz bei einem Klassiker, der an Paris-Roubaix angelehnt war und über die schlimmsten Kopfsteinpflaster Nordfrankreichs führte. Am Morgen nach dem Rennen erhielt ich einen Anruf von Mollet.

»*Bonjour Paul, c'est Guy*. Du wirst an diesem Wochenende Bourdeaux-Paris fahren.« Was für eine Nachricht! Bourdeaux-Paris ist mit 575 Kilometern das längste Profirennen der Welt. Wegen seiner grausamen Distanz geht jeweils nur knapp ein Dutzend Fahrer an den Start. Schon vor Mitternacht machen sie sich in Bordeaux auf, radeln 250 Kilometer bis Poitiers, dürfen innerhalb von zwanzig

Minuten ihre Rennkleidung wechseln und legen dann den Rest des Weges zurück, wobei nun jeder einzelne Fahrer im Windschatten eines Motorrads in die Pedale tritt.

»Was? Du machst Witze.«

»Nein, nein. Das ist kein Witz. Die Rennorganisatoren haben *Monsieur* de Gribaldy kontaktiert und wollen, dass ein Amateur startet. Ich habe dich vorgeschlagen.«

Ich war erstaunt und unsicher, wie ich darauf reagieren sollte. Das Rennen war schon in fünf Tagen. Die Profis hatten mehr als einen Monat Vorbereitung in ihren Beinen. Ich hatte noch fünf Tage und würde schuldlos richtig leiden müssen. Mollet und de Gribaldy hätten mich wohl kaum offen kritisieren können, wenn ich ablehnte. Doch möglicherweise würden sie dies als ein Zeichen von Schwäche deuten. Ein Faktor, der zu berücksichtigen war. Denn er könnte gegen mich sprechen, wenn ich sie später nach einem Profivertrag fragte. Ich brauchte etwas, um ins nationale Rampenlicht zu gelangen. Vielleicht war dies meine Chance. Ich stimmte zu.

Zweimal trainierte ich in dieser Woche hinter einem Motorrad. Das heißt vielmehr: Ich absolvierte zwei vierstündige Einheiten hinter dem Motorroller von Guy Mollets Tochter. Am Freitag flog ich nach Bordeaux. Beim Zwischenstopp in Lyon sah ich de Gribaldy, der in Begleitung zweier seiner Fahrer, Dominique Garde und Eric Guyot, durch die Abflughalle marschierte. Schüchtern wie ich war, zog ich es vor, mich ihnen nicht vorzustellen. Ich ließ sie vor mir ins Flugzeug einsteigen. *Monsieur* de Gribaldy saß in einer vorderen Reihen, aber Garde und Guyot saßen hinten. Zwischen ihnen war ein Platz frei, den ich einnahm. Es war die helle Freude, sie aus der Nähe und doch unerkannt mustern zu können. Am nächsten Tag würden wir gemeinsam nach Paris fahren. Doch noch hatten sie keine Ahnung, wer ich war. Sie lasen Motorsport-Magazine, und auf der Hälfte des Fluges öffnete Garde eine Packung mit Schokoladenplätzchen, die sie sich teilten. Während sie mampften, blickten sie über die Sitze hinweg zu de Gribaldys Kopf und kicherten wie Schulkinder. Ich fand das etwas suspekt. Aber später, beim gemeinsamen Abendessen, nachdem ich mich vorgestellt hatte und ein Teil der Gruppe geworden war, verstand ich es. De Gribaldy begutachtete alles, was wir aßen. Sämtliche Portionen waren mickrig, und man tischte uns furchtbare Süßigkeiten auf. *Monsieur* de Gribaldy blickte finster auf meine Taille und sagte mir, dass ich besser fahren könnte, wenn ich ein paar Kilo verlieren würde. Das war mir neu. Ich hatte stets getreu dem Motto gehandelt, dass es in Ordnung war, sich den Magen voll zu stopfen, solange man hart trainierte. Aber de Gribaldys Methode bestand darin, hart zu trainieren und zu hungern. Dieser Mann hatte eine außergewöhnliche Präsenz. Ich wagte es nicht, ihm zu widersprechen.

Am Samstagmorgen unternahmen wir eine kleine Ausfahrt. Wir hatten die Order, uns gleich nach dem Mittagessen bis acht Uhr abends ins Bett zu legen. Die Mahlzeit fiel extrem dürftig aus, doch ich hatte noch etwas vom Obstkuchen meiner Mutter. Ich versicherte mich, dass die Tür verschlossen war, als ich ihn anschnitt. Ich teilte das Zimmer mit einem Profi, Guy Galopin, der nicht glauben wollte, dass ich erst fünf Tage vor dem Rennen von meinem Start erfahren hatte. Ihm schmeckte Mutters Kuchen.

Mitternacht verließen wir Bordeaux. Die Gruppe fuhr durch tiefste Finsternis, bis wir ein kleines Dorf kurz vor Poitiers erreichten. Hier schlüpften wir in frische Kleidung, aßen ein wenig Huhn, gingen kurz aufs Klo und stiegen wieder auf die Räder. Während des Zwischenstopps schluckte Guy ein paar Pillen. Er bot mir auch eine an. Ich guckte ihn überrascht an. Er sagte, dass sie gegen »*Le Froid*« wären. Mein Französisch hatte sich mittlerweile gebessert. Ich wusste, dass »*Froid*« Kälte hieß. Aber draußen war es längst verdammt warm. Warum zum Teufel wollte er mir bei 30 Grad Tabletten gegen die Kälte geben? Ich nahm die Pille und versprach, sie zu schlucken, um ihn nicht zu kränken. Heimlich warf ich sie in den Mülleimer.

Erst nachher verstand ich, dass mir Guy helfen wollte. In Wirklichkeit hatte er mir nichts gegen »*Le Froid*« angeboten, sondern vielmehr etwas für »*Le Foie*«: für die Leber. Wenn du an einem Radrennen teilnimmst, das mehr als 17 Stunden dauert, stellt der Magen- und

Darmtrakt irgendwann komplett seinen Dienst ein. Die Süßigkeiten legen alles lahm. Guy hatte mir nur eine Tablette angeboten, mit der sich die Verdauung in Schwung bringen ließ. Ich war so naiv, zu glauben, dass er mir schaden wollte. Für mich waren Pillen gleich Doping, und damit wollte ich niemals etwas zu tun haben.

200 Kilometer vor Paris fiel ich zurück. Mollet folgte im Mannschaftswagen und jedes Mal, wenn er sicher war, dass der Rennkommissar außer Sichtweite war, wies er meinen Schrittmacher an, mir einen Schubs zu geben. Ich flippte aus, als der Motorradfahrer seine Hand auf meinen Rücken legte. Ich teilte Mollet mit, dass ich Paris entweder aus eigener Kraft erreichen oder aufgeben würde. Bordeaux–Paris war für mich eine Frage der Ehre. Im Ziel bot ich dann einen entsprechend traurigen Anblick: Man musste mich vom Fahrrad heben. Drei Profis hatten aufgegeben, einen hatte ich geschlagen. Unter 13 Startern hatte ich mich als Neunter platziert. Ich hatte bewiesen, dass ich es drauf habe. Bordeaux–Paris war ein Test für die eigene Courage gewesen, und ich hatte ihn bestanden. Aber der Preis war hoch. In der Nacht besaß ich nicht einmal die Kraft, um die Treppen zu meinem Hotelzimmer hochzusteigen – ich krabbelte auf Händen und Füßen. Doch die mentale Anspannung, die mich die ganze Woche lang erfasst hatte, war vorüber. Ich fühlte, dass ich einen Riesenschritt zu meinem Vertrag gemacht hatte.

Im Juli endete eine Etappe der Tour de France in der Nähe von Wasquehal. Am nächsten Morgen ging ich zum Etappenstart, um mich mit Kelly und Roche zu unterhalten. Im Endeffekt verbrachte ich dann die ganze Zeit mit Martin Earley. Er fuhr seine erste Frankreich-Rundfahrt und sah großartig aus in seinem Fagor-Trikot. So wie ein richtiger Profi. Nicht mehr wie der dürre Amateur, mit dem ich groß geworden war. Ich beneidete ihn, als er sich auf den Weg nach Reims machte. Zum ersten Mal in meinem Leben bewunderte ich ihn für irgendetwas.

Später im Monat hatte ich meinen ersten Streit mit Guy Mollet. Ich hatte mir eine neuntägige Wettbewerbspause gegönnt, aber am zehnten Tag, einem Sonntagmorgen, stürmte er ins Haus und verlangte, dass ich am nächsten Morgen ein Rennen bestreiten sollte. Ich brüllte zurück. Ich verwies ihn darauf, dass der Profivertrag, den er mir seit Bordeaux-Paris versprochen hatte, doch wohl längst überfällig wäre. Er versicherte, sein Versprechen zu halten - aber nur unter der Bedingung, dass ich sofort wieder Rennen fahren würde. Ich stieg aufs Rad und war glücklich.

Ende Juli nahm ich für die irische Nationalmannschaft an der Polen-Rundfahrt teil. Es war vielleicht das härteste Amateurrennen, das ich jemals fuhr. Die Bedingungen waren furchtbar. Das Hotelessen war mehr als nur fade. Sie tischten uns das blanke Minimum auf, mit dem sich das Rennen durchstehen ließ. Und es war unmöglich, irgendwelche Nahrungsergänzung zu kaufen. Das Renngeschehen gestaltete sich ähnlich frustrierend. An den ersten Tagen bezogen wir richtig Prügel. Während der siebten Etappe riss ich 20 Kilometer vor dem Ziel zusammen mit einem polnischen Fahrer aus, der mich einen Kilometer vor dem Ende abhängte und gewann. Der zweite Platz war eine große Enttäuschung. Aber einen Monat später erfuhr ich, dass der Pole bei der Dopingkontrolle nach der Etappe positiv getestet und ich nachträglich zum Sieger erklärt wurde. Aber das war nicht dasselbe. Es war ein weiterer prestigeträchtiger Eintrag in meiner Erfolgsliste, doch man hatte mich des Gefühls des Sieges beraubt. Der Pole hatte seine Hände vor großem Publikum hoch gerissen, er hatte ihren Applaus aufgesogen und die hübschen Mädchen mit den Blumen geküsst. Nein, es war nicht dasselbe.

Aus Polen zurückgekehrt, fuhr ich erneut mit dem Nationalteam die Normandie-Rundfahrt. Unser Manager war Peter Crinnion, ein ehemaliger Profi, der Stephen Roche geholfen hatte, nach Frankreich zu gehen. Ich hatte höchsten Respekt vor ihm. Vor dem Rennen nahm er mich beiseite und sagte mir, dass ich die Tour de Normandie gewinnen könnte. Ich guckte ihn an, als ob er zwei Köpfe hätte, fragte mich dann allerdings: »Warum nicht?« Es wurde tatsächlich eine der besten Wochen meiner Karriere. Eine Etappe gewann ich, bei zweien wurde ich Zweiter, im Gesamtklassement belegte ich schließlich den fünften Platz. Ich hätte zweifellos noch besser abschneiden können, wäre im einzigen Zeitfahren nicht unglaubliches Pech dazwischen gekommen: zwei Reifenpannen auf zehn Kilometern. Ansonsten flog ich nur so über die Landstraße.

Ich kehrte nach Wasquehal zurück und nahm auf Wunsch Mollets an einem kleinen Rennen teil. Bei dem stand auch eine fünfköpfige Mafia am Start, die aus Polen und Franzosen bestand, quer durch Frankreich tourte und sämtliche Preisgelder untereinander aufteilte. Kurz vor dem Ziel setzte ich mich mit fünf Fahrern ab – darunter zwei der Mafiosi. Einer von ihnen sprach mich auf der letzten Runde an und bot mir 50 Pfund, wenn ich nicht mitsprinten würde. Die Offerte überraschte mich. Kurz dachte ich darüber nach, sie anzunehmen. Dann erwiderte ich: »Nein.« Er erhöhte sein Angebot auf 100 Pfund. Jetzt packte mich eine gewisse Geldgier und ich stimmte zu. Schon im gleichen Moment ärgerte ich mich über mich selbst. Ich dachte nach: »Mollet würde mir vielleicht einen Bonus zahlen, wenn ich das Rennen gewinne. Und vor allem würde ein weiterer Sieg meine Aussichten auf einen Profivertrag nicht gerade schmälern.« Also fuhr ich neben den Mafioso und sagte ihm, dass es doch keine Absprache gäbe. Er spuckte nur angeekelt aus. Sofort spürte ich den Druck auf meinen Schultern lasten. Sollte ich gewinnen, bestätigten sich meine Zweifel. Wenn ich aber verlieren würde, wäre ich um 100 Pfund ärmer und ein Spottobjekt der Mafia. Der Sprint auf der Zielgeraden war eine verdammt enge Sache, ich schaffte es gerade eben. Mollet war entzückt. Er kündigte dem Publikum bei der Siegerehrung an, dass Paul Kimmage bei den Weltmeisterschaften für Irland starten würde, die eine Woche später in Italien stattfanden. Aber er gab auch bekannt, dass dieser Paul Kimmage bald ins Profilager wechseln würde. Ich lachte, hochzufrieden mit mir selbst. Ich liebte es, zu gewinnen. Ich hatte keinen blassen Schimmer, dass dies das letzte Rennen gewesen war, bei dem ich jemals siegen würde.

Die Amateur-WM fand im italienischen Montello statt. Trotz großer Hitze fing ich mir zwei Tage vor dem Rennen eine Erkältung ein. Der ganze Kopf saß zu. Im Training fuhren wir die Strecke ab: Der Parcours führte über einen ziemlich schweren Berg, der mir zu liegen schien. Ich sah meine Chancen optimistisch. Polen und die Normandie hatten mich mit neuem Selbstbewusstsein versorgt. Am Renntag wurde mir ein Papierstück mit einer gekritzelten Nachricht zugesteckt. Darauf stand: »Verglichen mit all dem, was du bei Bordeaux–Paris durchgemacht hast, ist dies das reinste Kinderspiel. Viel Glück, Raphael.« Die Notiz gab mir zusätzlichen Mut. Ich ging ziemlich angespannt an den Start, aber auch wild entschlossen. In der ersten Hälfte des Rennens begnügte ich mich damit, einfach nur mitzurollen. Allzu gut fühlte ich mich nicht.

Um den irischen Fans an der Strecke Anlass zum Jubel zu geben, attackierte ich in der Mitte des Anstiegs. Doch ich kam nicht weit. Augenblicklich bereute ich meine Dummheit. Diese Weltmeisterschaft war ein sukzessives Ausscheidungsrennen. Mehr als 200 Fahrer waren an den Start gegangen. Vor der letzten Runde war die Kopfgruppe auf 26 Fahrer zusammengeschmolzen. Ich war mit dabei. Kurz bevor wir auf die Zielgerade einbogen, bemerkte ich, dass meinem Hinterreifen langsam Luft entwich. Es gab keine Möglichkeit, das Rad noch so kurz vor dem Ziel zu wechseln, also fuhr ich weiter. Ich zog den Sprint früh an, um zu vermeiden, dass ich eingekessselt wurde. Der Reifen war weich, hielt aber. Der Pole Lech Piasecki schoss wie eine Rakete an mir vorbei. Doch die Ziellinie kam immer näher, und kein anderer schien mich passieren zu können. Ich dachte: »Jesus Christus, ich hole eine Medaille.« Doch dann kam der Däne Weltz angerauscht, dann ein Belgier, ein weiterer Däne und der Italiener Maurizio Fondriest. Ich überquerte den Zielstrich und zählte. Sechs. Sechstbester der Welt. Der sechstbeste Amateur der ganzen verdammten Welt. Ich war überglücklich. Es war der Gipfel meiner Karriere.

Am nächsten Tag schaute ich mir das Profirennen an. Nach dem Rennen besuchte ich das Fahrerlager, wo mir Roche, Kelly und Earley gratulierten. Kelly war der Letzte, der ins Hotel ging. Als Mann weniger Worte wandte er sich mir erst zu, als er in sein Teamauto stieg. Er sagte nur: »De Gribaldy wird mit dir sprechen.« Das war Musik in meinen Ohren, und ich kehrte als glücklicher Mann nach

Wasquehal zurück. Ich traf »De Gri« am Abend vor dem für Profis und Amateure offenen Klassiker Grand Prix d'Isbergues in einem kleinen Hotel, wo sein Team untergebracht war. Er ließ mich eine halbe Stunde warten, setzte sich dann neben mich an einen Bartisch. Er musterte mich und sagte, dass ich einiges an Gewicht verlieren müsste und fragte mich nach einigen Details, auch nach meinem Alter. Ich hatte irgendwie erwartet, dass er mir einen unterschriftsreifen Vertrag präsentieren würde. Ich hatte mich bereits entschieden, nicht für weniger als 600 Pfund im Monat zu unterschreiben: »De Gri« genoss den Ruf, notorisch schlecht zu zahlen. Aber er hatte keinen Vertrag und machte keinerlei Versprechungen. Er sagte nur, dass wir uns später sehen würden – nach dem Rennen, das ich mit der irischen Nationalmannschaft bestritt. Dreiviertel der Strecke war absolviert, ich fuhr hinter dem französischen Profi Jacques Bossis auf einer engen, von Rollsplitt gesäumten Abfahrt. Am Ende kam eine scharfe Rechtskurve, die ich verfehlte und von der Straße abkam. Das Vorderrad versank im Straßengraben und katapultierte mich über den Lenker. Kopfüber segelte ich ins Gelände. Die Erinnerungen an diesen Moment sind ziemlich schwach. Ich erinnere mich nur an die Schmerzen im Rücken und im linken Handgelenk. Und an das Gefühl der Überraschung – so als hätte mir jemand urplötzlich in die Fresse getreten. Ich verbrachte fünf Tage im Krankenhaus von Béthune. Ein Rückenwirbel war ebenso gebrochen wie das Handgelenk. Ich ging davon aus, dass mich »De Gri« im Hospital besuchen würde. Mit dem lang ersehnten Vertrag in der Hand. Aber er tauchte nicht auf. Deprimiert verließ ich das Krankenhaus. Raphael packte meine Sachen, und wir fuhren zurück nach Irland – um zu warten.

Sechs Wochen später klingelte das Telefon. Es war Mollet. Er wollte mir einen Profivertrag für ein neues französisches Team namens RMO zuschicken. Sie würden mir 700 Pfund monatlich zahlen. Ein Zweijahresvertrag. Ich legte den Telefonhörer auf und führte einen Freudentanz auf. Der Kampf war vorbei. All die Opfer hatten sich ausgezahlt. Ich hatte es geschafft.

7 Ein fabrikneuer Anorak

Unser erstes Mannschaftstreffen fand im Skiressort Grand Bornand statt, an den Hängen des Col de Colombier. Die Zeitarbeitsfirma RMO hatte alle 18 Fahrer um sich geschart, die ihre Farben im Profi-Peloton von 1986 vertreten sollten. Es war ein bunt zusammengewürfelter Haufen: In die Jahre gekommene Fahrer waren dabei, etablierte Namen und eine ganze Reihe von Jungprofis, unter ihnen vier Neuzugänge. Zwei stammten aus Frankreich: Jean-Louis Peillon und Bruno Huger. Per Pedersen war der Däne und ich der Ire. Es war nicht ganz einfach für Pedersen und mich, uns zu integrieren. Er sprach überhaupt kein Französisch. Ich war viel zu schüchtern, um die paar Brocken, die ich beherrschte, auch zu verwenden. Ich redete nur, wenn ich gefragt wurde. Ansonsten versuchte ich, ununterbrochen zu lächeln. Ich wollte unbedingt, dass mich alle mochten. Ich fühlte mich dermaßen unwohl. Es schien mir permanent so, als wäre ich an einem falschen Ort – genau wie an meinem ersten Schultag.

Morgens fuhren wir Skilanglauf. Ich hatte niemals zuvor auf Skiern gestanden und verbrachte die ganze Woche damit, auf meinem Arsch durch die Gegend zu rutschen. Derlei Vorstellungen halfen meiner Integration etwas auf die Sprünge. Schließlich war ich nun ein Quell dauerhaften Amüsements für diese so sanftmütigen Franzosen, die das Skifahren allesamt schon in ihrer Kindheit gelernt hatten. Ich versuchte, so wenig wie möglich zu stürzen. Nicht, weil ich mich vor den Lachern fürchtete. Sondern nur, weil das ganze entsetzlich schmerzhaft war. Der Wirbel, den ich mir drei Monate zuvor während meines letzten Amateurrennens gebrochen hatte, war noch nicht geheilt. Niemand wusste von meiner Verletzung. Ich hütete mich auch, irgendjemand ein Sterbenswort zu sagen. Ich hatte mein ganzes Leben lang für diesen Profivertrag gekämpft. Und jetzt hatte ich Angst, mein Sponsor könnte mich gleich wieder fallen lassen, wenn er von meinen Rückenproblemen erfuhr. Also ließ ich mir nichts anmerken und legte stets heimlich ein Stahlkorsett an, bevor ich mich auf Skier stellte. An den Nachmittagen hatten wir frei und konnten tun und lassen, was wir wollten. Die Franzosen fragten mich, ob ich mit ihnen etwas kicken wollte. Aber in der Angst um meinen Rücken lieh ich mir lieber ein Mountainbike und fuhr allein auf den Gipfel des Colombier. Ich hatte noch nie einen solch enormen Anstieg gesehen und war von dem großartigen Ausblick so eingeschüchtert, dass ich von der Straße abkam, einen Abhang runtersauste und über den Lenker ging. Ich landete genau auf meinem Korsett. Vor lauter Schmerzen war ich ganz benommen. Ich rappelte mich auf, fuhr schnell den *Col* herunter und flüchtete in ein kleines Teehaus im Dorf.

Ich hatte mein *Brioche Chaude* gerade zur Hälfte auf, als einer der Franzosen hereinkam. Ich versuchte, mich zu verstecken. Ich wollte allein sein, verspürte keinerlei Lust auf Smalltalk. Aber er sah mich und setzte sich zu mir. Er bestellte Kaffee und Kuchen, und wir unterhielten uns freundlich. Ihm gefiel die Atmosphäre im Team. Er meinte, dass die Stimmung gerade deshalb so gut wäre, weil wir keine Stars hatten. Er zahlte für uns beide, und als wir aus der Tür traten, versuchte ich, dem Gesicht seinen Namen zuzuordnen. Es war Chappuis – André Chappuis. Ich mochte ihn sofort.

Die Abende waren für die Mannschaftsbesprechungen reserviert. Teammanager Bernard Thévenet, unser *Directeur Sportif*, rief uns nach dem Abendessen zusammen, erklärte uns das Frühjahrsprogramm, und bügelte alle möglichen Probleme aus. Ich hatte nie welche. Was mich anging, war alles nur reiner Überlebenskampf. Zwei Jahre als Amateur in Frankreich hatten mich gelehrt, meinen Mund zu halten, die Ohren zu spitzen und so schnell wie ich konnte in die Pedale zu treten. Ich entschied mich, diese Taktik auch im Profilager anzuwenden. Zumindest, bis ich wusste, wo es lang ging.

Nach diesen Zusammenkünften standen die Abende wieder zur freien Verfügung. Die Franzosen spielten Karten, ich plauderte mit Pedersen. Unbemerkt hatten sich zwei Fraktionen gebildet. Am 23. Dezember kehrte ich nach Dublin zurück. Mit einem Trikot, einer Tasche und einem roten Anorak, die allesamt das Logo meines Sponsors RMO schmückte. Ich traute mich nicht, die Teamleitung zu fragen, ob sie die Reisekosten erstatten würden. Ich hatte Angst, dass sie dann anders über meine Verpflichtung denken könnten. Mein Gott, war ich naiv! Aber wenigstens war ich endlich Profi. Die Tasche, das Trikot und der rote Anorak zeigten es. Ich trug meine Teamausrüstung, wann immer sich nur ein halbwegs tauglicher Anlass bot. Es war meine Art, zu sagen: »Seht mich an, ich bin Profi. Ich habe es geschafft.« Dies war mein erster Fehler.

8 Zerstörte Träume

Den Januar über bereitete ich mich in Irland auf die Saison vor. Dank der Frakturen von Handgelenk und Rückenwirbel konnte ich mich die meiste Zeit des Winters kaum bewegen. Meine Kondition litt. An den meisten Wochenenden trainierte ich mit meinen Brüdern Raphael und Kevin. Das verstärkte meine Sorgen nur: Beide fuhren stärker als ich. Zweimal trainierte ich mit Martin Earley und Stephen Roche. Stephen war im vorigen Jahr zusammen mit meinen jetzigen Teamkollegen Gauthier, Claveyrolat, Le Bigaut, Simon und Vermote für die Mannschaft von La Redoute gefahren. Er empfahl und lobte Jean-Louis Gauthier als einen der zuverlässigsten und besten *Domestiques*, der je für ihn gefahren wäre. Ich behielt das im Hinterkopf. Stephen war schließlich ein Perfektionist, der von allen um ihn herum erwartete, permanent 100 Prozent zu geben. Ein Lob ging ihm nicht leicht über die Lippen. Dieser Gauthier musste wirklich gut sein.

Wir kamen auf andere Themen zu sprechen. Auf Doping. Ich war etwas besorgt, ob ich den Aufgaben gewachsen war, die auf mich warteten. Ich hatte so viele Geschichten über Profifahrer gehört, die zu unerlaubten Substanzen griffen. Ich befürchtete, dass sie alle stimmen würden. Jetzt, wo ich selbst Profi war, fand ich, dass ich das Recht hatte, Stephen um Aufklärung in dieser Angelegenheit zu bitten. Als Erstes sprach er von unseren beiden *Soigneurs*. Das Verb *soigner* bedeutet so viel wie »behandeln« oder »für etwas Sorge tragen«. Ein *Soigneur* trägt Sorge für seine Fahrer, indem er ihre Beine massiert, ihren Problemen zuhört, ihre Wunden verbindet und ihnen Vitamine und Mineralstoffe verabreicht. Stephen hatte bei La Redoute mit Claude Wery und Emile Thiery zusammengearbeitet. Er meinte, dass Claude ein wenig faul wäre. Er hatte immer Emile bevorzugt. Er wollte Emile fragen, ob er auch mich unter seine Fittiche nehmen würde.

Stephen sagte auch, dass ich mich darauf einstellen müsste, dass sich der Profisport grundlegend von dem der Amateure unterschied: Man müsste für sich selbst Sorge tragen. Es wären weitaus mehr und härtere Rennen zu bestreiten. Deshalb wäre es wichtig, seinen Vitamin- und Mineralstoffhaushalt in Ordnung zu halten. Das ließ sich nur gewährleisten, wenn man sich während der Saison Injektionen mit Vitamin B6 und B12 setzen würde. Ich erwiderte nichts, nickte bloß. Aber innerlich war ich erschrocken. In meinen Augen war jede Spritze bereits etwas Verbotenes. Injektionen schienen mir gleichbedeutend mit der Einnahme von Dopingmitteln zu sein. Ich kehrte nach Hause zurück und redete mit meinem Vater über meine Ängste. Er erwiderte, ich sollte versuchen, das Beste aus mir herauszuholen, ohne mich jemals selbst zu verraten. Dann vergaß ich die Sache wieder.

Am Dienstag, dem 4. Februar, absolvierte ich mein Profidebüt: Ich bestritt die Rundfahrt Etoile de Bessèges im Süden Frankreichs. Spät nachts kam ich am Startort an. Morgens vor der ersten Etappe erhielt ich ein neues Rad und mein ganzes Equipment. Gleichzeitig bekam ich mein Januargehalt: einen Scheck über 700 Pfund. Vor dem Start machte ich mir aus Angst in die Hosen. An meinem Rad passte nichts. Aber es war viel zu spät, irgendetwas auszuwechseln. Die gesamten 100 Kilometer der ersten Etappe fühlte ich mich wie ein Außerirdischer. Es war seltsam, neben Fignon und Zoetemelk zu fahren. In den fünf Jahren zuvor war ich ein Star gewesen, ein Top-Amateur, anerkannt und bewundert. Nun war ich nur noch ein Namenloser im großen Feld. Alles, was ich jemals getan hatte, bedeutete nichts mehr. Ich fing von vorne an, ich stand auf der allerersten Sprosse der Leiter. Zwei Ängste bestimmten meine Gedanken: Ich könnte bei einem Sturz einen der Stars zu Fall bringen, oder ich könnte abgehängt werden. Ich versuchte tunlichst, beides zu vermeiden.

Später am Abend traf ich meinen Teamkollegen Regis Simon zufällig beim Pinkeln. Er hing gebeugt über dem Abfluss im Bad und schrubbte Trikot und Hose, die während des Tages beim Ritt über nasse Straßen ziemlich dreckig geworden waren. Fast hätte ich angefangen zu lachen. Ich fragte ihn, warum er seine Klamotten per Hand wusch. Die Antwort klang lapidar: »Warum? Wer sonst sollte sie denn für mich waschen?« Ich war immer davon ausgegangen, dass jemand die Trikots für die Profis waschen würde. Aber nein, wir mussten unsere Klamotten selbst schrubben und trocknen. Also lieh ich mir sein Waschmittel und fing mit der Arbeit an. Es war der härteste Teil des Tages.

Der Stern von Bessèges war die erste Rundfahrt des Jahres. Also wurde nicht allzu hart gefahren. Ich schaffte es an den meisten Tagen, mit dem Hauptfeld ins Ziel zu kommen. Es war ein großartiges Gefühl, während des Zeitfahrens von Bernard Thévenet angespornt zu werden – von einem zweifachen Tour-de-France-Sieger, dessen Foto meine Schlafzimmertapete geziert hatte, als ich noch ein Kind war. Das einzige wirkliche Problem waren die bitterkalten Temperaturen. Unser Team fuhr ganz ordentlich. Gerade Per war verdammt stark. Auf der vorletzten Etappe übernahm er die Führung im Gesamtklassement. Für ein neues Team wie RMO wäre es eine großartige Publicity, gleich die erste Rundfahrt des Jahres zu gewinnen. Aber sein Vorsprung war gering. Thévenet sah sich gezwungen, am Abend die anderen sportlichen Leiter anzurufen, um sie zu einem kleinen Deal zu überreden. Der Plan war, einem anderen Team, das keinen Fahrer vorne im Gesamtklassement hatte, Geld anzubieten. Im Gegenzug sollten sie uns bei der Verteidigung des Trikots helfen. Falls jemand zusagte, würde RMO bei der folgenden Etappe die Führung so lange verteidigen, bis sich das Rennen nicht mehr allein kontrollieren ließ. Dann bräche die Zeit für das andere Team an. Ich war nicht überrascht. Schon als Amateur hatte ich bei Rundfahrten mitunter Fahrer im Führungstrikot gesehen, die sich ohne Unterstützung ihres Teams quälten, bis dann plötzlich eine gegnerische Mannschaft intervenierte und die Ordnung wiederherstellte. Ich hielt derlei lediglich für guten Geschäftssinn. Denn wenn ich eine Sache schnell gelernt hatte, dann die, dass der Profiradsport ein Business war. Vor jedem Rennen erzählten sie uns, wie viel Prämien der Sponsor für einen Sieg rausrücken würde und wie viel wir von diesen Prämien für Verhandlungen mit anderen Fahrern nutzen konnten, falls wir im Finale in aussichtsreicher Position lägen.

Alle anderen französischen Teams hatten noch gut platzierte Fahrer, die für den Gesamtsieg in Frage kamen. Sie hatten folglich wenig Interesse an einem Deal. Die nächste Möglichkeit bestand darin, eine belgische oder holländische Mannschaft zu fragen. Die aber lehnten durch die Bank ab. Die Belgier und insbesondere die Holländer waren wirklich geldgierige Bastarde. Sie erklärten sich zwar grundsätzlich bereit, den Job zu übernehmen. Aber ihr Preis war immer sehr hoch. Für eine kleine Rundfahrt wie den Stern von Bessèges zahlte sich eine solche Investition nicht aus. So lastete der Druck, Pers Führung ins Ziel zu bringen, alleine auf uns. Ich tat, was ich konnte, aber in der bitteren Kälte fühlte ich alsbald meine Beine nicht mehr. Meine Trinkflasche fror ein. Ich gab auf, als mich das Feld vierzig Kilometer vor dem Ziel abhängte. Per verlor die Führung, war aber nicht allzu sehr enttäuscht. Dafür hatte er ein viel zu überzeugendes Debüt als Neuprofi gehabt.

Als Nächstes stand die Mittelmeerrundfahrt auf dem Programm. Da nur acht Fahrer pro Team antreten durften, war ich überrascht, als Thévenet die Auswahl bekannt gab. Ich hatte nicht geglaubt, dass ich mir mit meiner Bessèges-Form einen Platz ausrechnen durfte. Ich hatte ihn wahrlich nicht verdient. Meine Nominierung verdankte ich allein der Tatsache, dass Pedersen so stark fuhr. Der aber sprach kein Französisch und Thévenet nur ein wenig Englisch. Also nahmen sie mich quasi als Übersetzer mit. Während der Rundfahrt fingen meine Probleme erst richtig an. Ich hatte vier Kilogramm Übergewicht. Folglich litt ich in den Bergen wie ein Hund. Irgendwie schaffte ich es, dranzubleiben, nur um dann in der Abfahrt zurückzufallen. Die Erinnerung an meinen Sturz bei Isbergues war noch frisch und erfüllte mich mit Angst. Ich hatte meine Courage verloren. Auf trockener Fahrbahn war ich nicht allzu schlecht. Doch im Nassen fuhr ich ab wie ein Anfänger und musste mir die Pöbeleien der anderen anhören, wenn ich riesige Lücken zu meinem Vordermann reißen ließ und alle Fahrer hinter mir zwang, mich zu überholen und die Löcher wieder zuzufahren. Das schlug mir aufs Gemüt. Nach zwei Etappen, auf denen ich abgehängt wurde, war meine Moral im Keller. Am Abend nach der zweiten Etappe kam Thévenet auf mein Zimmer und fragte mich, was mein Problem wäre. Ich erklärte ihm die Sache mit meinem Sturz und erwartete, dass er mich ein bisschen durch den Kakao ziehen würde. Aber nein, Thévenet blieb freundlich und verständnisvoll. Er selbst hatte während seiner Karriere dasselbe Problem gehabt und empfahl mir, mich mehr zu entspannen. Dann würde sich die Sache von selbst erledigen. Er verlangte aber von mir, mehr zu arbeiten, um dem Team zu helfen. »Im Profiradsport bedeutet der Einzelne nichts. Nur das Team zählt. Darin besteht jetzt deine Aufgabe. In jedem Rennen musst du versuchen, deinen Beitrag zum Teamerfolg beizusteuern. Der beste Weg ist natürlich, selbst Rennen zu gewinnen. Aber weil das nun mal nicht immer möglich ist, musst du dich auf andere Art und Weise einbringen. Und wenn es nur eine kleine Sache ist. Ob du jemandem eine Trinkflasche bringst oder auf einen Kollegen mit einer Reifenpanne wartest. Alles kann eine wertvolle Hilfe sein. Hauptsache am Ende des Tages kannst du vom Rad steigen und sagen: ›Jawohl, heute habe ich meine Arbeit getan.‹« Seine Ansprache wirkte Wunder. Vom nächsten Tag an fuhr ich weitaus besser.

Es war seltsam, gerade an dem Tag getadelt zu werden, an dem ich dachte, meinen größten Beitrag geleistet zu haben. Es passierte auf der vierten Etappe nach Marseille. Ich tat mich bei zwei frühen Ausreißversuchen hervor. Nachdem wir eingeholt waren, ging eine andere Gruppe mit zweien unserer Fahrer: Regis Simon und Pierre Le Bigaut. Ich blieb im Feld sitzen, erfreut darüber, zwei Leute an der Spitze und selbst weniger Stress zu haben. Doch plötzlich fuhr Thévenet im Mannschaftswagen heran und brüllte, dass er es leid wäre, mich immer am Ende rumfahren zu sehen. Ich sollte gefälligst nach vorne fahren, um alle Verfolgungsversuche im Keim zu ersticken. Unsere Jungs wurden letztendlich eingeholt. Am Abend bekam ich meinen ersten offiziellen Anschiss. Ich war etwas angepisst, musste die Gardinenpredigt aber wohl akzeptieren. Jetzt wusste ich, dass es nicht genug war, vorne zu fahren. Ich musste dafür sorgen, dass man mich auch vorne sah, wenn ich vorne fuhr. Ich hatte wieder einmal etwas gelernt.

Zwei Tage nach der »Med« fuhren wir das Eintagesrennen Nizza-Alassio. Nach der anstrengenden Rundfahrt war ich ziemlich fertig und fragte Thévenet nach einem Ruhetag. Aber er befahl mir, zu starten. Ich könnte ja aufgeben, falls ich zu ausgepowert wäre. Vor dem Start traf ich Jean de Gribaldy, und er erzählte mir erneut, dass ich übergewichtig wäre. Er lamentierte, was für ein furchtbares Handicap das doch wäre. Ich nickte zustimmend, aber innerlich war ich konsterniert. Diese hageren, knochendürren Profis sahen fast krank aus. Und doch schafften sie es, in unglaublicher Geschwindigkeit in die Pedale zu treten. Ich war verwirrt. Das Rennen war ein einziges Desaster. Unsere gesamte Mannschaft gab auf. Thévenet war verärgert, aber er akzeptierte die Ausreden der erfahrenen Kollegen Gauthier und Le Bigaut, dass die »Med« ziemlich schwer gewesen war und uns alle mitgenommen hätte. Aber am nächsten Tag schrieben einige neunmalkluge Journalisten der *L'Équipe*, dass es nicht ein einziger RMO-Fahrer bis nach Alassio geschafft hätte und Bernard Thévenet immer noch nach uns Ausschau halten würde. Das brachte uns eine verärgerte Antwort aus Grenoble. Vom Hauptsitz des Sponsors kam ein Telegramm: »Wir investieren nicht in dieses Geschäft, um ausgelacht zu werden.« *Monsieur* Braillon, Mister RMO, drückte seinen Unmut über die bisherige Teamleistung aus und unterstrich, dass er ab sofort Erfolge sehen wollte. Das nächste Rennen, die Tour du Haut Var, wäre eine gute Möglichkeit, damit zu beginnen. Wir waren ziemlich verärgert. Die Eröffnungsrennen hatten wir eigentlich als Vorbereitung betrachtet. Es war unfair, kritisiert zu werden, als die Saison nicht einmal drei Wochen alt war.

Ich fuhr gut bei der Haut Var und landete ungefähr auf dem fünfundzwanzigsten Platz. Danach aber war ich wirklich ausgelaugt. In der Nacht bestellte mich Emile zu einer Massage. Als ich ankam, verabreichte er gerade dem brasilianischen Fahrer Ribeiro eine Injektion. Er sagte, dass es nur Vitamine wären, und schlug vor, dass er auch mir eine Spritze verpassen würde, um meine Erholung zu unterstützen. Ich lehnte ab und erklärte, dass ich mich niemals spritzen lassen würde. Er schien überrascht, aber beharrte nicht darauf. Am folgenden Tag fuhren wir den Grand Prix von Cannes, und ich war vollkommen fertig. Nach hundert Kilometern stoppte ich bei der Verpflegungskontrolle und stieg in das Auto der *Soigneurs*. Sie sagten kein Wort, aber ein »Haben wir es dir nicht gesagt?« stand in ihren Gesichtern. Ich saß hinten und dachte nach. Es war immer mein Prinzip gewesen, dass ein erschöpfter Körper Ruhe brauchte. Keine Vitamine. Ich war sicher, dass ich schon nach einem Ruhetag wieder fit wäre.

In dieser Nacht teilte sich das Team. Zum ersten Mal seit einem Monat war es den Fahrern gestattet, nach Hause zu fahren. Ich hatte keinen festen Wohnsitz in Frankreich, aber Guy Mollet bot mir als vorübergehende Unterkunft ein Haus in Wasquehal an, wo die ausländischen Fahrer seiner Mannschaft wohnten. Ich fühlte mich ziemlich krank, als ich das Flugzeug bestieg. Jean-Claude Vallaeys, der in Lille lebende Assistent unseres sportlichen Leiters, gab mir zwei Alka-Seltzer. Emile, der denselben Flug nahm, vermutete, dass mir meine Leber Probleme bereiten würde: Ich hätte nicht genug auf mich Acht gegeben. Das wäre nun das Ergebnis. Er gab mir zwei kleine Pillen, die meine Leber auf Vordermann bringen würden, und ich versprach, sie einzunehmen. Eine halbe Stunde später erzählte ich ihm, dass ich mich besser fühlte. Er schien erfreut zu sein. Ich wollte seine Gefühle nicht verletzen. Ich wusste, dass er mir bloß helfen wollte. Doch ich traute ihm nicht. Ich verdächtigte alles, was er mir gab.

Im Februar hatte es richtig Spaß gemacht, mit dem Team Rennen zu bestreiten. Umso größer war der Schock, nach Wasquehal zu kommen. Das Haus stand vollkommen leer. Es gab nur ein Bett. Keine Tassen, keine Untertassen, nichts. Nur ein Bett. Augenblicklich bereute ich es, hierher gefahren zu sein. Der Brasilianer logierte mit dem Team in Grenoble. Ich war niemals dort gewesen, hatte mir aber sagen lassen, dass es eine liebenswerte Stadt direkt am Fuße der Alpen wäre. Grenoble reizte mich sehr, doch ich hatte mich letztendlich für Wasquehal entschieden - eine Stadt deren düstere, an die TV-Serie »*Coronation Street*« erinnernde Atmosphäre mir bestens vertraut war. Schließlich hatte ich ein Jahr als Amateur dort verbracht.

Für Paris-Nizza wurde ich nicht nominiert. Aber das machte mir wenig aus. Ich wusste um den riesigen Erfolgsdruck, der bei dieser Rundfahrt auf unserem Team lasten würde. Stattdessen sollte ich am belgischen Eintagesklassiker Het Volk teilnehmen. Als Amateur hatte ich Belgien gehasst. Zu viel Wind und Regen, zu viele Kopfsteinpflaster und elendig flache Landstraßen. Allein der Gedanke an Het Volk ließ mich erschaudern. Die Nacht vor dem Rennen verbrachten wir in einem Hotel in Moeskron. Als ich zu Bett ging, bemerkte ich, dass es angefangen hatte zu schneien. In der Nacht betete ich, dass es nicht aufhören möge. Mein Flehen wurde erhört: Am nächsten Tag waren alle Straßen vollkommen eingeschneit. Het Volk wurde abgesagt. Ich kehrte in die Leere der Wohnung zurück. Ich hatte zwei Tage lang nicht trainiert. Womöglich dauerte es noch mal zwei Tage, bevor ich wieder nach draußen kam. Das würde meine Kondition in Mitleidenschaft ziehen und das nächste Rennen nur noch schwieriger gestalten. Jetzt merkte ich, dass es wohl doch besser gewesen wäre, Het Volk zu fahren, und trauerte der Absage nach. Vierundzwanzig Stunden zuvor hatte ich für Schnee gebetet. Es hatte geschneit, und nun war ich traurig. Das alles machte keinen Sinn.

Während der Woche füllte sich das Haus: Einige Fahrer von Kas zogen ein. Kas war das Team von de Gribaldy. Er hatte drei Fahrer nach Wasquehal gebracht, die an einigen Rennen in Belgien teilnehmen sollten, die zeitgleich mit Paris-Nizza stattfanden. Das Wetter beim ersten Rennen war furchtbar. Ich stieg aus, nachdem ich ziemlich früh zurückgefallen war. Das zweite Rennen war ein Kirmesrennen, eine *Kermesse* auf einem Rundkurs bei Oostende. Es war kalt, sonnig und windig. Freddy Maertens, früher einer der ganz Großen, war auch am Start. Ob ich wollte oder nicht, ich musste ihn anstarren. als er seinen Platz im Starterfeld einnahm. Was für einen erbärmlichen Anblick er doch bot! Dieser Mann war ganz oben gewesen. Es gab Gerüchte, dass er wegen ein paar Fehlinvestitionen alles verloren hatte. Ohne einen Cent auf der Bank war er gezwungen, nach Jahren des Ruhestands wieder in den Rennsattel zu steigen.

Das Rennen startete, und wir schossen gleich wie Raketen auf den Rundkurs. Der schnelle Beginn überraschte mich. Ich war sofort in Schwierigkeiten. Das Feld reichte mich schnell nach hinten durch. Ich hatte fast den Schwanz des Pelotons erreicht, fuhr in eine Kurve hinein, als Maertens an meiner Innenseite auftauchte und mich beinahe mit einem Ellenbogencheck aushebelte. Ich verlor eine Radlänge, dann noch eine und fiel endgültig zurück. Da platzte mir der Kragen. Nach zehn Kilometern abgehängt zu werden, war zu viel für mich. Ich gab das Rennen auf. Ich war fertig mit mir. Ich rief meine Eltern zu Hause an, um über meine Probleme zu sprechen. Sie schienen mich nicht zu verstehen. Wie konnte ich nur niedergeschlagen sein? Ich hatte doch endlich erreicht, wovon ich mein ganzes Leben lang geträumt hatte...

Die drei Jungs von Kas waren umgängliche Kerle. Einer von ihnen, Jacques Decrion, bot mir an, mich mit zu ihm nach Hause nach Besançon zu nehmen. Dort könnten wir gemeinsam in den Bergen trainieren. Ich könnte meine Moral auffrischen. Wir fuhren ein weiteres Rennen in Belgien, bei dem ich endlich einmal wieder das Ziel sah. Dann ging es nach Besançon. Ich blieb fünf Tage bei Jacques. Anschließend stand das nächste Rennen in der Nähe von Nantes auf dem Programm. Dort in Mauleon traf ich auch meine Teamkollegen wieder. Als wir am Hotel ankamen, stieg ich aus dem Auto – mit meinem Koffer, meinem Rad, meiner Aktentasche. Als sie mich sahen, fingen meine Teamkollegen gleich an, über meine Mappe zu lachen.

»Ah, Paul, ein nettes Täschlein hast du da. Du bist ein wahrer Krieger.« Ich hatte keine Ahnung, worum es ging. Als ich jedoch am Abend die anderen Fahrer auf ihren Zimmern besuchte, merkte ich, dass viele eine solche Mappe dabeihatten. Meine enthielt meinen Pass, Briefpapier, ein paar Schreibutensilien. In ihren hingegen waren Pillen, Spritzen und kleine Ampullen in jeder Farbe und Form. Das also war es, was sie zum Lachen gebracht hatte. Sie hatten gedacht, auch ich hätte ein ganzes Arsenal von Pillen dabei. Sie dachten, dass ich ein verdammter Junkie wäre. Jesus, man hat mich ohne Prozess verurteilt.

Das Ganze schockierte mich. Also entschied ich, meine Mappe offen in meinem Zimmer herumliegen zu lassen. So konnte jeder, der reinkam, gleich sehen, dass ich Stift und Papier aufbewahrte und keinen Medizinschrank mit mir führte. Nicht alle Fahrer hatten Federmappen dabei. André »Dede« Chappuis bewahrte sein Equipment in einem alten Schuhkarton auf, den er in seinem Koffer versteckte.

Ich fragte ihn, was drin wäre. Dede kramte in den zahlreichen Schachteln herum, zeigte mir die ganzen Pillen und erklärte mir, wozu sie dienten. Da waren Pillen, die Krämpfe vermieden oder die Leber reinigten. Da waren Vitaminpräparate, Koffeintabletten, Salze, Mineralstoffe und kleine Glasröhrchen mit einer weißen Flüssigkeit, über die er lachte und Witze machte. Er sagte, dies wäre »*Du Peau*« (»Die Haut«) – ein Slang-Ausdruck für Pervitine. »*Ton-Ton*« und »*Tan-Tan*« wären die Kosenamen für Tonedron. Ich hatte keinen Schimmer, worüber er sprach. Meine Unwissenheit schien ihn ziemlich zu belustigen. »Amphetamine«, erklärte er. Jetzt verstand ich.

»Aber was ist mit den Kontrollen?«, fragte ich.

»In Mauleon gibt es nie irgendwelche Kontrollen«, erwiderte er.

Das bestätigte sich später am Abend bei der Teambesprechung mit Vallaeys, der während Thévenets Abwesenheit nach uns schaute. Alle grinsten, als das Thema zur Sprache kam. Vallaeys ermunterte uns nicht direkt, uns für den kommenden Tag aufzupäppeln. Aber allein, indem er uns daran erinnerte, dass wir Profis waren, gab er uns grünes Licht. Es war Besorgnis erregend.

Am nächsten Morgen stand ein ungewöhnlich ausgelassenes Peloton am Start. Auf den ersten Kilometern war die Atmosphäre entspannt und heiter. Ich wurde eines mir bis dato unbekannten Spiels gewahr, mit dem sich die Profis unterhielten. Einige griffen einfach in die Trikottaschen anderer Fahrer. Mir kam das nicht allzu lustig vor. Sie aber schienen es urkomisch zu finden. Jemand erklärte mir, dass Amphetamine nur dann richtig etwas brachten, wenn man sie sich zwei bis zweieinhalb Stunden vor dem Ziel spritzte. Ein normales Rennen dauerte sechs bis sieben Stunden. Also war es notwendig, die Amphetamine erst einmal drei bis vier Stunden durch die Gegend zu fahren, bevor man sie einsetzte. Entweder in Tablettenform oder als Spritze. Tabletten waren natürlich handlicher. Sie ließen sich diskreter befördern und einwerfen. Das Problem war nur, dass sie erst den Magen passieren mussten. Ihre Wirkung war schwächer und trat erst mit Verzögerung ein. Eine Injektion in den Muskel wirkte hingegen fast umgehend und viel intensiver.

Es war natürlich ziemlich riskant, eine Spritze stundenlang im Rennsattel mit sich zu führen. Für den Transport musste sie zunächst einmal »frisiert« werden: Die Fahrer trennten sie knapp über dem Kolben ab, der die Flüssigkeit herausdrückte. Über die Nadel kam eine Plastikhülle. Dann wurde die Spritze in einem Metallröhrchen verstaut, üblicherweise einer Verpackung von Vitaminpräparaten. Zum Schluss wurde noch etwas Watte reingestopft, um die Spritze vor Vibrationen zu schützen. Die Fahrer steckten die heikle Fracht dann einfach zwischen Fruchtkekse und die übrige Verpflegung in ihre Trikottaschen – bis die Zeit reif war, um sie einzusetzen.

Als wir aus Mauleon herausfuhren, bestand das Spiel also darin, herauszufinden, wer ein Röhrchen dabeihatte und wer nicht. Die regelmäßigen Lachsalven signalisierten mir, dass so manches verdächtige Objekt ans Tageslicht befördert wurde – eine ziemlich entmutigende Tatsache. Welche Chancen besaß ich denn, wenn ich gegen Typen antreten musste, die Amphetamine nahmen? Damals hielt ich sie schlichtweg für Gauner. Und da ich jede Form des Betrugs immer verachtet hatte, verstand ich nicht, wie sie sich über Siege freuen konnten, die sie Aufputschmitteln verdankten. So sehr ich es auch versuchte, konnte ich keinen dabei beobachten, wie er das Zeug zu sich nahm. Trotzdem war ich immer noch davon überzeugt, chancenlos zu sein. Also stimmte es mich schon zufrieden, mit dem Hauptfeld ins Ziel zu kommen.

Das größte Problem an Wasquehal war, dass ich nur fünfzehn Kilometer von der belgischen Grenze entfernt wohnte. Denn so nahm Thévenet an, dass ich die Rennen in Belgien mochte. Für die anstehenden Eintagesklassiker war ich quasi naturgemäß erste Wahl. Zunächst stand die Flandern-Rundfahrt auf dem Programm. Auf den ersten 150 Kilometern versuchte ich mein Bestes, aus dem Feld ausreißen, bevor wir nahe des Ziels die zahlreichen Kopfsteinpflasterhügel erreichten. Hier würde das Feld heillos auseinander fliegen. All meine Versuche scheiterten. So kam ich mitten im Feld an den Fuß des ersten Anstiegs. Zwanzig Kilometer vorher wurde das Tempo verschärft. Thévenet hatte die Marschroute ausgegeben: Wer am ersten Anstieg nicht vorne dabei ist, kann das Rennen gleich abschreiben. Das Problem war nur, dass alle anderen sportlichen Leiter ihren Fahrern genau das Gleiche eingetrichtert hatten. Das Ergebnis war ein absolutes Chaos. Wir waren mit vierzig Stundenkilometern unterwegs. Trotzdem wurde gestoßen und geschoben, Schultern rieben aneinander - und das auf verflucht engen Straßen voller Schlaglöcher und anderer versteckter Fallen wie vorstehenden Gullydeckeln und Bordsteinkanten. Urplötzlich wurde es mir bewusst. Es genügte, dass ein Fahrer inmitten dieses dichten, dahinrasenden Feldes stürzte und schon läge auch die Hälfte der Kollegen auf dem Boden. Ich stellte meine Bemühungen ein, möglichst vorne zu fahren, und ließ mich ans Ende zurückfallen. Dort ging es weitaus geruhsamer zu. Ich wusste, dass sich unser Mannschaftswagen ziemlich weit hinten einordnen musste. Zwischen Thévenet und dem Ende des Feldes lagen siebzehn Autos. Von daher hatte er wohl keinen Schimmer, dass ich hinten rumturnte. Schon bald hatten sie mich abhängt. Nach gerade einmal 150 Kilometern gab ich das Rennen auf.

Als nächstes folgte Gent–Wevelgem. Was bei diesem Rennen nervt, ist der Seitenwind, der vom Meer ins Feld weht, wenn es die Nordseeküste zwischen Zeebrügge und De Panne entlanggeht. An diesem kalten Mittwochmorgen hatte der Wind Orkanstärke. Er fegte den Sand über die Straßen. Auf der Küstenpassage zerfiel das Feld in zehn große Teile. Ich fuhr zunächst in der siebten Gruppe und wurde dann immer weiter nach hinten durchgereicht – in die achte, in die neunte, schließlich in die zehnte Gruppe. An dem Sinn dieser verrückten Hatz zweifelnd, verlor ich auch hier alsbald den Kontakt. Diverse Mannschaftswagen überholten mich. Thévenet fuhr vorbei, aber Vallaeys kurbelte das Fenster herunter. »Was ist das Problem?«, wollte er wissen. Was für eine Frage! In einem Rennen, bei dem das Feld in zehn Gruppen zersplittert war und ein völliges Durcheinander kreuz und quer über die Straße verteilter Fahrer hinterlassen hatte, schien es mir nur allzu offensichtlich zu sein, worin das Problem bestand. Aber als ich gerade antworten wollte, fegte eine weitere Windböe den Sand über die Straße – mitten in das fragende Gesicht eines nun erblindeten Vallaeys. Schnell kurbelte er das Fenster hoch, ohne länger auf eine Antwort zu warten. Ich lachte innerlich: »Jetzt hat er wohl kapiert, worum es hier geht.«

Jean-Claude Vallaeys war unter den Fahrern ziemlich unbeliebt. Das machte ihm dem Job als Assistent des sportlichern Leiters alles andere als einfach. Sein Problem bestand einfach darin, dass er selbst niemals Rennen gefahren war. So konnte er naturgemäß nicht jenen Respekt einfordern, den wir dem zweimaligen Tour-de-France-Gewinner Thévenet entgegenbrachten. Vallaeys hatte vorher als Sekretär bei La Redoute gearbeitet. Was den Papierkram und die Organisation anging, arbeitete er sehr effizient. Aber keiner von uns gestand ihm zu, eine Ahnung vom Profiradsport zu haben. Warum sollten wir Befehle von einem Kettenraucher annehmen, der aß, als ob es kein Morgen gäbe? Ich mochte den Kerl einfach nicht. In meinen Augen war er verlogen und unaufrichtig. Oft machte er sich über meine Versuche lustig, Französisch zu sprechen. Das hätte ich auch durchaus verknusen können, wenn er selbst denn der englischen Sprache mächtig gewesen wäre - aber er konnte kein Wort. Für mich war es ein Mysterium, wie es ein Typ wie Vallaeys zum Leiter einer Mannschaft im Profiradsport geschafft hatte.

Zwei Tage nach Gent-Wevelgem stieg ich vorzeitig beim Grand Prix Pino Cerami in Belgien aus. Es war ein Teufelskreis. Ich brauchte eine Rundfahrt, um meinen Körper für die harten Klassiker zu wappnen. Aber ich hatte bei Paris-Nizza gefehlt. So fehlten mir jetzt Vorbereitung und Form für diese grausamen Eintagesrennen. Bei den meisten Klassikern schaffte ich nicht viel mehr als die Hälfte der Strecke, bis ich ausstieg. Zwischen den Rennen wohnten wir in einem Hotel in Moeskron. Dort servierten sie uns saftige Steaks von gigantischen Ausmaßen. Wir dinierten wie Könige. Die Rennen fuhren wir hingegen wie Junioren. Das Ergebnis war frustrierend: Anstatt meine Form zu finden, verlor ich sie noch mehr. Das Ganze zermürbte mich auch mental. Rennen nicht zu Ende zu fahren, war eine schlechte Angewohnheit, die zunehmend süchtig machte. Wenn es - wie bei den Klassikern üblich - schneite, regnete oder bitterkalt war, fiel es nur allzu leicht, das Frieren auf dem Rad gegen die Wärme im Begleitfahrzeug der *Soigneurs* einzutauschen. Doch saß man dann im Auto, bereute man diesen Schritt sofort. Ich grübelte, zerfleischte mich selbst, versank in tiefen Depressionen. Wer Rennen zu Ende fährt, lädt sich mit Selbstbewusstsein und Stolz auf. Aufzugeben aber zerstörte beides.

Zwei Tage nach dem GP Cerami reisten wir zum Start von Paris-Roubaix nach Compiègne. Das Wetter war scheußlich. Ich fragte mich bereits, ob sie das Rennen absagen würden. So heftig schneite es, als wir zu Bett gingen. Das Team von La Vie Claire wohnte im selben Hotel. Während der Nacht verschwand einer ihrer Neuprofis, der Amerikaner Thurlow Rogers, wortlos aus seinem Zimmer und dem Hotel. Am nächsten Tag machte das Gerücht die Runde, er wäre nervlich zusammengebrochen und in die Vereinigten Staaten zurückgekehrt. Die abgehärteten Europäer schmunzelten. Ich aber konnte nur allzu gut nachvollziehen, wie er sich gefühlt hatte. Oft genug zog ich selbst in Erwägung, alles hinzuschmeißen. An diesem kalten, nassen Morgen wäre es ziemlich leicht gefallen, eine solche Entscheidung zu treffen. Es schneite, als wir uns von einem mit Kopfsteinen gepflasterten Platz in Compiègne auf den Weg machten. Ich wusste, dass ich keine Chance hatte, es bis nach Roubaix zu schaffen. Meine Taktik war simpel. Ich musste versuchen, der Hölle des Feldes zu entfliehen, bevor wir die ersten richtigen *Pavés* erreichten. Auf den ersten hundert Kilometern attackierte ich mehrfach. Ohne Erfolg. Und als wir uns der ersten Kopfsteinpflasterpassage näherten, zog das Tempo immens an. Die Großen versammelten sich in der Spitze. Die Namenlosen, zu denen auch ich gehörte, fielen immer weiter ans Ende des Feldes zurück. Bei dieser Prozedur traf ich auf Kelly: Er war auf dem Weg nach vorne, ich nach hinten. Für ihn fing das Rennen jetzt erst an. Für mich war es schon vorbei. Es war schmerzhaft, so ungeschminkt zu sehen, welch riesige Kluft zwischen unseren Fähigkeiten klaffte.

Direkt vor dem ersten *Pavé*-Stück gab es einen Massensturz. Auch ich kam zu Fall, blieb aber von Verletzungen verschont. Ich konnte Dede ausmachen, wie er ganz unten in dem Trümmerhaufen aus Metall und Körpern lag. Er war arg ramponiert. Ich wartete auf ihn, sodass wir gemeinsam hinter der großen Meute herjagen konnten. Doch am Ende der ersten Kopfsteinpflasterpassage lagen wir schon sieben Minuten hinter der Spitze zurück. Wir gaben das Rennen beinahe umgehend auf und stiegen in den Besenwagen, der uns nach Roubaix kutschierte. Dort duschte ich mich schnell, hüpfte in meine Klamotten und erlebte »King Kelly«, wie er das zweite Mal bei Paris-Roubaix triumphierte.

Es war nur allzu offensichtlich, dass drastische Maßnahmen notwendig waren, um aus der tiefen, dunklen Grube zu klettern, in die ich gefallen war. Auch Thévenet zeigte sich wenig erfreut über meine Leistungen. Nach einer langen Diskussion sagte ich ihm, dass ich Wasquehal verlassen und nach Grenoble ziehen wollte. Das Hauptquartier von RMO lag in der Stadt in den französischen Alpen. Fünf weitere Fahrer waren in der Region zu Hause. Das einzige Problem würde sein, eine passable Unterkunft aufzutreiben.

RMO war auch Sponsor der Fußballmannschaft von Grenoble und finanzierte deren Nachwuchszentrum. Nach einem Anruf von Thévenet stimmten die Verantwortlichen zu, mich dort unterzubringen, bis ich ein eigenes Apartment gefunden hätte. Allein der Gedanke, Wasquehal endlich zu verlassen, wirkte Wunder. Eine Woche nach Paris-Roubaix stand Lüttich-Bastogne-Lüttich auf dem Programm. In bitterer Kälte und heftigem Regen war ich neben Bruno Huger der einzige RMO-Fahrer, der ins Ziel kam. Ganze sechzig Fahrer überquerten die Ziellinie, und Thévenet lobte meine Courage – es war das erste lobende Wort seit einem Monat, das ich aus seinem Mund hörte.

Natürlich gab ich nicht ihm die Schuld dafür, dass ich bei sieben Rennen in Serie aufgegeben hatte. Aber ich war mir sicher, dass dieser schlechte Lauf nun ein Ende hatte. Als Achtundvierzigster des Rennens schaffte ich es, dass mein Name in der *L'Équipe* auftauchte. Wie trivial das auch klingen mag, aber es war ziemlich wichtig. Denn vermutlich würde *Monsieur* Braillon sich jeden Morgen seine Sportzeitung holen und die Ergebnislisten überfliegen, um zu sehen, wo seine Leute gelandet waren. Dass mein Name gedruckt war, könnte ihn vielleicht überzeugen, dass es sich lohnte, mich zu behalten. Es würde ihm fortan vielleicht leichter fallen, am Monatsende meinen Gehaltsscheck zu unterschreiben.

Grenoble war eine sonnige, helle, sehenswerte Stadt. Vom ersten Augenblick an wusste ich, die richtige Entscheidung getroffen zu haben. Ab sofort würde es besser laufen. Ich fühlte, dass ein neues Kapitel meiner Profikarriere begann.

9 Grenoble

Ich mag den Gedanken, dass ich ein Überlebenskünstler bin. Ich hatte immer gute Überlebensinstinkte. Der Umzug von Lille nach Grenoble war nicht bloß ein Wechsel der Kulisse: Der Schritt war schlichtweg essenziell. Der zweimonatige Aufenthalt in Wasquehal hatte mir die Zeit gegeben, meine eigene Situation gründlich zu durchleuchten. Weil ich doch so nah an Belgien wohnte, glaubten alle, dass ich die belgischen Rennen gerne fahren würde. Die Wahrheit war: Ich hasste sie. Und in der unmittelbaren Umgebung von Vallaeys stand ich unter seiner Fuchtel – als einer seiner Jungs. Aber ich konnte ihn nicht ausstehen. Und schlimmer noch: Er wusste, dass ich ihn nicht ausstehen konnte. Es hatte den Anschein, dass er mir nie auch nur einen Gefallen tat. Ich musste weg aus Wasquehal. »*Go south, young man.*«

Grenoble war der Mittelpunkt des Teams. Hier war die Zentrale der Firma, hier hatte unser Rennstall seinen Hauptsitz, hier fielen die Entscheidungen. Frankreich ist ein riesiges Land. Die Flugzeit von Lille nach Grenoble ist dieselbe wie zwischen Paris und Dublin. Daher dürfte es Thévenet eigentlich egal sein, ob ich in Dublin oder Lille lebte. So oder so war ich Ausländer. Wäre ich ein Ausländer wie Stephen Roche oder Sean Kelly, der schneller in die Pedale treten konnte als irgendjemand sonst auf der Welt, würden sich mein Sponsor und mein sportlicher Leiter ein Bein ausreißen, um mir zur Seite zu stehen – ganz gleich, wo ich lebte. Aber ich war Paul Kimmage. Also lagen die Dinge anders. Ich wusste, dass sie mich nach Ablauf meines Zwei-Jahres-Vertrages zur Brust nehmen und sagen würden: »Nun gut, der Kimmage ist zwar Ire, aber er ist kein Roche und kein Kelly. Er ist ein durchschnittlicher, solider Profi. Aber warum sollten wir einen Ausländer beschäftigen, wenn es hundert Franzosen gibt, die genauso viel drauf haben?« Ich war mir dieser Gefahr absolut bewusst. Also musste ich so nah wie möglich an die Entscheidungsträger ran. In Grenoble zu leben, gab mir die Chance, ständig auf dem Laufenden zu bleiben, was im Team passierte. Ich musste alles tun, um mich zu integrieren. Sie sollten vergessen, dass ich Ire war. Ich erzählte ihnen, dass ich Frankreich lieben würde. Gerade Grenoble wäre so etwas von liebenswert. Ich bekundete meine Ansicht, auch nach dem Ende meiner Karriere hier zu bleiben.

Das war keine komplette Lüge. Mir gefiel die Region. Ich wusste, dass es in Irland nur wenige Jobs für einen nicht allzu berühmten Ex-Radprofi gab. Also standen die Chancen gut, Frankreich zu meiner dauerhaften Wahlheimat zu machen. Ich muss zugeben, dass es mir ziemlich gut gelang, die Rolle des Uriah Heep aus Charles Dickens »David Copperfield« zu spielen. Ich hätte einen Oscar verdient gehabt.

Es funktionierte. Nach nur zwei Tagen Aufenthalt in der Stadt lud mich ein Mann der Firma zu einem Dinner in sein Haus ein. Marc Mingat arbeitete in der PR-Abteilung von RMO. Das war der ideale Posten, um mich in Marc Braillons Stimmungen und Humor einzuführen. Wenn sich Mingat mit Thévenet traf, wusste ich dank Mingat rechtzeitig, worum es gegangen war: Ich kannte genau die Temperatur des Wassers, bevor ich in die Wanne sprang. Ich wurde eingeladen, bei den Eröffnungen neuer RMO-Büros in der Gegend zu assistieren. Auch Braillon war bei solchen Gelegenheiten stets vor Ort. Also warf ich mich in Schale, ohne allzu sehr aufzufallen. Braillon mochte es nicht, wenn jemand zu großspurig auftrat. Es gab Gerüchte, dass Braillon eines Tages aus dem Fenster geschaut und gesehen hatte, dass ein Angestellter in einem riesigen, protzigen Auto vorgefahren war. Er feuerte ihn auf der Stelle. Braillon selbst fuhr einen Mercedes 300 in einer recht hausbackenen Senffarbe. Klassisch und keineswegs extravagant. Er erwartete, dass sich seine Angestellten diesem Stil anpassten. Es gab eine goldene Regel, die niemals gebrochen werden durfte: In Interviews mit der Presse sollten wir nicht so viel über das Unternehmen reden, sondern über den Firmenchef. Wir sollten nicht RMO rühmen, sondern Marc Braillon.

Mein Zimmer beim Fußballverein teilte ich mit dem Brasilianer Mauro Ribeiro. Genau wie ich war er ein Neuprofi. Er sprach zwar exzellent Französisch, aber mit schwerem lateinamerikanischen Akzent. Dadurch, dass er schon seit Anfang des Jahres in Grenoble lebte, kannte er die französischen Fahrer aus der Gegend viel besser als ich. Aber dies war ein zweischneidiges Schwert. Denn es bedeutete, dass auch sie ihn kennen gelernt hatten. Und er war ihnen alles andere als sympathisch. Das erfuhr ich von Thierry Claveyrolat und Patrick Clerc. Thierry war ein früherer Teamgefährte von Stephen Roche bei La Redoute. Er lebte in dem Dorf Vizille, zwölf Kilometer von Grenoble entfernt. Patrick war mit Sean Kelly bei Sem gefahren. Er lebte nördlich der Stadt in Brignoud. Beide hatten seit dem Saisonstart regelmäßig mit Ribeiro trainiert und reisten mit ihm zu den Rennen. Sie beschwerten sich, dass er immer der Letzte war, der zum Portmonee greifen würde, wenn es darum ging, den Kaffee auf dem Weg zu einem Rennen zu bezahlen. Als ich ihnen berichtete, dass ich mit ihm ein Zimmer teilte, begannnen sie furchtbar zu lästern. In meinem verzweifelten Wunsch, akzeptiert zu werden, spielte ich das Spiel mit. Es kam keine verteidigende Bemerkung über meine Lippen. Aber das fiel mir nicht schwer: Ich konnte Ribeiro ohnehin nicht ausstehen. Als ich den beiden sagte, dass er sich nach der Tour du Haut Var im Februar Vitamininjektionen gesetzt hatte, brandmarkte ich ihn augenblicklich und unfairerweise als Junkie. Er war allerdings tatsächlich äußerst knauserig. Es klingt absurd: Aber da er niemals viel ausgab, nahm ich an, dass Ribeiro einfach nicht viel Geld hatte. Als der bessere Fahrer von uns beiden ging ich davon aus, auch besser bezahlt zu werden. So war ich immer bereit, Zeitungen, Kekse und Kaffee für uns beide zu bezahlen. Aber ich lag falsch. Ribeiro war einfach nur knauserig.

Das wurde mir erst bei einem Gespräch mit Marc Mingat bewusst. Marc informierte mich, dass Ribeiro Monat für Monat 500 Pfund mehr bekam als ich und dass ihm Braillon jedes Jahr zwei Flüge nach Brasilien zahlte. RMO hatte eine Niederlassung in Rio de Janeiro. Also war es gute Werbung, einen Brasilianer im Team zu haben. Als Ribeiro auf den Markt kam, kauften sie ihn schnell ein. Marcs Enthüllung brachte mich vollends gegen Ribeiro auf. Ich erzählte den anderen von den Neuigkeiten. Die waren ebenfalls fortan noch schlechter auf ihn zu sprechen. Mein Petzen war sicherlich ein Fehler. Es war niederträchtig. Aber das Spiel hieß nun einmal »Überleben«, und mein Beitrag würde mir ein paar Zusatzpunkte einbringen.

Eine Woche nach dem Umzug nach Grenoble flogen wir für das Amstel Gold Race in die Niederlande. Das Rennen erinnerte ein wenig an Lüttich-Bastogne-Lüttich, und ich fuhr ziemlich stark. Ich wurde Einundzwanzigster und erreichte als bester RMO-Fahrer das Ziel. Es folgten zwei wichtige Etappenrennen: Die Vier Tage von Dünkirchen und die Tour de Romandie. Ich wusste, dass ich langsam immer besser in Form kam. Ich wollte unbedingt in der Romandie starten. Dünkirchen hieß Kopfsteinpflaster und Seitenwind, und ich glaubte, dass mir die harten Anstiege und die windgeschützten Straßen der Schweiz viel besser liegen würden.

Bei Rundfahrten war die Zahl der Fahrer für jedes Team begrenzt. In Dünkirchen hatte jede Mannschaft acht, in der Romandie sechs Mitglieder. Insgesamt hatte RMO achtzehn Fahrer. Platz war aber nur für vierzehn von uns: Vier mussten zu Hause bleiben und jeden Tag alleine trainieren, anstatt Wettkämpfe zu bestreiten. Im Training hast du keine Chance, ein echtes Rennen zu simulieren. Die Form lässt zwangsläufig nach. Es wird immer schwerer, beim nächsten Start auf sich aufmerksam zu machen. Ich wollte zwar nicht in Dünkirchen fahren, aber das war immer noch besser, als zu Hause zu bleiben. Thévenet erklärte, dass er all seine reinen Bergfahrer in die Schweiz senden würde. Ich dürfte mich glücklich schätzen, in Dünkirchen zu starten. Schließlich konnten vier Fahrer an gar keinem Rennen teilnehmen. Ich wollte zunächst noch argumentieren, dass ich mich für einen Kletterspezialisten hielt. Aber ich entschloss mich, lieber den Mund zu halten. Dünkirchen war besser als nichts.

Die ganze Woche über fuhr ich schlecht, abgesehen vom letzten Tag, als ein hügeliger Rundkurs bei Cassel anstand. Hier bekam ich die Anweisung, den Berg so hart wie möglich anzugehen. Mein Teamkollege Regis Simon lag in der Gesamtwertung auf dem zweiten Platz hinter dem Belgier Dirk De Wolf, und wir glaubten, dass der schwer gebaute Flame auf den kurzen, aber steilen Rampen von Cassel Schwierigkeiten bekommen könnte. Ich gab alles, was in mir steckte. Mir gelang es, das Feld komplett auseinander zu reißen. Aber De Wolf konnten wir einfach nicht abschütteln. Regis beendete die Rundfahrt als Zweiter.

Eine Woche später ging es nach Bordeaux: Der Marathon Bordeaux–Paris stand auf dem Programm. Das Format des Rennens hatte sich seit meinem Debüt im vorherigen Jahr geändert. Gestrichen war die alte Tradition einer zwanzigminütigen Pause in Poitiers, wo wir anhielten, um uns dann in den Windschatten der Motorräder zu begeben. Bei Bordeaux–Paris galten jetzt dieselben Regeln wie bei allen anderen Eintagesklassikern. Am Morgen des Rennens brachen wir zu einer leichten Trainingsrunde in die Weinberge auf. Zu dieser Zeit bedeutete mir Wein nicht allzu viel. Unser Teamkapitän Bernard Vallet war fassungslos über meine mangelnde Begeisterung, als wir Margaux mit einigen der besten und teuersten *Châteaux* der Welt passierten. Sein Enthusiasmus für Wein amüsierte mich. In Irland war Wein das, was der Priester jeden Sonntag in den Kelch goss. Guinness, das war ein richtiges Getränk. Ich konnte nicht nachvollziehen, wie dieser Franzose beinahe in Tränen über uns ausbrach, während wir entlang ein paar heruntergekommener Häuser und Weinberge fuhren. Aber seine Leidenschaft war offensichtlich ernsthaft. In einem Versuch, mir den Wert der Weinberge einzuschärfen, sagte er: »Polo, wenn du vierzig Fuß von diesem Land besitzt, müsstest du dich nie wieder aufs Fahrrad setzen.« Mittags bestellte er eine Flasche guten Rotwein, die ich nicht mehr als okay fand. Aber mein Interesse war geweckt. Mittlerweile bin ich selbst Weinfanatiker. Margaux, Rothschild und Yquem gehören zu den *Châteaux*, die ich besonders schätze, obwohl ihre ungeheuerlichen Preise bedeuten, dass sie in unserem Haus nicht sonderlich häufig auf den Tisch kommen.

Bernard Vallet hatte sich speziell für Bordeaux–Paris vorbereitet. Bei der Teambesprechung zwei Stunden vor dem Rennen verlangte Thévenet, dass all unsere Anstrengungen darauf abzielen mussten, ihm zu helfen. Im Dunkel der Nacht verließen wir Bordeaux, jeder Fahrer mit einem Set von Vorder- und Rücklichtern. Die Sicht war ein Problem. Unsere Augen mussten sich anstrengen, um den genauen Abstand zum Hinterrad des Vordermanns zu halten. Es ging gleich richtig los: Einige der Burschen schalteten ihre Lampen aus und versuchten, sich ungesehen davonzuschleichen. Bordeaux–Paris ist ein Biest von einem Rennen. Um sieben Uhr morgens, nachdem wir rund 300 Kilometer zurückgelegt hatten, fing ich an, auf dem Rad einzuschlafen. Das klingt übertrieben. Aber es war genau so. Meine Augenlider waren so unglaublich schwer, dass mein Kopf langsam nach vorne sackte, bis ich dann urplötzlich realisierte, was passierte, und aufwachte. Koffeintabletten wären eine Antwort gewesen, aber ich war »sauber« und wollte auch mit kleinsten Dopingvergehen nichts am Hut haben.

Ein wichtiger Ausreißversuch entwickelte sich gegen Rennende. Von unserem Team war nur Patrick Clerc dabei. Thévenet beorderte Dede und mich an die Spitze, um die Verfolgung in Angriff zu nehmen. Wir mussten uns mächtig ins Zeug legen, aber irgendwie schafften wir es. Dann kam schon die nächste Attacke. Diesmal ging auch Vallet mit. Dede und ich fielen dreißig Kilometer vor Paris zurück und stiegen sofort in die Mannschaftsautos. Als Amateur ging es darum, das Ziel zu erreichen. Als Profi ging es darum, zu gewinnen oder jemand anderem beim Gewinnen zu helfen. Unsere Arbeit war getan. Für uns gab es nichts mehr zu holen, wenn wir uns noch bis nach Paris abstrampeln würden. Zu behaupten, dass ich erschöpft war, wäre eine bodenlose Untertreibung. Nach zwei Minuten im Teamwagen schlief ich ein. Ich duschte, und wir nahmen ein Taxi zum Flughafen, wo ich wieder einnickte. Ich schlief auch auf dem Flug nach Grenoble und im Taxi zum Vereinsgelände. Nach der

Ankunft steuerte ich direkt das Bett an. Meine Faszination für Bordeaux–Paris war unwiderruflich passé. Die definitive Entscheidung war gefallen: Nie wieder!

Schnell näherte sich die nächste Rundfahrt: Die Dauphiné Libéré ging über neun Tage. Dank Etappen, die über einige der höchsten Alpenpässe führten, war das Rennen gleich nach der Tour de France die zweitgrößte Rundfahrt des Landes. Für unseren geliebten Sponsor aber war sie fast genauso bedeutend: Die Dauphiné Libéré fand in der Region von Grenoble statt, quasi im Hinterhof von RMO. Das war für Thévenet der Grund, mich aus dem Aufgebot zu streichen. Er wollte die neun besten Fahrer an den Start schicken, und ich stand in der teaminternen Hierarchie nicht höher als auf Platz zwölf. Ich akzeptierte die Entscheidung und bereitete mich stattdessen auf die Tour de l'Oise vor, eine kürzere, dreitägige Rundfahrt, die zur selben Zeit stattfand. Eine Woche vor der Dauphiné organisierte Thévenet ein Trainingsrennen auf einer der Alpenetappen und lud mich dazu ein. Es war meine erste Möglichkeit, mich an den richtig großen Anstiegen zu versuchen. Ich war ziemlich aufgeregt, was mich erwarten würde. Bis jetzt kannte ich diese mythischen Orte nur als Fotos an der Wand meines Kinderzimmers. Thierry Claveyrolat war der beste Bergfahrer im Team. Aber es gelang mir, an drei Bergen fast bis zur Passhöhe an seiner Seite zu bleiben. Er war überrascht, dass ich so gut klettern konnte. Zwei Tage später flog einer der Auserwählten, der altgediente Jean-Louis Gauthier, aus dem Team für die Dauphiné und hinterließ einen vakanten Platz. Thévenet hatte gehört, dass ich mich beim Trainingsrennen gut gegen Claveyrolat geschlagen hatte und bot mir den Platz an.

Die Rundfahrt startete mit einem Prolog an den Ufern eines schönen Flusses bei Annecy, verlief dann über Lyon und St. Etienne zurück nach Chambéry, Albertville und Grenoble. Auf der dritten Etappe nach St. Etienne stach Thierry Claveyrolat den großen Laurent Fignon im Sprint aus und gewann einen prestigeträchtigen Tagesabschnitt. Durch diesen Sieg hatte Thierry die Ehre des Teams in dessen Heimat gesichert. Der Druck war vorbei. Jetzt konnten wir anfangen, die Dinge ein wenig lockerer angehen zu lassen. Wir heckten einen Plan für die folgende Etappe nach Charavines aus: Wir rechneten damit, dass unser Sprinter Francis Castaing eine gute Chance besaß. Perfekt angezogen von Regis Simon, Vincent Barteau und Pierre Le Bigaut sah Castaing auch bereits wie der Sieger aus. Dann aber tauchte Jean-Francois Rault, ein Sprinter von La Vie Claire, neben ihm auf. Bedrängt von Rault zog Castaing zur Seite und drückte den Bretonen in Richtung der Absperrgitter. Doch Rault ließ sich nicht beeindrucken und schlug mit seinem Ellbogen nach Castaing, um sich zu wehren. Castaing hielt dagegen, beide stürzten bei 65 Stundenkilometern. Le Bigaut, Simon und Barteau konnten den beiden ausgestreckt auf der Straße liegenden Körpern nicht mehr ausweichen und kamen ebenfalls zu Fall. Am Abend musste Castaing für sein unprofessionelles Verhalten heftige Kritik einstecken. Le Bigaut und Barteau hatten sich verletzt. Für sie war das Rennen beendet. Castaing hatte das Leben seiner Teamkollegen gefährdet. Er hatte gegen die Regeln des Profiradsports verstoßen.

Ich selbst fuhr gut. Im Anschluss an die erste Bergetappe nach Chambéry lag ich an siebzehnter Stelle. Am nächsten Tag aber brach ich beim dritten Anstieg schwer ein und fiel auf den vierunddreißigsten Platz zurück. Auch bei der letzten Bergetappe von Grenoble nach Puy St. Vincent versagte ich total. Aber davon nahm niemand sonderlich Notiz, da Thierry die Etappe gewann. Geduldig wartete Thévenet vierzig Minuten lang, bis ich endlich im Ziel auftauchte. Er gab mir einen Klaps auf den Rücken und brachte mich zum Wohnwagen der Rennärzte: Ich war für die Dopingkontrolle ausgelost worden.

Die siebenstündige Etappe in heißer Sonne hatte mich vollständig dehydrieren lassen. Ich hatte ziemliche Schwierigkeiten zu pinkeln. Glücklicherweise standen Bier und Wasser bereit. Nach fünfzehn Minuten verspürte ich ein gewisses Bedürfnis. Man gab mir ein durchsichtiges Glasfläschchen und befahl mir, mich auszuziehen. Die neugierigen Augen des Kommissars überwachten mich, als ich daran ging zu pinkeln. Zunächst war ich ziemlich irritiert. Dann versuchte ich, den Typen zu vergessen, und stellte mir Wasserfälle und spülende Toiletten vor. Endlich begann der klare gelbe Urin zu fließen. Ich sah zu, wie der Offizielle meine Probe in zwei kleine Flaschen füllte und beide mit einem Code versah, den ich auswählen durfte. Dann wurden die beiden Flaschen mit Kerzenwachs verschlossen: Eine wurde sofort analysiert, die andere war für eine zweite Analyse bestimmt, falls die erste positiv ausfallen sollte.

Ich hörte nichts mehr von meiner Dopingprobe, sodass ich vermute, dass sie negativ war. Alles, was ich genommen hatte, waren Vitaminbrausetabletten sowie ein paar Mineralstoffe und Eisenpräparate. Dennoch verspürte ich Angst: Angst, dass irgendwer meine Proben vertauschen könnte und sie mich auf diese Weise positiv testen würden. Ich malte mir aus, wie ich empört meine Unschuld beteuerte, doch niemand zuhörte. Schließlich hat nie irgendjemand zugehört, wenn ein »Positiver« lamentierte, dass er nichts genommen hatte. Was wäre das für eine Schande! Ich stellte mir die Schlagzeilen der Dubliner Zeitungen vor: KIMMAGE GEDOPT! Wirklich, was für eine Schande! Ich war dankbar, sauber zu sein. Meine Proben mussten einfach negativ ausfallen.

Das Rennen endete am nächsten Tag. Claveyrolat führte in der von Fiat gesponserten Wertung für den besten Fahrer an der Ein-Kilometer-Marke. Ihm winkte ein Fiat Uno. Um den Sieg abzusichern, musste er den letzten Sprint gewinnen. Während des Rennens war ich gut für ihn gefahren, half ihm, wo immer ich konnte. Zehn Kilometer vor dem Ende der letzten Etappe fragte er mich, ob ich ihm den Sprint anziehen könnte. Castaing, Barteau, Le Bigaut, Mas und Vallet waren alle ausgestiegen, ganze vier Fahrer des Teams noch im Rennen. Seine Bitte überraschte mich: Massensprints gehörten nicht zu meinen Stärken. Aber ich willigte ohne zu zögern ein. Meine Aufgabe bestand nun darin, ihn einen Kilometer vor dem Ziel an die Spitze zu fahren und dann den Sprint für ihn zu eröffnen. Es war ziemlich schwer, nach vorne zu kommen. Ich hatte die ganze Zeit das Gefühl, im nächsten Moment zu stürzen, als ich mir den Weg durch das dicht gestaffelte Feld bahnte. Doch ich war genau zur passenden Zeit vorne.

Als Claveyrolat »*Allez*« rief, eröffnete ich den Sprint. Ich war so glücklich, alles richtig gemacht zu haben, dass ich fast vergaß, dass es hier ja gar nicht um meinen Erfolg ging. Ich musste doch für Claveyrolats Sieg arbeiten. Er folgte mir, hatte aber Schwierigkeiten, an mir vorbeizukommen. Zum Glück erinnerte ich mich rechtzeitig, was die eigentliche Aufgabe war, und zog herüber. Thierry gewann die gut dotierte Wertung. Er lobte meine Leistung in den höchsten Tönen. Es waren neun harte Tage, aber ich war gut durchgekommen. Thévenet zeigte sich erfreut über meinen Beitrag zum Erfolg. Zum ersten Mal dachte ich über die Möglichkeit nach, vielleicht bei der Tour de France starten zu dürfen.

Eine Woche darauf bestritten wir den Grand Prix de Plumelec in der Bretagne. Die Teamleitung stellte Clavet, Dede und mir ein Auto. Samstags fuhren wir zu dritt nach Plumelec, bestritten am Sonntag das 200 Kilometer lange Rennen und sprangen direkt wieder ins Auto. Nach einem elendig langen Heimweg kamen wir um halb fünf in der Früh an. Clavet und ich fuhren stark: Er belegte den sechsten, ich den achten Platz. Entsprechend prächtig war die Stimmung auf dem langen Rückweg. Dies war der härteste Teil des Profidaseins – das Reisen. Die unzähligen Stunden, die wir in Autos und auf Flughäfen verbrachten. Aber der Ausflug nach Plumelec hatte etwas von einer großen Party. Dede war hervorragend aufgelegt und unterhielt uns mit nicht enden wollenden Geschichten über diverse Zusammenstöße, die er mit seinen Autos fabrizierte. Bei zwanzig Unfällen hatte er zwanzig verschiedene Autos zerlegt. Anschließend war er jedes Mal so verrückt weitergefahren, als wäre nichts geschehen. Dieser Mann ist absolut furchtlos. Seine Philosophie lautet: »Der Tag, das Datum, alles steht bereits geschrieben.«

Nach Plumelec hatte ich eine zweiwöchige Rennpause. Ich absolvierte nur leichtes Training. Meine Freizeit verbrachte ich damit, durch die Geschäfte von Grenoble zu flanieren. Das Fußballzentrum machte mich allmählich fertig. Es gab keine Privatsphäre, und die jungen Fußballer waren ein Haufen von ungezogenen, undisziplinierten Lümmeln. Ribeiro schien ziemlich gut mit ihnen auszukommen, was mich verwunderte und noch mehr gegen ihn aufbrachte.

Zu dieser Zeit erfuhren wir, dass Patrick Clerc entlassen worden war. Ein paar Jahre früher war Patrick einer der besten *Domestiques* im gesamten Peloton gewesen. Aber ein Jahr bevor er zu RMO kam, hatte er eine schlechte Saison beim spanischen Team Fagor, das den Vertrag mit ihm nicht verlängerte. Thévenet kontaktierte ihn für einen Wechsel zu RMO, aber zu keinen bestimmten Konditionen. Bevor er seinen Einjahres-Vertrag unterzeichnete, musste er eine Rücktrittserklärung schreiben. Auf diese Weise umgingen die listigen Sponsoren eine Regelung des französischen Verbandes, nach der jeder Vertrag eine Mindestdauer von einem Jahr haben musste. Weil Patrick in der ersten Hälfte der Saison nichts gezeigt hatte, kramten sie kurzerhand seine Rücktrittserklärung aus der Schublade und feuerten ihn. Er war ziemlich verbittert, als er sein letztes Rennen mit uns fuhr, die Rundfahrt Midi Libre. Ich konnte mich des Eindrucks nicht erwehren, dass er uns seinen Rausschmiss auf gewisse Weise übel nahm – so als ob wir für sein Schlamassel verantwortlich wären.

Während der Midi Libre erfuhr ich, dass sie mich für die Tour de France nominiert hatten. Ich war hocherfreut. Seit der Dauphiné hatte ich mir ernsthafte Hoffnungen gemacht. Jetzt war es offiziell. Zurück in Grenoble plante ich einige längere Trainingsrunden, die ein paar der größten Anstiege der Tour umfassten: Lauteret, Galibier, Granon und Izoard. Ich machte zu jedem Pass Notizen über die Steigungsprozente, die Straßenbeläge und die optimalen Übersetzungen – überzeugt davon, dass mir derlei Wissen drei Wochen später helfen würde. Mein ganzes Herz hing daran, eine dieser Bergetappen zu gewinnen. In meinen Augen war ich immer noch ein Kletterspezialist.

Eine Woche vor der Tour fuhren wir eine viertägige Rundfahrt in der Bretagne. Uns wurde aufgetragen, alles locker anzugehen und das Rennen als Training zu nutzen. Aber ich fühlte mich ausgezeichnet. Am ersten Tag war ich in einer siebenköpfigen Ausreißergruppe dabei, die den Etappensieg unter sich aussprintete. Vor der letzten

Kurve lag ich vorn. Es waren noch zweihundert, leicht ansteigende Meter bis zum Ziel. Doch als ich in die Kurve fuhr, berührte mein rechtes Pedal den Asphalt. Mein Hinterrad wurde quasi aufgebockt. Als es wieder aufsetzte, rutschte mein Rad zur Seite und ich schlug am Rinnstein auf. Ich kam zwar mit ein paar Kratzern davon, war aber doch ziemlich sauer, denn sonst wäre ich sicherlich mindestens als Dritter ins Ziel gekommen. Das Rennen stand ganz im Zeichen von Bernard Hinaults Ausstieg. Vom Start weg fuhr er am Ende des Feldes und blickte finster drein, wann immer ihm irgendjemand zu nahe kam. Der »Dachs« war ein eigenartiger Kollege: Er machte mir Angst. Ich fürchtete immer, dass ich vor ihm stürzen und ihn mit zu Fall bringen würde. Manchmal attackierte er, und das Feld jagte in einer langen Kette aufgereiht hinter ihm her. Im nächsten Augenblick nahm er dann die Beine hoch und begann, uns allesamt auszulachen. Er hatte eine enorme Präsenz, ihn umgab eine Art gottähnlicher Aura. Er war zweifellos ein großer Champion, aber ich mochte ihn nicht.

Nach der Armorique waren es nur fünf Tage bis zum Start der Tour de France. Da die Tour in Paris losging und wir zwei Tage vorher im Hotel zu sein hatten, lud mich Stephen Roche ein, die drei Tage zwischen den beiden Rennen mit ihm zu verbringen. Ich wollte es locker angehen lassen. Aber das kannst du nicht, wenn du mit Stephen trainierst. Ich erinnere mich, dass ich mich während unserer Trainingsrunden immer äußerst unwohl an seiner Seite fühlte. Er hatte eine lausige Saison hinter sich. Sein Knie bereitete ihm diverse Probleme. Er war sich bis zur letzten Minute unsicher, ob er überhaupt die Tour bestreiten sollte, sagte aber schließlich zu. Als der Countdown für die große Rundfahrt begann, wurde ich immer nervöser. Drei Iren sollten an der Tour teilnehmen: Martin Earley für Fagor, Stephen für Carrera und ich für RMO. Eigentlich hätten es vier sein sollen, aber ein Sturz bei der Tour de Suisse hatte Sean Kelly einen Strich durch die Rechnung gemacht. Als wir nach Paris fuhren, fühlte ich, dass ich auf dem Weg zu einem Rendezvous mit dem Schicksal war. Von diesem Moment hatte ich als Kind geträumt. Jetzt wurde er Wirklichkeit.

10 Tour de France

Freitag, 4. Juli 1986
Prolog: Boulogne Billancourt (4,6 Kilometer Zeitfahren)
Etappensieger: Thierry Marie (Frankreich)
Gelbes Trikot: Thierry Marie

Heute war ein besonderer Tag. Die Massen, die Atmosphäre, die Größe des Rennens. All das erlebte ich zum ersten Mal. Ich fuhr einen lausigen Prolog - ich war viel zu nervös. Ich wäre beinahe schon auf den allerersten Metern gestürzt, als ich die Startrampe hinunterrollte. Und ich konnte meine Beine nicht spüren. Das Zimmer teilte ich mit Barteau. Das kam einer Strafe gleich. Niemand im ganzen Team wollte mit ihm auf einem Zimmer liegen. Es war schon okay, irgendwer musste ja in den sauren Apfel beißen. Barteau war ein ziemliches Großmaul. Er zehrte immer noch von seiner großen Tour de France: 1984 durfte er für dreizehn Etappen das *Maillot Jaune* tragen. Wir bekamen fünf neue Trikots und jeweils fünf Paar Renn- und Handschuhe. Der Kellner fragte mich, ob ich ihm ein Paar Handschuhe als Souvenir überlassen könnte. Diese Burschen haben keine Ahnung.

Samstag, 5. Juli
1. Etappe: Nanterre – Sceaux (85 Kilometer)
Etappensieger: Pol Verschure (Belgien)
2. Etappe: Meudon – St. Quentin-en-Yvelines (55 Kilometer Mannschaftszeitfahren)
Etappensieger: Système U
Gelbes Trikot: Thierry Marie (Frankreich)

Heute standen zwei Halbetappen auf dem Programm. Am Morgen mussten wir einen 88 Kilometer langen Rundkurs auf den Straßen von Paris absolvieren, am Nachmittag ein Mannschaftszeitfahren über 55 Kilometer. Das Feld ist echt riesig: 210 Starter. Mir fiel es schwer, an der Spitze zu fahren. Es gab eine Reihe von Stürzen. Glücklicherweise konnte ich allen aus dem Weg gehen. Ich sollte einen Helm tragen. Doch mit so einem Ding auf dem Kopf gibst du kein vorteilhaftes Bild ab. Das Mannschaftszeitfahren war richtig hart. Ich fuhr stark und verpasste keinen Wechsel. Barteau fiel kurz vorm Ziel zurück, lag außerhalb des Zeitlimits und wurde disqualifiziert. Abends gab es dann eine heftige Auseinandersetzung im Hotel zwischen ihm und Thévenet. Barteau war verärgert, dass das Team nicht auf ihn gewartet hatte, als er in Schwierigkeiten kam. Thévenet erwiderte, dass er die letzten zehn Kilometer wohl mit zwei Kilometern pro Stunde dahergerollt sein müsste, um das Zeitlimit zu verpassen. Barteau erzählte der Presse, dass Thévenet ein schlechter *Directeur Sportif* wäre. Thévenet entgegnete, dass er vielleicht nicht der beste *Directeur Sportif* der Welt wäre, aber dass sich in der Mannschaft auch keiner finden ließe, der ein Zimmer mit Barteau teilen wollte. Niemand sagte am Abendbrottisch etwas über Barteaus Ausscheiden, aber insgeheim waren wir alle froh. Er ist bereits nach Hause gefahren, und ich denke, dass ich jetzt wohl einen neuen Zimmerpartner bekomme. Alles hat seine guten Seiten.

Sonntag, 6. Juli
3. Etappe: Levallois-Perrot – Liévin (214 Kilometer)
Etappensieger: Davis Phinney (USA)
Gelbes Trikot: Thierry Marie

Wir verließen Paris an diesem Morgen in Richtung Norden. Das Ziel war die Industriestadt Liévin im Kohlerevier rund um Lille. Vor dem Start schüttete es aus Kübeln. Mit ein paar englischsprachigen Kollegen wie Yates, Lauritzen und Earley suchte ich Unterschlupf in einem Zelt. Wir tranken Kaffee und ergingen uns angesichts der sechs Stunden im Regen, die uns bevorstanden, in mieser Laune. Paul Sherwen, ein Veteran mit sieben Tour-Teilnahmen, der jetzt für *Channel 4* arbeitet, kam zu unserem Tisch und setzte sich. Er guckte in unsere Gesichter und wusste genau, was uns durch den Kopf ging. »Das macht nichts, Leute. Es sind ja nur noch vier weitere Sonntage.« Zunächst lachte ich, aber dann fing ich an, über seinen Spruch nachzudenken. Und, Herr im Himmel, er hatte Recht: Uns standen tatsächlich noch vier Sonntage bevor. Zum ersten Mal wurde mir bewusst, wie entsetzlich lang dieses Rennen wirklich war. Trotz einer Reifenpanne kurz vor dem Ziel lief die Etappe recht gut für mich. Ich schaffte es ohne großartige Probleme, den Anschluss zum Feld wiederherzustellen. Auch der Regen hörte beinahe schlagartig auf, als wir Paris verließen. Dennoch waren meine Klamotten im Ziel ziemlich dreckig. Ich musste sie über dem Waschbecken schrubben. Es ist verdammt hart, die Flecken aus weißen Trikots zu entfernen. Oh Gott, ich klinge schon wie eine alte Schachtel in einer Waschmittelwerbung. Mein Zimmergenosse ist jetzt Jean-Louis Gauthier. Er sagt nicht viel, aber er zeigte mir einen hervorragenden Trick, wie du ein nasses Trikot schnell wieder trocken bekommst. Man muss es nur in ein Badetuch einwickeln und kräftig auswringen. Es kommt fast trocken wieder zum Vorschein. Es sind nur noch drei weitere Sonntage.

Montag, 7. Juli
4. Etappe: Liévin – Evreux (243 Kilometer)
Etappensieger: Pello Ruiz-Cabestany (Spanien)
Gelbes Trikot: Dominique Gaigne (Frankreich)

Mein Teamkollege Regis Simon konnte heute richtig auf sich aufmerksam machen. Er riss aus, fuhr mehr als hundert Kilometer allein und wurde erst fünfzehn Kilometer vor der Ziellinie wieder gestellt. Das Finale war unglaublich schwer. Alle machten richtig Dampf. Ich versuchte hin und wieder, das Feld auszubremsen, um Regis' Vorsprung zu retten. Beinahe wäre ich mit einem Fahrer aus

Stephen Roches Carrera-Team aneinander geraten. Aber Stephen sagte mir, dass ich im Unrecht war. Also gab ich nach. Ich bemerkte, dass der belgische Fahrer Eddy Schepers niemals von Stephens Seite weicht. Er schützt ihn vor dem Wind, und wenn es nicht windig ist, sieht er ihn an wie ein treuer Wachhund, der sein Herrchen mustert und auf das nächste Kommando wartet. Ich wünschte, ich wäre Schepers.

Dienstag, 8. Juli
5. Etappe: Evreux – Villers-sur-Mer (124,5 Kilometer)
Etappensieger: Johan van der Velde (Niederlande)
Gelbes Trikot: Johan van der Velde

Heute Abend geschah etwas Seltsames. Kurz vor dem Abendessen klopfte es an meiner Tür, und ich öffnete. Es war jemand, der Jean-Louis sehen wollte, sodass ich ihn einließ. Irgendetwas an dem Typen fiel mir auf. Ich wusste, dass ich ihn irgendwann schon einmal gesehen hatte. Es fiel mir erst wieder ein, als Jean-Louis uns vorstellte: »Raymond Martin«. 1980 war dieser Mann einmal Dritter und Bergpreissieger der Tour geworden. Auch eine Etappe hatte er gewonnen. Später waren er und Jean-Louis Teamkollegen geworden. Jetzt arbeitete Martin für einen Sockenhersteller. Er fragte Jean-Louis nach seinen Plänen für die Zukunft. Der wollte seine Karriere am Saisonende beenden, hatte aber noch keine genauen Vorstellungen, was er dann machen könnte. Er hoffte nur, dass sich ihm irgendeine interessante Möglichkeit bieten würde. Plötzlich dämmerte es mir, dass auch ich eines Tages ins normale Leben zurückkehren müsste. Mein Kindheitstraum, als Radprofi genug Geld zu verdienen, um anschließend ein sorgloses Leben bestreiten zu können, brach in sich zusammen, als ich Martin reden hörte.

Jean-Louis Gauthier. Er ist ein bemerkenswerter Zeitgenosse, so außergewöhnlich ehrlich. Er sagt, dass dies seine letzte Tour sein wird. 1980 hatte er eine Etappe gewonnen. 1983 trug er das Gelbe Trikot. Und doch trauert er verpassten Chancen nach. Er bereut, dass es ihm nie vergönnt war, mit dem Sieger der Tour de France die Champs Elysées herunterzufahren.

In der ersten Nacht hatten wir nicht mehr als vier Wörter miteinander gewechselt – nur »Gute Nacht« und dann »Guten Morgen«. Ich kannte ihn von den bisherigen Rennen noch nicht allzu gut. Ich wusste nur, dass er unser bester *Domestique* war. Er war der älteste Fahrer unserer Mannschaft, jemand, der von allen im Team respektiert wurde. Von allen außer Bernard Vallet. Jean-Louis konnte Vallet nicht ausstehen, was ich ziemlich verwunderlich fand. Mich hingegen muss er wohl irgendwie gemocht haben. Schließlich teilten wir nun schon seit drei Tagen das Zimmer. Wäre ich ihm auf die Nerven gegangen, hätten sie mich längst umquartiert. In der zweiten Nacht hatten wir schon ein wenig mehr miteinander gesprochen, dann noch mehr und mittlerweile fühle ich mich vollkommen ungezwungen in seiner Gegenwart. Er ist äußerst kollegial und hilfsbereit. Als Martin gegangen war, fragte ich ihn, warum er am Ende der Saison aufhören und ob er dann ein zufriedenenes Fazit ziehen würde. Er antwortete, dass er unglücklich mit seiner Karriere sei.

1983 hatte er ein großartiges Jahr und bekam viele gute Angebote anderer Mannschaften. Aber er wäre halt schon immer ziemlich loyal gewesen und hätte an seinem alten Team gehangen. Jetzt erkannte er, dass dies ein Fehler gewesen war. Er erzählte, dass er in den letzten Jahren den unbedingten Siegeswillen verloren hatte. Er hätte es sich in der Rolle des Domestiken bequem gemacht – zu sehr schon damit zufrieden, anderen zu helfen. Wenn du lange genug als Domestike arbeitest, so seine Erkenntnis, dann würdest du irgendwann den eigenen Drang verlieren, zu gewinnen. Ich speicherte seine Worte in meinem Gedächtnis ab. Mir sollte derlei nicht passieren.

Mittwoch, 9. Juli
6. Etappe: Villers-sur-Mer – Cherbourg (200 Kilometer)
Etappensieger: Guido Bontempi (Italien)
Gelbes Trikot: Johan van der Velde

Heute war es unglaublich. Gleich nachdem der Starter uns abgewinkt hatte, legten wir in einem Höllentempo los. Zeitweise schaffte ich es nur mit Ach und Krach, den Anschluss ans Feld zu halten. Du weißt, dass du am Ende des Pelotons fährst, wenn du die Motoren der mehr als hundert Autos und Motorräder hörst, die den Fahrern folgen. Du fühlst dich dort ziemlich unwohl. Du gewinnst allmählich den Eindruck, dass alle dich anstarren. Ich war mehr als glücklich, mit dem Feld in der Küstenstadt anzukommen. Abends habe ich im Hotel mit meiner Cousine Theresa Byrne und ihrem Ehemann Mick Tee getrunken. Es ist schön, ein bisschen Unterstützung zu bekommen.

Donnerstag, 10. Juli
7. Etappe: Cherbourg – St-Hilaire-du-Harcouet (201 Kilometer)
Etappensieger: Ludo Peeters (Belgien)
Gelbes Trikot: Jorgen Pedersen (Dänemark)

Neunter! Neunter auf einer Etappe der Tour de France. Heute habe ich meine Existenz gerechtfertigt. Für diesen Tag haben sich alle Mühen und Entbehrungen gelohnt. In dieser Etappe erlebte ich den Rausch des Profiradsports. Ich war in einer zwölfköpfigen Ausreißergruppe dabei. Ich wusste, dass die *Messieurs* Levitan und Goddet in ihrem roten Auto der Renndirektion direkt hinter mir fuhren. Der Hubschrauber brummte über meinem Kopf. Die Motorradkamera zoomte mein Bild heran, um es in die ganze Welt zu schicken. Ich malte mir aus, wie meine Mutter und mein Vater zu Hause in Dublin vor dem Fernseher Purzelbäume schlugen, als *Channel 4*-Kommentator Phil Ligett schrie: »Paul Kimmage ist großartig. So etwas hat es in der Geschichte der Tour de France nie zuvor gegeben. Kann er es schaffen? Kann der Dubliner die Etappe gewinnen?« Als ich auf dem Weg nach St-Hilaire in die Pedale trat, konnte ich ihn hören. Ich trat noch schneller in die Pedale. Mein Gott, war das wundervoll. Ich litt furchtbar an der Spitze, aber ich gab mein Letztes. 500 Meter vor dem Ziel war ich da, sprintete um einen

Etappensieg bei der Tour. Ich glaubte daran, ich glaubte an meine Chance. Meine Beine waren so unglaublich müde, aber ich glaubte an das Wunder, das mich vor den anderen über den Zielstrich bringen würde. Ich versiebte es. Als Zweiter lag ich in hervorragender Position. Gerade als ich zum Sprung an die Spitze ansetzen wollte, zogen die anderen vorbei. Ich war plötzlich eingekesselt. Den Sprint gewann der gewiefte Belgier Ludo Peeters, ich wurde Neunter. Eigentlich hätte ich einen Platz unter den besten Fünf verdient gehabt, aber ich hatte es vermasselt. Immerhin bin ich jetzt der bestplatzierte RMO-Fahrer. Thévenet kam abends in mein Zimmer und sagte, dass er sehr zufrieden mit mir wäre. Heute habe ich eine gute Chance vergeben, aber ich bin sicher, dass es weitere geben wird.

Freitag, 11. Juli
8. Etappe: St-Hilaire-du-Harcouet – Nantes (204 Kilometer)
Etappensieger: Eddy Planckaert (Belgien)
Gelbes Trikot: Jorgen Pedersen

Den ganzen Tag habe ich mich müde gefühlt. Die Anstrengungen von gestern forderten ihren Tribut. So war ich nicht in der Lage, viel zu unternehmen, um dem Team zu helfen. Anschließend fühlte ich mich ein wenig schuldig und sprach mit Gauthier darüber. Er sagte, es gäbe überhaupt keinen Grund, sich schuldig zu fühlen, wenn man ausgelaugt und einfach nicht in der Lage wäre, Hilfsdienste zu übernehmen. Da mochte ich ihn gleich noch etwas mehr. Er schickt sich an, mein großer Bruder bei dieser Rundfahrt zu werden.

Samstag, 12. Juli
9. Etappe: Nantes – Nantes (61,5 Kilometer Zeitfahren)
Etappensieger: Bernard Hinault (Frankreich)
Gelbes Trikot: Jorgen Pedersen

Heute hatte ich ein Rendezvous mit der Realität. Ich hatte mir viel erhofft und konnte so wenig ernten. Thévenet hatte mich gewarnt, aber ich hatte nicht zugehört: »Fahr nicht zu hart, spare deine Kraft für die kommenden Etappen.« Vergaß er etwa, dass ich der bestplatzierte Fahrer im Team war? Verdammt noch mal, ich hatte über eine Woche hart für die Mannschaft gearbeitet, heute aber war meine Chance, etwas für mich zu tun. Ein gutes Rennen würde mich in die Top 30 katapultieren. Ich machte mich auf den Weg, um alles zu geben. Und ich tat es. Niemals zuvor hatte ich mich so in einem Zeitfahren angestrengt. Als es vorbei war, kollabierte ich fast vor Erschöpfung. Auf dem Weg zurück zum Hotel konnte ich kaum in die Pedale treten. Alles tat weh. Mein Hintern schmerzte von der Anstrengung, den großen Zeitfahrgang zu kurbeln. Bei meiner Ankunft im Hotel marschierte ich schnurstracks zum Bett und warf mich hin. Die Top-Fahrer kamen ins Ziel. Bernard Hinault hatte die beste Zeit. Er war acht Minuten schneller als ich. Acht Minuten auf einundsechzig Kilometern. Und trotzdem lag ich hier vollkommen ausgelaugt auf dem Hotelbett, während er frisch wie eine verdammte Frühlingsblume dastand und vergnügt in die Fernsehkamera plauderte. In diesem Augenblick wusste ich, dass uns Welten trennten. Ich hatte seit dem Start der Rundfahrt die gewöhnlichen Multivitamine genommen. Ich hatte alle Injektionen abgelehnt. Aber als ich Hinault sah, wurde mir bewusst, dass es so nicht weitergehen konnte. Nach neun Etappen kroch ich auf Händen und Knien. Wie konnte ich nur die vierzehn Tage überstehen, die noch vor mir lagen? Heute Abend erzählte ich Thévenet, dass ich todmüde wäre. Er fragte mich, ob ich auch für mich sorgen würde. Er schien überrascht, dass ich keinerlei Spritzen genommen hatte. Er brachte mich auf Emiles Zimmer und schlug eine B12-Injektion vor. Emile musterte mich und lächelte. Er war sehr freundlich. Ich hatte eigentlich ein »Hab ich es dir nicht gesagt?« erwartet, bekam aber dankenswerterweise nichts dergleichen zu hören. Ich zog meine Hosen runter und opferte meine Jungfräulichkeit, ohne einen zweites Mal darüber nachzudenken. Ich wimmelte alle Schuldgefühle ab, die mir durch's Hirn schossen. »Das hier ist kein Doping. Ich ziehe doch nur mit den anderen gleich«. Dennoch blieb ich misstrauisch. Es konnte gut sein, dass die anderen stärkeres Zeug als B12 in ihre Spritzen füllten. Aber für mich war B12 das äußerste Mittel, zu dem ich bereit war zu greifen. Bis jetzt auf jeden Fall. Ich fragte Jean-Louis nach dem Einsatz von Hormonen, da ich wusste, dass Kortisone und Testosterone weit verbreitet waren. Er warnte mich sofort vor ihnen. Für ihn gab es keinen Zweifel: »Dieses Zeug ist Mist. Es ist gefährlich, es bringt deinen Körper völlig durcheinander. Lass die Finger davon.«

Sonntag, 13. Juli
10. Etappe: Nantes – Futuroscope (184 Kilometer)
Etappensieger: Angel-José Sarrapio (Spanien)
Gelbes Trikot: Jorgen Pedersen

Beim Start fühlte ich mich hundsmiserabel. Ich war mir sicher, dass sie mich bald abhängen würden. Im Verlauf des Tages fing ich mich ein wenig. Bis auf die letzten sechzig Kilometer war es eine recht lockere Etappe. Einer war dennoch in Schwierigkeiten: Greg LeMond litt an Durchfallattacken. Dreißig Kilometer vor dem Ziel tauchte er neben mir auf, umgeben von seinen Domestiken, die ihn nach vorne fahren sollten. Mein Gott, war das ein fürchterlicher Gestank! Die Scheiße lief an seinen Beinen runter. An seiner Stelle hätte ich die Tour aufgegeben. Es ist doch nur ein Radrennen. Aber ich wäre ja eh nicht imstande, zu gewinnen. Er hingegen hat eine Chance. Das ist der Unterschied. Stephen hat gestern ein hervorragendes Zeitfahren hingelegt und ist jetzt Dritter. Ich habe keine Ahnung, wie er das schafft. Vor ein paar Tagen noch hatte er mir versichert, dass sein linkes Knie ihm ziemliche Probleme bereiten würde. Er meinte, dass er nur noch mit einem Bein fahren könnte. Was würde ich dafür geben, sein kaputtes Bein zu haben!

Montag, 14. Juli
11. Etappe: Poitiers – Bordeaux (258,5 Kilometer)
Etappensieger: Rudy Dhaenens (Belgien)
Gelbes Trikot: Jorgen Pedersen

Eine weitere lange Etappe, 260 Kilometer. Sie verschleißen dich, diese langen Flachetappen, Stunde für Stunde im Sattel. Morgen geht's in die Berge. Ich klettere einfach lieber. Jean-Louis hatte heute Abend im Hotel Besuch von seiner Frau und seinem Kind. Sie ist unglaublich hübsch. So strengte ich mich trotz völliger Erschöpfung an, einen freundlichen Eindruck zu hinterlassen.

Dienstag, 15. Juli
12. Etappe: Bayonne – Pau (217,5 Kilometer)
Etappensieger: Pedro Delgado (Spanien)
Gelbes Trikot: Bernard Hinault

Krieg. Heute war Krieg. Wir verloren zwei Männer. Bruno Huger und Jean-Louis Gauthier stiegen aus. Der Verlust von Jean-Louis war ein schwerer Schlag. Gleich nach dem offiziellen Start in Bayonne ging es richtig zur Sache. Attacke folgte auf Attacke – und das in einer achterbahnmäßigen Berg-und-Tal-Fahrt über Bein brechende baskische Landstraßen. Eine große Gruppe riss aus, es gab eine erbitterte Verfolgungsjagd, dann beruhigte es sich für eine Weile. Kurz danach sprach ich mit Jean-Louis und fragte ihn, wie er sich fühlen würde. Er sah mitgenommen aus und sagte mir, dass er am Ende wäre und einen wirklich schlechten Tag erwischt hätte. Bald darauf nahmen wir den ersten großen Pass der Tour in Angriff, und ich sah ihn nicht mehr wieder. Nach der Etappe fuhr ich mit Bernard Vallet zurück zum Hotel. Ich sagte ihm, dass ich mir Sorgen um Gauthier machte. Er sagte mir, was passiert war: Gauthier war gleich am ersten *Col* zurückgefallen. Ganz auf sich allein gestellt fuhr er zwanzig Minuten hinter der Spitze, als ihn dann auch noch eine Reifenpanne ereilte. Er hätte einen Ersatzreifen vom Besenwagen nehmen können, aber er entschied sich dafür, einzupacken.

Ich konnte es nicht glauben. Ich betrat unser Hotelzimmer, und er war schon da, frisch geduscht und in normaler Straßenkleidung. Ich ging zu ihm herüber, legte meine Hand auf seine Schulter und sagte: »Scheiße«. Mir fiel kein anderes Wort ein, um ihn zu trösten. Ich duschte schnell und huschte aus dem Zimmer, um Tee zu trinken und ihm Zeit zum Nachdenken zu geben. Nach der Massage kam ich aufs Zimmer zurück, und wir sahen uns wie jeden Abend die Höhepunkte der Etappe im Fernsehen an. Aber dieses Mal schauten wir in absoluter Stille zu. Ich bemerkte, wie wütend er war. Er saß regungslos da – mit einem traurigen, leeren Gesichtsausdruck. Ich stand auf und schlug vor, zum Abendessen zu gehen, aber er wollte nicht. Während der Mahlzeit sagte ich den anderen, dass Jean-Louis ziemlich am Boden zerstört wäre. Claveyrolat, der mit ihm zusammen für La Redoute gefahren war, verließ den Tisch, um ihn zu holen. Eine halbe Stunde später kam er alleine zurück. Gauthier hatte Claveyrolat erzählt, dass er sich schämen würde. Er könnte es nicht ertragen, zusammen mit der Mannschaft zu essen. Er musste sterbenshungrig sein. Er hatte das letzte Mal heute Morgen um zehn etwas gegessen und war dann 150 Kilometer gefahren, bevor er ausgestiegen war. Vor dem Einschlafen sagte er nur drei Worte: »*Bonne nuit*, Paul.«

Mittwoch, 16. Juli
13. Etappe: Pau – Luchon (186 Kilometer)
Etappensieger: Greg LeMond (USA)
Gelbes Trikot: Bernard Hinault

Jean-Louis erwachte früh, und ich hörte, wie er zum Frühstück schlich. Als ich mich endlich aus dem Bett schleppte, war er wieder zurück auf dem Zimmer und hatte seine Sachen bereits gepackt. Er gab mir einige Vitamintabletten, die er, wie er betonte, nicht mehr brauchen würde. Dann gaben wir uns die Hand und sagten »Auf Wiedersehen«. Ich hatte das Gefühl, dass wir enge Freunde waren. Hier war ein Kerl, der siebenmal die Tour de France bestritten und sie in jedem Anlauf auch beendet hatte. Aber das schien ihm jetzt kein Trostpflaster zu sein. Vor der Tour war ich zu 100 Prozent entschlossen, das Ziel zu erreichen. Bei dem Gedanken an Gauthier schämte ich mich fast für mich selbst. Hundertprozentige Entschlossenheit ist bei weitem nicht genug.

Heute war es wieder verdammt hart. Am Anfang des ersten Berges, des Tourmalet, fühlte ich mich wie ein Toter und wurde umgehend abgehängt. Aber nach drei Kilometern des Leidens fühlte ich plötzlich die Stärke, um wieder schneller in die Pedale treten und das Tempo erhöhen zu können. Ich schloss zu einer Gruppe auf, fuhr an ihr vorbei und schnappte mir die nächste. Ich konnte es nicht fassen, als ich Stephen in einer Gruppe von Nachzüglern sah. Er litt furchtbar, und ich fühlte mit ihm. Verdammt, ich war es gewohnt, an den großen Anstiegen zurückzufallen, aber für ihn war es eine neue Erfahrung. Ich warf meinen Arm um ihn und versuchte, ihn zu trösten. Ich hätte bei ihm bleiben sollen, aber ich spürte einen neuen Kräfteschub und wollte sehen, wie weit er mich bringen würde. Ich schloss zur nächsten Gruppe auf und fuhr den Rest des Tourmalet wirklich stark. Bei der Abfahrt überkam mich etwas Angst. Ich war zu schnell, als ich eine lang gezogene Kurve in einem halb geschlossenen Tunnel ansteuerte. Ich streifte die Seitenwand, konnte mich aber irgendwie auf dem Rad halten. Im Tal, das uns zum Aspin brachte, dem zweiten Berg des Tages, trat ich richtig in die Pedale. Den Anstieg meisterte ich mit derselben Frische, mit der ich den Tourmalet hochgefahren war, doch am dritten Berg, dem Peyresourde, ging mir die Luft aus. Die letzten zwei Kilometer schienen kein Ende zu nehmen, und ich kroch über die Passhöhe. Stephens Gruppe holte mich ein, als wir den letzten Berg in Angriff nahmen, den dreizehn Kilometer langen Anstieg zur Skistation Superbagnères, wo die Etappe endete. Jetzt war es Stephen, der mich ermunterte, und ich erkannte, dass ich einen schweren Fehler begangen hatte. Es wäre weitaus klüger gewesen, am Tourmalet in Stephens Gruppe zu bleiben, aber stattdessen musste ich mich wie ein Idiot allein auf den Weg zum Ruhm machen. So hatte ich die wenigen Reserven verpulvert, die mein Körper noch besaß. Der Aufstieg nach Superbagnères war ein einziger Leidensweg, aber ich schaffte es. Heute Nacht sind wir in einem alten Schulschlafsaal untergebracht. Ein schrecklicher Pennplatz, aber ich bin so müde, dass es mir egal ist, wo ich übernachten muss.

Donnerstag, 17. Juli
14. Etappe: Luchon – Blagnac (154 Kilometer)
Etappensieger: Niki Rüttiman (Schweiz)
Gelbes Trikot: Bernard Hinault

Heute wurde mir bewusst, wie erschöpft ich schon bin. Irgendein Spinner attackierte kurz vor der Verpflegungsstation. Das Resultat war das reinste Chaos. Ich schnappte meinen Beutel und warf ihn über den Rücken. Der Angriff sorgte dafür, dass sich das Feld in einer langen Reihe aufschlängelte. Ich fuhr an allerletzter Position und war viel zu beschäftigt, das Essen aus dem Beutel in meine Trikottaschen zu stopfen. Thévenet fuhr neben mich und sagte, dass ich schleunigst nach vorn fahren sollte. Ich scherte aus und kämpfte mich peu à peu entlang der Fahrerschlange nach vorn. Ich hatte gerade fünf Kollegen überholt, als ich auf einmal bemerkte, dass ich nicht die Kraft besaß, um weiter Boden gutzumachen. Gleich wurde ich wieder nach hinten durchgereicht und war erneut dort gelandet, wo ich gestartet war. Die fünf Typen fingen an zu lachen, als sie mich ans Ende zurückfallen sahen, und ich kann es ihnen nicht einmal übel nehmen. Die Jagd dauerte mehr als fünfundzwanzig Kilometer. Es verging eine halbe Stunde, bevor ich endlich meinen Verpflegungsbeutel leeren konnte, und alle es wieder ruhiger angehen ließen. Ich freue mich so sehr auf den Ruhetag. Doch noch ist er vier harte Tage entfernt.

Freitag, 18. Juli
15. Etappe: Carcassonne – Nimes (225,5 Kilometer)
Etappensieger: Frank Hoste (Belgien)
Gelbes Trikot: Bernard Hinault

Es ist furchtbar heiß heute Abend. Mein Körper schwitzt unaufhörlich und ich weiß, dass ich nicht gut schlafen werde. Nach dem Abendessen ging ich mit Clavet, Castaing und Dede aus, um ein Eis zu essen. Wir mussten uns aus dem Hotel schleichen, da Thévenet wenig Verständnis dafür hat, wenn sich Profis Eis reinpfeifen. Der

Ausflug war richtig ulkig. Doch es war seltsam, nur zuzusehen, wie sich die Urlauber in den Bars und Cafés dieser heiteren, alten Römerstadt vergnügten. Wie oft sind wir an Seeufern vorbeigeradelt, voll gestopft mit Menschen, die einfach ihren Spaß hatten? Wir oft bekamen wir Applaus von Sonnenanbetern in knappen Badeanzügen? Ist es das wirklich wert?

Samstag, 19. Juli
16. Etappe: Nîmes – Gap (246,5 Kilometer)
Etappensieger: Jean-François Bernard (Frankreich)
Gelbes Trikot: Bernard Hinault

Heute haben wir die Alpen erreicht, morgen steht die erste Alpenetappe an. Die Luft ist kühler und sauberer als im heißen und stickigen Nîmes. Castaings Gesicht ist völlig aufgebläht. Ich weiß nicht, was es ist. Vielleicht hat er sich Kortison gespritzt und die falsche Dosis erwischt? Die anderen ziehen ihn deswegen ziemlich auf. Ich habe meine Eltern in Dublin angerufen. Da' war nicht zu Hause, also unterhielt ich mich mit meiner Mutter. Sie sagte, dass mein Vater einen Flug nach Paris gebucht hat, um der Schlussetappe beizuwohnen. Das machte mich wütend. Er sollte es besser wissen. Er sollte es nicht als gottgegeben ansehen, dass ich das Rennen beenden werde. Momentan bin ich mir über gar nichts sicher. Ich lasse es Tag für Tag auf mich zukommen. Seit dem Zeitfahren in Nantes geht es mir nur noch darum, zu überleben. Paris zu erreichen, ist alles, was Thévenet von mir erwartet. Ich habe keine Ahnung, ob ich es schaffe.

Sonntag, 20. Juli
17. Etappe: Gap – Col du Granon (190 Kilometer)
Etappensieger: Eduardo Chozas (Spanien)
Gelbes Trikot: Greg LeMond

Dies hätte meine Etappe werden sollen. Es war der Tag, für den ich besonders hart trainiert hatte. Was für ein Witz. Was für ein grausamer Witz. Immerhin weiß ich jetzt, dass ich kein Bergfahrer bin und nie einer sein werde. Im Ziel passierte etwas Seltsames. Ich überquerte die Linie und Thévenet wartete auf mich. Er legte seinen Arm um mich und sagte mir, dass ich es geschafft hätte: Ich war innerhalb des Zeitlimits geblieben. Doch für ein paar Sekunden war ich enttäuscht. Ich war so ausgelaugt, so vollkommen erschöpft, dass ich einen Ausschluss aus dem Rennen nur allzu gern akzeptiert hätte. Die Disqualifikation würde den Albtraum beenden, jeden Morgen aufzustehen und weitere sechs Stunden dieser verdammten, endlosen Tortur vor mir zu haben. Heute war schlicht und ergreifend der schwerste Tag meines Lebens. Vom Start weg hatte ich Probleme – gleich an einem bedeutungslosen kleinen Anstieg der dritten Kategorie, der nichts war im Vergleich mit den drei Giganten Vars, Izoard und Granon, die noch zu erklimmen waren.

Ich versuchte, mich für den Vars zusammenzureißen. Kurz vorher sprach ich mit Stephen, der mir empfahl, den Berg an der Spitze des Feldes anzugehen. Ich folgte ihm und nahm die ersten Haarnadelkurven in der bestmöglichen Position in Angriff. Dann erhöhten sie den Druck. Es war kein echter Angriff, nur das Tempo stieg allmählich an. Ich griff nach dem Schalthebel, schaltete runter, um einen besseren Tritt zu finden. Doch ich schien nur noch rückwärts zu fahren. Ich versuchte, den Anschluss zu halten, aber es ging nicht. Ich hielt Ausschau nach der Passhöhe. Die Linien der Zuschauer zeigten mir exakt, wie weit ich noch fahren musste. »Jesus Christus, ich bin nicht sicher, ob ich das schaffe.« Ich fiel weiter zurück, und die ganze Zeit schoss mir ein winziges Detail durch den Kopf. Von den drei Giganten dieses Tages war der Vars noch der einfachste.

Aber kurioserweise fühlte ich mich am Izoard weitaus besser. Ich fuhr in einer großen fünfundzwanzigköpfigen Gruppe, und ich hätte sie auf diesem fünfzehn Kilometer langen Monstrum abhängen können. Doch ich erinnerte mich an den Tourmalet und entschied mich dafür, bis zum Granon in der Gruppe sitzen zu bleiben. Wir fuhren nach Briançon hinunter und dann an den Fuß des letzten

Berges. Der Granon war unglaublich steil. in der Vorbereitung war ich ihn hinaufgeflogen, aber jetzt starb ich. Die Erinnerungen an das Training waren nun ein großer Nachteil. Denn ich wusste stets genau, wie schwer die nächsten Meter und Kilometer sein würden. Ich sagte zu mir selbst: »Paul, du schaffst es nicht.« Das gute Gefühl vom Izoard war verschwunden, und ich fiel auf den letzten Platz der Gruppe zurück. Unser zweites Mannschaftsauto fuhr hinter mir. Zu Beginn des Anstiegs hatten sie Halt gemacht, um einen Burschen namens Robert aufzusammeln, der in Grenoble für RMO arbeitet. Er stand auf dem Vordersitz, lugte aus dem Sonnendach und brüllte mich an. Drei der zwölf Kilometer hatten wir passiert, und ich starb immer noch. Die Zuschauer fingen an, mich zu schieben. Robert, der nichts vom Radsport verstand, schrie die Leute an, dass sie damit aufhören sollten. Das ist ja auch offiziell verboten, und Robert dachte, dass er das Richtige tun würde. Ich drehte mich um, um ihm wütende Blicke entgegenzuschleudern. Ich rief ihm zu: »Robert, um Himmels Willen, lass sie mich doch anschieben.« Er war perplex, erkannte dann seinen Fehler und feuerte die Zuschauer jetzt an, mir zu helfen. Den ganzen Anstieg über wurde ich immer wieder angeschoben, doch der letzte Kilometer war immer noch die Hölle. Meine beiden Hände griffen ganz oben am Lenker, mein Kopf war zwischen meine Arme gesackt. Ich war kaum noch in der Lage, aufzublicken und die Ziellinie zu suchen. Als ich sie überquerte, wartete Thévenet. »Du hast es geschafft, Paul, ein paar Minuten im Limit.« – »Scheiße.« Ich bedauerte, dass ich es geschafft hatte. Morgen fängt alles wieder von vorne an.

Montag, 21. Juli
18. Etappe: Briancon - L'Alpe d'Huez (162,5 Kilometer)
Etappensieger: Bernard Hinault
Gelbes Trikot: Greg LeMond

Emile gab sie mir vor dem Start. Eine Koffeintablette. Ich sollte sie einschmeißen, wenn die Etappe am höchsten Anstieg des Tages richtig losgehen würde: am Col du Galibier. Normalerweise hätte ich sie weggeworfen, aber dieses Mal steckte ich sie in meine Tasche. Einige Spinner attackierten bereits, als wir gerade den Startort verließen. Ich hatte absolut nichts in meinen Beinen und fiel sofort zurück. In Panik und in der Hoffung auf ein Wunder griff ich in die Trikottasche, kramte die Tablette heraus. Doch nichts passierte. Ich wollte anhalten. Ich wollte vom Rad steigen, die Straße küssen, mich hinsetzen und die Tränen des Verlierers vergießen. Aber ich erinnerte mich an das, was mir Stephen vor dem Start gesagt hatte: »Was immer heute auch passiert, fahr ins Ziel. Wenn du ausgeschlossen wirst, ist das keine Schande – aber gib bloß nicht auf.« Also trat ich weiter in die Pedale.

Nach dem Galibier ging es mir besser. Lag es am Koffein? Ich weiß es nicht. Ich weiß nur, dass es mir besser ging. Im Tal vor dem Croix de Fer, dem zweiten Berg des Tages, schloss ich zum Franzosen Bruno Cornillet auf. Der durfte noch das Weiße Trikot des besten Jungprofis in der Tour tragen. Jetzt aber kroch er genau wie ich auf dem Zahnfleisch. Ich hatte nie in meinem Leben ein Wort mit ihm gewechselt. Dennoch stellte sich heraus, dass er meinen Namen kannte. Die ganze Zeit ging es nur: »Paul dies, Paul das«. Er wollte, dass ich mit ihm fahre. Er hatte Angst, auf sich allein gestellt zu sein. Ich wusste, wie furchtbar es war, alleine zu fahren, also entschloss ich mich, bei ihm zu bleiben. Kurz vorm Croix de Fer kam ein kleiner Anstieg der dritten Kategorie. Bei mir lief es besser als bei ihm, und ich fing an, wegzuziehen. Er war verzweifelt und bettelte, dass ich bei ihm bleiben sollte. Er sagte, dass ein langes Tal vor uns liegen würde und es besser wäre, wenn wir zusammen führen. Ich wusste, dass es ein solches Tal nicht gab und dass er log. Aber ich verstand sein Motiv und wartete. Am Croix de Fer kroch er nur noch, war vollkommen geschwächt. Jedes Mal, wenn ich in die Pedale trat, kam ich gleich ein Stück von ihm weg. Ein Zuschauer am Straßenrand schrie, dass wir fünfundzwanzig Minuten hinter den Führenden lägen, hinter Hinault und LeMond. Mir wurde bewusst, dass es langsam ziemlich knapp mit dem Zeitlimit würde.

Ich schaute zu Bruno rüber. Sechzehn Tage lang war er wirklich stark gefahren, aber nun auf das hier zusammengeschrumpft – auf ein kriecherisches, bettelndes Häufchen Elend. Ich war überrascht, dass er nicht aufgab und mich weiterziehen ließ. Ich sah ihn an. Mein Blick sagte ihm, dass ich nun einfach vorankommen musste, um mich selbst zu retten. Er verstand es. »*Allez* Paul«, sagte Bruno, und ich ließ ihn allein zurück. Ich fuhr so schnell ich nur konnte bis zum Ziel in Alpe d'Huez. Auf der Abfahrt vom Croix verspürte ich das dringende Bedürfnis, pinkeln zu müssen. Doch mir war auch klar, dass nun jede einzelne Sekunde im Kampf gegen das Zeitlimit zählte, und so pisste ich mit sechzig Kilometern pro Stunde vom Rad herunter. Ich erreichte Alpe d'Huez nur drei Minuten innerhalb des Zeitlimits. Cornillet kam vierzehn Minuten später an. Er wurde aus dem Rennen ausgeschlossen.

Dienstag, 22. Juli
Ruhetag: L'Alpe d'Huez

Ich bin so überaus glücklich, dass ich es so weit geschafft habe. Es ist ein wundervolles Gefühl, immer noch in diesem Rennen zu sein. Heute Morgen bin ich eine Stunde Rad gefahren. Meine Beine sollen nicht steif werden. Nachmittags habe ich dann meine Klamotten gewaschen. Ich hatte keine saubere Rennhose mehr und auch kein sauberes Trikot. Dann habe ich Martin Earley getroffen. Er erzählte mir von seiner gestrigen Etappe. Am Fuße des Anstiegs zur Alpe wäre er schon völlig am Ende gewesen, als plötzlich dieses riesige deutsche Fräulein auftauchte, um ihn zu retten. Sie grabschte nach ihm und fing an, ihn den Berg hochzuschieben. Ihre monströsen Brüste schwangen frei umher, während sie lief und Martin den Berg hochhievte. Als sie sich über ihn beugte, klatschte ihre linke Titte ungebremst in sein Gesicht. »Schnell, schnell«, schrie sie auf Deutsch, um Martin Beine zu machen. Er wusste nicht, ob er lachen oder weinen sollte. Nur noch fünf weitere Etappen. Ich muss mich zusammenreißen.

Mittwoch, 23. Juli
19. Etappe: Villard de Lans – St. Etienne (179,5 Kilometer)
Etappensieger: Julian Gorospe (Spanien)
Gelbes Trikot: Greg LeMond

Gott sei Dank kontrollierte heute Hinault das Rennen. Er setzte sich einfach an die Spitze des Feldes, und fortan wagte es niemand mehr, zu attackieren. Der gestrige Ruhetag hat mir nicht wirklich gut getan. Ich fühlte mich heute unglaublich müde. Als das Tempo dreißig Kilometer vor dem Ziel anzog, fiel ich sofort zurück, aber ich kam in einer großen Gruppe an.

Donnerstag, 24. Juli
20. Etappe: St. Etienne – St. Etienne (58 Kilometer Zeitfahren)
Etappensieger: Bernard Hinault
Gelbes Trikot: Greg LeMond

Ich ließ es über die fünfunddreißig Kilometer ganz ordentlich rollen. Es tat durchaus weh, aber ich hetzte mich nicht selbst zu Tode. Auf eine gewisse Weise war heute fast ein zweiter Ruhetag. Nur noch drei weitere Etappen sind zu überstehen. Wenn ich die morgige Bergetappe auf den Puy de Dôme überlebe, sollte ich es auch bis Paris schaffen.

Freitag, 25. Juli
21. Etappe: St. Etienne – Le Puy de Dôme (190 Kilometer)
Etappensieger: Erich Maechler (Schweiz)
Gelbes Trikot: Greg LeMond

Hinault hatte heute wieder alles im Griff. Das Rennen begann erst fünfzig Kilometer vor dem Ziel. Das passte mir sehr gut in den Kram. Der Puy de Dôme ist eine grausame, verflucht steile, fünf Kilometer lange Rampe, aber ich kam sie ganz okay hoch. Jetzt glaube ich, dass ich es schaffen kann.

Samstag, 26. Juli
22. Etappe: Clermont-Ferrand – Nevers (194 Kilometer)
Etappensieger: Guido Bontempi
Gelbes Trikot: Greg LeMond

Ein Albtraum. Ich war der einzige Fahrer im ganzen Peloton, der zurückfiel, als das Tempo zwanzig Kilometer vor dem Ziel anzog. Was für eine Schande. Aber das wirkliche Problem kommt erst morgen. Die anderen haben mir erzählt, dass auf den Champs Elysées eine unglaublich hohe Geschwindigkeit gefahren wird. Was ist, wenn ich vor Millionen von Fernsehzuschauern allein zurückfalle – und, schlimmer noch, vor den Augen meines Vater, der in der Zuschauermenge stehen wird? Mein Gott, was für eine Blamage! »Niemand fällt auf den Champs Elysées zurück«, sagten sie. Aber verdammt noch mal, ich war ja auch heute der Einzige, der den Anschluss verlor. Nach dem Abendessen gab es in einem der Zimmer ein kleines Treffen. Ein oder zwei der Typen präparierten Spritzen. Sie schnitten sie auf die passende Größe für die weißen Amphetamine zurecht, die sie am nächsten Tag nehmen würden. Ich war erstaunt. »Was ist mit den Kontrollen?« Sie grinsten nur. Das Grinsen der Sorglosen. »Morgen ist die letzte Etappe der Rundfahrt. Nur der Etappensieger und die Führenden werden kontrolliert. Niemand wird ausgelost. Das ist der Grund, warum niemand auf den Champs Elysées zurückfällt.«

Ich war in Versuchung geführt, ich war wirklich in Versuchung geführt. Sie boten mir eine Ladung an und erklärten, dass ich sie auch in Tablettenform einwerfen könnte, falls ich das bevorzugte. Ich lehnte ab. Ich brauchte Zeit, um nachzudenken. Ich verachtete sie keineswegs. Sie waren meine Freunde. Ich verstand sie. Mussten wir nicht genug leiden? Sie wollten mir helfen. Ich wollte ihre Hilfe annehmen, aber mein verdammtes Gewissen hinderte mich daran. Ich hatte niemals hinter dem Rücken meines Vaters geraucht. Ich war immer zuverlässig und brav gewesen. Ich hatte ein gutes Gespür dafür, ob etwas falsch oder richtig war. Doping war falsch. Das

Einzige, was ich in dieser Tour zu Wege bringen konnte, bestand darin, sie zu Ende zu fahren. Wenn ich das nur mit der Hilfe von Amphetaminen schaffen würde, könnte ich mir niemals verzeihen. Aber es war so verlockend. Ich wollte unbedingt einer der Jungs sein.

Sonntag, 27. Juli
23. Etappe: Cosne-sur-Loire – Paris (252 Kilometer)
Etappensieger: Guido Bontempi
Toursieger: Greg LeMond

Es war eine großartige Etappe. Eine Spaßetappe. Die triumphale Fahrt nach Paris. Während der 252 Kilometer in die Hauptstadt wurde eine Champagnerflasche durch das Feld gereicht. Der Tour-Song »Oh, Champs Elysées« wurde angestimmt, die Stimmung war prächtig. Ich wurde immer nervöser, als wir uns Paris näherten und das Tempo anzog. Ich sah, wie einer der Typen sein Zeug einnahm. Es war so einfach. Das Metallröhrchen wurde geöffnet. Die schützende Plastikkappe über der Nadel wurde entfernt und zwischen die Zähne gesteckt. Der rechte Ärmel des Trikots wurde hochgerollt und die Nadel an der Schulter aufgesetzt. Ein Druck auf den herausgezogenen Kolben, und die Amphetamine schossen in den Körper. Die Plastikkappe kam wieder auf die Nadel, die Spritze zurück in das Röhrchen und die Trikottasche. Schön gemacht und furchtbar einfach. Einer der Typen bot mir eine Tablette an, aber ich lehnte ab und log, dass ich mich gut fühlen würde.

Der Eiffelturm kam in Sicht. Was für ein wunderbarer Anblick. Wir fuhren entlang des Seineufers und passierten selbst diesen riesigen Metallberg, bogen dann nach links auf den Place de la Concorde und auf die Champs Elysées ab. Das Getöse der Zuschauer ließ eine Gänsehaut über meine Beine ziehen. Und während wir mit über sechzig Stundenkilometern die Prachtstraße rauf und runter fuhren, fühlte ich keinen Schmerz. Ich war so überglücklich, es geschafft zu haben, so überwältigt von der Pracht des Ganzen, dass ich die Pedale gar nicht spürte. Wir überquerten die Ziellinie und hielten an.

Bernard Vallet stoppte neben mir und umarmte mich. Er hatte Tränen in den Augen. »Jetzt weißt du, was es bedeutet, die Tour de France zu fahren.« Mein Vater war ganz in der Nähe. Er warf seine Arme um mich. Ich war so erfreut, dass er hier war, um mit mir meinen Triumph zu teilen. Es war der glücklichste Tag meines Lebens. Zweihundertundein Fahrer waren gestartet. Einhundertzweiunddreißig kamen ins Ziel. Ich war Hunderteinunddreißigster. Ich hatte überlebt. Ich war ein »Gigant der Landstraße«.

11 Wettrüsten

Die Tour war eine hervorragende Schule. Ich hatte sehr viel über mich und die Realität des Profiradsports gelernt. Verglichen mit »*La Grande Boucle*« war jedes Rennen zuvor ein Kinderspiel gewesen. Die Tour war das ultimative Rennen. Das hundertprozentige Rennen. Die Tour zu beenden, flößte mir einen besonderen Sinn von Stolz ein. Man muss einfach ein harter Typ sein, um sie durchzustehen, also hatte ich den Beweis erbracht, selbst ein harter Kerl zu sein. Ich hatte erwartet, dass es schwer würde. Aber es war noch viel härter, als ich es mir vorgestellt hatte. Ich hatte das Gefühl, in der letzten Woche hundert Mal ausgestiegen zu sein. Aber irgendetwas hatte mich immer daran gehindert, aufzugeben. Ich konnte einfach nicht. Es schien mir, dass mein Überleben als Profi davon abhing, Paris zu erreichen. RMO war ein kleines Team. Am Saisonende würden die Schwächsten gefeuert, damit neues Blut die Mannschaft auffrischte. Schließlich pumpte *Monsieur* Braillon kein Geld in den Radsport, um in der Zweiten Liga zu spielen. Große Namen würden unterzeichnen, und unbedeutende Namen würden verschwinden, um ihnen Platz zu machen. Ich verfügte über einen Zweijahresvertrag. So hatte ich meinen Platz für 1987 natürlich sicher. Aber ich dachte bereits an 1988. Ich mochte nicht der talentierteste Radfahrer der Welt sein, aber ich hatte andere Qualitäten. Tapferkeit, Mut und Ehrlichkeit. In einem Jahr würde sich Thévenet nicht mehr daran erinnern, dass ich auf Händen und Füßen in Paris angekommen war, sondern daran, dass ich die Tour beendet hatte.

Mir waren einige schlimme Fehler unterlaufen. Ich war so unglaublich naiv gewesen, zu glauben, dass ich die Tour de France mit zwei Multivitamintabletten am Morgen fahren könnte. Die Tour de

France aber war kein gewöhnliches Rennen. Sie verlangt dem Körper Übermenschliches ab. Dreiundzwanzig Tage lang sechs Stunden im Sattel zu sitzen, war einfach unmöglich ohne den Griff zu Vitamin- und Mineralienpräparaten, zu Chemikalien, die eine erschöpfte Leber säubern, zu Arzneien, die knüppelharten Beinmuskeln die Schwere nehmen. Als Tablette passierten die Medikamente den Magen und die Leber. Das bedeutete Zusatzarbeit für bereits überanstrengte Organe, und das Ergebnis war, dass viel von ihrem Nutzen verloren ging. Injektionen umgingen dies und waren daher weitaus effizienter. Eine Spritze bedeutete nicht automatisch Doping. In einer perfekten Welt würde es möglich sein, die Tour ohne Medikamente durchzustehen – solange denn jeder dasselbe tat. Aber dies war keine perfekte Welt. Wir nahmen keine Dopingmittel. Wir sorgten nur für uns und ersetzten das, was unsere Körper tagtäglich ausschwitzten. Die eingenommenen Substanzen standen auf keiner Verbotsliste. Wie also konnte das, was wir machten, Doping sein? Und doch wurde mir eine Sache klar: Sobald du anfängst, mit dem Zeug zu hantieren, sobald du die Medikamenteneinnahme akzeptierst, ist die Grenze zwischen legal und illegal, zwischen der Pflege deines Körpers und Doping nur noch hauchdünn. Die meisten Kollegen überschritten sie, ohne es zu bemerken. Sie folgten bloß dem Rat eines Teamgefährten oder *Soigneurs*. »Soundso schwört auf dieses oder jenes Zeug. Jedes Mal, wenn er etwas zeigen will, greift er zu.« Und selbst wenn ein Fahrer eigentlich nicht zu einem gewissen Produkt greifen möchte, weil er zweifelt, vielleicht etwas Verbotenes zu tun, ändert sich seine Meinung schnell, wenn er daran denkt, benachteiligt zu werden. Es ist ein wenig wie beim Wettrüsten: »Laurent kriegt heute eine Interkontinentalrakete in den Arsch. Da ist es besser, wenn ich auch eine bekomme, sonst werde ich bombardiert.« Und bevor sie es bemerken, sind sie inmitten eines gefährlichen Spiels gefangen. Dadurch, dass ich in der Nacht vor dem Zeitfahren in Nantes eine Injektion akzeptierte, hatte ich das Doping-Stadium erreicht. Wenigstens war ich standhaft bei meinem Prinzip geblieben, lieber nicht mitzuspielen, wenn mit illegalen Substanzen hantiert wurde. Konnte ich diese Einstellung beibehalten? Ich hoffte es inständig.

Am Abend nach der Schlussetappe der Tour kehrten wir auf die Champs Elysées zurück. Dieses Mal mit Hemd, Krawatte und gebügelten Hosen. Es war ein großartiges Gefühl, wieder normale Kleidung zu tragen. Einen Monat lang hatten wir tagsüber in verschwitzten Trikots gesteckt, das schmierige Sitzleder der Rennhosen an unseren Hintern, um uns nachts die langweiligen, alten Trainingsanzüge des Teams überzustreifen. Champagner war das Getränk der »*Soirée*«, als wir mit unseren Gläsern den halbnackten Kabarettmädchen im *Millionaires Club* zuprosteten. Es war eine großartige Nacht. Am nächsten Tag kehrte ich nach Grenoble zurück. Um die Reisekosten möglichst klein zu halten, wurde beschlossen, dass Dede und ich im Lkw mit der Teamausrüstung nach Hause fuhren. Die Heimreise war lang und nervtötend. Wir mussten einen langen Umweg in Kauf nehmen, um Dede zu Hause in Rumilly abzusetzen, bis wir endlich in Grenoble ankamen. Und dort warteten auf mich keine Luftschlangen als Willkommensgruß. Das Fußballzentrum stand leer, die meisten Auszubildenden waren in den Sommerferien. Aber als ich mein Zimmer betrat, traf mich fast der Schlag. Ein junger, farbiger Fußballer lag auf Ribeiros Bett, und ich bemerkte sofort, dass meine persönlichen Habseligkeiten nicht mehr so standen, wie ich sie hinterlassen hatte. Sein Name war Charles und er erklärte mir, dass Ribeiro für zwei Monate zurück nach Brasilien geflogen wäre und man ihn angewiesen hätte, sein Bett zu nehmen. Dieser Charles schien ein netter Zeitgenosse zu sein, aber ich war doch ziemlich sauer. Was war das für eine Art, nach einem Monat des Leidens nach Hause zu kommen? Ich würde nach einem Apartment für mich alleine Ausschau halten müssen. Ich konnte einfach nicht länger in diesem Trainingszentrum bleiben. Ich musste hier raus. Ich würde mir Zeit nehmen, um eine passende Wohnung zu finden. Aber musste ich denn meinen zweiwöchigen Urlaub unbedingt noch mit diesen arroganten Rotzlöffeln verbringen? Ich entschied, nach Dublin zurückzukehren.

Sechs Monate lang hatte ich Ann nicht mehr gesehen. Den Sommer über war sie in New York gewesen. Ich rief sie an ihrem Geburtstag von einem Münzfernsprecher in Nantes aus an, und sie weinte fast die ganzen fünf Minuten. Das Abenteuer New York lief alles andere als perfekt. Für sie war es schwierig, Arbeit zu finden. Wie Tausende andere war sie mit einem Studentenvisum gekommen und hatte keine Sozialversicherungsnummer. Sie war in der Hoffnung losgeflogen, Geld für ihr Studium zu verdienen. Aber ihre Tränen sagten mir, dass sie kaum ihre Reiseausgaben decken konnte. Ich schlug ihr vor, nach Hause zu fliegen, und so kam sie zwei Tage vor mir in Irland an. Es war schön, wieder zurück zu sein, umgeben von der Wärme seiner Familie. Es war schön, seine Freundin um sich zu haben, die ihre Arme um dich warf und dir sagte, dass sie dich liebt. Es war die Mühe wert. Die Leere des Fußballzentrums war Lichtjahre entfernt. Ich fühlte mich wie ein Star.

In Dublin und Cork gab es zwei Rennen über innenstädtische Rundkurse. Profirennen, bei denen Kelly und Roche am Start waren. Sean, Stephen und Martin wurden allesamt von einem Dubliner Geschäftsmann namens Frank Quinn gemanagt. Ich war immer skeptisch gegenüber Managern. Viele kratzen sich einfach nur am Hintern und verlangen dafür zehn Prozent. Aber Frank war anders. Er verfügte über große menschliche Qualitäten. Er kümmerte sich, und das war mir wichtig. Anfang des Jahres hatte er auch mir seine Dienste angeboten, und ich willigte ein. Ich glaube, dass es in meinen vier Profijahren die einzige Manager-Fahrer-Beziehung werden sollte, die damit endete, dass der Fahrer dem Manager Geld schuldete... Aber so ist Frank halt. Er rief die Rennorganisatoren an, informierte sie, dass ich zur Verfügung stand, und verhandelte über einen Vertrag für die beiden Rennen. Sein Angebot war sehr fair und entsprach dem, was ein Jungprofi in Frankreich bekommen würde – knapp 250 Pfund pro Rennen. Sie boten ihm stattdessen nur einen Hungerlohn, ihre Budgets wären erschöpft. Ich fühlte mich im Stich gelassen, ja geradezu beleidigt. Die Organisatoren hatten einen Haufen Profis vom Kontinent für die Rennen einfliegen lassen. Und hier war ich, einer von nur vier Profis im Land, einer von nur fünf Iren, die jemals die Tour de France gefahren waren, und sie konnten keinen Platz für mich finden. Auch für Martin gab es keinen Platz. Es war jämmerlich. Es zerstörte viel von dem guten Gefühl, zu Hause zu sein. Ich fühlte mich nicht länger wie ein Star, sondern freute mich fast darauf, nach Frankreich zurückzukehren.

Am Ende der zwei Wochen rief mich Thévenet in Dublin an und sagte, dass ich direkt nach Amsterdam zur Holland-Rundfahrt fliegen sollte. Die Etappen durch die flache, offene Ebene lagen mir nicht. Ich verbrachte eine äußerst ungemütliche Woche. Nichts war mehr zu spüren vom großen Glanz der Tour de France. In keinster Weise motiviert, stieg ich auf der vorletzten Etappe aus. Von den vier RMO-Fahrern bei der Holland-Rundfahrt hatte nur ich die Tour bestritten. Die anderen Jungs aus dem Tour-Team fuhren Kriterien in Frankreich.

Kriterien waren eine französische August-Tradition. Im Juli weckte die Tour jedes Jahr aufs Neue ein großes Interesse für den Radsport, aber im August gab es nichts, was dieses Interesse befriedigen konnte. Die Kriterien waren ein Mittel, um die Entzugserscheinungen zu lindern. Ein Placebo, das der süchtigen Öffentlichkeit vor den Herbstklassikern in den Rachen geworfen wurde. Der Bürgermeister einer Kleinstadt, der die Stars der Tour de France in seiner Stadt haben wollte, kontaktierte einen Kriteriums-Manager. Dieser machte ihm einen Preis für die Verpflichtung von vielleicht dreißig Profis. Der Bürgermeister zahlte das geforderte Geld, und der Manager nahm Kontakt mit den Fahrern auf. Er verpflichtete drei oder vier wirklich große Namen, nach Möglichkeit den Toursieger, den Französischen Meister sowie zwei oder drei Etappensieger. Diese Fahrer konnten den Großteil des Geldes einstecken, das der Bürgermeister gezahlt hatte. Schließlich waren sie es, derentwegen die Massen kamen. Den Rest des Pelotons bildeten für gewöhnlich fünfundzwanzig namenlose *Domestiques*. Bei Kriterien konnten diese schlecht bezahlten Fahrer dennoch so viel Geld verdienen wie sonst nie. Für ein drei- oder vierstündiges Straßenrennen gab es rund 350 Pfund. Die Gage war natürlich kein Reingewinn. Die Fahrer mussten selbst für Unterkunft, Transport und Essen aufkommen. Um die Ausgaben klein zu halten, reisten die meisten *Domestiques* in Gruppen. Es war für sie nicht ungewöhnlich, bis Mitternacht ein Rennen in der Bretagne zu bestreiten, dann ins Auto zu springen und zum nächsten Rennen am anderen Ende des Landes zu fahren. Um Zeit und Geld zu sparen, bestanden die Mahlzeiten vor dem Rennen normalerweise aus einer Tüte Pommes Frites und einem Wurstbrötchen, das sie sich in einer Imbissbude am Straßenrand kauften. Wenn sie die Chance hatten, sich ein paar Stunden aufs Ohr zu hauen, checkten sie in billigen und meist ziemlich schäbigen Hotels ein, um ein paar Francs zu sparen. In der Folge waren sie bei ihrer Ankunft am Startort oft nicht in der Verfassung, ein Rennen zu fahren - aber dies war ein unbedeutendes Detail. Amphetamine waren für einen erschöpften Domestiken eine wunderbare Motivation, ein weiteres Mal in den Sattel zu steigen. Und da es keine Kontrollen gab, war der Missbrauch solcher Mittel bei Kriterien am größten. Es wurde nicht gedopt, um zu gewinnen. Denn der Sieger stand bei all diesen Einladungsrennen im Vorhinein fest. Die Leute kamen, um den Star gewinnen zu sehen, also gewann der Star auch. So ging die Kundschaft stets zufrieden nach Hause und würde im nächsten Jahr wiederkommen. Nein, die Amphetamine waren eine Versicherung. Eine Versicherung, dass Fahrer ihre Leistung brachten. Von den kleinen Fahrern wurde erwartet, das Renngeschehen zu beleben. Zur Routine gehörte es, einige Runden lang an der Spitze zu attackieren, etwas Applaus einzuheimsen und sich dann vom Star der Veranstaltung einholen zu lassen. Wer das Spiel ordentlich belebt hatte, fühlte sich hinterher etwas unbefangener, wenn er den Manager traf und nach seinem Geld fragte. Denn die Gagen wurden wohlweislich immer erst nach dem Rennen ausbezahlt. Amphetamine stellten sicher, dass du bezahlt wurdest.

Während der Tour hatte mir Vallet versprochen, ein paar Verträge für mich auszuhandeln. Er hatte einen großen Namen und eine gewisse Zugkraft bei den Managern der Kriterien. Aber es verhielt sich so wie mit vielen seiner Versprechungen - sie waren leer. Ich vermute, dass ich der einzige Fahrer bin, der 1986 zwar die Tour de France beendet, aber in dem Jahr kein einziges Kriterium mehr bestritten hat. Es war eine Sache, ein *Petit Coureur* und Franzose zu sein, aber eine ziemlich andere, ein *Petit Coureur* und Ire zu sein. Man konnte die Manager der Kriterien anrufen und um einen Gefallen bitten. Aber ich hasste es, zu kriechen. Außerdem hatte ich Angst. Ich wusste, dass Starts bei Kriterien mich den Reizen des Dopings aussetzen würden, und das wollte ich nicht. Ich hatte Angst davor, in Versuchung zu geraten, und vor den vielen Komplikationen, die derlei mit sich brachte. Falls einer der Kollegen mir vor einem Kriterium ganz im Vertrauen eine Ladung anbot, wie konnte ich da ablehnen, ohne ihn zu kränken? Es war mir immer noch sehr wichtig, dazuzugehören. Wenn ich aber ein solches Angebot ausschlug, war ich mir sicher, dass sie mich niemals vollkommen akzeptieren würden. So hatte meine Abwesenheit bei den Kriterien auch seine angenehmen Seiten.

Ende August bestritten wir Paris-Bourges, ein zweitägiges Etappenrennen. Zum ersten Mal, seit er aus der Tour ausgestiegen war, traf ich Gauthier wieder. Er befand sich in guter Form und erzählte mir im Vertrauen, dass er für 1987 ein Angebot von Z-Peugeot hatte. Er wollte es annehmen. Ich war überrascht. Ich war davon ausgegangen, dass er seine Karriere beenden wollte. Das war auch so gewesen, aber vom Aufhören zu sprechen, war eine andere Sache, als es auch wirklich zu tun. Es gab nicht furchtbar viele offene Türen für einen 32-Jährigen, der einmal das *Maillot Jaune* der Tour de France getragen hatte. Ein oder zwei Job-Angebote hatte er wohl, aber keines, das ihn zufrieden stellte. Ein Amateurverein aus seiner Region hatte ihm eine durchaus lukrative Offerte unterbreitet, falls er noch ein Jahr lang seine Farben tragen würde. Aber der Gedanke daran, wieder als Amateur zu fahren, schien ihm wenig reizvoll.

Die Atmosphäre bei Paris-Bourges war nett und entspannt. Dede hatte einen neuen Vertrag für 1987 in Aussicht, und dies munterte ihn unglaublich auf. Und wenn Dede glücklich war, waren wir es alle. Er war immer Herz und Seele unseres Vereins. Ich war nach der ersten

Etappe ziemlich fertig und ging früh zu Bett. Diesmal teilte ich mein Zimmer nicht mit Gauthier, sondern mit einem der anderen Fahrer, dessen Identität geheim bleiben muss. Ich hatte mehr als eine Stunde fest geschlafen, als mein Teamkollege eintrat und mich weckte. »Paul, ich hab' da ein Mädchen. Ist eine sichere Nummer. In wenigen Minuten bringe ich sie nach oben. Du musst nur deine Augen schließen und so tun, als ob du schläfst.« Ich lachte und sagte ihm, dass ich völlig erschöpft wäre und er aufhören sollte, an meinen Beinen herumzureißen. Er verschwand wieder und kam fünf Minuten später tatsächlich mit einem Mädchen zurück. Es gab eine kleine Pause, als sie mich im Nachbarbett schlafen sah. »Das ist Kimmage, der Ire, er schläft immer sehr tief«, versicherte er. Ich lag mit geschlossenen Augen da, war wie gelähmt. Er meinte es ernst. Er wollte mit diesem Mädchen Sex haben – und das in einem Bett, das meines fast berührte.

Zunächst unterhielten sie sich. Sie nahm am Frauenrennen teil, das am nächsten Tag stattfand. Sie fragte ihn nach seinem Leben als Profi und bewunderte sein Können. Er machte das Spiel fünfzehn Minuten lang mit – dann flogen die Kleider von den Leibern. Die zwei Körper plumpsten in das zweite Einzelbett des Zimmers. Ich hielt meine Augen fest geschlossen. Ich sah nichts, und das musste ich auch nicht, denn bei dem Krach, den sie machten, brauchte man keinerlei Vorstellungsvermögen, um zu wissen, was passierte. Ich überlegte kurz, ob ich so tun sollte, als würde ich aufwachen. Aber das hätte nur eine hochnotpeinliche Situation für alle Beteiligten heraufbeschworen. Schon bei den Dopingkontrollen wurde ich jedes Mal verlegen, wenn die Kommissare mich anstarrten, während ich urinierte. Wie konnte er Sex mit einem Mädchen haben, wenn da jemand fast im selben Bett lag? Ich konnte es nicht fassen. Dann bemerkte ich den Geruch, den Geruch von Feuer, den ich nicht orten konnte. Was konnte denn hier brennen?

Sie lagen fünf Minuten lang regungslos da. Dann fragte sie ihn, ob sie sich duschen könnte. Er zeigte ihr den Weg und zog dann die Tür vorsichtig hinter ihr zu. Dann rannte er zu meinem Bett herüber und rüttelte an meiner Schulter. »Was ist, Polo, willst du jetzt?« Ich beschimpfte ihn, aber dies schien ihn nur noch mehr zu erfreuen. »Und was zur Hölle brennt hier?« Um das Licht im Zimmer zu dimmen, hatte er ein Handtuch über die Bettlampe gehängt. Er sprintete los, hob die schwelenden Überreste von der Leuchte und warf sie aus dem Fenster. Seine Partnerin kam frisch geduscht wieder ins Schlafzimmer und war zweifellos verblüfft vom tiefen Schlaf des Iren, der immer noch besinnungslos im anderen Bett zu liegen schien. Er wünschte ihr eine Gute Nacht und sie verschwand.

Am nächsten Tag, auf der zweiten Etappe, war er immer noch euphorisch ob seiner Eroberung. Er fuhr hinter mir und bekam einen Lachkrampf. Dann fuhr er kreuz und quer durch das Feld und erzählte all seinen Kameraden die Geschichte. Nach und nach brachte er sie zu mir, damit ich die Story bestätigte. Die typische Reaktion war: »Ich hätte ihn nicht aufs Zimmer gelassen, bevor ich nicht sicher gewesen wäre, dass sie mich auch ranlässt.« Oder: »Ich wäre plötzlich aufgewacht und hätte ihn runtergestoßen, um selbst draufzuspringen.« Ich weiß nicht, ob alle Sportler so krass drauf sind. Nicht alle Radsportler sind so, aber die meisten. Viele von ihnen haben eine plumpe, primitive Seite. Ich weiß nicht, ob es die Anforderungen des Sports sind, die diese Eigenschaft kultivieren. Wegdiskutieren lässt sie sich gewiss nicht. Ein typisches Beispiel gefällig?

Pierre: »Was ist mit Louis los? Er sprintet nicht sehr gut.«

Serge: »Ja, er hatte letzte Woche einen schweren Sturz auf dem Weg zu seinem Etappensieg. Er hatte keine Handschuhe an, beide Hände waren nur noch rohes Fleisch.«

Pierre: »Das ist Pech. Ich bin sicher, dass er hier ein paar Etappen gewonnen hätte. Er war wirklich gut drauf.«

Serge: »Ja, aber das Schlimmste ist, dass er nicht wichsen kann.«

Ich fuhr nicht gerade gut bei Paris–Bourges. Ich fuhr nie gut in irgendeinem der Rennen zum Saisonende. Die Tour hatte mir viel abverlangt und ich tat bei den Rennen im August nur das Nötigste. Der September war ein weiterer ruhiger Monat. Ich fuhr drei französische Eintagesklassiker, bevor ich bei Paris-Brüssel antrat, meinem letzten Rennen für diese Saison. Ich wollte gar nicht fahren, wurde aber dazu verpflichtet, um unser Team zu vervollständigen: Jede Mannschaft brauchte zehn Starter, damit der Veranstalter die Reiseauslagen bezahlte. Am Vorabend sprach ich mit Gauthier, der mir berichtete, wie er im Jahr zuvor aufgegeben hatte. Am Tag vor dem Rennen hatte er sein Fahrrad ins Auto gepackt und war zu einem kleinen Dorf gefahren, das fünfzig Kilometer vom Startort Senlis entfernt lag. Seinen Wagen ließ er stehen und fuhr mit dem Rad zurück ins Mannschaftshotel. Als das Peloton dann am nächsten Tag nach fünfzig Kilometern das kleine Dorf erreichte, bog er in eine schmale Seitenstraße ab, sprang in sein Auto und fuhr nach Hause. Es war zu spät für mich, um noch denselben Trick zu versuchen. Aber ich plante etwas Ähnliches. Am Morgen des Rennens zog ich meine Rennhosen und mein Trikot über und trug mich in die Startliste ein. Gerade als das Rennen losgehen sollte, versteckte ich mich in der Toilette eines Cafés auf der gegenüberliegenden Straßenseite. Als ich sicher war, dass sie sich auf den Weg gemacht hatten, entschwand ich diskret aus dem Café, sprang in mein Auto und steuerte Calais und die Fähre nach Dover an. Ich setzte nach England über und nahm eine weitere Fähre nach Dublin. Endlich zu Hause. Meine erste Saison war vorbei. Nun gut, noch nicht ganz.

Die Irland-Rundfahrt, die Nissan Classic, stand eine Woche später auf dem Programm. Aber RMO schickte kein Team, ich würde also nicht starten. Stephen hingegen beabsichtigte, in einer gemischten Mannschaft zu fahren. Aber sein Knie bereitete ihm immer noch Probleme, und er zog zurück. Plötzlich war ein Platz frei. Frank telefonierte mit Ever Ready, dem Sponsoren der Mannschaft, und schlug mich als Ersatz vor. Sie stimmten zu. An dem Tag, als ich endlich wieder nach Irland kam, rief mich Frank an und sagte mir, dass ich doch die Nissan Classic fahren würde. Ich war ein wenig außer Form und verbrachte die drei Tage vor dem Rennen mit wildem Last-Minute-Training. Das Team bestand aus den beiden Belgiern Jef Lieckens und Carlo Bomans, den beiden Engländern Sean Yates und Tony Doyle sowie mir. Auf der ersten Etappe nach Galway regnete es heftig. Das Feld fuhr in einer langen Schlange, die von starken Seitenwinden hin und her gefegt wurde, als wir über die Oranmore Road in Richtung Ziel fuhren. Ich hatte schlimme Magenkrämpfe und fühlte mich wirklich schwach. Ich fiel zurück. Es war eine grausame Enttäuschung. In Galway würde ich die Schlussrunden ganz alleine vollenden müssen, Minuten hinter dem ganzen Feld. Ich wusste, dass meine Mutter und mein Vater auf mich warteten, und schämte mich entsetzlich. Kurz bevor ich den Rundkurs erreichte, kam ich am Teamhotel vorbei. Ich dachte ernsthaft darüber nach auszusteigen und suchte nach einer Ausrede. Irgendeine Ausrede. Irgendwas, das die Schande verhinderte, die Schlussrunden alleine zu fahren. Aber ich blieb im Rennen, schließlich hatte ich einen Vertrag mit Ever Ready. Einfach aufzugeben, wäre nicht professionell. Ich wäre mein Geld nicht wert. Also fuhr ich die Etappe in mieser Laune zu Ende und verfluchte mich selbst.

Der Rest der Woche lief weitaus besser, und ich fuhr ziemlich gut. Nach der dritten Etappe teilte ich das Hotelzimmer in Cork mit Sean Yates. Ich mochte Sean. Als ich noch Amateur war, half er mir, beim Milk Race, der Großbritannien-Rundfahrt, ins Gelbe Trikot zu fahren. Er ist einer der nettesten und bodenständigsten Burschen, die ich in diesem Sport getroffen habe. Er hatte ein kleines Gerät dabei, mit dem man selbst sein Blut untersuchen konnte. Du musstest nur kurz in deinen Finger pieksen, einen Tropfen auf einen Objektträger platzieren und durch eine Art kleines Mikroskop begutachten. Ich fragte ihn, ob er auch mein Blut einmal unter die Lupe nehmen könnte. Nach der Analyse sagte er, ich würde an Eisenmangel leiden. Ich fragte ihn, ob er etwas dabeihätte. Er bereitete eine Spritze mit Vitamin- und Eisenpräparaten vor. Wie die meisten Profis ging Sean nur selten zum *Soigneur*, wenn er das Gefühl hatte, etwas zu brauchen. Er nahm die Angelegenheit einfach selbst in Hand. Die Vorstellung, mich mit einer Nadel zu stechen, widerte mich an. Ich fragte Sean, ob er das für mich erledigen könnte. Er lehnte ab. »Irgendwann musst du es lernen. Jetzt ist ein guter Zeitpunkt, damit anzufangen.« Er gab mir ein Stück Watte mit Brennspiritus und die Spritze, oder *Flèche*, wie es in der Branche heißt, und ich ging ins Badezimmer und schloss die Tür hinter mir zu. Die Tür war bei solchen Gelegenheiten immer abgeschlossen, nur für den Fall, dass jemand reinkam. Ich stellte mir oft vor, dass mein Vater plötzlich auftauchen und mich mit einer Spritze in der Hand sehen würde. Was würde ich sagen? »Ähh, Sorry, Da', es ist anders, als du denkst.«

Ich musste die Spritze in den Gesäßmuskel stechen, ungefähr auf Höhe des Steißbeins. Du hast zwar zwei Pobacken und deshalb die Auswahl, nichtsdestotrotz sind beide Alternativen gleichermaßen schmerzhaft. Ich hatte früher schon zugesehen, wie andere Fahrer es machten. Es gibt zwei Methoden. Die schmerzvollere ist, die Nadelspitze auf die Haut aufzusetzen und langsam zu drücken. Oder du wirfst die Spritze wie einen Dartpfeil, sodass sie im Fleisch stecken bleibt. Ich entschied mich für die zweite Methode.

Ich stand mindestens zehn Minuten da und unternahm verschiedene Versuche, die Spritze endlich zu werfen. Aber jedes Mal war ich unfähig, sie loszulassen. Ich wurde allmählich wütend. Als ich schließlich den Mut hatte, die Sache zu vollenden, war ich so nervös und mein Gesäßmuskel dermaßen angespannt, dass die Spritze vom Fleisch gleich wieder abprallte und auf dem dreckigen Badezimmerboden landete. Erbost sammelte ich sie auf, drückte auf den Kolben und spritzte die Flüssigkeit in die Kloschüssel. Die leere Spritze warf ich in den Abfalleimer und verließ fluchend das Badezimmer. Sean grinste über das ganze Gesicht und bot mir an, eine neue Spritze vorzubereiten, doch ich lehnte ab. Später holte ich die weggeworfene Spritze aus dem Mülleimer im Badezimmer. Es gab die goldene Regel, niemals etwas zu hinterlassen, das die Putzfrau überraschen könnte. Aber ich war meiner durch und durch überdrüssig.

Die Nissan Classic endete am Sonntag in Dublin. Vor den Augen meiner Heimfans wollte ich eine kleine Show bieten, als wir die

O'Connell Street rauf- und runterrasten. Aber letztendlich war ich nicht in der Lage, besonderen Eindruck zu schinden. Aber Galway war vergessen, und ich konnte zumindest wieder mit erhobenem Haupt umherlaufen. Jetzt war die Saison vorbei, und ich war weiß Gott nicht traurig darüber. Ich brauchte unbedingt eine Pause.

12 Ein echter Profi

Die Wintermonate verbrachte ich in Dublin. Das war die erfreuliche Seite des Daseins als Profi. Am Ende jeder Saison hattest du drei Monate Heimaturlaub. Ich genoss mittlerweile ein gewisses Ansehen in Irland. Als Amateur war ich hier meine ersten Schritte zur Berühmtheit gegangen. Jetzt, als Profi, war ich Teil einer Elitetruppe. Es gab nur vier Radprofis im Land. Sean Kelly war der Beste der Welt, Stephen Roche nicht weit hinter ihm. Martin Earley hatte eine Etappe der Italien-Rundfahrt gewonnen, und Paul Kimmage hatte, nun ja, als Hunderteinunddreißigster die Tour de France beendet.

Radsport erfreute sich in den Medien einer wachsenden Popularität. Auch der einfache Mann von der Straße machte sich allmählich mit dem Sport vertraut. Ich genoss den neuen Ruhm. Radsportvereine aus dem ganzen Land luden mich ein, ein bisschen den Trainer zu mimen oder Vorträge über das Leben eines Profis zu halten. Kurze Fernsehauftritte wechselten sich mit Interviews fürs Radio ab. Allmählich machte ich mir einen Namen. Damit ließ sich zwar kein Geld verdienen, aber immerhin konnte ich mich wichtig fühlen. Es schien mir, als wäre ich endlich Jemand. Folglich fiel es mir am Ende meiner Winterpause ziemlich schwer, nach Frankreich zurückzukehren. Dort war ich zwar Profi, aber weiterhin ein Niemand.

Nach einem Telefongespräch mit Thévenet reiste ich am 9. Januar aus Irland ab. Er hatte zur Saisonvorbereitung ein Trainingslager in Gruissan an der französischen Riviera organisiert. Ich nahm die Fähre nach England und fuhr nach Stoke, wo ich die Nacht über bei Martin blieb. Auf der nächsten Etappe machten wir einen Zwischenstopp in Paris bei meinen guten Freunden Jean und Ginette

Beaufils. Von dort ging es nach Gruissan. Das Team hatte acht neue Gesichter. Gauthier, Le Bigaut, Barteau, Russemberger, Mogore und Castaing waren nicht mehr dabei. Ersetzt wurden sie durch sechs Franzosen, einen Italiener und einen Amerikaner. Jean-Claude Colotti, Jean-Francois Rault, Dante Rezze, Patrice Esnault, Vincent Lavenu und Michel Bibollet hießen die französischen Neuzugänge. Pierangelo Bincolleto war der Italiener und Alexi Grewal, der Olympiasieger von 1984, der Amerikaner.

Alexi galt als einer der Leistungsträger für die neue Saison. Er war schon 1986 probeweise ein oder zwei Rennen für uns gefahren – wobei allerdings nicht RMO ihn, sondern er das Team auf die Probe gestellt hatte. Ihm schien es gefallen zu haben, also unterschrieb er einen Vertrag für 1987. Thévenet hielt sehr viel von ihm, aber ich wusste, dass es nicht funktionieren konnte. Physisch verfügte Alexi über die Fähigkeiten, um jede Mannschaft dieser Welt zu verstärken. Aber mental war er weder für uns noch für irgendein anderes europäisches Team geeignet.

Im Trainingslager teilte ich das Zimmer mit ihm. Er war von der Angst besessen, dass sein Körper verwahrloste, falls er nicht genug aß. Eine halbe Stunde vor dem Abendessen zündete er einen kleinen, tragbaren Gaskocher an, den er aus den Staaten mitgebracht hatte. Er kochte Wasser auf und aß etwa eine halbe Tonne Spaghetti. Als er damit fertig war, ging er in den Speisesaal und nahm mit dem Rest von uns noch eine normale Mahlzeit ein. Er war ganz vernarrt in Stretchingübungen und Yoga. Manchmal kam ich aufs Zimmer und fand ihn vor, wie er einen Kopfstand machte oder auf einem speziellen Holzstück lag, das seinen Rücken massierte. Während der Trainingsfahrten fuhr er oft hundert Meter allein hinter der Gruppe her, weil er glaubte, dass er so besser trainieren würde. Und weil er Alexi Grewal war, kam er damit davon. Er verdiente 35.000 Dollar im Monat. Dagegen nahmen sich meine 700 Pfund doch ziemlich mickrig aus.

Ich hatte das Gefühl, dass er vermutlich die exzentrischste, unmöglichste Person war, die ich jemals getroffen hatte. Dennoch mochte ich ihn. Auch ich verachtete viele der europäischen Radsporttraditionen. Aber mein Überleben hing nun einmal davon ab, dass ich stets auf Linie blieb. Ich konnte es mir nie erlauben, meinen Mund aufzumachen. Das bewunderte ich am meisten an Alexi: Er ließ sich durch Nichts und Niemand einschüchtern.

Ich wusste, dass er nicht allzu lange dabei bleiben würde. Alexi war zu sehr Amerikaner, er war einfach zu unflexibel. Aber sein größtes Problem war seine labile Gesundheit. Er war unglaublich anfällig für Erkältungen, die sich bald in eine Bronchitis verwandelten und ihn für Wochen außer Gefecht setzten. Gute Gesundheit ist eine der elementarsten Voraussetzungen für jeden Radprofi. Wäre Alexi so robust gewesen wie Sean Kelly, hätte er eine große Karriere vor sich gehabt. Aber in den sechs Monaten, die er mit dem Team verbrachte, war er ständig krank. Ich kann mich nicht daran erinnern, ihn jemals gut fahren gesehen zu haben. Im Juni hatte er die Schnauze voll und kehrte in die Staaten zurück.

Von den anderen Jungs konnte ich Colotti am besten leiden. Er war ein Jahr älter als ich, hatte aber erst vier Jahre zuvor mit dem Radsport begonnen. Ich war seit meinem elften Lebensjahr dabei. Dieser Unterschied manifestierte sich in unserer Auffassung von Training und Rennen. Er war immer begierig, zu trainieren, und von einem ansteckenden Enthusiasmus für den Sport beseelt. Für ihn war alles neu und aufregend. Ich aber hatte alles schon einmal gesehen. Ich ging die Sache viel entspannter an. Zu entspannt. In den ersten Monaten der Saison kämpfte ich verzweifelt darum, wenigstens halbwegs in Form zu kommen. Währenddessen blühte Colotti auf. Regelmäßig heimste er Top-Ten-Platzierungen ein. Schließlich gewann er gar die Tour de Vendée, einen französischen Klassiker. Seine Erfolge frustrierten mich. Ich gönnte sie ihm durchaus. Ich konnte bloß nicht verstehen, warum mir so etwas niemals passierte.

Der Start in die neue Saison wurde von zwei Todesfällen im Peloton überschattet. Der Spanier Vincente Mata fiel nach einem Sturz in der Trofeo Luis Puig in Spanien ins Koma und starb kurz darauf. Eine Woche später war ich Zeuge des zweiten Todesfalls. Es geschah bei der Tour du Haut Var. Nicht weit vom Start entfernt ging es einen kleinen Hügel hinauf. Die anschließende Abfahrt war eng und kurvenreich, aber nicht allzu gefährlich. Wir fuhren in einer langen Schlange. Ich lag in fünfter Position am Hinterrad von Thierry Marie, als plötzlich der Hitachi-Fahrer vor ihm stürzte, der Belgier Michel Goffin. Wir beide schafften es gerade noch, um ihn herumzusteuern. Eigentlich hatte es nicht nach einem schweren Sturz ausgesehen. Aber als ich zurückschaute, lag Goffin bewegungslos mitten auf der Straße. Auch er fiel ins Koma und verstarb zwei Wochen später. Mir war vollkommen bewusst, dass der Radsport gefährlich war, Todesfälle aber waren etwas Ungewöhnliches. Zwei tote Radprofis im Februar – plötzlich war uns allen etwas unbehaglich zumute, was die Risiken unseres Sports betraf. Ich wollte auf keinen Fall im Rennsattel sterben. In den nächsten paar Rennen trug ich einen Helm. Aber bald waren die Gefahren wieder vergessen, und obwohl ich meinen Helm immer dabeihatte, nahm ich ihn nur noch selten aus dem Koffer.

Der erste Monat der Saison war ein Desaster. In jedem Rennen, an dem ich teilnahm, fuhr ich ziemlich schlecht. So war es mehr als logisch, dass ich für Paris–Nizza im März keine Berücksichtigung fand. Ich kehrte nach Grenoble zurück und schaute mich sofort nach einer neuen Wohnung um. Nie und nimmer würde ich ein weiteres Jahr im Fußballzentrum bleiben. Clavet erzählte mir von einer freien Zwei-Zimmer-Wohnung in Vizille, der kleinen Stadt zwölf Kilometer außerhalb von Grenoble, in der er zu Hause war. Nach der Besichtigung entschied ich mich sofort, sie zu nehmen. Das ganze Theater mit dem Umzug war meiner körperlichen Verfassung wenig förderlich, ich verpasste etliche Trainingseinheiten. Entsprechend schlecht war meine Form, als ich für zwei Veranstaltungen in Belgien wieder ins Renngeschehen einstieg. Ich gab beide Male auf, und das war der Startpunkt für eine Serie von sieben Ausstiegen in Folge. Erst beim Grand Prix von Rennes gelang es mir, diese schwarze Serie zu beenden. Ich kam als Siebzehnter ins Ziel, sodass mein Name am nächsten Tag in der *L'Équipe* auftauchte. Das war wichtig. Denn

Thévenet fing langsam an, die Geduld mit mir zu verlieren. Das Resultat in Rennes zeigte ihm, dass ich noch existierte. Von da an lief es besser. Ich beendete meinen Lieblingsklassiker Lüttich-Bastogne-Lüttich als Einundfünfzigster und kehrte kurz darauf zur Hochzeit meines Bruders Raphael nach Irland zurück.

Es war keine triumphale Rückkehr. Kelly, Roche und Earley hatten alle einen fantastischen Saisonstart hinter sich. Meiner hingegen war eine Katastrophe. Ich fing an, mir Sorgen um die Zukunft zu machen. Mein Zweijahres-Vertrag bei RMO lief Ende des Jahres aus. Wenn ich mich nicht dramatisch verbesserte, hätte ich ziemliches Glück, wenn sie mit mir verlängerten. Was würde ich machen? Einen Job in Dublin zu finden, war fast unmöglich. Es gab keine große Nachfrage nach Ex-Radprofis, insbesondere nicht nach erfolglosen. Am Tag, bevor ich nach Frankreich zurückging, traf ich mich zum Mittagessen mit meinem Freund David Walsh. David war Journalist bei der *Sunday Tribune* und arbeitete zudem für *Magill*, ein irisches Nachrichtenmagazin. Als ich die Tour 1986 beendete, fragte er mich, ob ich für *Magill* einen Bericht über das Rennen verfassen könnte. Ich sollte speziell etwas über die Leiden schreiben, die ich zu überstehen hatte. Die Geschichte schien ziemlich gut bei allen anzukommen, die sie lasen. Während meiner Tage als Amateur hatte ich schon andere Artikel für ein irisches Radsportmagazin geschrieben. Mir machte es Spaß, mich auf diese Weise auszudrücken. Oft wünschte ich mir, dass ich studiert und einen Abschluss als Journalist gemacht hätte, anstatt in der Hoffnung auf einen Profivertrag als Radsportler nach Frankreich zu gehen. David meinte, dass ich auf dem Kontinent zahllose Möglichkeiten hätte, als freier Journalist Radsportgeschichten zu schreiben. Er ermunterte mich, meine Karriere im Rennsattel fortzusetzen, und ließ mich wieder optimistischer in die Zukunft blicken.

Mein Comeback gab ich bei Rund um den Henninger Turm in Frankfurt, wo ich ziemlich gut fuhr. Zwei wichtige Rundfahrten folgten, die Vier Tage von Dünkirchen und die Tour de Romandie. Die Dauphiné war nur noch einen Monat entfernt, und ich wusste, dass meine Nominierung für diese Rundfahrt davon abhing, in einem der beiden vor mir liegenden Rennen gute Leistungen abzuliefern. Ich bevorzugte die Romandie und schaffte es, Thévenet zu überzeugen, mich in die Schweiz zu schicken. Stephen war auch am Start. Und das war meine erste Möglichkeit in diesem Jahr, mich mit ihm zu unterhalten. Bis dahin waren wir kaum miteinander gefahren. Er hatte eine Traumsaison und gehörte nach seinen Schwierigkeiten im letzten Jahr wieder zur Weltspitze. Ich bemühte mich sehr, ihn während des Rennens zu beeindrucken. Schließlich war es mein heimliches Bestreben, einmal an seiner Seite im selben Team zu fahren. Aber nur unter der Bedingung, dass ich auch gut genug für diese Aufgabe wäre. Ich war stolz auf meine Unabhängigkeit bei RMO. Ich hatte meinen Vertrag dort aus eigener Kraft unter Dach und Fach gebracht – ohne die Hilfe von Kelly oder Roche. Mein Ziel war es, irgendwann mit einem meiner berühmten Landsleute zusammenzuarbeiten, und zwar zu meinen Bedingungen. Ein Gnadenbrot würde ich nicht akzeptieren. Wenn ich nicht gut genug war, um bei RMO einen neuen Vertrag zu bekommen, dann war ich auch nicht gut genug für Kelly oder Roche. Stephens gute Form setzte sich in der Romandie fort. Er gewann die Rundfahrt locker.

In der Nacht vor der letzten Etappe teilte ich das Zimmer mit Bernard Vallet. Es war das erste Mal, dass ich jemals mit ihm auf einem Zimmer lag. Ich bewunderte ihn, weil er höflich und niveauvoll und immer nett zu mir war. Er sagte mir, dass er sich über meine Leistung freue und dass er mir für die Dauphiné einen Platz im Team sichern würde. Die Rückendeckung von Vallet war ein großer Vorteil. Ich wusste, dass seine Worte bei Braillon und Thévenet Gewicht hatten. Er fragte mich dann nach meinen Eindrücken von Thévenet als *Directeur Sportif.* Ich wusste, dass sie Freunde waren. Aber da ich Thévenet mochte, gab es auch keinen Grund zu lügen. Ich erzählte ihm geradeheraus, was ich dachte.

»Bernard hat ein oder zwei Schwächen als Organisator, aber er verfügt über großartige menschliche Qualitäten, die seine Fehler mehr als kompensieren. Ich mag ihn. Er ist ein guter *Directeur.*«

Ich rätselte ein wenig über seine Gründe, warum er mich nach meiner Meinung über Thévenet gefragt hatte. Jacques Michaud leitete das Team in der Schweiz, während Thévenet sich um die Mannschaft in Dünkirchen kümmerte. Führte Vallet eine Meinungsumfrage hinter Thévenets Rücken durch, oder geschah es mit dessen Einverständnis? Die Erklärung überraschte mich zutiefst.

»Braillon hat mich gefragt, ob ich im nächsten Jahr den Posten des *Directeur Sportif* übernehmen möchte.«

Stille. Ah... jetzt war alles klar. Er schaute mich an, versuchte, meine Reaktion einzuschätzen. Ich war schockiert, wollte es aber nicht zeigen. Ich hatte erwartet, dass Vallet im nächsten Jahr als Assistent von Thévenet einsteigen würde – aber nicht als sein Ersatz.

»Ich möchte das Angebot eigentlich annehmen. Aber es bereitet mir etwas Kopfschmerzen, weil Thévenet und ich gute Freunde sind.«

Warum zog er mich in sein Vertrauen? Ich sah, wie aufgewühlt er war, wenn er darüber redete. Er muss danach gegiert haben, irgendwann über das Thema zu sprechen. Und ich war zufälligerweise da, als der Damm brach. Er bat mich, unsere Unterhaltung geheim zu halten. Er bräuchte Zeit, um sich zu entscheiden. Aber er konnte mich nicht in die Irre führen. Ich wusste, dass seine Entscheidung bereits gefallen war. Er würde das Angebot annehmen.

Dank meiner guten Form in der Schweiz zählte ich zum Team für die Dauphiné. Abgesehen von der Tour war es mein Lieblingsrennen. Ich lebte in der Region und sah mich in der Pflicht, in meiner Nachbarschaft etwas zu zeigen. In der Dauphiné stand immer viel auf dem Spiel, aber in diesem Jahr besonders viel. Eine gute Leistung bedeutete einen Platz in der Mannschaft für die Tour de France. Und ein Start bei der Tour erhöhte meine Aussichten auf einen neuen Vertrag. An Motivation mangelte es mir also gewiss nicht. Ich musste die hervorragende Form, mit der ich in die achttägige Rundfahrt ging, geschickt einsetzen. Sogar in dieser Topform wusste ich, dass ich nicht im Stande war, eine Etappe zu gewinnen. Aber ich war fähig, Claveyrolat oder Vallet zu helfen, einen Tagesabschnitt zu gewinnen. Darum ging es, wenn du ein *Domestique* warst. Es war besser, all seine Kräfte dafür einzusetzen, einem Teamkameraden beim Sieg zu helfen, als es auf eigene Faust zu versuchen und zu versagen. Zweiter oder Dritter. Fünfter oder Sechster. Diese Platzierungen haben im Profiradsport keine Bedeutung. Alles was zählt, ist der Sieg. Ich wusste, dass ich in der Lage war, bei einzelnen Etappen gute Platzierungen zu erreichen. Aber ich entschied mich in meinem eigenen Interesse dafür, mich für die Kapitäne des Teams zu opfern. Vallet und Claveyrolat waren in Form. Vallet würde höchstwahrscheinlich im kommenden Jahr *Directeur Sportif*. Clavet war mein Freund. Acht Etappen lang lieh ich ihnen meinen Körper. Ich schützte sie vor dem Wind, fuhr in den Bergen an ihrer Seite, holte ihnen Trinkflaschen, wartete auf sie, wenn sie zum Pinkeln anhielten, feuerte sie an, appellierte an ihren Siegeswillen. Jeden Abend überhäuften sie mich am Essenstisch vor Thévenets Augen mit Lob.

»Hast du gesehen, wie Paul heute für uns gearbeitet hat? Er war außergewöhnlich.«

Nur für meine Eltern tat es mir Leid. Sie waren extra gemeinsam mit meinem jüngsten Bruder Christopher für zwei Wochen aus Irland gekommen, um das Rennen zu sehen. Meinen einzigen schlechten Tag der Rundfahrt erwischte ich auf der ersten Bergetappe nach Modane. Es war sengend heiß, und ich brach früh am Col du Glandon ein. Ich wusste, dass meine Eltern am Gipfel auf mich warteten. Ich hatte Angst, so weit abgeschlagen an ihnen vorbei zu fahren. In meiner Frustration legte ich mir eine Rede zurecht, die ihnen meine Rolle als Domestike erklären sollte. Ich nahm mir vor, anzuhalten, wenn ich sie an der Straße sah. Ich wollte sagen: »Da', es tut mir Leid. Sieh mich an. Das hier ist die Realität. Das hier ist es, was ich bin. Ich bin kein Star und werde niemals einer sein. Ich bin ein Wasserträger, ein *Domestique*, ein Niemand.« Ich musste die vorbereiteten Sätze niemals aussprechen. Mein Vater stand zwei Kilometer vor der Passhöhe mit einer Wasserflasche. Ich lächelte, hielt an und füllte mein *Bidon*. Er sagte, dass ich gut fahren würde, schob und feuerte mich an. Sein Enthusiasmus erwärmte mein Herz, und meine Rede war vergessen.

Am darauf folgenden Tag ging es über drei Berge. Am Gipfel des zweiten Passes, am Izoard, lag ich knapp hinter der Spitzengruppe. Aus unserer Mannschaft war nur Claveyrolat vor mir. Thévenet befahl mir, auf Vallet zu warten, der zusammen mit zwei weiteren Teamkollegen, mit Mas und Simon, auf die Verfolgung gegangen war. Ich jagte die Abfahrt wie ein Geisteskranker hinunter, und im Tal gelang es uns, zur führenden Gruppe aufzuschließen. Drei Fahrer waren ausgerissen, und ich bekam die Order, an die Spitze der Gruppe zu fahren, um die Verfolgung zu starten. Ich trat mir bis zu den ersten Haarnadelkurven des letzten Berges, des Col de Vars, die Seele aus dem Leib. Dann war ich am Ende meiner Kräfte und fiel zurück. Doch meine Anstrengungen waren nicht umsonst gewesen. Thierry gewann die Etappe und lag nun auf dem vierten Platz der Gesamtwertung. Abends kam Thévenet auf mein Zimmer. Er lobte meine Arbeit für das Team und sagte, dass ich mich auf die Tour de France vorbereiten sollte.

»Ich hoffe, dass du im nächsten Jahr bei uns bleiben wirst.«

Er bot mir einen Vertrag an. Ich war überrascht und erfreut.

»*Bah oui, j'espère*« – Ich hoffe doch.

»Gut. Denk über dein Gehalt nach, komm nächste Woche zu mir und nenn mir eine Zahl. Wenn du willst, kannst du für zwei Jahre unterschreiben.«

Ich war begeistert. Ein neuer Vertrag. Ein Haufen guter Amateure schafft den Sprung ins Profilager, aber die Hälfte von ihnen bleibt nicht länger, als ihr erster Vertrag dauert. Es war die zweite Bestätigung, dass ich die notwendigen Qualitäten mitbrachte. Mir war ein zweiter Vertrag angeboten worden: Erst jetzt war ich ein echter Profi.

Am Tag nach dem Ende der Dauphiné reiste ich zur Luxemburg-Rundfahrt. Ich wollte eigentlich nicht. Die Dauphiné war sehr hart gewesen und hatte mir viel abverlangt. Aber das Team war nun einmal verpflichtet, sowohl in Luxemburg als auch bei einer anderen Rundfahrt in der Bretagne zu starten. Mit blieb keine Wahl, und ich weiß nicht mehr, wie ich die erste Etappe überstanden habe. Sie fand auf einem kurzen Rundkurs im Stadtzentrum statt. Der Regen peitschte und verwandelte die ölverschmierten Straßen in eine einzige Rutschpartie. Ich war total erschöpft, fuhr den ganzen Tag am Ende des Feldes und zählte die Runden bis zum Ziel. An Abenden wie diesen waren Radrennen kein Sport, sondern nur ein Job. Eine Schinderei, mit der man den Lebensunterhalt bestritt. Um durchzukommen, musstest du das Rennen und das Leiden vergessen. Du musstest an gute Zeiten denken. Es regnete jeden Tag in Luxemburg, also dachte ich fast eine Woche lang an gute Zeiten. In den Bergen aber hatte ich gute Beine und beendete die Rundfahrt in ausgezeichneter Form als Fünfzehnter und Bester unserer Mannschaft.

Nach der Luxemburg-Rundfahrt hatte ich zehn Ruhetage. Mich beschäftigte die Frage meines künftigen Gehalts. Thévenet hatte mich gefragt, wie viel ich verlangte. Das war heikel. Ich hätte es vorgezogen, wenn er mir ein Angebot unterbreitet hätte. Ich bin kein guter Geschäftsmann und mag es nicht, nach Geld zu fragen. Ich hatte auch keine Vorstellung davon, wie viel ich denn wohl wert war. Nur eine Sache war mir klar. Dieser Job war viel zu hart, um mit den 700 Pfund abgespeist zu werden, die ich bisher monatlich bekam. Bei einem Treffen im Grenobler Hauptquartier der Mannschaft fragte ich Thévenet nach 1.000 Pfund im Monat. Er kratzte sich am Kopf und sagte, dass ich zu viel verlangen würde. Er bot mir 900 Pfund. Ich akzeptierte, entschied mich aber, nur einen Einjahres-Vertrag zu unterzeichnen. Das war riskant. Ich verzichtete auf die Sicherheit von zwei Jahren in Lohn und Brot. Aber falls ich gut fahren sollte, stände es mir frei, ein höheres Gehalt auszuhandeln, und das Risiko hätte sich gelohnt.

Die Dinge entwickelten sich hervorragend. Mit meinem Vertrag und dem Tour-Ticket in der Tasche stieg ich bei der Rundfahrt Midi Libre wieder ins Renngeschehen ein. Sieben Fahrer aus der Mannschaft hatten ihre Startplätze für die Tour sicher. Außer mir selbst noch Vallet, Claveyrolat, Colotti, Vermote, Esnault und Mas. Um die beiden übrigen Plätze kämpften Dede, Simon, Rault, Pedersen und

Bibolet. Die Entscheidung über die beiden freien Plätze fiel in der Midi Libre. Die Atmosphäre im Team war entsprechend angespannt. Der Kampf um die freien Startplätze belastete die Beziehungen zwischen den fünf Kontrahenten. Nur ein Blinder hätte nicht bemerkt, wie einige aus der Mannschaft hinterhältig versuchten, auf Kosten anderer Pluspunkte bei Thévenet zu machen. Ich war davon ein wenig angewidert. Aber dann sah ich ein, dass ich ja auch gut reden hatte. Vielleicht würde ich mich genauso verhalten, wenn ich noch um einen Platz kämpfen müsste?

Zum zweiten Mal innerhalb eines Monats wurde ich zur Dopingkontrolle ausgelost. Hatte ich etwa das Gesicht eines Junkies? Ich weiß es nicht, vermutlich war es reiner Zufall. Es war nach der dritten Etappe, und ich war ein bisschen besorgt, da ich vor dem Start Vitamin C- und Koffeintabletten geschluckt hatte. Eigentlich müsste mein Körper die Dosis schnell ausgeschwitzt haben. Auch Clavet versicherte mir, dass ich mir keine Sorgen machen müsste. Zwei Etappen vor Schluss übernahm Patrice Esnault die Gesamtführung. Ich war ziemlich zufrieden mit mir, da ich mir in einer Ausreißergruppe ein Bein ausgerissen hatte, um sicherzustellen, dass Esnault ins Führungstrikot schlüpfen konnte. Am nächsten Tag stand ein Zeitfahren auf dem Programm, und er schaffte es, den knappen Vorsprung vor dem Spanier Julien Gorospe zu behaupten. Jetzt mussten wir das Trikot nur noch einen Tag verteidigen, die Sache hätte nicht besser laufen können. Am letzten Tag standen zwei Halbetappen auf dem Programm: 100 Kilometer am Morgen, 90 Kilometer am Nachmittag. Wir wussten, dass weder am Morgen noch am Nachmittag irgendwer zur Kontrolle ausgelost würde. Esnault als Führender im Gesamtklassement musste natürlich eine Probe abgeben. Ebenso die Sieger der beiden Etappenabschnitte. Aber das Wichtigste war, dass es keine Zufallskontrollen gab. Die Aufgabe, die Führung zu verteidigen, lag nicht auf Esnaults Schultern. Wir, sein Team, waren gefordert. In dem Bewusstsein, dass uns niemand bitten würde zu pinkeln, konnten wir uns beruhigt aufputschen, um seinen ersten Platz zu sichern.

Diese Lektion zu lernen, bereitete mir großes Unbehagen. Ich wollte alles tun, was in meiner Macht lag, damit Esnault gewann. Aber für mich gab es eine Grenze. Ich wollte mich nicht für ihn dopen. Ich war nicht bereit, es für mich zu tun. Also wollte ich es auch nicht für andere tun. Am meisten beunruhigte mich die Haltung einiger meiner Teamkollegen. Manche missbilligten sicherlich ebenfalls die Situation. Andere aber frohlockten angesichts der Tatsache, dass sie grünes Licht hatten, den nächsten Tag zu einem lustigen zu machen. Was die Angelegenheit noch übler machte: Besonders ein Fahrer übte Druck auf mich aus, bloß mitzuziehen. Er sagte, dass es Teil unseres Jobs wäre. Esnault hätte alles gegeben, um seine Führung im Zeitfahren zu verteidigen. Jetzt wäre es die Pflicht seines Teams, ihn am letzten Tag bedingungslos zu unterstützen. Ich hatte das Gefühl, als ob er eine Pistole an meine Schläfe setzte. Doch ich blieb meinen Prinzipien treu. Auch andere lehnten ab, aber wir waren eine Minderheit. Ich fühlte mich tatsächlich ein wenig schuldig. Aber vor allem war ich verärgert, dass mich mein Sport in ein solches Dilemma gestürzt hatte. Warum um Himmels Willen gab es keine Kontrollen? Merkten die Organisatoren nicht, welchen Druck sie damit auf Fahrer wie mich ausübten? Esnault verteidigte die Spitzenposition und gewann die Midi Libre. Es war der allererste Rundfahrtsieg unserer Mannschaft, aber die Begleitumstände des letzten Tages hinterließen einen bitteren Nachgeschmack.

Da ich bei den französischen Straßenmeisterschaften nicht starten konnte, hatte ich vor der Tour noch zehn Ruhetage. Ich verbrachte sie, indem ich gemeinsam mit Ann am Seeufer bei Laffrey ausspannte, sieben Kilometer oberhalb von Vizille. Sie hatte gerade ihr Lehramtsstudium an der Universität abgeschlossen und blieb bis zum Saisonende bei mir. Drei Wochen später würde ich wieder am Seeufer in Laffrey sein – dann als Teilnehmer der Tour de France, der im Vorbeifahren die Sonnenbadenden betrachtete. Vorerst aber genoss ich jede einzelne Minute.

13 Tour ´87

Mittwoch, 1. Juli
Prolog: West-Berlin (6,1 Kilometer Zeitfahren)
Etappensieger: Jelle Nijdam (Niederlande)
Gelbes Trikot: Jelle Nijdam

Heute beim Prolog war ich besser als einundzwanzig andere Profis. 185 Fahrer hingegen fuhren schneller als ich. Ich kann nicht unbedingt behaupten, dass ich mit meinem ersten Tour-Tag zufrieden bin. Natürlich ist es immer noch wundervoll, Teil dieses Spektakels zu sein. Alles ist so groß, bunt und aufregend. Ein Mann vom irischen Radio hat mich heute interviewt. In diesem Jahr ist die Berichterstattung daheim ziemlich umfangreich. Ich muss versuchen, mich positiv in Szene zu setzen. Die beiden letzten Trainingstage liefen schlecht. Die meiste Zeit haben wir damit verbracht, nach ruhigen Straßen zu suchen. Aber unweigerlich endete es stets damit, dass wir die Mauer anstarrten oder versuchten, Checkpoint Charlie zu passieren. Dede hatte dennoch seinen Spaß. Er fand diesen Park, in dem sich halbnackte Frauen sonnten. Colotti hatte heute Geburtstag, und wir aßen zur Feier des Tages einen riesigen Kuchen. Vermutlich habe ich zugenommen. Das Essen hier im Novotel ist einfach zu gut.

Donnerstag, 2. Juli
1. Etappe: West-Berlin – West-Berlin (105,5 Kilometer)
Etappensieger: Nico Verhoeven (Niederlande)
2. Etappe: West-Berlin – West-Berlin (40,5 km Mannschaftszeitfahren)
Etappensieger: Carrera
Gelbes Trikot: Erich Maechler (Schweiz)

Es ist immer ein wenig ernüchternd, wenn du erkennen musst, dass es bei dir nicht wie geplant läuft. Heute erging es mir genau so. Es passierte beim nachmittäglichen Mannschaftszeitfahren. Ich startete mit dem festen Willen, den Kollegen einmal zu zeigen, dass ich einer der besten Domestiken in Frankreich war. Aber die Sache ging richtig in die Hose. Die letzten zwanzig Kilometer eierte ich mit Clavet nur noch am Ende des Teams herum.

Die morgendliche Etappe verlief chaotisch. Jeder war extrem nervös, und das Rennen war unglaublich schnell. Wir legten die 105 Kilometer mit einer Durchschnittsgeschwindigkeit von achtundvierzig Kilometern pro Stunde zurück. Unweigerlich kam es zu einem Massensturz, der die Straße vollständig blockierte. Zwei Fahrer beharkten sich gegenseitig und kamen zu Fall. Normalerweise hätten alle anderen sie einfach umkurvt. Aber weil das Tempo so hoch war, hatten die meisten Fahrer ihre Augen nach unten gerichtet. Sonst hätte uns in so einer Situation auch der Lärm des auf den Asphalt schlagenden Metalls gewarnt. Aber der Hubschrauber vom Fernsehen flog so dicht über uns, dass wir nichts hören konnten. Schließlich küssten vierzig Fahrer den Straßenbelag. Ein Italiener musste ins Krankenhaus abtransportiert werden. Ein Konkurrent weniger. Jean-Claude hatte einen hervorragenden Start und trägt das Trikot des Führenden in der Sprintwertung. Ich gehe mal davon aus, dass wir ihm helfen müssen, es zu verteidigen. Es bringt gute Publicity. Außerdem ist er quasi das Tour-Maskottchen des französischen Fernsehens. Jeden Tag wird er nach der Etappe live interviewt und gefragt, wie der Tag so lief. Das bringt noch mehr Publicity. Er macht das Beste für sich aus der Tour.

Freitag, 3. Juli
Transfer: West-Berlin – Karlsruhe

Heute flogen wir über die Mauer und zurück in den Westen. Wann immer wir diese Transfers per Flugzeug machen, erinnere ich mich an das Flugzeugunglück in München, das die Fußballmannschaft von

Manchester United ausradiert hat. Was würde passieren, wenn unser Jet abstürzt und 200 der weltbesten Radfahrer in den Tod reißt? Nun, offensichtlich die Absage der Tour. Aber nicht jeder wäre traurig. Die Fahrer, die nicht für die Tour nominiert worden sind, würden vor Freude auf und ab hüpfen. Der 201. der Weltrangliste wäre begeistert: Plötzlich wäre er die Nummer 1. Und in 200 Häusern ambitionierter, aber bis dato frustrierter Amateure würden gleichzeitig die Champagnerkorken knallen. Der Gedanke ist sicherlich krank. Aber es hat mich immer fasziniert, über die etwaigen Folgen einer solchen Katastrophe nachzudenken.

Samstag, 4. Juli
3. Etappe: Karlsruhe – Stuttgart (219 Kilometer)
Etappensieger: Acacio da Silva (Portugal)
Gelbes Trikot: Erich Maechler

Der Urlaub ist vorbei. Was für eine Etappe! Mein Gott, was für eine Etappe! Es war so unglaublich heiß und so unglaublich hart. Heute Abend fühle ich mich, als wären wir bereits in der dritten Woche des Rennens – nicht erst am dritten Tag. Es war ein einziges Auf und Ab über 219 Kilometer. Im Ziel lagen überall erschöpfte Körper. In der letzten Stunde riss eine 22-köpfige Gruppe aus. Von uns war niemand dabei, aber wir waren allesamt viel zu kaputt, um die Verfolgung aufzunehmen. Mottet, einer der Favoriten für das Rennen, war vorne mit dabei. Aber seine Konkurrenten unternahmen nichts. Sie konnten einfach nicht. Im Finale war jeder auf sich allein gestellt. Es ging nur noch darum, ins Ziel zu kommen. Vom Startschuss weg ging es gleich rund. Irgendjemand attackierte immer, und irgendjemand anderes machte sich auf die Verfolgungsjagd – bis zum Ende, das ist die Geschichte dieser Etappe. Das Tempo war so hoch, dass wir uns noch nicht einmal zurückfallen lassen konnten, um Trinkflaschen von den Begleitfahrzeugen zu holen. Kurz vor dem Ziel musste ich Kelly etwas zu trinken geben, da er selbst keinen Tropfen mehr in seinem *Bidon* hatte. Ich verstehe nicht, warum er nicht einem seiner

Domestiques befohlen hat, ihm was zu holen. Ich bin sicher, dass er es gekonnt hätte, wenn ich in seiner Mannschaft fahren würde. Meine Teamkapitäne mögen nicht die besten der Welt sein, aber sie sind selten durstig. Lustigerweise fuhr ich heute besser als die meisten meiner Mannschaftskollegen. Wir alle litten unter der Hitze. Während der Etappe dachte ich an Treets – die Schokolade, die im Mund schmilzt und nicht in der Hand. Ich stellte mir vor, dass ein Tour-Fahrer ein Treets mitnimmt, es während einer solchen Hitzeschlacht-Etappe aus der Trikottasche kramt und es tatsächlich nicht geschmolzen ist. Werde ich langsam verrückt?

Sonntag, 5. Juli
4. Etappe: Stuttgart – Pforzheim (79 Kilometer)
Etappensieger: Herman Frison (Belgien)
5. Etappe: Pforzheim – Straßburg (112,5 Kilometer)
Etappensieger: Marc Sergeant (Belgien)
Gelbes Trikot: Erich Maechler

Wieder eine geteilte Etappe. Am Morgen ein 80-Kilometer-Sprint nach Pforzheim und am Nachmittag 112 Kilometer nach Straßburg. Wir brauchten heute keinen Grenzposten, der uns sagte, dass wir in Frankreich angekommen waren. Wir merkten es schon an der Qualität des Straßenbelags und an den Zuschauerreaktionen. In Deutschland hatten wir wirklich großartige Fans. Sie feuerten uns mit Signalhörnern und Schlachtrufen an. Es war wie bei einem Fußballspiel. In Frankreich hingegen gab es traditionell nur höflichen Applaus und die ewig gleiche Akkordeonmusik, als wir uns Straßburg näherten. Vor exakt einer Woche bin ich zu Hause aufgebrochen, und doch haben wir gerade erst Frankreich erreicht. Das furchtbar heiße Wetter setzt sich unaufhörlich fort. Viele Fahrer im Peloton sind bereits ziemlich erschöpft. Neun Starter mussten das Rennen nach nur fünf Etappen aufgeben. Wenn wir in diesem Tempo weitermachen, schaffen es wohl nicht einmal hundert von uns bis nach Paris.

Montag, 6. Juli
6. Etappe: Straßburg – Epinal (169 Kilometer)
Etappensieger: Christophe Lavainne (Frankreich)
Gelbes Trikot: Erich Maechler

Die erste Bergetappe. Es ging über den Col de Kreuzweg als Anstieg der ersten und den Col du Donon als Anstieg der zweiten Kategorie. Kurz vor dem Gipfel des Kreuzweg verlor ich den Anschluss, schaffte es aber noch vor dem Donon, ins Feld zurückzukommen und dranzubleiben. Aber es war noch weit bis ins Ziel. Das Tempo ließ nach, und alle, die zurückgefallen waren, konnten den Kontakt wiederherstellen. Es war die erste richtige Feuerpause des Rennens. Gewiss kein Grund zu klagen. Die letzten fünfzig Kilometer waren sehr schwer und schnell. Ich war froh, dass ich dem Massensturz zwanzig Kilometer vor dem Ziel ausweichen konnte.

Wir sind im Hotel Ibis untergebracht. Wir hassen diese Hotels: Die Zimmer sind so klein, dass es nicht einmal Platz gibt, um seinen Koffer zu öffnen. Die Mannschaftsärzte kamen heute Nacht und schlossen mich an einen Tropf mit Glukose an. Ich fühlte mich dermaßen erschöpft, dass ich keinen Widerstand leistete. Ich hoffe, dass tatsächlich nur Glukose in der Flasche war. Sicher bin ich mir nicht, aber auch zu müde, um nachzufragen. Als der Tropf durchgelaufen war, gaben sie mir eine Schlaftablette. Ich mag es nicht, dieses Zeug zu schlucken. Aber sie sagten mir, dass ein guter Nachtschlaf essenziell für die Erholung sei und ich mich unbedingt erholen müsste.

Dienstag, 7. Juli
7. Etappe: Epinal – Troyes (211 Kilometer)
Etappensieger: Guido Bontempi (Italien)
Gelbes Trikot: Erich Maechler

Heute teile ich mir das Zimmer mit Vallet. In diesem Jahr wechseln wir fast jede Nacht, sodass wir niemals zwei Nächte hintereinander mit demselben Kerl zusammen übernachten. Es gibt vermutlich Besseres im Leben, als das Zimmer mit Vallet zu teilen. Ich habe das Gefühl, dass ich für ihn immer eine riesige Show abziehen muss. Ich bestand darauf, dass er das größere der beiden Betten nehmen sollte. Aber das tat ich auch nur, weil ich wusste, dass er genau dieses Angebot von mir erwartete. Ich wagte es nicht, mich zu beschweren, als er das Licht im Zimmer noch nach elf Uhr anließ. Und ich fühlte mich fast dazu verpflichtet, aufzustehen und das Zimmer zu verlassen, wenn ich einmal furzen musste. Jetzt bin ich mir fast sicher, dass er längst zugestimmt hat, am Jahresende Thévenets Posten zu übernehmen. Braillon war heute Nacht in unserem Zimmer, und sie besprachen geschäftliche Dinge. Ich tat so, als würde ich nicht zuhören.

Mittwoch, 8. Juli
8. Etappe: Troyes – Epinay-sous-Sénart (205,5 Kilometer)
Etappensieger: Jean-Paul van Poppel (Niederlande)
Gelbes Trikot: Erich Maechler

Ein relativ einfacher Tag. Ein relativ einfacher Tag beginnt mit einem ziemlich langsamen Start, wird zur Mitte hin richtig schnell und legt dann irgendwann eine kurze Verschnaufpause ein, um die letzten sechzig Kilometer in einer Stunde zurückzulegen. Wir mussten nach der Etappe noch eine etwas ermüdende Fahrt nach Orléans in Kauf nehmen, wo der morgige Tagesabschnitt beginnt. Orléans ist Esnaults Heimatstadt. Eine Menge von Fans belagert ihn heute Abend im Hotel. Er ist bei der Tour zwar unser vermeintlicher Kapitän, aber bisher fahre selbst ich besser als er. Es würde mir nichts ausmachen, wenn auch er einmal richtig mitarbeiten würde. Aber ein Kapitän bleibt ein Kapitän, selbst wenn er nicht so gut fährt wie ein *Domestique*. Heute riss ich mir ein Bein aus, nur um ihm eine Trinkflasche zu bringen. Doch als ich sie ihm reichte, da wollte er sie nicht. Es war mit Sicherheit die letzte, die er jemals von mir bekommen hat.

Donnerstag, 9. Juli
9. Etappe: Orléans – Rénazé (260 Kilometer)
Etappensieger: Adrie van der Poel (Niederlande)
Gelbes Trikot: Erich Maechler

Colotti ist immer noch im Besitz des Trikots des Punktbesten. Heute habe ich bei drei Zwischenwertungen den Sprint für ihn angezogen. Und da wir uns heute Nacht das Zimmer teilen, hat er mir ein Trikot als Souvenir geschenkt. Höhepunkt des Tages war ein Sturz zwölf Kilometer vor dem Ziel. Den ganzen Tag kamen wir auf breiten Straßen gut voran. Aber aus unerklärlichen Gründen machten die Organisatoren aus den letzten 30 Kilometern eine Achterbahnfahrt über kleine, schmale Wirtschaftswege. Stürze waren unvermeidlich. Der angesprochene Sturz war besonders: Anschließend wäre es fast zu einer Prügelei gekommen. An den meisten Stürzen im Feld sind die Kolumbianer Schuld. Vielen von ihnen mangelt es an Radbeherrschung. Und sobald jetzt irgendwo jemand zu Fall kommt, heißt es immer gleich: »Verdammte Kolumbianer!« Ich bin nicht sicher, ob der heutige Sturz ihre Schuld war. Aber er passierte zu einem schlechten Zeitpunkt. Die meisten von uns waren völlig ausgelaugt und von der Sonne geröstet. Ein Belgier warf sein *Bidon* nach einem Kolumbianer und traf ihn am Hinterkopf. Sofort stellten ihm zwei andere der Südamerikaner nach, und die Dinge gerieten ein wenig außer Kontrolle.

Freitag, 10. Juli
10. Etappe: Saumur – Futuroscope (87,5 Kilometer Zeitfahren)
Etappensieger: Stephen Roche (Irland)
Gelbes Trikot: Charly Mottet (Frankreich)

Was für ein langes Zeitfahren: achtundachtzig Kilometer ganz auf dich allein gestellt. Lucho Herrera startete eine Minute nach mir und hatte mich nach sechsundzwanzig Kilometern eingeholt. Ich fuhr hart, aber nicht mit Volldampf. Die Erinnerungen an Nantes waren immer noch frisch. Stephen gewann, und ich habe wohl mehr als sechzehn Minuten verloren. Das ist phänomenal. Wenn mein Leben davon abgehangen hätte, wäre ich vermutlich in der Lage gewesen, sechs Minuten schneller zu fahren. Aber mehr war beim besten Willen nicht drin. Abends komme ich mir entsprechend mickrig vor. Das Hotel zeigt Porno-Videos. Es ist egal, in welches Zimmer man kommt, überall läuft dasselbe Programm. Ich gehe mal davon aus, dass es morgen ein paar erschöpfte Körper geben wird.

Samstag, 11. Juli
11. Etappe: Poitiers – Chaumeil (255 Kilometer)
Etappensieger: Martial Gayant (Frankreich)
Gelbes Trikot: Martial Gayant

Die heutige war vielleicht die härteste Etappe des bisherigen Rennens. 255 Kilometer und ein ewiges Auf und Ab über winzige Straßen, auf denen der Teer in der heißen Sonne schmolz. Meine Füße bringen mich noch um. Sie dehnen sich in der Hitze aus, dann drückt die Pedalplatte auf meinen Fußballen, sodass ich nach der Etappe nur noch hinken kann. Colotti wäre heute beinahe mental zusammengebrochen. Ich musste ihn ein bisschen aufbauen, damit er durchhielt. Körperlich ging es mir nicht allzu schlecht. Aber für jeden, der beim gestrigen Zeitfahren alles gegeben hat, muss es heute die reine Hölle gewesen sein.

Sonntag, 12. Juli
12. Etappe: Brive-la-Gaillarde – Bordeaux (228 Kilometer)
Etappensieger: Davis Phinney (USA)
Gelbes Trikot: Martial Gayant

Heute verloren wir Kelly. Wir waren die ersten fünfzig Kilometer ziemlich hart gefahren, dann ließ das Tempo nach. Ich kam fast um, so sehr musste ich pinkeln. Als ich merkte, dass wieder Waffenstillstand herrschte, hielt ich an. Die Mannschaftswagen wollten mich gerade passieren, als plötzlich alle in die Eisen gingen und ich dann in *Radio Tour* den Ruf »*Chute*« vernahm: Sturz! Sobald das Wort ausgesprochen war, sprangen die Mechaniker der Teams mit ein paar Ersatzrädern aus den Autos und rannten zu dem Haufen verkeilter Körper, die auf der Straße lagen. Ich bekam keine Panik. Stürze gehörten schließlich zur Tagesordnung. Ich pinkelte in Ruhe zu Ende und bereitete mich nebenbei auf die Verfolgung vor. Als ich Thévenet passierte, sagte er mir, dass ich hier nicht rumtrödeln sollte. Es hatte eine Attacke gegeben. *Radio Tour* gab derweil die Namen der Fahrer bekannt, die gestürzt waren. Als ich den Kontakt zum Feld wiederherstellte, fuhr Kelly ganz am Ende – umgeben von drei Teamkollegen. Sein Gesicht war vor Schmerz verzerrt, und er griff nur mit einer Hand am Lenker. Neben ihm fuhr das Auto des Arztes, der Kellys Schulter mit einem schmerzlindernden Spray behandelte. Es schien nicht viel zu bewirken. Das Feld drosselte das Tempo, wir kamen wieder heran. Kelly aber hielt sich weiterhin nur am Ende auf, und es wurde mir klar, dass er in seinem jetzigen Zustand nicht weiterfahren konnte. Ich näherte mich ihm und gab ihm als eine Geste der Solidarität einen leichten, freundschaftlichen Klaps auf den Rücken. Dann ließ sich ein Kapitän nach dem anderen zurückfallen, um Kelly Respekt zu zollen. Doch als die Straße begann anzusteigen, wurde er gleich abgehängt und gab kurz darauf unter Tränen auf. Ich hatte wahnsinnig Mitleid mit ihm. Er hatte eine lausige Tour. Heute Morgen noch hatte er sich ein seltenes Mal an unserem Frühstückstisch sehen lassen, um ein paar Witze zu reißen und um etwas Smalltalk zu halten. Ohne ihn ist die Tour nicht mehr dieselbe.

Abends im Hotel habe ich mit Braillon einen neuen Einjahresvertrag unterzeichnet: 900 Pfund im Monat.

Montag, 13. Juli
13. Etappe: Bayonne – Pau (219 Kilometer)
Etappensieger: Erik Breukink (Niederlande)
Gelbes Trikot: Charly Mottet

Ich fühlte mich gut, als wir aus Bayonne herausfuhren. Ich mag Bergetappen. In meinem Hinterkopf glimmt immer noch ein wenig Hoffnung, ich könnte eines Tages eine gewinnen. Der erste Anstieg, der Col de Burdincurutcheta, war ein Berg der ersten Kategorie. Zunächst lief es schlecht, aber bald fand ich meine Kletterbeine und bahnte meinen Weg durch die leidenden Körper wie ein warmes Messer, das durch Butter schneidet. Am Gipfel des Bargargui, eines Bergs der zweiten Kategorie, fand ich mich in der Spitzengruppe wieder. Ich dachte bereits, dass dies mein Tag werden könnte. Clavet, Mas und ich waren die Einzigen aus unserem Team, die noch vorn dabei waren. Ich fühlte mich wunderbar, als wir in die Abfahrt gingen. Dann lief alles falsch. Jemand attackierte auf dem Weg ins Tal, und wir rasten in entfesseltem Tempo hinunter. Der Asphalt war an einigen Ecken geschmolzen, was es besonders tückisch machte. Ich wusste, dass es bald Ärger mit den Felgen geben würde. Das kontinuierliche Bremsen hitzte sie auf. Das hat zwei mögliche Konsequenzen: Entweder schmilzt der Kleber, der den Reifen mit der Felge verbindet, und der Reifen rutscht allmählich heraus. Oder die Hitze lässt den Schlauch einfach explodieren. Nachdem drei viertel des Weges ins Tal absolviert waren, merkte ich, dass meine Reifen begannen, auf der Felge herumzueiern. Ich konnte hören, wie überall um mich herum Schläuche explodierten. Ich fuhr hinter einem Carrera-Fahrer ab, wir gingen in eine Haarnadelkurve, als plötzlich sein Vorderreifen platzte und ihn zu Fall brachte.

»Scheiße. Ich werde auch stürzen.« Ich riss am Lenker und versuchte, ihm auszuweichen. Aber es war nirgendwo Platz. Ich stieß mit ihm zusammen und schoss auf den Rand der Straße zu. Fünf Sekunden war die Welt auf den Kopf gestellt. Ich verlor komplett die Kontrolle. Dann kam ich zum Stillstand. Es ist immer ein großartiges Gefühl, nach einem Sturz die Augen zu öffnen. Mein Knie schmerzte etwas, aber ich war wohlauf. Ich versuchte aufzustehen, war aber unter meinem Rad eingekeilt und verbrannte mir die Hand am heißen Vorderrad. Der Reifen war von der Felge, ich brauchte Ersatz. Hinter mir war das reinste Chaos. Ein Fahrer nach dem anderen rauschte in das Getümmel. Der Belgier Henrick De Vos hatte keine Zeit mehr, zu bremsen: Er stürzte eine Felskante hinunter, landete zwanzig Meter unter uns. Die Bremsen der Mannschaftswagen quietschten. Panische Rennärzte kletterten herunter, um den armen De Vos zu retten. Ich war sicher, dass er tot war. Thévenet und Coval kamen, um mich zu versorgen. Thévenet erreichte mich als Erster und schrie den weiter die Straße heruntereilenden Mechaniker an, zurückzukommen und das Rad zu wechseln. Aber die Felge des Vorderrads war so heiß, dass er sich die Hand verbrannte, als er es versuchte.

Benommen, aber mit leichten Schürfwunden davongekommen, sprang ich wieder aufs Rad. Überall auf der Abfahrt lagen Körper. Es war das reinste Blutbad. Ich schloss zu Kim Andersen und Miguel Indurain auf. Mit mehr als sechzig Kilometern pro Stunde rasten wir eine lange Gerade hinunter, als uns eines der Begleitfahrzeuge überholte und dabei Indurains Lenker touchierte. Gott allein weiß, wie der Spanier es geschafft hat, im Sattel zu bleiben. Dieser jüngste Zwischenfall hatte einen seltsamen Effekt auf mich. Ich richtete mich auf und beschloss, auf der Abfahrt keine weiteren Risiken mehr einzugehen. »Ihr seid ja alle verrückt. Es ist doch nur ein verfluchtes Radrennen. Zur Hölle mit euch.«

Ich beendete die Etappe in einer der größeren Gruppen. Abends fühle ich mich ganz gut. Zwölf Fahrer haben aufgegeben, auch Vermotte aus unserem Team. De Vos wurde mit einem Hubschrauber aus dem Abhang geborgen. Er hat eine Schädelfraktur, aber Glück gehabt: Sein Leben ist nicht in Gefahr. Colotti hatte heute einen schwarzen Tag und schaffte es nur mit Ach und Krach. Ich fühle mich etwas schuldig, dass ich nicht auf ihn gewartet habe. Er ist der Einzige im Team, der ein wenig Publicity bekommt. Und er trägt immer noch das Trikot des besten Sprinters. Morgen werde ich bei ihm bleiben.

Dienstag, 14. Juli
14. Etappe: Pau – Luz Ardiden (166 Kilometer)
Etappensieger: Dag-Otto Lauritzen (Norwegen)
Gelbes Trikot: Charly Mottet

Gestern Nacht kamen die Mannschaftsärzte ins Hotel. Am Morgen vor der Etappe besuchten sie uns auf den Zimmern. Sie fingen an, eine Spritze unbekannten Inhalts vorzubereiten. Ich fragte, was sie mir geben wollten. Sie antworteten: »Synacthen«. Ich hatte keine Ahnung, was das war. Aber mir gefiel allein der Klang des Wortes nicht. Also sagte ich, dass ich nichts davon wollte. Es war mir ein bisschen peinlich. Aber der Doktor beugte sich meinem Wunsch und bestand nicht darauf – stattdessen gab er das Zeug meinem Zimmergefährten.

(Synacthen ist unter den vielen Hormonprodukten, die im Peloton verwendet werden, eher ein »Leichtgewicht«. Es ist ein Medikament, das 24 jener 39 Aminosäuren anregt, die gemeinsam das ACTH-Molekül bilden, um die Kortisonproduktion zu stimulieren. Das Zeug bringt also den Körper dazu, sein eigenes Kortison zu produzieren. Der andere Weg, um diesen Stoff im Körper zu vermehren, besteht darin, ihn direkt zu nehmen. Kenacort ist ein synthetisches Kortison und im Peloton verbreitet. Es ist zwar verboten, aber sein Nachweis kompliziert: Schließlich produziert jeder Körper auf natürliche Weise Kortison – bei einigen Menschen mehr, bei anderen weniger. Deshalb ist es schwierig, einen Grenzwert festzulegen.)

Das Rennen führte mich schmerzhaft in Versuchung, das Zeug zu nehmen. Aber ich fürchtete die Nebenwirkungen des Kortisonmissbrauchs, sodass ich mich entschloss, nicht mitzuspielen. Und dennoch bin ich weiterhin in Gefahr. Ich weiß, dass mich das Zeug stärker machen würde. Ich habe bei anderen gesehen, wie sie sich auf diese Weise gesteigert haben. Aber es ist und bleibt Doping, und ich habe Angst, wo mich das alles noch hinführen könnte.

Das alte Argument, nachdem ein gedopter Esel kein Derby gewinnt, ist wahr, aber gefährlich. Ich wusste, dass ich auch mit Doping niemals die Tour gewinnen würde. Aber körperlich würde ich zulegen. Ich würde besser werden, ich würde mehr Vertrauen in mich haben, ich würde vielleicht anfangen, selbst Rennen zu gewinnen. Das alles hätte zur Folge, dass ich mehr Geld verdiente – das Einzige, was am Ende des Tages zählt. Vielleicht war es meine Erziehung. Vielleicht waren es die fürchterlichen Gewissensbisse, die mich stets plagen, wenn ich etwas falsch mache. Vielleicht war es ein angeborener Überlebensinstinkt: das Wissen, dass ich irgendwann aufhören und eine Arbeit finden musste, und dass Gesundheit das einzige echte Vermögen ist, das wir haben. Ich vermute, dass es eine Mischung aus beidem war. So oder so: Es war ein Weg, den ich nicht gehen wollte.

Colotti kroch heute buchstäblich auf Händen und Füßen. Er war der Erste, der kurz nach dem Start am Anstieg des Col de Marie-Blanque abreißen lassen musste. Ich wartete auf ihn. Ich fühlte mich so stark, an seiner Seite zu fahren. Stärker, als ich mich jemals auf einer Bergetappe der Tour fühlte. Aber vielleicht hielt ich mich damit selbst zum Narren. Vielleicht fühlte ich mich nur deshalb so stark, weil er so schwach war. Dede wartete ebenfalls mit uns. Ich war sicher, dass er selbst fertig war, und bloß nach netter Begleitung für den Tag suchte. Wir zogen Colotti über den Berg und machten uns in der Abfahrt auf die Verfolgungsjagd. Wir fuhren in dichten Nebel hinein, und ich verpasste eine der ersten Haarnadelkurven – glücklicherweise, ohne den Abhang herunterzustürzen. Ich dachte, dass Colotti wohl am zweiten Berg des Tages aufgeben würde, am Aubisque. Doch er hielt weiter durch. Im Tal vor Luz Ardiden fuhr ich so hart ich nur konnte an der Spitze unserer Gruppe. Wir schlossen zu Jean-Louis Gauthier, Adrie van der Poel und Van Poppel auf, und ich machte weiterhin das Tempo bis zum Fuße des Schlussanstiegs, der zu einer Skistation hinaufführte. Wir blieben zehn Minuten innerhalb des Zeitlimits, und Colotti sagte im französischen Fernsehen, dass er es heute niemals ohne Kimmage und Chappuis geschafft hätte.

Heute Nacht pennen wir in einem richtigen Matratzenlager. Ich glaube, es ist ein altes Schulhaus.

Mittwoch, 15. Juli
15. Etappe: Tarbes – Blagnac (164 Kilometer)
Etappensieger: Rolf Gölz (Deutschland)
Gelbes Trikot: Charly Mottet

Was für ein schlimmer Tag! Mein Magen rebellierte, ich hatte Krämpfe. Vierzig Kilometer vor dem Ziel gab es einen Wolkenbruch. Nie zuvor hatte ich so viel Wasser auf einer Straße gesehen. An einer Stelle wäre man nach einem Sturz sicherlich gleich ersoffen. Durch eine Attacke von Mottet und Fignon zerfiel das Feld in zahlreiche einzelne Gruppen. Wir mussten richtig hart fahren, um im Zeitlimit zu bleiben. Bob Roll, der Amerikaner, der für Seven Eleven fährt, fasste das Rennen kurz und bündig zusammen: »*It sucks!*«

Donnerstag, 16. Juli
16. Etappe: Blagnac – Millau (216,5 Kilometer)
Etappensieger: Régis Clère (Frankreich)
Gelbes Trikot: Charly Mottet

Colotti hat aufgegeben. Es passierte schon früh in der Etappe. Er klagte über Probleme mit seinem linken Knie. Dede und ich warteten zweimal, als er nach dem Start zurückfiel. Beim dritten Mal entschied er sich, es gut sein zu lassen. Er war am Boden zerstört und in Tränen aufgelöst, als er vom Rad stieg. Er tat mir Leid. Er hatte zehn Tage alles probiert – zu viel. Er trug immer noch das Trikot des besten Sprinters. Sein Vorsprung war geschmolzen, seit Tagen hatte er keinen Sprint mehr gewonnen. Er war körperlich am Ende. Und doch ist es schade, dass er nicht weiterfahren konnte. In zwei Tagen ist Ruhetag.

Auch Clavet hatte Probleme. Er hat sich gestern bei dem schlechten Wetter eine Bronchitis zugezogen und fiel vierzig Kilometer vor dem Ziel zurück. Dede wartete auf ihn.

Freitag, 17. Juli
17. Etappe: Millau – Avignon (239 Kilometer)
Etappensieger: Jean-Paul van Poppel
Gelbes Trikot: Charly Mottet

Die Magenschmerzen setzten sich fort. Wenn überhaupt, wurden sie noch schlimmer. Heute war ein Albtraum: 240 Kilometer mit einem harten Berg gleich nach dem Start. Wir fuhren los wie die Berserker, und ich hatte im Anstieg heftige Probleme. Nur mit Ach und Krach hielt ich den Anschluss. Vallet befahl uns kurz vor dem Ziel, zu attackieren. Der Typ träumt wohl. In den ersten zehn Tagen, in denen er gerade so durchgehalten hat, war er mucksmäuschenstill. Aber jetzt, wo es ihm besser geht, verlangt er Attacken. Mir war nicht danach anzugreifen. Vielmehr wurde ich im Finale in einer Seitenwindpassage abgehängt. Ann stand am Ziel. Sie ist mit Clavets Frau Myriam angereist und bleibt über das Wochenende, da morgen Ruhetag ist und am Sonntag das Zeitfahren zum Mont Ventoux ansteht. Thévenet meinte, dass er eigentlich den Aufenthalt von Frauen und Freundinnen im Hotel verbieten müsste. Essen dürfen wir nicht gemeinsam. Die Fahrer sitzen an einem Tisch, die Frauen an einem anderen. Die Tradition will es so. Die Tradition nervt.

Samstag, 18. Juli
Ruhetag: Avignon

Gott sei Dank ist heute Ruhetag. Ich wäre nicht im Stande, eine Etappe zu fahren. Den ganzen Morgen habe ich im Bett verbracht: Die Krämpfe lassen nach, aber ich fühle mich fürchterlich schwach. Ann hat meine Klamotten gewaschen. Ich habe am Nachmittag eine Runde mit Paul Sherwen gedreht, um die Beine ein wenig zu bewegen. Wir schafften etwa vierzig Kilometer entlang der Weinberge von Châteauneuf-du-Pape. Ich habe angefangen, Wein zu schätzen, und schaute mir alles mit neuem Interesse an. Die meisten anderen fuhren den Mont Ventoux hoch. Aber ich war einfach zu fertig, um derlei in Erwägung zu ziehen. Die Ärzte haben mich behandelt. Abends fühle ich mich wieder ein bisschen besser.

Sonntag, 19. Juli
18. Etappe: Carpentras – Mont Ventoux (36,5 km Zeitfahren)
Etappensieger: Jean-François Bernard (Frankreich)
Gelbes Trikot: Jean-François Bernard

Der Gigant der Provence. Ein Berg, der durch den Tod des englischen Radsportlers Tom Simpson berühmt wurde. Während der Plackerei des Kletterns versuchte ich, einen Blick auf den Gedenkstein zu seinen Ehren zu werfen. Doch als ich mich dem Gipfel näherte, war er hinter Tausenden von Zuschauern versteckt, deren Anfeuerung den Helden der Gegenwart galt. Nach einem unrunden Start ging es mir ziemlich gut, und ich kam als 118. der 164 Fahrer ins Ziel, die noch im Rennen sind. Offenbar habe ich meine Magenprobleme überwunden. Das verleiht mir neue Zuversicht, die Rundfahrt zu beenden.

Montag, 20. Juli
19. Etappe: Valreas – Villard-de-Lans (185 Kilometer)
Etappensieger: Pedro Delgado (Spanien)
Gelbes Trikot: Stephen Roche (Irland)

Clavet und Esnault haben heute aufgegeben. Das Team besteht nur noch aus fünf Fahrern, unsere Moral ist am Boden. Der arme Clavet, er tut mir Leid. Morgen fahren wir durch Vizille, seine Heimatstadt und meine Wahlheimat. Der Bürgermeister der Stadt hat an alle Einwohner Handzettel verteilt, auf denen er sie auffordert, die beiden »Lokalmatadore« Clavet und Kimmage anzufeuern. Aber Clavet wird nun nicht an der »Party« teilnehmen. Er hat sich auf seinem Zimmer eingeschlossen, und es gibt keine Chance, ihn dazu zu bewegen, die Tür zu öffnen. Das Fernsehen zeigte heute Abend seinen tränenreichen Abschied. Ich vermute, dass es großes Fernsehen war. Aber so etwas geht mir doch zu weit.

Ich hatte einen meiner besseren Tage. Vom Start weg lief es rund, und ich war nie ernsthaft in Schwierigkeiten. Es ist auch ein großer Tag für Irland. Stephen ist der neue Träger des *Maillot Jaune*. Er ist erst der dritte Ire, der jemals dieses berühmte Stück Stoff überstreifen durfte. Ich freue mich sehr für ihn, obwohl ich gerne mehr Zeit hätte, mich mit ihm zu unterhalten. Er ist zu sehr damit beschäftigt, das Rennen zu gewinnen.

Dienstag, 21. Juli
20. Etappe: Villard-de-Lans – L'Alpe d'Huez (201 Kilometer)
Etappensieger: Federico Echave (Spanien)
Gelbes Trikot: Pedro Delgado

Falls man mich in späteren Jahren danach fragt, was der größte Nervenkitzel in meinem Leben war, werde ich zwischen zwei Antworten zögern. Entweder wäre es die Ankunft auf den Champs Elysées nach einer harten Tour oder die Fahrt durch Tausende sich überschlagende Stimmen hoch zur Skistation von L'Alpe d'Huez. Im letzten Jahr war ich zu erschöpft, um diese Atmosphäre wahrzunehmen. Damals war ich dermaßen am Ende, dass ich auf dem dreizehn Kilometer langen Anstieg stets nur die zwei Meter ansteigender Landstraße vor mir sah. Aber heute war es anders. Es lief ziemlich gut. Martin und ich fuhren beide an Stephens Seite aus Villard heraus. Stolz, ein Ire zu sein, das klingt so kitschig. Aber verflucht, ich war in diesem Moment richtig stolz darauf, Ire zu sein. Es war eine der härtesten Etappen der Rundfahrt – sieben Anstiege an einem Tag. Am ersten Berg, dem Placette, setzte ich mich mit einer Gruppe ab, und soweit ich mich erinnere, war es das erste Mal in zwanzig Etappen, dass ich in einer Ausreißergruppe fuhr. Es dauerte nicht lange, bis die Carrera-Fahrer uns auf der Abfahrt einholten. Ich blieb weiter in der Spitzengruppe – auch am Cucheron, einem Berg der zweiten Kategorie, und am Coq, einem Anstieg der ersten Kategorie. Ich muss gestehen, dass ich höchst motiviert war, in einer guten Position durch Vizille zu fahren. An der Spitze des Feldes rollte ich durch die Stadt und quälte mich dann, um auch auf den ersten beiden Kilometern der mehr als dreimal so langen Côte de Laffrey vor den Toren Villards vorn zu bleiben. Viele Zuschauer feuerten mich an. Überall auf der Passstraße stand mein Name.

Den weiteren Streckenverlauf nach L'Alpe d'Huez kannte ich wie meine Westentasche, und so etwas ist immer eine große Hilfe. Ich genoss jede einzelne der einundzwanzig Haarnadelkurven. Ich fand meinen Rhythmus und fuhr den Anstieg mit meiner eigenen

Geschwindigkeit hoch. Es war beinahe ein Vergnügen, auf diese Weise zu leiden. Auf dem Gipfel hatte Stephen das Gelbe Trikot an Pedro Delgado verloren. »Perico« ist heute Nacht im selben Hotel wie wir untergebracht. Ich mag ihn. Er ist natürlich geblieben und hat ein ehrliches Lächeln. Ann habe ich heute nicht gesehen, obwohl sie mir am Telefon sagte, dass sie am Laffrey war. Frank kam aus Dublin und ist ein wenig enttäuscht wegen Kelly.

14 Zweiundzwanzigster Juli

Es ist 7:45 Uhr im Hotel Christina. Ich bin jetzt seit fünfzehn Minuten wach. Es ist schön, hier zu liegen und sich auszuruhen. Bald wird es Zeit sein, aufzustehen. Eine weitere Etappe, ein weiterer Tag. Letzte Nacht habe ich nicht gut geschlafen. Insgesamt bin ich viermal aufgewacht. Glücklicherweise schaffte ich es jedes Mal, innerhalb von fünf bis zehn Minuten wieder einzunicken. Ich führte meine Schlafprobleme auf die Höhenlage zurück. Ich hatte diesen Zusammenhang nie bemerkt, bis sich Mas und Vallet beschwerten, dass sie in der Höhe nie gut schliefen. Ich begann zu grübeln, ob es mir genauso erging, und konsequenterweise tat es das dann auch. Frank Cronseilles, einer der *Soigneurs* des Teams, betritt das Zimmer. Ich schließe meine Augen und tue so, als würde ich schlafen. Er tippt meine Schulter an und flüstert leise: »*Allez Polo, c'est l'heure.*« Ich schleppe mich aus dem Bett und gehe nach draußen auf die Veranda. Der Blick auf die Alpen ist an diesem frischen, sonnigen Morgen schier atemberaubend. Unten sind die *Soigneurs* damit beschäftigt, Koffer einzuladen, während das Zischen eines Druckluftkompressors, der hunderte von Reifen aufpumpt, verkündet, dass auch die Mechaniker bei der Arbeit sind. Mir wird bewusst, dass es auch für mich Zeit ist, mich fertig zu machen. Nach dem Waschen und Rasieren gehe ich nach unten zum Frühstück. Kaffee, frische Croissants und Marmelade. Es ist für mich das Beste am Morgen. Normalerweise dürfen wir keine Croissants essen. Der Sage nach machen sie dick. Typisch für die Franzosen: Es ist in Ordnung, eine halbe Tonne Käse am Abend zu essen. Aber ein Croissant am Morgen ist zu viel. Ich habe bei diesem Rennen schon drei Kilo verloren. Also entschloss ich mich, dic skeptisch hoch gezogenen Augenbrauen zu ignorieren und mir noch ein zweites zu nehmen. Die Verpflegung hier ist wirklich hervorragend. Die Steaks sind zart und die Spaghetti al dente. Essen heißt endlich einmal, wirklich zu essen, anstatt wie sonst zumeist, irgendetwas in sich hineinzustopfen. Ein Joghurt, ein Obstsalat, dann ein Spaziergang, um zu sehen, was passiert.

Die *Soigneurs* werden allmählich panisch. Sie drängen mich, aufs Zimmer zu gehen und meine Sachen zu packen. In meinem Koffer herrscht großes Durcheinander. Ich bin keine sehr gut organisierte Person. Ich bin auch nicht ordentlich. Ich werfe die Ausrüstung für den Tag auf das Bett, stopfe alles andere in einen Koffer, den ich dann nur noch mit größten Schwierigkeiten schließen kann. Ich stelle ihn vor die Tür, wo er von einem *Soigneur* für den Transport zum nächsten Etappenort abgeholt wird. Es bleibt gerade einmal Zeit, um den Streckenplan zu studieren und die heutigen Schlachtfelder auszumachen. Fünf Anstiege: Lauteret, Galibier, Télégraph, Madeleine und die Bergankunft in La Plagne. Hmmm..., der Galibier. Zu gut in Erinnerung sind mir aus der letzten Tour noch die beunruhigenden Bilder, wie ich mich erschöpft die steilen Rampen hochkämpfte. Aber dieses Jahr fahre ich viel besser. Es sollte also keine Probleme geben.

Der Etappenstart ist in Bourg d'Oisans, dem Dorf einundzwanzig Haarnadelkurven unter uns. Vor ein paar Jahren gingen die Etappen noch direkt hier in L'Alpe d'Huez los, bis ins Tal war das Rennen neutralisiert. Aber so waren die Fahrer permanent gezwungen, hinter dem Auto des Renndirektors zu bremsen. Die Felgen überhitzten, und es gab Dutzende von Reifenpannen. Mittlerweile bestreiten alle die Abfahrt im Auto. Wie gewöhnlich bin ich der Letzte, der das Hotel verlässt. Thévenet hupt bereits, damit ich mich beeile. Sein Wagen ist das einzige Teamfahrzeug, das noch vor dem Hotel wartet. Aber es ist schon voll. Neben ihm hängt Vallet auf dem Beifahrersitz. Ich quetsche mich hinten zwischen den Mechaniker Coval und Yves Hezard, einen Ex-Profi und guten Freund von Thévenet. Abgesehen von Coval sind alle von uns einmal in der Tour nach Alpe d'Huez hochgefahren. Der Anstieg ist das Thema der Unterhaltung, während wir ihn hinabfahren.

»Was mich immer am meisten beeindruckte«, sagt Hezard, »war der Moment, in dem du am Fuß des Anstiegs nach oben blickst, um die zahllosen Zuschauerreihen direkt über dir zu sehen.«

»Ich kann mich nicht entsinnen, jemals die Kraft besessen zu haben, um nach oben zu schauen«, antwortet Thévenet im Scherz. Alle lachen.

Während der Abfahrt sehen wir Horden von Radtouristen in jeder Form und Größe, die sich schwitzend und keuchend ihren Weg den Berg hinaufbahnen.

»Die stoppen alle selbst ihre Zeit«, sagt Thévenet. »Die wissen exakt, wie lang Roche und Delgado gestern für den Anstieg gebraucht haben. Heute Abend werden sie ihre Zeiten vergleichen und genauestens analysieren, wie viele Profis sie auf der Etappe geschlagen hätten.«

Wie alle Startorte der Tour de France ist Bourg d'Oisans voll gestopft mit Zuschauern. Es ist schon mit größten Schwierigkeiten verbunden, überhaupt einen Parkplatz zu finden. Die Routine ändert sich nie. Raus aus dem Auto, die Verpflegung aus dem Wagen der *Soigneurs* holen und das Fahrrad von den Mechanikern. Checken, ob die Bremsen nicht zu eng eingestellt und dass beide Laufräder richtig befestigt sind. Hier geht es um ganz persönliche Vorlieben. Ich hasse es, wenn sich die Bremsblöcke ganz dicht an den Felgen befinden. Sie könnten ja irgendwann anfangen zu schleifen. Außerdem habe ich immer Angst davor, dass ein nicht richtig befestigtes Vorderrad in einer Abfahrt bei 60 Kilometern pro Stunde aus der Gabel springen könnte. Ich rolle zum Podium, um mich einzuschreiben. Die dreißig verbleibenden Minuten vor dem Start verbringe ich an einem der Tische im *Village*, um Kaffee zu trinken und mich mit Martin zu unterhalten. Wir treffen uns jeden Morgen am selben Tisch. Als ich ankomme, sehe ich, wie Martin bereits mit Sean Yates, Adrian Timmis und Allan Peiper an »unserem« Tisch steht. Die Konversation verläuft wie immer. Es geht um den gestrigen Tag, darüber, wie kaputt wir alle sind und wie sehr wir uns darauf freuen, endlich in Paris anzukommen. Heute sorgen sich alle vor allem darum, dass das Gemetzel auf dem Weg nach La Plagne viel zu früh beginnen könnte. Aber eigentlich ist das jeden Tag unsere Hauptsorge.

Pedro Delgado, der Träger des Gelben Trikots, kommt an einen der Nachbartische, dorthin, wo alle anderen Spanier schon sitzen. Er wird von Autogrammjägern und fragenden Journalisten belästigt. Zeit, einen Kaffee zu trinken, bleibt ihm nicht. Berühmtheit kann schon eine Qual sein. Ein schriller Pfiff beordert uns zum Start. Die aufgeregten Zuschauer rufen die Namen ihrer Favoriten. »*Tiens, il y a* Roche! *Alle*z Roche!« – »*Le voilà* Delgado! Bravo Pedro!« Niemand ruft je meinen Namen, aber an diesem Morgen tippt mir ein Zuschauer auf die Schulter.

»*Bonjour*, ich bin ein Freund von Dante Rezze«, sagt er und schüttelt meine Hand.

»Ah, ich verstehe«, antworte ich.

Was eine Freundschaft mit Dante Rezze mit dem Schütteln meiner Hand zu tun hat, begreife, wer will, aber solche Sachen passieren einem während der Tour andauernd. Der Starter winkt uns ab, und während der Fahrt durch das Tal unterhalte ich mich mit Martin. Weil er Ende des Jahres das Team wechselt, hat er ein paar Probleme mit Fagor, seinem derzeitigen Arbeitgeber. Das drückt auf seine Moral. Meine Zweifel sind anderer Natur. Das Verrückte am Radsport ist, dass du immer bereits nach dem ersten Tritt in die Pedale weißt, was für einen Tag du haben wirst. Oder ist es in anderen Sportarten dasselbe? Weiß Serge Blanco, wenn er sich seine Rugby-Schuhe anzieht, ob er an diesem Tag fünf Treffer erzielen oder alles versemmeln wird? Das ist etwas, das ich mal herausfinden sollte. An diesem Morgen habe ich keine Zweifel. Meine Beine sind müde und schwer. Es dürfte ein schlechter Tag werden.

»Bist du jemals den Lautaret von dieser Seite hochgefahren?«

Martin schüttelt den Kopf.

»Der Bastard zieht sich ordentlich in die Länge.«

Bald biegen wir nach links ab, und der Anstieg beginnt. Es gibt Berge, die du magst und solche, die du hasst. Ich mag Alpe d'Huez. Ich hasse den Lautaret. Der Anstieg ist dreiunddreißig Kilometer lang und der Straßenbelag schlecht. Außerdem bin ich hier nie gut gefahren. Nach nur einem Kilometer beginne ich zu schwitzen. Meine Arme und mein Gesicht triefen, ich fühle mich äußerst unwohl.

»Scheiße, ich hätte eine Koffeintablette mitnehmen sollen.«

Das Tempo ist hoch, aber erträglich, als wir in den ersten von fünf Tunneln am Berg hineinfahren. Er ist nicht beleuchtet. Die Fahrer an der Spitze beschleunigen, um allen Hindernissen aus dem Weg zu gehen. Aber dahinter herrscht das reinste Chaos. Es ist fast unmöglich, das Hinterrad des Vordermannes zu sehen. Wir sind gezwungen, im Schneckentempo zu fahren. Als wir aus dem Tunnel kommen, liegen wir vierundvierzig Sekunden hinter der Spitze des Pelotons zurück. Ich versuche auf den nächsten zwei Kilometern gemeinsam mit Peiper alles, um den Anschluss wiederherzustellen. Die Verfolgungsjagd bestätigt meinen Eindruck. Ich habe einen wirklich schlechten Tag. Andere leiden auch.

»Hast du den Typen gesehen, der im Tunnel gestürzt ist?«

Ich drehe mich um. Es ist Dede.

»Nein, ich habe rein gar nichts gesehen.«

»Er war Blut überströmt.«

Ein Motorrad der Renndirektion fährt an uns vorbei, und wir erfahren, dass der holländische Fahrer Nijboer ausgestiegen ist und ins Krankenhaus gebracht wurde. Wir erreichen den nächsten Tunnel und ein anderer Holländer, Solleveld, stürzt direkt vor mir – aber diesmal ohne ernsthafte Verletzung. Fignon macht eine Pinkelpause. Martin findet, dass das eine gute Idee ist, und hält ebenfalls an. Jean-François Bernard stoppt und mit ihm sein Wachhund Dominique Garde. Für zwei Kilometer bummeln wir, und ich bin dankbar für diesen Ausdruck gesunden Menschenverstands. Dann passiert es. Der Angriff. Im Feld gibt es Rufe und Pfiffe, und ich blicke hoch, um zu sehen, wer es ist. Ja, er ist es. Chozas. Dieser spanische Bastard zieht jedes Jahr die gleiche Nummer ab. Auf einer schweren Bergetappe, wenn jeder damit zufrieden ist, es zunächst einmal locker angehen zu lassen, lanciert er gleich zu Beginn eine

Attacke. Die Eine-Million-Dollar-Frage lautet: Werden sie ihn jagen? Falls ja, wird das Feld sofort auseinander fliegen. Falls nicht, können wir noch ein gutes Stück weiter im Bummelzug fahren, bis jemand entscheidet, dass der Zeitpunkt gekommen ist, um das Rennen zu beginnen. Ich schaue hoch, warte auf eine Reaktion. Ich kann es hören. Ich höre die Lunte, die am Ende des imaginären Dynamits brennt. Immer mehr Rufe. Zwei weitere Fahrer rasen an die Spitze. Die Verfolgungsjagd ist eröffnet. Krawumm!

Das Peloton zieht sich in die Länge. Ich kann nur noch irgendwie versuchen, dranzubleiben. Alle, die heute müde Beine haben, sind schnell in Schwierigkeiten. Van Poppel, der Träger des Punktetrikots, fällt zusammen mit acht anderen zurück, darunter Peiper und der Schweizer Zimmermann. Die Verfolgungsjagd wird heftiger. Ich bin direkt hinter Dede. Er lässt ein Loch zum Vordermann reißen.

»*Allez* Dede!«

»Ich habe dieses verdammte Rennen satt.«

Ich fahre an ihm vorbei. Ich schaue mich um, und er ist zwanzig oder dreißig Meter hinter mir. Ich leide. Aber ich bin auch überrascht und ermutigt, weil ich die Lücken schließen kann, die sich überall auftun. Es sind nur noch fünf Kilometer bis zum Gipfel des Lautaret. Aber dann beginnt nach einer Linkskurve auch schon der acht Kilometer lange Anstieg zum Galibier. Martin hat Probleme. Er lässt immer wieder Löcher reißen. Ich fahre neben ihn.

»Los, weiter, es ist noch viel zu früh, um jetzt schon abreißen zu lassen.«

Wir wechseln uns bei dem Versuch ab, den Abstand zu verkleinern. Wir kommen auf dreißig Meter ran, auf zwanzig, dann passiere ich ihn. Ich gebe mein Letztes, um den Anschluss zu schaffen. Aber plötzlich geht mir die Kraft aus. Ich schaffe es nicht. Ich kann auch nicht länger bei Martin bleiben. Meine Beine bewegen sich noch, aber völlig ohne Saft und Kraft. Die Müdigkeit steigt mir von den Beinen in die Arme. Bald lähmt sie meinen ganzen Körper. Ich schaue hoch, sehe, wie Martin gerade den Kontakt wiederherstellt. Dann zieht die Gruppe davon.

Die Gruppe um Van Poppel schließt zu mir auf. Ich beiße auf die Zähne und hänge mich in den Windschatten des letzten Fahrers. Wir fahren am Café auf der Passhöhe des Lautaret vorbei und biegen links ab, um den Galibier in Angriff zu nehmen. Es fällt mir immer schwerer, bei der Gruppe zu bleiben. Mein Körper fühlt sich leer an. Meine Moral taumelt wie ein angeschlagener Boxer. Eine Radlänge, zwei Radlängen, und schon habe ich den Kontakt zur Gruppe verloren. Panik, Verzweiflung, die Erkenntnis, dass ich in großen Schwierigkeiten bin. Rault holt mich ein und brüllt, ich solle bei ihm bleiben.

»Fahr weiter. Für mich ist die Tour zu Ende.«

Warum habe ich das gesagt? Thévenet fährt mit dem Teamwagen neben mich.

»Paul, du musst versuchen, Van Poppels Gruppe zu erreichen.«

Ich schaue ihn an, schüttele meinen Kopf, und er fährt weiter.

Ich trete weiter in die Pedale, aber ohne Überzeugung. Selbstmitleid ist jetzt das einzige Gefühl, das überlebt hat. Wenn es soweit ist, gibt es keine Hoffnung mehr. Ich bin dem Untergang geweiht. Ich sehe ein Transparent. »ROCHE – EARLEY – KIMMAGE« steht darauf, mein Freund Seamus Downey darunter. Ich blicke ihn an und schüttele meinen Kopf. Dann verfluche ich mich selbst, weil ich im Begriff bin, aufzugeben. Dede holt mich ein.

»*Allez*, Paul!«

»Nein, Dede. Fahr weiter. Lass mich alleine.«

Aber er besteht darauf, bei mir zu bleiben. Ich beschimpfe ihn, mich allein zu lassen. Er gibt nach. Michaud ist jetzt hinter mir, im zweiten Mannschaftswagen. Tränen füllen meine Augen. Ich entscheide mich, es noch mal zu versuchen. Ich fange an, härter zu treten, will nicht aufgeben. Aber meine Kraft reicht nur für einen Kilometer. Meine Beine sind einfach leer. Rechts überholt mich jemand, der doppelt so schnell ist wie ich. Ich drehe mich zur Seite, um zu sehen, wer es ist. Es ist ein bärtiger Tourist, der mit Fahrradtaschen an beiden Seiten den Berg hochstrampelt. Ein beschissener Radtourist. Michaud fährt herüber und fordert den Kerl auf, vom Rad zu steigen. Aber die Katastrophe ist längst passiert. Ich bin jetzt vollkommen demoralisiert. Zuschauer schieben mich an und Michaud merkt, dass ich erledigt bin. Er fährt vorbei, sagt, dass er gleich wiederkommen würde. Ich drehe mich um. Der Besenwagen ist gerade einmal 500 Meter hinter mir. Zwei Fahrer schiebt er vor sich her. Er zieht mich an, als sei er ein gigantischer Magnet.

Ich habe mich damit abgefunden, das Rennen aufzugeben. Ich weiß, dass ich in meinem derzeitigen Zustand keine Chance habe, im Zeitlimit zu bleiben. Ich passiere den Gedenkstein für Henri Desgrange, den Gründer der Tour. Dies ist ein ebenso guter Ort, um aufzuhören, wie viele andere auch. Aber hier stehen zu viele Zuschauer. Allochio, ein Italiener, und Gorospe, ein Spanier, überholen mich kurz vor dem Gipfel und lassen mich stehen. Der Besenwagen ist jetzt direkt hinter mir. Die Abfahrt vom Galibier ist kurvig und gefährlich, doch ich gehe kein Risiko ein. Ein eisiger Wind bläst vom Tal hoch. Ich friere in der Abfahrt. Unten geht es durch das Dorf Valloire, kurz darauf folgt der fünf Kilometer lange Anstieg zum Télégraph. Oh mein Gott, dieses Gefühl, die Schnauze voll zu haben. Wenn ich nur daran denke, dass ich mich noch einmal ins Zeug legen soll. Meine Beine sind völlig leer. Ich halte Ausschau nach einem Platz, um es zu beenden. Nach einem menschenleeren Platz, an dem ich mit Würde aussteigen kann. Nach einem Kilometer des Anstiegs halte ich am rechten Straßenrand an. Ich bin am Ende. Es ist vorbei. Der Besenwagen und der Krankenwagen stoppen hinter mir. Ich stehe über mein Rad gelehnt da, als eine Krankenschwester aussteigt und mir ihr Mitgefühl ausspricht. Ein Rennkommissar kommt aus dem Besenwagen und entfernt die beiden Startnummern von meinem Rücken. »*C'est dure*«, seufzt er, während er die unerfreuliche Pflicht erfüllt. Menschen, die weiter oben am Berg stehen, kommen heruntergelaufen, um das Spektakel zu beobachten. Es gibt eine Menge »Ohs« und »Ahs«, als ich in den Bus klettere, und dann Beifall, als ich weggefahren werde. Ich fühle mich benommen und betäubt. Mir ist kalt. Ich wickle mich in eine Decke und frage den Rennkommissar, wie viele Fahrer heute bereits aufgegeben haben. Vier.

Wir holen Gorospe und Allochio bei der Verpflegungsstation in St. Jean de Maurienne ein. Auch Gorospe gibt auf. Der Rennkommissar steigt aus, um seine Startnummern zu entfernen. Gorospe klettert in eines seiner Mannschaftsautos. Michaud wartet auf mich. Er sagt, dass ich bis zum Ende der Etappe im Besenwagen bleiben muss. Ich nicke, akzeptiere meine Strafe. Er gibt mir einen Verpflegungsbeutel und fährt davon. Am Fuße des Madeleine sind wir wieder hinter Allochio. Meine Augenlider sind so schwer, dass ich kämpfen muss, um wach zu bleiben. Aber ich habe keine Willenskraft mehr und schlafe völlig ausgelaugt ein. Eine halbe Stunde später werde ich kurz vor dem Berggipfel wach. Es ist, als würde ich nach einem schlechten Traum aufwachen, um in einem realen Albtraum zu landen. Ich kann mich einfach nicht mit der Tatsache abfinden, in diesem Bus zu sein. Was mache ich hier? Wie zum Teufel konnte ich die Tour de France aufgeben? Mein Gott, was habe ich nur getan?

Mein Körper hat sich wieder aufgewärmt, ich lege die Decke zur Seite. Einige Zuschauer erkennen das Trikot auf dem Rücksitz. »Schau nur, ein RMO-Fahrer ist raus.« Ich nehme die Decke wieder, dieses Mal, um meine Identität zu verbergen. Ich schäme mich.

Der letzte Anstieg hinauf nach La Plagne scheint unendlich zu sein. Je näher wir dem Ziel kommen, desto schlechter geht es mir. Wir fahren an einer riesigen irischen Fahne vorbei, auf der die Namen von vier Iren stehen. Beschämt gucke ich weg. Wir passieren den roten, dreieckigen Teufelslappen, der den letzten Kilometer anzeigt. Endlich sind wir im Ziel. Wie immer herrscht Chaos. Der Rennsprecher Daniel Mangeas gibt die Namen derjenigen Fahrer bekannt, die heute ausgestiegen sind. Seine Stimme klingt sanftmütig und traurig. Eine Tonlage, die man von einem Mann erwartet, der eine Liste von Soldaten vorträgt, die im Krieg getötet wurden. Ich verlasse den Bus und gehe mit gesenktem Kopf zum Mannschaftswagen. Coval sitzt am Steuer. »Thévenet sucht dich schon.« Ich schmeiße mich auf den Beifahrersitz, nach fünf Minuten kehrt Thévenet zurück. Er weiß genau, wie ich mich fühle, und seine Worte sind sorgsam gewählt.

»Ach, Polo. Du hast alles gegeben, was du hattest. Mehr können wir nicht verlangen.«

Die freundlichen Worte haben die Wirkung eines Hammers, der auf ein Aquarium drischt. Drei Stunden lang eingekerkerte Enttäuschung, Pein und Scham fließen aus mir heraus, als ich zusammenbreche und so zu flennen beginne, wie seit langer, langer Zeit nicht mehr. Der Weg zum Hotel ist kurz. Dankenswerterweise teile ich das Zimmer mit Dede. Er gibt sein Bestes, um sich solidarisch zu zeigen. Aber es ist wahrlich nicht einfach, die richtigen Worte zu finden, und mir wird bewusst, wie sich Gauthier ein Jahr zuvor in Pau gefühlt haben muss. Dede geht zur Massage, und ich bin froh, alleine zu sein. Alleine mit meinen Gedanken. Ich habe versagt.

Ich verlasse La Plagne am nächsten Morgen eine halbe Stunde vor dem Start der Etappe. Der Lastwagen mit der Teamausrüstung soll mich am Bahnhof in Albertville absetzen, wo ich dann einen Zug nach Grenoble nehmen kann. Überall sind Autos, und wir landen kurz hinter La Plagne in einem Stau. Einige Teams sind unten im Tal geblieben und müssen nun den Berg hochfahren. Das Fahrzeug von Carrera stoppt direkt gegenüber. Stephen sitzt vorne. Ich versuche mich zu verstecken – in der Hoffnung, dass er mich nicht erkennen würde. Doch er sieht mich sofort und kurbelt das Fenster runter. Ich setze ein falsches Lächeln auf. Er grinst in typischer Roche-Manier und ruft gekünstelt herüber: »Oh, Kimmage, was machst du da?«

Das tut weh. Es tut verdammt weh, aber ich versuche, es nicht zu zeigen. Er bemerkt meinen Schmerz trotzdem.

»Lass es ein paar Tage lang locker angehen, Paul, aber steig so früh wie möglich wieder auf dein Rad.«

Diese Worte sind aufrichtig und willkommen. Die Autos vor uns setzen sich in Bewegung, und unser Gespräch ist abrupt zu Ende.

»Viel Glück, Stephen.«

Obwohl es nur siebzig Kilometer weit entfernt liegt, muss ich zweimal mit dem Zug und einmal mit dem Bus fahren, um endlich in Vizille anzukommen. Ann wartet in der Wohnung. Ich habe sie nicht angerufen, und das hat sie verletzt. Ich bin gereizt und erschöpft. Sie ist enttäuscht und wütend. Als ich in die Wohnung komme, brechen wir gleich einen riesigen Streit vom Zaun. Ihr Ärger ist allzu verständlich, aber meine Enttäuschung ist so vollkommen, dass ich es nicht geschafft hatte, zum Telefonhörer zu greifen, um sie anzurufen.

Zurück in Irland verfolgte derweil das ganze Land Stephens Versuch, die Krone des Radsports zu gewinnen. Ich konnte es nicht ertragen, irgendetwas von den letzten drei Tagen des Rennens zu sehen. Am Tag des entscheidenden Zeitfahrens in Dijon war ich auf Shopping-Tour mit Ann. Ich erinnere mich, wie wir durch ein Möbelgeschäft liefen, das einen Fernseher im Schaufenster aufgebaut hatte. Es war die Liveübertragung des Zeitfahrens, die meine Aufmerksamkeit weckte. Ich hatte das Haus verlassen, um zu verhindern, mir das Rennen ansehen zu müssen. Aber als ich durch das Geschäft lief, war die Versuchung zu groß. Ich hielt vor dem Fenster inne und betrachtete das zweigeteilte TV-Bild mit Delgado auf der einen, Roche auf der anderen Seite sowie den Zeitabstand, der sie trennte. Stephen sah aus, als würde er die Tour gewinnen. Einen Tag später nahmen wir den Zug nach Paris. Ich hatte Thévenet versprochen, dem Mannschaftsabend zum Tour-Ausklang beizuwohnen. Aber als ich am Sofitel ankam, bereute ich schon, dass ich gekommen war. Es war nicht dasselbe. Ich konnte meine Schuldgefühle nicht einfach abstreifen wie ein dreckiges Trikot. Mich beherrschte das Gefühl, dass ich gesündigt hatte.

Kurz bevor wir zum Abendessen aufbrechen wollten, kam Stephen zurück zum Hotel, der triumphale Sieger der Tour. Millionen von Menschen umringten ihn. Das war mir nur recht. Ich wollte ihm nicht begegnen. Einerseits fühlte ich mich verpflichtet, auf ihn zuzugehen und ihm zu gratulieren. Doch die Scham über meinen Ausstieg war größer. Aber es gab noch einen weiteren Grund. Ich war glücklich, dass er gewonnen hatte. Aber zugleich war ich voller Neid. Ich war eifersüchtig, dass er es in die Weltspitze geschafft hatte, während ich gerade so tief gefallen war. Er war jetzt ein Star, doch ich erkannte nicht mehr den Roche, den ich in meiner Kindheit verehrt hatte. Also entschied ich mich, ihm aus dem Weg zu gehen. Aber dann geschah das Unglaubliche. Er wurde von allen Seiten geschubst und über den Marmorfußboden gedrängt, bis er direkt vor meiner Nase stand. Er begrüßte mich wärmstens, und ich fühlte mich sofort beschämt. Ich umarmte ihn und gratulierte ihm, so gut ich konnte. Dann wurde er von einer Flutwelle des Händeschüttelns weitergefegt.

Fünf Tage später, zurück in Vizille, erhielt ich einen Anruf von Jacques Chevegneon, einem der Manager der folgenden Kriterien. Er sagte, dass er am Montag für mich einen Startplatz beim Kriterium von Château-Chinon hätte. Er würde mir 250 Pfund zahlen, wenn ich fuhr. Ich sagte zu und legte den Hörer auf. Es tat mir gleich Leid, dass ich zugestimmt hatte. Seit neun Tagen hatte ich nicht mehr auf einem Rad gesessen. Ich würde sicherlich richtig zu leiden haben bei einem Kriterium, bei dem 90 Prozent der Fahrer aufgeputscht an den Start gingen. Ich fürchtete mich vor dem nächsten Hammer – vor einem weiteren erniedrigenden Schlag ins Gesicht vor den Augen tausender Zuschauer. Aber ich hatte mein Wort gegeben. Früh am Montagmorgen verstaute ich meine Sachen im Auto und steuerte Château-Chinon an.

15 Einer der Jungs

Nach Château-Chinon ist es eine vierstündige Fahrt von der Wohnung in Vizille. Ich treffe schon um 11 Uhr 30 ein, dreieinhalb Stunden vor dem Rennen. Aber ich mag es, noch massig Zeit für mich zu haben. Die Stadt liegt in dickem, feuchtem Nebel, und es ist schwer, nicht in Montagmorgendepressionen zu verfallen. Ich hatte mir die Stadt viel größer vorgestellt, doch sie ist ziemlich mickrig. Auf jeden Fall zu klein, um die Autos der zahlreichen Zuschauer unterzubringen, die bereits die Straßen verstopfen. Den Einheimischen macht das nichts aus, insbesondere nicht *Les Commercants*: Es ist der einzige Stau des Jahres, und die Kneipen und Cafés sind voll. Ich parke in der Hauptstraße und warte. Ich weiß nicht, was ich zu tun habe. Doch bald dürften Vallet und Claveyrolat auftauchen, ich werde ihnen einfach folgen. Nachdem ich eine halbe Stunde im Auto verbracht habe, sehe ich ihre beiden Autos, die durch die Stadt fahren. Sie kommen aus Bordeaux, wo sie am Vortag ein Kriterium gefahren sind. Vallet war seit fast sechs Wochen nicht mehr zu Hause. Am Tag nach dem Ende der Tour hat er sich von Paris aufgemacht, um acht Tage hintereinander Kriterien zu fahren. Neun Tage und tausende Kilometer im Auto, um von einer Kleinstadt zur nächsten zu gondeln. Ich bin mir nicht sicher, wie viel er pro Rennen verdient, aber ich weiß, dass er mit sechs Riesen in der Tasche nach Hause gehen wird – nur etwas weniger als das, was ich im Jahr verdiene. Seine Frau und die beiden Kinder reisen mit ihm und sehen fast genauso erschöpft aus wie er. Claveyrolat reist mit Colotti. Jean-Claude geht am Stock. Auch er hat eine harte Woche hinter sich.

Die Begrüßung fällt wie immer aus: ein Handschütteln, ein Lächeln. Ich folge ihnen zu einem kleinen Hotel am Ende der

Hauptstraße. Ein typisches Kriterien-Hotel. Heruntergekommen und billig, aber sauber. Zwei Zimmer sind reserviert, und vor dem Rennen werden wir hier zu Mittag essen. Die meisten Fahrer steigen hier ab, um zu essen und sich umzuziehen. Aber zunächst gilt es, die Räder vorzubereiten. Ich hole meines aus dem Kofferraum, setze die Laufräder ein und pumpe die Reifen auf. Es sieht makellos aus. Gestern habe ich es gewaschen. Bei meinem ersten Kriterium sollte es glänzen. Der Schein ist alles. Wenn ich heute einen guten Eindruck mache, bieten mir die Manager vielleicht einen Platz bei einem oder zwei weiteren Kriterien an. Die Räder der anderen sind nicht so sauber. An ihnen klebt der Dreck von Bordeaux. Aber kurz mit dem Lappen drübergewischt, und schon sind sie vorzeigbar. Es ist seltsam, wieder einmal selbst für die Sauberkeit und den guten Zustand seiner Maschine verantwortlich zu sein.

Das Mittagessen ist einfach und leicht. Allseits gute Laune fördert die Verdauung – wie eigentlich überall, wo Radsportler zusammen essen. Draußen lichtet sich der Nebel, und die Straßen beginnen zu trocknen. Das Kriterium von Château-Chinon, Le Critérium de France, zählt zu den prestigeträchtigsten des Landes. Es ist eines der wenigen modernen Rennen, bei denen die Zuschauer Eintritt zahlen müssen, um den Rundkurs zu sehen – fünfunddreißig Francs. Dennoch kommen sie in Horden in die Stadt. Als ich sie von meinem Hotelzimmer aus sehe, fühle ich den Druck. Heute bin ich nicht nur Radprofi: Heute bin ich ein Darsteller. Diese Leute zahlen, damit wir unsere Leistung bringen. Während eines normalen Rennens ist es mir völlig egal, was die Typen am Straßenrand denken. Einige werden immer ziemlich ausfallend. Es ist nicht ungewöhnlich, dass sich Zuschauer darüber ärgern, dass wir es zu locker angehen, und uns als faule Bastarde oder überbezahlte Lümmel beschimpfen. Die Leute sind nur dann zufrieden, wenn wir mit sechzig Kilometern pro Stunde rasen und uns die Augen am Hinterkopf wieder herauskommen. Oder wenn wir auf Händen und Füßen einen Berg hinaufkriechen. Wenn sie uns beschimpfen, ist es nur gerecht, sie zurückzubeschimpfen. Schließlich zwingt sie niemand, sich an den

Straßenrand zu stellen. Heute ist das anders: Heute zahlen sie, um ein Spektakel zu sehen. Also sind wir verpflichtet, etwas zu zeigen. Was aber ist, wenn ich es nicht bringe? Was, wenn ich nicht in der Lage bin, den anderen zu folgen? Die Leute sagen, dass Château-Chinon eines der härtesten Kriterien sei. In jeder der zwei Kilometer langen Runden wartet ein Anstieg. Die Tour hat mich furchtbar verbittert. Ich bin danach neun Tage lang nicht mehr in den Sattel gestiegen. Ich konnte es nicht ertragen. Dafür werde ich heute sicherlich den Preis bezahlen. Vielleicht werden sie mich abhängen. Aber wird der Manager mir dann immer noch meine Gage auszahlen? Werde ich genug Rückgrat haben, wenn ich wegen des Geldes vorspreche? Ich wäre besser nicht hierher gekommen. Aber zum Teufel, ich brauche das Geld. Ann wohnt jetzt bei mir. Das bedeutet höhere Ausgaben, mehr Verantwortung. Nie zuvor hatte ich eine so große Verantwortung. In diesem Jahr haben wir bei der Tour nichts gewonnen, nur ein Almosen. Ich brauche das Geld. Es ist der einzige Grund, warum ich hier bin.

Wir schlüpfen in unsere Trikots und Rennhosen. Fünf von uns sind auf einem Zimmer. Ich fette das Sitzleder meiner Hose großzügig ein und ziehe sie über meinen nackten Arsch. Das kalte Fett sendet einen Schauer durch meinen Körper. Es ist ein bisschen so, als würde man in eine nasse Badehose schlüpfen. Ich ziehe ein kurzärmeliges Baumwollunterhemd an, ein Paar weiße Socken, zwei Lederhandschuhe mit abgeschnittenen Fingern, die Rennschuhe und schließlich das weiße RMO-Trikot meines Sponsors. Ich sitze auf dem Bett und sehe den anderen zu, wie sie sich fertig machen. Ich harre des großen Moments. Ich weiß, er wird kommen, und warte darauf, dass es passiert. Verdammt noch mal, ich möchte, dass es passiert. Der Druck – ich kann diesen Druck nicht mehr ertragen. Es passiert: ein Lächeln... ein Beutel kommt zum Vorschein. Darin kleine weiße Ampullen mit Amphetaminen und eine Hand voll kurzer Spritzen. Ein Blick in meine Richtung. Die anderen wissen nur allzu gut um meine »Keuschheit«. Aber es ist nur höflich, etwas anzubieten. Ich kratze mich am Kopf und atme tief durch. Wenn ich durch diese Tür gehe und nur das Hotelessen in meinem Körper hätte, dann würde ich durchdrehen. Nach zwei Runden wäre ich abgehängt und zum Gespött der Leute geworden. Eine weitere Demütigung kann ich nicht ertragen. Der Druck. Ich brauche das Geld. Ich nicke zustimmend.

Meine Spritze wird vorbereitet. Da es mein erstes Mal ist, entscheiden sie, dass sieben Kubikzentimeter ausreichen. Zehn bis fünfzehn sind die normale Dosis, aber die wirklich harten Kerle nehmen oft das Doppelte oder Dreifache. Amphetamine wirken zwischen zwei und drei Stunden stark, anschließend nimmt die Wirkung ab. Das Kriterium wird zwei Stunden dauern. Das heißt also, dass wir uns die Ladung noch in der Ungestörtheit des Hotelzimmers setzen können, bevor es nach draußen an den Start geht. Ich rolle den Ärmel meines Trikots hoch. Jetzt gibt es kein Zurück mehr. Die Nadel wird unter die Haut meiner linken Schulter gestochen. Ich bin gedopt. Eines meiner Ziele war es immer, den Sport zu verlassen, ohne jemals etwas Verbotenes genommen zu haben. Es bereitete mir stets eine Genugtuung, dass ich mich selbst in der Rolle des reinen, weißen Helden sehen konnte, der seine Jungfräulichkeit in einer bösen, schwarzen Welt verteidigte. Aber das war nun vorbei. Zur Hölle mit der Vergangenheit.

Sie sagen mir, dass ich vollkommen ruhig bleiben soll. Sie sagen, dass ich bald das Bedürfnis verspüren werde, zu erzählen und umherzuspringen. Ich solle mich bloß hüten, exzessiv zu reden und zu gestikulieren. Menschen haben schließlich Augen. Und wenn sie den normalerweise ruhigen und zurückhaltenden Paul Kimmage sähen, wie er an die Straße kommt und Hände schüttelt und jedem den Rücken tätschelt, würden sie zwei und zwei zusammenzählen. Ich fühle mich unwohl. Mein Verstand ist klar, aber nach fünf Minuten bemerke ich die ersten Auswirkungen. Ein kleiner Energieschub. Er wird stärker und stärker, und schon pulsiere ich vor Energie. Zunächst verdreht sie mir ein bisschen den Kopf, aber dann offenbart sie sich in einer neuen Form: Aggression. Ich verspüre das dringende Bedürfnis, mich aufs Rad zu setzen und es unter mir zu verbiegen. Ich fühle mich unbesiegbar. Niemand kann mich schlagen. Die Kollegen fangen an, Witze darüber zu reißen, welche Auswirkungen die Ladung wohl auf mich haben wird.

»Du wirst wie Fangio zurück nach Vizille fahren und heute Nacht kein Auge zutun. Deine Freundin wird eine Menge Spaß haben.«

Ich lache mit ihnen. Jemand sagt, dass er mir eine Schlaftablette für später geben wird. Aber Schlafen ist das Letzte, an das ich jetzt denke. Ich will, dass es endlich losgeht.

»Los Leute, auf zum Start.«

Mehr Gelächter. Wir holen unsere Maschinen aus der Hotelgarage und radeln die zwei Kilometer zum Start. Mein Kopf ist klar. Ich kann nicht zulassen, dass irgendjemand irgendeine Veränderung bemerkt. Ich muss ruhig bleiben. Ich muss ruhig bleiben. Ich muss ruhig bleiben. Dann höre ich es. Die Stimme. Die Stimme, die meinen Namen ruft. Eine irische Stimme. Jesus, eine irische Stimme ruft meinen Namen, und ich stehe hier und bin voll bis zur Halskrause. Bleib ruhig. Bleib ruhig. Ich schaue mich um, um zu sehen, wer es ist. Er ist jung und, ja, ich kenne ihn von irgendwoher, kann ihn aber nicht einordnen. Wir fangen an, uns zu unterhalten. Paul, schau ihm nicht in die Augen. Wenn er deine erweiterten Pupillen sieht, wird er auf der Stelle wissen, was los ist. Ich versuche, seinem Blick auszuweichen. Sein Name fällt mir ein: Gareth Donahue, ein junger irischer Amateur, der für ein lokales französisches Team fährt. Ich sage ihm, dass ich mich beeilen müsse. Ich würde mich nach dem Rennen mit ihm unterhalten. Ich bin doch ein echter Glückspilz. Das einzige Mal in meinem Leben, dass ich mich aufputsche, und schon treffe ich jemanden, der mich kennt. Der Zielraum ist überfüllt. Wir müssen uns auf dem Podium einschreiben und unsere Startnummern abholen. Ich bin so voller Elan, voller Energie, und will mit einem Satz draufspringen. Ich schaffe es locker, aber lande auf meinem Rücken. Ich schaue hoch, um zu sehen, ob es jemand bemerkt hat. Thierry Clavet kämpft schwer, um sein Lachen zu unterdrücken. »Um Himmels Willen, lass es locker angehen, Polo.«

Ich trage mich auf dem Podium in die Startliste ein und konzentriere mich darauf, Ruhe zu bewahren. Die meisten der Fahrer sitzen auf den Stühlen, um ihre Startnummern zu befestigen. Ich mache es ihnen nach. Meine Finger zittern ein wenig, als ich versuche, meine Nummer festzustecken, aber schließlich ist es geschafft. Wir werden an die Startlinie gerufen. Das Peloton besteht aus fünfundzwanzig Profis und sechs der besten lokalen Amateure. Charly Mottet und Jean-François Bernard sind die beiden Stars. Ihretwegen sind die Massen gekommen. Ich vermute, dass einer von ihnen gewinnt, aber niemand hat mir irgendwas gesagt. Ich frage Clavet, was geplant ist, aber sogar er ist verwirrt. Es scheint ein kleines Problem zwischen Mottet und Bernard zu geben – beide wollen gewinnen. Jean-François ist die Tour gefahren, also wäre normalerweise er für den Sieg vorgesehen. Aber »Jeff« lebt in der Region, und es gibt das ungeschriebene Gesetz, dass ein Lokalmatador niemals vor seinen Heimfans gewinnen soll. Das ist so, damit die Zuschauer keinen Verdacht schöpfen, alles könnte abgesprochen sein. Gibert Duclos-Lasalle vom Peugeot-Team ist der Boss im Feld. Er vermittelt zwischen den verschiedenen Kapitänen und informiert dann die kleineren Fahrer, wie das Rennen ausgeht. Wenn einer der Namenlosen angreift, obwohl das nicht zum Plan gehört, wird Duclos ihn in den Arsch treten. Wenn einer gegen die Gesetze verstößt, wird es der Manager des Kriteriums als Erster zu hören bekommen. Der Missetäter wird dann eine Weile warten müssen, bevor er wieder einen Startplatz bei einem Kriterium bekommt. Die ersten drei Plätze stehen stets schon vorher fest, aber jeder kann um die anderen Platzierungen fahren. Manchmal werden sich die Kapitäne nicht einig. Dann wird das Rennen für alle freigegeben, und mitunter gewinnt ein unbekannter Fahrer. Väter haben keine große Lust, ihren Söhnen zu erklären, wie ein Namenloser es geschafft hat, Charly Mottet zu schlagen, obwohl der doch der Beste ist. So liegt es im Interesse aller Fahrer, nicht aus der Reihe zu tanzen, sodass ein bestens durchorganisiertes Rennen zustande kommt, das alle glücklich nach Hause gehen lässt. Aber dass die Kriterien abgesprochen sind, macht sie nicht notwendigerweise leichter. Es ist nicht so einfach, die Zuschauer an der Nase herumzuführen. Bevor sie nicht sehen, wie die Stars mit 60 Kilometern pro Stunde ihre Runden drehen, sind sie nicht glücklich. Nichts ist falsch an einer durchschnittlichen Rundengeschwindigkeit, die selten unter fünfzig Kilometern pro Stunde liegt. Nichts ist falsch an den zu Grimassen verzerrten Gesichtern. Nur das Ergebnis ist, nun, halt ein bisschen manipuliert. Duclos fährt in der ersten Runde zu mir rüber.

»Mottet vor Bernard und Colotti. *D'accord?*«

»*D'accord.*«

Es besteht keine Gefahr, dass ich mich nicht an den Plan halten würde. Wenn er mir sagt, dass ich einen Sturz vortäuschen soll, dann werde ich es machen. Wenn er möchte, dass ich ein Spektakel inszeniere, indem ich meine Hosen runterziehe, werde ich es machen. Ich will nur das Geld. Ich will nur einer von ihnen sein.

Das Rennen ist eines der leichtesten, das ich jemals gefahren bin. Ich bin nicht eine Sekunde lang in Schwierigkeiten. Ich habe ein solch festes Vertrauen, dass ich nicht zurückfallen werde. Ich schaffe es sogar, an der Spitze zu attackieren und etwas zum Spektakel beizutragen. Das ist alles, was mir wichtig ist. In der Lage zu sein, Leistung zu bringen. Die wenigen Pfund zu verdienen, derentwegen ich gekommen bin. Ich setze ich mich bei einigen Ausreißversuchen in Szene. Jedes Mal treten wir zunächst richtig hart in die Pedale, um den Vorsprung ein bisschen auszubauen. Dann lassen wir wieder nach, ohne dass es allzu offensichtlich aussieht. Duclos kontrolliert die Dinge meisterhaft. Körperlich spüre ich die Anstrengungen. Ich spüre die Pedale, meine Kurzatmigkeit im Anstieg. Aber psychisch bin ich so stark, dass ich nicht ein einziges Mal Probleme habe. All meine Sinne toben. Stimuliert von Amphetaminen. Ich glaube, dass ich unbesiegbar bin, also bin ich es auch.

Drei Runden vor Schluss setzen sich Bernard und Mottet ab. Bernard ist immer noch nicht glücklich darüber, dass er nicht gewinnen darf. Also lassen sie es zu einem harten Sprintfinale kommen, in dem Charly gerade so gewinnt. Der Abstand zwischen beiden ist so gering, dass ich mich wundere, ob es nicht tatsächlich ein echter Sprint war. Aber das ist unwichtig. Die Zuschauer haben ein gutes Rennen gesehen und kehren zufrieden heim. Wir fahren zurück zum Hotel. Nachdem wir uns geduscht und umgezogen haben, teilen wir die Zimmer- und Essensrechnung unter uns auf. Ich biete an, für meine Ladung zu zahlen. An Amphetamine ist schwer heranzukommen, und sie sind teuer. Eine durchschnittliche Dosis kostet knapp fünfzig Pfund. Dennoch bin ich nicht überrascht, dass mein Angebot abgelehnt wird. Es ist selten, dass Geld durch die Hände von Fahrern geht. Es ist ein Fall von »Heute ich, morgen du«. Ich bin dem Club beigetreten, und fast ist es ein Gefühl der Befriedigung.

Die Schecks mit den Gagen werden in einem Zimmer des Rathauses verteilt. Wir stehen Schlange, treten nacheinander ein und lassen uns von einem Mitglied des Organisationskomitees und unter dem wachsamen Blick des Kriterium-Managers einen Briefumschlag in die Hand drücken. Manchmal lassen dich die Schweinehunde bis nach dem Empfang warten, der im Anschluss an solche Rennen stattfindet. Sie wissen ziemlich genau, dass du noch 300 Kilometer nach Hause fahren musst. Aber sie erwarten von dir, ein paar Einheimischen die Hände zu schütteln und etwas Smalltalk zu halten, bevor sie dir die wenigen, hart verdienten Kröten aushändigen. Das ist die Schuld der Manager. Sie sahnen zehn bis zwölf Prozent aller Fahrergagen ab und verlangen auch noch einen großen Anteil vom Budget des Organisationskomitees. Sie sind Parasiten, ich verachte sie zutiefst. Sie beuten die kleineren Fahrer aus, zahlen ihnen niedrige Gagen und wissen dabei nur allzu gut, dass die armen Hunde gar keine andere Wahl haben, als ihr Angebot zu akzeptieren. Was für ein Abschaum.

Eine große Menge von Fans wartet vor dem Rathaus. Auf dem Weg zum Auto schreibe ich vielleicht hundert Autogramme. Clavet und Colotti machen sich ebenfalls auf den Heimweg, doch Vallet ist schon am nächsten Tag für ein anderes Kriterium engagiert. Clavet gibt mir einen Rat, als ich in das Auto steige: »Vielleicht wirst du dich irgendwann schuldig fühlen. Das passiert uns allen, aber du darfst es nicht zulassen. Es ist einfach Teil unseres Jobs.«

Ich danke ihm, vergesse aber, nach der Schlaftablette zu fragen. Eine Stunde später holt er mich ein, und wir fahren für fünf Minuten ein Rennen. Derlei aber ist mir nicht ganz geheuer. Wir fahren viel zu schnell, also lasse ich ihn ziehen. Die Rückfahrt scheint viel kürzer zu sein, aber nicht kurz genug, um die Gewissensbisse auszumerzen, die dein Gehirn zermartern. Nach dem Hoch kommt unvermeidlich das Tief. Es ist nach zwölf, als ich zu Hause ankomme. Ann liegt wach im Bett. Ich beschließe, ihr von meinem Tag zu erzählen. Von allem, was vorgefallen ist. Sie hat Verständnis.

»Du hast getan, was du für das Beste gehalten hast. Solange es nicht zur Gewohnheit wird, ist nichts Schlimmes passiert.«

Sie sagt dies, um mich zu trösten, um meine Schuldgefühle zu lindern. Aber ihre Einstellung ärgert mich. Sie ist zu lässig. Ich meine, ich habe gedopt und mich in meiner Ehre betrogen. Wie kann sie nur so locker mit so etwas Ernstem umgehen? Ich möchte beschimpft und bestraft werden. Wir haben Streit. Sie dreht mir ihren Rücken zu und schläft ein. Ich liege da, und es kommt mir vor, als hätte ich statt Augen zwei Scheinwerfer in meinem Kopf, die das Zimmer ausleuchten. Der Schlaf ist Lichtjahre entfernt. Die Ereignisse des Tages drehen sich in meinem Kopf, die Gründe für Pro und Contra fliegen in meinem Schädel umher wie ein Tennisball in einem anscheinend niemals endenden Ballwechsel.

Die Contras schlagen hart: »Worin bestand die Logik, dich für ein Rennen zu dopen, dessen Ausgang feststand? Was hat es gebracht? Weißt du, dass du ab jetzt nie mehr in der Lage sein wirst, ein Kriterium zu fahren, ohne dich aufzuputschen? Es ist mehr als wahrscheinlich, dass sie dich in fünf Jahren tot auf einem Hotelzimmer finden – eine Spritze im Arm und mit Augen, die aus dem Kopf hervortreten. Die anderen werden sich um deinen Grabstein versammeln, später ein Glas auf dich erheben und dich lobpreisen, weil du einer von ihnen warst. Einer von den Jungs.«

Aber die Pros antworten mit einigen herrlichen Volley-Returns: »Nein, das ist Quatsch. Du hast lange genug auf dem Zaun gesessen und zugeschaut. Hast du etwa vergessen, wie verwundbar du dich vor dem Rennen gefühlt hast? Sie hätten dich geschlachtet, wenn du nichts genommen hättest. Du hast es nicht getan, um zu betrügen. Du hast es nur getan, um zu überleben. Du wolltest nur einmal mit den gleichen Waffen in den Kampf ziehen wie alle anderen auch.«

Immer wieder fliegen die Argumente übers Netz. Die letzte Sache, an die ich mich erinnere, ist, dass die Pros mit zwei Sätzen vorne lagen und dann die Lichter ausgingen.

16 Fab Four

Dopingkontrollen bändigen den Einsatz von Amphetaminen. Das hat verschiedene Konsequenzen. In den wichtigsten Rundfahrten und Meisterschaften kommen solche Mittel kaum zum Einsatz. Sie scheinen beinahe gar nicht zu existieren. Denn Amphetamine stehen auf der schwarzen Liste der Kontrolleure ganz oben und sind zudem problemlos nachzuweisen. Also entwickelt sich derzeit eine andere Dopingdisziplin: der Einsatz von Hormonen. Die nämlich sind natürlich, und weil jeder Körper sie selbst produziert, ist der Nachweis ihres Missbrauchs schwierig. Die »Sünde« besteht nicht darin, illegale Substanzen zu nehmen, sondern darin, erwischt zu werden. Intelligent eingesetzte Hormonpräparate bieten die Gewissheit, dass sie dich nicht überführen können. Ihr Missbrauch hat beängstigende Ausmaße angenommen.

Amphetamine wirken annähernd drei Stunden, dann sind sie aus dem Körper gespült. Häufiger Gebrauch kann zur Abhängigkeit führen und vielleicht zu ein oder zwei Problemen mit dem Herzrhythmus – alles nichts wirklich Ernstes. Hormone sind anders. Sie sind nicht nach drei Stunden aus dem Körper verschwunden. Sie stellen deinen Körper auf den Kopf und bleiben für Monate, manchmal sogar Jahre im Organismus. Ihr Missbrauch kann zu Krebs und sogar zum Tod führen. Ich war viele Male in Versuchung, Hormone zu nehmen. Ich konnte ihre vorteilhafte Wirkung an anderen Fahrern im Team nachvollziehen. Doch die möglichen Folgen machten mir Angst. Also ließ ich die Finger von dem Zeug. Amphetamine hingegen habe ich mir noch häufiger gespritzt.

Ich nutzte sie zweimal bei weiteren Kriterien im Anschluss an das von Château-Chinon. Zwanzig Monate als Profi war ich sauber geblieben. Aber jetzt putschte ich mich unglaublicherweise im Zeitraum von nur zwei Wochen gleich bei drei Gelegenheiten auf. Es ist so einfach, dass es schnell zur Routine wird. Wer einmal mit dem Gefühl der Unbesiegbarkeit gefahren ist, hat es schwer, wenn sich wieder nur Vittel in der Trinkflasche befindet – insbesondere dann, wenn du siehst, wie andere Fahrer das Zeug nehmen.

Ich war immer stolz auf meine Charakterstärke gewesen. Meine neue Angewohnheit fing an, mich zu beunruhigen. Ich verlor allmählich meine Fähigkeit, »Nein« zu sagen. Nachdem ich mein Problem gründlich analysiert hatte, entschloss ich mich, dass ich nie wieder in die Lage kommen dürfte, ohne Training ein Kriterium zu fahren. Zunächst fiel es mir schwer, aber ich schaffte es, standhaft zu bleiben. Dennoch fühlte ich mich nie wohl, wenn ich ohne mindestens zwei Vitamin-C-Tabletten in meiner Trinkflasche in ein Kriterium ging. Vermutlich war auch das Doping. Aber zumindest war es legal. Während meiner beiden letzten Jahre im Peloton blieb ich sauber. Aber darauf bin ich nicht sonderlich stolz. Es gab viele Gründe, warum ich das Zeug nicht mehr anrührte. Ein schlechtes Gewissen war die wichtigste Motivation, aber auch andere Faktoren spielten eine Rolle. Für manch einen mag ich jetzt wie ein Weichei klingen. Aber die Angst, erwischt zu werden, schreckte mich ab. Der Skandal, den derlei im guten alten, erzkatholischen Irland auslösen würde, hätte mein Leben ruiniert. Ich hätte es nicht ertragen, meinen Eltern eine solche Schande zu bereiten. Aber es gab einen weiteren Grund. Ich schaffte es nicht, mir selbst eine Nadel in den Arm zu stechen. Wenn meine Teamgefährten es taten, schaute ich weg. Es war nicht die Angst vor dem Schmerz oder den Nadeln. Es war der Akt des Dopings an sich, der mich abstieß. Ein weiterer Grund war die Angst, Amphetamine kaufen zu müssen. Ich hatte Geschichten gehört, dass Polizisten die Autos von Fahrern durchsuchten. Ich hatte nicht den Mumm, den Stoff zu besorgen und zu transportieren. Und es gab keine Chance, ihn mir dauerhaft von den anderen zu leihen. Das hätte meinen Ruf bei den anderen Fahrern zerstört. Und ich wollte doch nichts mehr, als gemocht zu werden.

Zu Hause in Irland feierten sie Stephens Triumph wie einen Sieg der Nation. Er wurde mit unglaublichen Jubelszenen willkommen geheißen, als er auf einem verdecklosen Bus durch Dublin fuhr. Radsport war plötzlich »der« Sport schlechthin. Der Gewinn der Tour de France machte Stephen zum größten Sportler, den das Land jemals hervorgebracht hatte – und zu einem der populärsten. Kelly tat mir Leid. Vor Roches Toursieg galt Kelly stets als der beste Radsportler des Landes. So muss der Juli 1987 der schlimmste Monat seines Lebens gewesen sein. Am 12. Juli musste er aus der Tour aussteigen, um dann verletzt zu Hause sitzend mitzuerleben, wie ein anderer Ire mit einem Triumph all das ausstach, was er jemals erreicht hatte. Es muss unerträglich gewesen sein.

Während Kelly Qualen litt, war Roche um so mehr in Ekstase. Jahrelang hatte er die zweite Geige hinter dem »King« gespielt. Aber für jeden kommt irgendwann der große Tag, und dies war Stephens Tag. Man hätte ihm verziehen, wenn er es richtig krachen lassen hätte. Aber er vermied es, sich als Größter des Landes aufzuspielen. Ein bewundernswertes Verhalten.

»Die Leute sollen nicht sagen, dass ich dieses Rennen gewonnen habe und Sean jenes. Sie sollten auf unsere Karrieren schauen und sagen, dass wir beide zusammen jedes Rennen auf dem Kontinent gewonnen haben, das es wert war, es zu gewinnen.«

Wenn ich auf die schönen Dinge zurückblicke, die er während seiner Laufbahn gesagt und getan hat, sollte es auf ewig unvergessen bleiben, dass er in seiner größten Stunde am nettesten war.

Ich traf Kelly im August wieder. Er kehrte bei der fünftägigen Großbritannien-Rundfahrt ins Renngeschehen zurück. Meine ersten Worte an ihn waren Worte des Trosts und der Aufmunterung, die er allem Anschein nach dankbar zur Kenntnis nahm. Ich mochte und bewunderte ihn mehr als alle anderen Fahrer im Peloton. Das war nicht immer so. Bevor ich Profi wurde, habe ich ihn nie vestanden: Ich bin mir immer noch nicht sicher, ob ich es heute tue. Aber ich gehe so weit, dass ich ihn in seinen frühen Tagen eigentlich nicht leiden konnte. Ich empfand ihn als viel zu ernst, als eine Maschine ohne Herz und Persönlichkeit. Er war die Nummer eins in der Welt. Er hätte mir helfen können, als ich um einen Profivertrag kämpfte, aber er tat es nicht. Irland war aufgeteilt in ein Kelly- und ein Roche-Lager. Ich war definitiv ein Roche-Mann. Ich benötigte vier Jahre als Profi, um Kelly wirklich kennen zu lernen. Es war nie leicht, sich mit ihm zu unterhalten. Das ist es immer noch nicht. Du musst einiges an Anstrengungen aufbringen, um ihn zu erreichen. Aber wenn du es schaffst, ist es das auch stets wert. Er ist so vielseitig. Er hat ein großes Herz und eine ebensolche Persönlichkeit. Jetzt bin ich ihm dankbar, dass er mir nicht bei meinem Vertrag geholfen hat, um den ich als Amateur kämpfte. Es brachte mich dazu, noch härter zu arbeiten. Ich habe ihn mir aus eigener Kraft erkämpft. Und das ist der einzige Weg, der zählt.

Ich erinnere mich, wie ich im ersten Jahr das Critérium International bestritten habe und bei der Bergetappe am Sonntagmorgen ausgeschieden bin. Das abschließende Zeitfahren am Nachmittag musste ich nicht mehr fahren. Ich war am Flughafen, um zurück nach Lille zu fliegen, bevor das Rennen beendet war. Als das Flugzeug gerade seine Türen schließen wollte, stürmte Kelly herein, immer noch in seiner Rennkleidung. Er hatte gerade das abschließende Zeitfahren gewonnen und das Critérium für sich entschieden. Zeit, sich umzuziehen, war keine mehr. Es gab nur einen Abendflug nach Lille, wo ihn seine Frau Linda abholen und zu ihrem Haus in Brüssel chauffieren würde. Wir mussten in Lyon umsteigen, und er besorgte mir etwas zu essen. Wir aßen und unterhielten uns, und diese Begegnung begeisterte mich derart, dass ich vollkommen vergaß, was für ein lausiges Wochenende ich eigentlich gehabt hatte.

Meine Rechtfertigung, dieses Buch zu schreiben, war, dass ich das wenig glamouröse Leben eines Hinterbänklers im Peloton beschreiben wollte. Die Erlebnisse eines Unbekannten unter vielen Unbekannten, die die meiste Zeit ihres Profidaseins verstreichen lassen, ohne sich jemals einen Namen zu machen. Aber im Rückblick erkenne ich, dass ich als *Domestique* nicht wie alle anderen war. Ich hatte einen großen Vorteil. Ich war der Freund zweier der größten

Radsportler aller Zeiten. Ein Privileg, das mir erst jetzt ersichtlich wird, wenn ich an den August 1987 zurückdenke.

Martin und ich profitierten beide enorm von der Euphorie um Stephens Triumph, als wir Ende des Monats zu drei Innenstadt-Rennen nach Irland zurückkehrten. Bis an mein Lebensende werde ich mich an den ersten Abend in Dublin erinnern.

Es war nicht einfach. Ich hasse diese Art von Rennen – eine einstündige Raserei auf engen Rundkursen. Dieser Wettbewerbstyp war völlig ungewohnt für uns, die wir unser Brot auf dem Kontinent verdienten. Ich brachte einfach nicht die Geschwindigkeit mit, um bei solchen Rennen zu überzeugen. Keiner von uns war dazu in der Lage. Außer Sean. Aber weil das Rennen in Dublin stattfand und Stephen gerade die Tour gewonnen hatte, ging ich davon aus, dass die Gegenseite – allesamt Briten mit Ausnahme des Australiers Allan Peiper – nichts gegen eine Absprache hätte, Stephen den Sieg zu überlassen. Ich lag falsch. Vor dem Rennen war ein Treffen mit allen Fahrern. Sean sprach in unserem Namen und schlug ein Arrangement vor, damit Stephen gewann. Peiper und Paul Sherwen unterstützten das Anliegen. Paul war sieben Jahre lang Profi auf dem Kontinent gewesen, fuhr aber seine letzte Saison für Raleigh in England. Er versuchte seine Landsleute davon zu überzeugen, dass jeder von einem Roche-Sieg profitieren würde. Die Zuschauer würden applaudieren, und die Zukunft des Events wäre gesichert. Aber sein Appell stieß auf taube Ohren. Die englischen »Profis« argumentierten, dass diese City-Rennen ihr Metier wären. Sie wollten Geld als Gegenleistung für einen Sieg von Roche.

Ihre Einstellung widerte mich an. Ich verließ das Zimmer, bevor eine Lösung gefunden war. Ich habe die englischen Profis noch nie gemocht. Allesamt aufgeblasene Sauhunde, die dachten, dass allein der Besitz einer Profilizenz sie zu Profis machen würde. Ich verachtete sie wegen ihrer Engstirnigkeit. Sie taugten nicht einmal dazu, Roches Rennschuhe zu polieren. Und jetzt wollten sie ein Machtwort sprechen. Und das auch noch in Dublin. Armselig. Ich wartete, dass die drei anderen herauskamen. Die englischen Profis hatten zugestimmt, Stephen für 1.000 Pfund gewinnen zu lassen. Das Rennen war unglaublich schnell, und ich entsinne mich, dass ich so hart auf die Zähne beißen musste, dass mir einer abbrach, als ich aus der letzten Kurve auf die Zielgerade einbog. Stephen gewann das Rennen, und die meisten Leute zogen glücklich von dannen. Aber nicht alle machten sich vom Acker.

Nach dem Ende duschten wir in einem der herrschaftlichen Häuser direkt hinter der Ziellinie auf St. Stephens's Green. Es gab nach dem Rennen einen Empfang im Hotel Jury's. Aber ein Blick aus unserem Zimmer sagte uns, dass es ein ziemliches Problem würde, überhaupt dorthin zu gelangen. Hunderte von Menschen blockierten den Hauseingang und warteten, dass wir herunterkamen. Als wir auf die Straße traten, herrschte das reinste Chaos. Alle wollten Autogramme. Alle brüllten, schrien und tatschten uns an. Ich fühlte mich wie einer der *Fab Four*, wie einer der Beatles, die in den 60ern aus einem Konzert kamen. Wir brauchten Polizeischutz, um vom Haus zum Auto unseres Managers Frank Quinn zu gelangen. Blaulicht und Sirenen bahnten uns den Weg zum Hotel.

Das zweite Rennen fand am Abend darauf in Wexford statt. Wir verließen Dublin am Morgen und nutzten Teile des Weges, um zu trainieren. In zwölf Tagen waren bereits die Weltmeisterschaften. Wie schon in Dublin gab es vor dem Rennen wieder ein Treffen der Fahrer.

Wir aber waren nicht eingeladen. Die Engländer setzten sich zusammen, um die Beute unter sich aufzuteilen. Dass uns niemand ansprach, empfanden wir als Unverschämtheit. Stephen hatte gezahlt, um in Dublin zu gewinnen. Da wäre es nur recht, wenn wir auf eine ähnliche Weise für einen englischen Triumph in Wexford entschädigt würden. Aber völlig ignoriert zu werden, verstörte Kelly und Roche zutiefst. Wir entschieden uns, alles für einen irischen Sieg in die Waagschale zu werfen. Am Ende eines weiteren schnellen Rennens zog Stephen das Finish an der Strandpromenade von Wexford für Sean an, und Kelly rauschte zum Sieg. Es ist fraglich, ob ihm seine beiden Triumphe bei Paris-Roubaix ebenso viel Freude bereitet haben wie der Sprintsieg an diesem Abend. Er war höchst zufrieden, und wir anderen teilten seine Genugtuung. Nachdem wir im Hotel geduscht hatten, beschlossen wir, dass wir uns eine kleine Feier verdient hätten. Ein paar Gläser in irgendeiner ruhigen Bar schwebten uns vor. Aber es war schlichtweg unmöglich, aus dem Hotel zu kommen. Für Kelly und Roche gab es so etwas wie eine ruhige Bar nicht mehr. Überall, wo sie hinkamen, wurden sie sofort erkannt. Also blieben wir im Hotel. Wir bestellten frischen Obstsalat, Sandwiches, Tee, Kaffee und ein paar Drinks auf unsere Zimmer. Ich teilte das Zimmer mit Martin, Sean eines mit Stephen. Zum Gefolge gehörten noch Frank Quinn, dessen Assistentin Margaret Walsh, Kellys Schwager Gerard Grant und Stephens Schwager Peter. Die Hotelzimmer waren zu klein, um darin eine Party zu feiern, also bahrten wir die Tabletts mit Essen und Getränken draußen auf dem Gang auf und setzten uns auf den Teppichboden. Es wurde eine großartige Nacht. Wir plauderten, scherzten und schmiedeten Pläne für Cork.

Ich weiß nicht, ob die englischen Fahrer die Sache genauso sahen, wie wir. Aber für uns war aus dieser Renntrilogie längst ein Länderkampf zwischen Irland und England geworden – insbesondere jetzt, da wir mit zwei zu null führten. Wir waren in der Minderheit. Auf jeden von uns kamen zehn Engländer, aber das versüßte den Triumph nur umso mehr. Wir hatten gezeigt, dass zwei Asse jederzeit in der Lage sind, vierzig Luschen zu schlagen. Und wir betrachteten sie in der Tat als Luschen – mit Ausnahme von Sherwen und John Herety, die beide harte Lehrzeiten auf dem Kontinent absolviert hatten und folglich wussten, was wirklicher Profiradsport bedeutete. Sie hatten »in der ersten Liga gespielt«. Doch es war nie wirklich einfach, die Luschen auf diesen innerstädtischen Rundkursen zu schlagen. Weder Martin noch ich waren dazu im Stande. Stephen konnte nur mit einer Soloflucht gewinnen, aber in Cork würden sie ihn auf keinen Fall alleine ziehen lassen. Kelly war unsere einzige Hoffnung. All unsere Anstrengungen zielten darauf ab, ihm zu helfen.

Am nächsten Morgen fuhren wir Teile der Strecke ab und sprachen über den kommenden Wettkampf. Martin und ich sollten das Rennen so lange wie möglich kontrollieren, indem wir das Tempo hoch hielten und jedem Ausreißversuch nachsetzten. Stephen sollte sich für einen alleinigen Angriff auf den letzten Runden schonen. Und sollte dieser Versuch fehlschlagen, würde er sich darauf konzentrieren, den Zielsprint für Kelly anzuziehen. Die Taktik ging auf, bis zur letzten Runde. Stephen setzte sich an die Spitze und fuhr so hart er konnte mit Kelly an seinem Hinterrad. Sean ging in die letzte Kurve, und Roche folgte ihm. Kelly zog den Sprint an, und Roche unternahm keine Anstalten mitzugehen. Der Engländer Mark Walsham erkannte die Gefahr und versuchte, ihn zu überholen. Aber in seiner Eile fuhr er einfach in den Sieger der Tour de France. Es gab einen Massensturz, überall lagen Körper. Sekunden nach dem Aufprall kam ich um die Ecke und konnte es nicht fassen. Ich sah das Gelbe Trikot von Stephen inmitten zahlloser verkeilter Körper. Vorsichtig suchte ich mir einen Weg durch das stöhnende Menschenknäuel. Walsham und einige der anderen Sturzopfer drohten Stephen Gewalt an, beschuldigten ihn, dass er »die Tür zugemacht« und den Sturz absichtlich verursacht hätte. Walsham und Co vergaßen aber, dass sie in Irland waren und dass Stephen Roche hier heilig war. Wenn sie ihn nur berührt hätten, wären sie gelyncht worden. Im Getümmel des Sturzes blieb Kellys Sieg fast unbemerkt. Unbemerkt von allen außer Roche, um genau zu sein. Er tat so, als wollte er die Gemüter auf beiden Seiten wieder abkühlen. Doch er sagte: »Im Endeffekt, Leute, lautet das Endergebnis: Irland drei – England null. Das Spiel ist vorbei.« So etwas nennt man wohl Öl ins Feuer gießen!

Martin fuhr nach dem Rennen nach Dublin zurück und nahm von dort einen Flug nach Manchester. Er war dort in der Nähe zu Hause, in Stoke. Stephen, Sean und ich flogen am nächsten Morgen früh zurück auf den Kontinent. Wir verbrachten fünf Tage zusammen. Und diese fünf werden mir stets als die glücklichsten Tage meiner Profikarriere in Erinnerung bleiben. Zwölf Tage später trafen wir uns alle im österreichischen Villach zu den Weltmeisterschaften wieder.

In Villach kehrte der Ernst des Lebens zurück. Sean wollte seine katastrophale Saison unbedingt mit dem Gewinn des Regenbogentrikots beschließen. Es war das einzige Eintagesrennen, das sich ihm bisher immer entziehen konnte. Jetzt trainierte er besonders hart, um es zu gewinnen. Stephen ging das Ganze viel gelassener an. Wenn du gerade den Giro und die Tour de France gewonnen hast, erwartet niemand von dir eine weitere Höchstleistung bei den Weltmeisterschaften. Sein Leben hatte sich in eine ständige Abfolge von Werbeaufnahmen, Presseinterviews, Autogrammstunden und Händeschütteln verwandelt. Er war nach Villach gekommen, um wieder ernsthaft ins Renngeschehen einzusteigen und um Kelly ein wenig zu helfen. Wie unterschiedlich die Einstellung der beiden war, offenbarte sich am Tag vor dem Rennen im Hotel. Am Morgen trainierten wir auf dem Rundkurs. Weltmeisterschaften sind etwas Besonderes. Tausende von Fans aus ganz Europa, die gekommen waren, um ihren Favoriten beim alljährlichen Fest des Radsports zuzujubeln, sorgten für eine großartige Atmosphäre. Die Strecke war anspruchsvoll und die Passage nach dem Ziel schwerer als zunächst angekündigt. Ich mochte den Kurs. Ich wusste, dass ich hier eine Chance hatte, gut zu fahren. Ich war ziemlich stolz darauf, mit den anderen drei Jungs ein Team zu bilden. Sean und Stephen fuhren an der Spitze, flankiert von Martin und mir. Ich bemerkte sofort die Leichtigkeit, mit der Stephen in die Pedale trat. Auch Kelly sah es, aber keiner von uns dachte, dass Stephen die Form hatte, um auch noch Weltmeister zu werden. Nach dem Mittagessen folgte eine lange Diskussion über die Wahl der richtigen Ausrüstung. Die meiste Zeit des Nachmittags verbrachten wir dösend und lesend im Bett – außer Stephen, um genau zu sein. Einige Journalisten wollten Interviews von ihm. Er unterhielt sich den ganzen Nachmittag mit ihnen im Garten des Hotels. Und bei den Mahlzeiten hörte er plötzlich auf zu essen, um Telefonanrufe entgegenzunehmen und andere Anfragen zu beantworten. Er nahm das Rennen nicht im Geringsten ernst. Am Abend bemerkte ich allmählich die Nervosität in mir aufsteigen. Keiner der irischen Fans kam mehr ins Hotel. Es war die Nacht vor der Schlacht, und sie wussten, dass wir unseren Schlaf brauchten.

Die Aufteilung der Zimmer war dieselbe wie in Irland. Sean und Stephen, Martin und ich. Mit Martin zu übernachten, gefiel mir. Als Amateure waren wir oft Zimmergenossen gewesen, wenn wir für irische Teams unterwegs waren. Aber dann wuchs unsere Rivalität, und unser Verhältnis hatte sich oft schwierig gestaltet. Jetzt war es anders. Wir waren beide Profis, die Rivalität gehörte der Vergangenheit an. Ich hatte als Amateur die Nase leicht vorn gehabt, doch er war nun der bessere Berufsfahrer. Vor dem Zubettgehen war ich unglaublich nervös. Zwei meiner Brüder, Raphael und Kevin, waren aus Irland gekommen. Sie würden morgen am Rundkurs stehen, und ich wollte sie nicht enttäuschen, indem ich schlecht fuhr. Doch ich spürte auch eine positive Anspannung in mir. Zum letzten Mal hatte ich zwei Jahre nach meinem sechsten Platz bei der Amateur-WM in Italien an einer Weltmeisterschaft teilgenommen. Ich machte mir keine Illusionen mehr, jemals die Tour de France zu gewinnen. Aber insgeheim träumte ich weiterhin davon, eines Tages Weltmeister zu werden. Bevor ich ins Bett ging, putzte ich meine Rennschuhe. Normalerweise bin ich niemand, der seine Schuhe poliert. Aber das hier war die WM, und in meiner Aufregung wienerte ich sie, bis sie glänzten. Mein Enthusiasmus verwunderte Martin, der versuchte, seine Spannung für das Rennen erst morgen aufzubauen. Er bot mir eine Schlaftablette an. Ich nahm sie. Wir schliefen wie Steine.

Ich liebe den Klang des Regens, der gegen das Fenster prasselt, wenn ich gemütlich im Bett liege. Für eine Weile genoss ich das Geräusch. Meine Sinne waren immer noch vom Schlaf betäubt. Ich konnte überall und nirgends sein. In meinem Kinderbett in Dublin. Im Bett mit Ann in Grenoble. Alles, was ich wusste, war, dass ich im Bett lag und dass es draußen regnete und dass ich es mochte, im Bett zu liegen, wenn es draußen regnet. Aber langsam fand das, was ich hörte, eine aufnahmefähige Gehirnzelle. Ich begann, das plätschernde Geräusch sorgfältiger zu analysieren. Ich war nicht irgendwo: Ich war im Hotel Piber in Villach. Der Regen, der gerade ans

Fenster prasselte, würde sich bald seinen Weg in jede einzelne Pore meiner Haut bahnen, mich abkühlen und dafür sorgen, dass ich mich schlecht fühlte. »Oh, mein Gott, es ist der Morgen der Weltmeisterschaft... VERDAMMT NOCHMAL, ES REGNET... ICH HASSE REGEN.«

Wie viel Pech kann man haben? Im Vorfeld hatten wir drei Tage schönstes Sonnenwetter. Aber nun regnete es nicht nur einfach: Es schüttete aus Kübeln. Mein ganzer Enthusiasmus war dahin. Ich hasse Regen. Ich fahre niemals gut bei Regenwetter. Es könnte sein, dass ich während des Frühstücks nicht einen Ton herausgebracht habe.

In der ersten Hälfte des Rennens war ich in ernsthaften Schwierigkeiten. Ich hatte neue Laufräder bekommen. Die Felgen waren noch so glatt, dass die Bremsbeläge kaum griffen. Auf der Abfahrt zu bremsen, war ein ziemliches Problem. Für eine Weile fühlte ich mich äußerst unsicher auf meinem Rad. Die anderen drei fuhren an der Spitze des Feldes, schauten sich um, kontrollierten und warteten. Stephen ließ sich zu mir zurückfallen und ermunterte mich, mit an die Spitze zu fahren. Mein einziger Wunsch war es, das Rennen auf der Stelle aufzugeben. Doch ich konnte meine Brüder nicht so enttäuschen. Sie hatten ihr schwer verdientes Geld ausgegeben, um hierher zu kommen und mich zu sehen. Also versuchte ich, Stephen zu folgen. Die Leichtigkeit, mit der er sich seinen Weg durch das Feld bahnte, war atemberaubend. Sein unglaublich effizienter Stil. So graziös, so schön anzuschauen – wie eine langbeinige Frau, die eine Straße herunterstolziert. Es hatte den Anschein, als ob Rad und Körper eins wären. Nach endlosen drei Stunden hörte der Regen auf. Langsam fingen meine steifen Beinmuskeln an, sich wieder aufzuwärmen. Endlich verspürte ich den Drang, richtig Rennen zu fahren. Nach achtzehn Runden fühlte sich der Hügel hinter der Ziellinie an wie ein kleiner Gebirgspass. Das dezimierte Feld riss immer wieder auseinander, und merkwürdigerweise ertappte ich mich immer wieder dabei, Lücken zu schließen, statt sie zu aufreißen zu lassen. Sechzig Kilometer vor dem Ende ging eine vierköpfige Ausreißergrupppe mit zwei der

Favoriten, dem Holländer Teun van Vliet und dem amtierenden Weltmeister Moreno Argentin. Die Franzosen übernahmen die Verfolgung mit Unterstützung eines Viertels des irischen Teams, mit Martin Earley. Der Vorsprung schmolz. Ich fuhr recht weit vorne, wartete auf ein Anzeichen der Schwäche bei Martin. Als das Quartett wieder gestellt war, folgten die nächsten Attacken. Martin, von seiner Arbeit erschöpft, stieg aus – er hatte seinen Job erledigt. Ich fuhr an Kellys Seite und sagte ihm, dass ich sicherlich eine kurze Verfolgungsjagd bewerkstelligen könnte. Er nickte, und ich machte mich daran, jeden Ausreißversuch ohne grünes Trikot zu neutralisieren. Als die Glocke die letzte Runde einläutete, ging die entscheidende Fluchtgruppe. Es passierte während des Anstiegs, und ich war am Ende meiner Kräfte und litt füchterlich. Ich sah den herrlichen Anblick zweier grüner Trikots, die das Loch zu den Spitzenreitern schlossen. Wer jetzt nicht vorne dabei war, für den war das Rennen gelaufen. Ich lauschte den Lautsprechern und versuchte zu verstehen, was an der Spitze passierte. Ich betete, Kelly möge gewinnen. Unsere Jungs waren zu zweit mit dabei. Die Chance war groß. Für Stephen hieß die Taktik, das Feld bis zur Zielgerade zusammenzuhalten, damit Sean seine Sprintqualitäten ausspielen konnte. Ich spitzte meine Ohren, als wir auf die Zielgerade einbogen. Aus den Lautsprecherboxen ertönte der Name des Siegers: »Steven Rooks, *Champion du Monde*.«

Die Zuschauermassen veranstalteten einen riesigen Lärm. »Hat er Roche gesagt oder Rooks?« Ich war mir nicht sicher. Rooks, der Holländer, war auch in der Fluchtgruppe dabei. »Ich glaube, dass er Rooks gesagt hat.« Ich machte mir nicht mehr die Mühe, zu sprinten. Sekunden nachdem ich die Ziellinie überquert hatte, erfuhr ich die Wahrheit. Ich traf auf den irischen Journalisten John Brennan, der losgeeilt war, um ein paar Sätze des neuen Weltmeisters einzufangen.

»Er hat es geschafft. Der Bastard hat es geschafft.«

»Wer?«

»Roche.«

»Nein. Du machst Witze.«

Machte er nicht.

Ich bahnte mir einen Weg durch die Massen zu unserem Fahrerlager. Stephen wurde zur Medaillenzeremonie entführt. Aber unsere Zone quoll über vor Menschen. Kelly erzählte den Journalisten seine Geschichte, Martin wurde von fast jedem irischen Anhänger, der am Rundkurs gestanden hatte, auf die Schulter geklopft. Überall gab es Szenen großer Freude. Auch ich klopfte ihm auf die Schulter, umarmte dann Kelly und gratulierte ihm zu seiner hervorragenden Leistung. Ich wünschte wirklich, dass er auf dem Podium stehen würde. Aber ich nehme an, dass dies der einzige Titel ist, den er niemals gewinnen soll. Wir zogen uns warme Kleidung über und radelten zurück zum Hotel, wo unter der Dusche einiges an handfestem Schrubben erforderlich war, um die Beine vom Dreck der sieben Stunden im Rennsattel zu befreien. Es dauerte mehr als eine Stunde, bis Roche auftauchte. Er sah glänzend aus in seinem neuen Regenbogentrikot, hatte aber noch nicht begriffen, was er erreicht hatte. Er hatte etwas geschafft, das nur ein anderer Mensch auf der ganzen Welt vor ihm gemeistert hatte. Er hatte in einem Jahr den Giro, die Tour und die Straßenweltmeisterschaft gewonnen. Er hatte mit Eddy Merckx gleichgezogen.

Die Feier dauerte bis zum nächsten Morgen. Die meisten der Fans kamen rüber zum Hotel. Es war eine große Nacht für alle Iren. Ich war stolz, ein Teil des Erfolgs zu sein. Von dieser Weltmeisterschaft würde ich meinen Kindern und Enkeln erzählen können. Ich sehe mich schon in vierzig Jahren im Schaukelstuhl vor dem Kamin sitzen, einen Enkelsohn auf meinen Knien.

»Erzähl mir von dem Tag, an dem du Stephen Roche geholfen hast, Weltmeister zu werden, Granda'.«

Und ich werde es erzählen und zweifelos werde ich maßlos übertreiben, welchen Beitrag ich zum diesem Erfolg geleistet habe.

»Und wo bist du gelandet, Granda'?«

»Nun, Sohn, ich war nach meiner Arbeit so erschöpft, dass ich nur als Vierundvierzigster ins Ziel kam.«

Meine gute Leistung bei den Weltmeisterschaften gab mir großes Selbstvertrauen für die Rennen zum Saisonende. Besonders gut wollte ich im Oktober bei der Nissan Classic in Irland abschneiden. Thévenet zeigte sich zuvorkommend. Er erlaubte mir als Gegenleistung für mein gutes Jahr, vier Fahrer auszusuchen, die mich begleiten sollten. Ich wählte die vier, denen ich am nächsten stand: André Chappuis, Jean-Claude Colotti, Thierry Claveyrolat und Per Pedersen.

Ich ging als Kapitän in das Rennen. Das einzige Mal in meinem Leben trug ich diese Verantwortung. Auf der zweiten Etappe fragte ich Thierry und Jean-Claude, ob sie den Anstieg zum Vee so hart wie möglich fahren könnten, um das Feld auseinander zu reißen. Ich fuhr in ihrem Windschatten, und sie legten eine Geschwindigkeit vor, die das Peloton in Fetzen riss. Dies war eine neue Form von Druck, mit der ich bisher noch keine Erfahrung gemacht hatte. Meine normale Rolle bestand darin, das zu tun, was sie jetzt für mich taten – die Drecksarbeit. Aber sie fuhren so entfesselt, dass ich schon Zweifel bekam, ob ich später die Beine haben würde, ihre Arbeit erfolgreich fortzuführen. Wenn ich selbst einbrach, würde der Spott des gesamten Feldes über mich hereinbrechen. Kurz nach der Spitzkehre attackierte Joel Pelier, und mir gelang es mitzuspringen. Elf andere schlossen auf, dahinter senkte sich der Vorhang. Bald hatten wir einen Vorsprung von mehr als zehn Minuten. Ich hatte die entscheidende Fluchtgruppe des fünftägigen Rennens lanciert. Ich wollte so sehr, dass wir durchkamen, dass ich unterwegs zu viel Arbeit verrichtete. Als wir uns dem Etappenziel am St. Patrick's Hill in Cork näherten, hatte ich nicht mehr die Kraft und landete nicht allzu weit vorne. Am folgenden Tag ging es über einen schweren Parcours entlang des Ring of Kerry nach Tralee. Ich fuhr abermals stark und verbesserte mich auf den siebten Platz der Gesamtwertung. Die Etappe gewann Sean Yates nach einer Solofahrt, die zu den besten gehörte, die ich jemals während meiner Profikarriere miterlebt hatte. Am vierten Tag stand ein Zeitfahren auf dem Programm. Dede und Clavet waren nicht mehr dabei. Sie mussten aufgeben, nachdem sie auf der zweiten Etappe nach dem Vee den Anschluss verloren hatten. Sie verbrachten den Rest der Woche damit, Aran-Pullover zu kaufen und Guinness zu trinken. Uns blieben nur noch drei Leute für das

Zeitfahren. Ich büßte eine Position ein und behielt diesen achten Platz bis zum Finale der Rundfahrt auf der O'Connell Street in Dublin. Ich war mit meiner Leistung sehr zufrieden, da die Organisatoren ein hochklassiges Feld zusammengestellt hatten. Sean gewann, Stephen wurde Zweiter, Martin Sechster und ich Achter – eine weitere gute Woche für die *Fab Four*.

Die Hochzeit sollte der schönste Tag im Leben eines Paares sein. Ich genoss meine aber erst nach der Zeremonie in der Kirche. Ich war so nervös, dass ich das »*For richer, for poorer, in sickness and in health*« ein bisschen vermasselte – immerhin hatte ich die Lacher auf meiner Seite. Wir heirateten am 23. Oktober in Anns Pfarrkirche in Balscadden im North County Dublin. Die meisten Radsportler heiraten im Oktober. Es ist der Monat, in dem die Saison zu Ende geht. Endlich ist Zeit, um mal einen zu trinken, auszugehen, sich zu erholen und, nun, eben um zu heiraten. Seit fünf Jahren war ich mit Ann zusammen, ich war mittlerweile fünfundzwanzig, sie zweiundzwanzig. Also hielten wir beide uns für »reif« genug. Ich lud die anderen »Beatles« zur Hochzeit ein. Sean war leider verhindert und konnte nicht kommen, aber Martin und Stephen waren beide anwesend. Von RMO fragte ich die vier, mit denen ich die Nissan Classic gefahren war, aber Dede war der Einzige, der kam. Stephens Anwesenheit war eine große Überraschung für mich. Er hatte aus dem ganzen Land zahllose Anfragen für diverse Veranstaltungen und Werbeaktionen. Ich war nicht davon ausgegangen, dass er die Zeit finden würde. Während unserer Hochzeitsmesse machte es die Runde, dass Stephen Roche in der Kirche von Balscadden war. Dorfkinder und Hausfrauen aus der Gegend liefen auf uns zu, als die Zeremonie vorbei war. Alle wollten ein Autogramm von Stephen. Der war etwas besorgt, dass seine Popularität davon ablenken könnte, dass es eigentlich »unser Tag« sein sollte. Aber ganz im Gegenteil: Seine Gegenwart schaffte eine Karnevalsatmosphäre, die alles noch schöner machte.

Unsere Flitterwochen verlebten wir in Connemara und Clare. Zwei Wochen später kehrte ich dann nach Frankreich zurück, um den Winter in unserer Wohnung in Vizille zu verbringen. 1987 war ein sehr zufrieden stellendes Jahr. Ich war sicher, dass ich mich weiter verbessern konnte. Ich lag falsch: Es war schon der Höhepunkt meiner Karriere.

17 Elf-Uhr-Kaffee

Das Dorf Vizille liegt zwölf Kilometer außerhalb von Grenoble an der Straße nach Gap. Es ist ein typisch ländliches französisches Dorf, darf sich aber immerhin der Tatsache rühmen, dass von hier aus vor zweihundert Jahren die Französische Revolution ihren Anfang nahm. Ein prächtiges Château, eine frühere Residenz französischer Präsidenten, dominiert den Dorfplatz, auf dem sich das Leben abspielt und alle wichtigen Straßen zusammentreffen. Das Café de la Gare liegt ideal, fünfzig Meter gegenüber dem Schloss und dessen prunkvollem Park. Es ist ein typisches französisches Café. Von sieben bis acht Uhr morgens wird in der Regel pechschwarzer Kaffee serviert, dazu Croissants. Kurz vor zwölf gibt es dann einen Ansturm auf *Pastis*, den anishaltigen Aperitif der französischen Arbeiterklasse. Von ein bis zwei Uhr ist wieder Kaffeezeit. Die Nachmittage sind ruhig, bis es dann kurz vor sieben einen erneuten Ansturm auf *Pastis* gibt.

1988 konnte ich die Strukturen von Vizille ziemlich gut studieren. Von der Terrasse des Cafés hatte man einen großartigen Ausblick. Ich studierte das Dorf, seine Einwohner und sein Château bei Schnee und Regen, bei grauem und blauem Himmel. Ich sah, wie sich grüne Blätter allmählich verfärbten – alles von der Terrasse aus. Auf meinem Stuhl saß ich vor einer Reihe leerer Kaffeetassen und beobachtete das Treiben. Die alten Männer, die im Schatten der sechzehn Platanen *Boules* spielten. Die Faulenzer des Dorfes, die ihre Runde von Café zu Café drehten und Getränke schnorrten. Den aufgeregten Lärm des Verkehrs, der den Dorfplatz verstopfte. Zu jeder Tageszeit und an jedem Tag des Jahres konntest du sicher sein, dass dort etwas passierte. Und das war der Grund, warum ich mich so oft auf den

Weg machte. Es war eine Flucht. Ich fand immense Ruhe darin, einen Kaffee zu trinken und mich mit ihm auf die Terrasse zu setzen. Ich beobachtete, analysierte, dachte nach und suchte unweigerlich nach einem Ausweg. Nach einem Job. Ich verbrachte in diesem Jahr mehr Zeit auf der Terrasse des Café de la Gare als im Rennsattel. Es war ein schlechtes Jahr.

Ende 1987 sah alles noch so rosig aus – zu rosig. Im November und Dezember ließ ich es schleifen. Ich hatte das Gefühl, nach einer verdammt harten Saison auch eine verdammt gute Pause zu benötigen. Das gelang mir, aber ich ließ mich alsbald gehen. Wenn ich eigentlich in Schweiß gebadet in einem Kraftraum hätte sitzen sollen, tourte ich durch Weinkeller rund um Avignon. Wein war meine Leidenschaft geworden: Wein zu riechen, Wein zu schmecken, Wein zu kaufen und insbesondere Wein zu trinken. Im Team genoss ich mittlerweile den Ruf, ein Gourmet zu sein: Ich galt als Liebhaber guten Essens und guten Weins. Trinken und Luxus waren mein Pläsier. Ich beeindruckte durch mein Fachwissen über *Grand Crus*, und es wurde meine neue Leidenschaft, andere zu beeindrucken. Ich gebärdete mich wie ein stolzierender Gockel. Aber ich freundete mich auch eng mit Colotti an. Er empfahl mir, hart zu trainieren und auf mein Gewicht zu achten. Ich empfahl ihm Weine für seinen Keller. Ich fuhr ein paar dieser suspekten Querfeldeinrennen und joggte ein bisschen. Aber es war einfach nicht genug.

Die Saison begann kurz vor Weihnachten mit einem Trainingslager und einer Kennenlernwoche. Bernard Vallet gab seinen Einstand als neuer sportlicher Leiter des Teams. Thévenet war rücksichtslos abserviert worden. Erst hatten sie ihm den Job eines Teammanagers angeboten. In dieser Funktion hätte er sich um die Administration der Mannschaft kümmern müssen. Der Teammanager koordiniert die Anfahrt zu Rennen, verhandelt mit den Organisatoren um Antrittsgelder und kümmert sich um die Öffentlichkeitsarbeit. Es ist ein recht behaglicher Posten. Und auch wenn Thévenet eigentlich lieber Sportdirektor geblieben wäre, hatte auch der Job als Teammanager seine gewissen Reize. Er willigte ein, und die französische Presse wurde über Vallets Beförderung zum *Directeur Sportif* informiert. Als sich die Wogen nach sechs Wochen geglättet hatten, setzte *Monsieur* Braillon einen überrumpelten Thévenet darüber in Kenntnis, dass er es sich noch einmal überlegt hatte: Seine Dienste seien nicht mehr länger gefragt. Thévenet klagte gegen die seiner Meinung nach ungerechtfertigte Entlassung. Das zuständige Gericht urteilte in seinem Sinne. Braillon war gezwungen, ihm ein ausstehendes Jahresgehalt zu zahlen. Ungefähr 30.000 Pfund.

Das Trainingslager fand in Autrans statt, einem für Skilanglauf bekannten Wintersportort in den Bergen von Vercors. Es war eine kurzweilige Zeit, auch wenn kein Schnee lag. Der Kern der Mannschaft blieb der gleiche. Es gab nur fünf Fahrerwechsel: Bincoletto, Lavenu, Grewal, Peillon und Huger wurden durch Frank Pineau, Eric Salomon, Hartmut Bölts, Alex Pedersen und Patrick Valler ersetzt. Wir spielten Hallenfußball, besuchten das örtliche Schwimmbad, machten Waldläufe und fuhren etwas mit dem Mountainbike. Zwischen den sportlichen Übungen wurden wir fotografiert, vermessen und ärztlich untersucht. Abends hielt unser neuer Chef seine Mannschaftsbesprechungen ab. Vallet schwang einige wahrlich große Reden.

Er wäre zuversichlich, dass der Mannschaft eine große Saison bevorstünde. Er würde beabsichtigen, die Mannschaft wie ein Kapitän zu führen. Wir alle würden im selben Boot sitzen. Unser Erfolg hinge davon ab, ob wir alle gemeinsam ruderten. Hätte er den Text von »*The Soldier's Song*« gekannt, wären wir vermutlich Zeuge seiner Sangeskunst geworden.

Aber es funktionierte. Ich glaubte ihm. Als wir Autrans wieder verließen, waren wir allesamt überzeugt, dass wir einen hervorragenden *Directeur Sportif* hatten und alles in bester Ordnung war. Schon einen Tag später hatte sich unsere Meinung wieder geändert.

Im Rückblick fühle ich mich an einen dieser blutrünstigen »Freitag, der 13.«-Streifen erinnert. Es war eine dieser »Gerade wenn du dich wieder sicher fühlst...«-Nummern. In unserem Fall hatte das Ungeheuer die Fratze eines Zeitungsartikels.

L'Équipe, die tägliche französische Sportzeitung, hatte einen Journalisten nach Autrans geschickt, um über das Trainingslager zu berichten. Dieser Guy Roger produzierte ein halbseitiges Interview mit Vallet, das einen Tag nach unserer Rückkehr veröffentlicht wurde. Es wäre reines Understatement zu sagen, dass mich der Artikel schockierte. Es war ein simples Frage-und-Antwort-Spiel, das keinen Raum für Missverständnisse ließ. Vallet wurde zur *Faiblesse*, zur Schwäche seines neuen Teams befragt. Er antwortete: »Ich will ganz offen sein. Die Hälfte der 18 Fahrer in unserem Team wurde verpflichtet, bevor ich das Sagen hatte [d.h. von Thévenet]. Ich selbst hätte anders entschieden. Ich glaube sogar, dass keiner der acht bei irgendeiner anderen französischen Mannschaft die Chance auf einen Vertrag hätte.«

Ich erinnere mich, wie ich das Interview beim Frühstück las. Ich ließ meine Schüssel mit Haferschleim stehen und begann die Sache durchzurechnen. Ich gehörte zu denen, die noch unter Thévenet verpflichtet worden waren. Bezog er sich etwa auf mich? Das konnte nicht sein.

Er kritisierte nicht alle. Für zwei Neoprofis, die er verpflichtet hatte, war er voll des Lobes: »Ich bin froh, dass wir Hartmut Bölts und Alex Pedersen verpflichten konnten, die bei der letzten Amateurweltmeisterschaft Zweiter und Dritter geworden sind. Diese beiden gehen die Sache richtig an. Ich habe sie noch nicht fahren sehen, aber ihre Mentalität und ihr Verhalten ist das echter Profis. Sie werden den anderen helfen, den Arsch hochzukriegen.«

Ich war davon ausgegangen, dass Vallet uns irgendwann im Laufe der Saison einmal heftig kritisieren würde. Aber doch nicht, bevor wir auch nur einen Rennkilometer zurückgelegt hatten. Ich griff zum Telefon, rief bei der Mannschaftszentrale an und verlangte eine Erklärung. Vallet war nicht da, nur sein Assistent Jacques Michaud. Ja, auch er hätte die *L'Équipe* gelesen. Nein, es gäbe keinen Grund, sich Sorgen zu machen. Alles Lügen. Ein Brief von Vallet wäre bereits in der Post. Ich sollte nichts zu der Sache sagen, bis ich auch diesen gelesen hatte.

Und tatsächlich, am nächsten Tag kam der Brief. Vallet riet uns, bloß nicht auf die Lügen zu hören, die Guy Roger geschrieben hätte. Dessen einziges Interesse wäre es doch, Unruhe ins Team zu bringen.

Ich glaubte ihm nicht. Es lag außerhalb meiner Vorstellungskraft, was Guy Roger davon haben sollte, das RMO-Schiff zu torpedieren. Ich war davon überzeugt, dass Vallet alles haargenau so gesagt hatte, wie es geschrieben stand. Natürlich nicht unbedingt mit Vorsatz. Vielleicht hatte er sich einfach von den eigenen Worten mitreißen lassen.

Alles, was für viele französische Profis zählt, ist, dass ihr Name in der *L'Équipe* steht. Vallet war nun in der Position, der Zeitung halbseitige Interviews zu geben. Es schien mir, dass er es richtig genoss. Er liebte die Macht. Er liebte es, im Zentrum der Aufmerksamkeit zu stehen. Ich hatte den Eindruck, dass er in seinem ersten Interview als sportlicher Leiter unbedingt als »*Monsieur* Gnadenlos« rüberkommen wollte. Und tatsächlich hinterließ er bleibenden Eindruck.

Zwei Tage, bevor ich begann, dieses Kapitel zu schreiben, traf ich Guy Roger beim Sechstagerennen von Grenoble. Ich hatte mich immer gefragt, was bei besagtem Interview wohl wirklich gesprochen worden war. Also fragte ich ihn, ob er Vallets Aussagen verändert hatte. Roger schwor beim Leben seiner Kinder, dass er alles Wort für Wort wiedergegeben hatte. Als die Zweijahresverträge von Bölts und Pedersen ausliefen, feuerte Vallet seine beiden Hoffnungsträger.

Ich habe Verständnis dafür, dass der Job eines sportlichen Leiters schwierig ist. Ich weiß, dass zum Wohle des Teams mitunter harte Entscheidungen erforderlich sind. Ich mache gewiss nicht Bernard Vallet dafür verantwortlich, dass ich in der Saison 1988 bei RMO gescheitert bin. Als hervorragender Organisator verfügte er auch über ein tief greifendes Verständnis des Profiradsports und die Gabe, motivieren zu können. Er machte den Job gewiss besser als Thévenet. Aber der hatte eine Qualität, die all seine organisatorischen Fehler mehr als wett machte: seine Aufrichtigkeit. Ich glaube, Vallet wusste nicht einmal, was dieses Wort bedeutet. In meinen Augen heuchelte er, wo er nur konnte.

Ich war darauf vorbereitet, dass der Start in die Saison 1988 richtig hart werden würde. Ich wusste, dass ich Probleme bekäme. Aber ich sorgte mich noch nicht allzu sehr. Auch 1986 und 1987 fand ich nur schwer Tritt, um dann genau im richtigen Moment die Form zu finden, die mir eine Teilnahme an der Tour sicherte. Ich ging davon aus, 1988 würde es genauso laufen: Nach zwei Monaten würde die Form schon kommen.

Februar, März und April waren schlichtweg desaströse Monate. Nichts lief bei mir zusammen. Es war mir sogar unmöglich, überhaupt ein Rennen zu Ende zu fahren. Immer wieder aufs Neue gab ich frühzeitig auf. Im Mai, beim Großen Preis von Wallonien, begann ich, mich zusammenzureißen. Ich fühlte, wie sich langsam so etwas wie Form aufbaute. Ich hatte hart für diesen Moment gearbeitet. Jetzt erfüllte er mich mit Freude, die nur durch eine Tatsache getrübt wurde: durch einen furchtbaren Juckreiz am Arsch. Ich wusste nicht, was es war, traute mich aber auch nicht, der Sache auf den Grund zu gehen. Es war mir ein bisschen peinlich. Am Tag nach dem Rennen in Wallonien bereiteten wir uns auf eine Drei-Etappen-Rundfahrt nördlich von Paris vor, die Tour de l'Oise. Das Rennen begann mit einer kurzen Etappe über 80 Kilometer, aber ich war total fertig und litt an Magenproblemen. 30 Kilometer vor dem Ziel wurde ich abgehängt und verlor neun Minuten. Dieser erneute Rückschlag zermürbte mich. Was war geschehen? Gestern in Wallonien war ich doch noch so stark gefahren? Ich teilte mir das Hotelzimmer mit Frank Pineau. Um neun musste ich scheißen und hinterließ einen grausigen Gestank. Frank beschwerte sich, dass er nie in seinem Leben so etwas Furchtbares hätte riechen müssen. Er wäre sich sicher, dass irgendetwas mit meinen Innereien nicht stimmen würde. Das brachte mich zum Nachdenken. Der anale Juckreiz machte mich wahnsinnig und hatte sich mittlerweile zu einem Ausschlag entwickelt. Vielleicht stimmte ja tatsächlich irgendetwas nicht.

Am nächsten Morgen ging ich noch an den Start. Doch ein kontinuierlicher Magenkrampf und absolute Kraftlosigkeit überzeugten mich schnell, das Rennen aufzugeben. Abends flog ich nach Grenoble zurück, um dann am Montagmorgen einen Arzt zu konsultieren. Der Doktor schaute sich meinen Hintern an und bat mich, die Zunge herauszustrecken.

»*Champignons.*«

»Was ist das?«

»Ein Pilz, der sich im Verdauungstrakt bildet. Er ist einmal durch dich hindurch gewandert, von der Zunge bis zum Hinterteil.«

Er befahl mir, so lange nicht mehr in den Sattel zu steigen, bis der Ausschlag verschwunden war, und empfahl mir eine Rennpause von zehn Tagen. Es war fast befreiend, zu hören, dass etwas nicht stimmte. Zuvor hatte ich gegrübelt, warum meine Leistungen so schwach waren. Jetzt hatte ich endlich einen Grund. Eine Ausrede. Auch wenn meine Formschwäche nicht allein an der Pilzinfektion lag, hatte ich keine Schwierigkeiten, mir genau das einzureden. Der Kaffeeabsatz im Café de la Gare schnellte eine Woche lang in die Höhe.

Mein nächstes Rennen bestritt ich bei der Tour l'Armorique. Ich wurde zwar weiterhin behandelt, fühlte mich aber wie neu geboren, wenn auch körperlich noch nicht ganz auf der Höhe. Zu diesem Zeitpunkt war noch ein Platz im Team für die Dauphiné Libéré frei, und es gab zwei Kandidaten: mich und Eric Salomon. Ich wollte die Dauphiné unbedingt fahren. Doch die Pilze hatten mich in der Vorbereitung zurückgeworfen. In der Armorique verriet ich nur wenig Klasse. Vallet bot Salomon den Platz im Team an.

Ich war enttäuscht, aber keineswegs überrascht. Am Tag nach der Armorique bestritten wir in der Bretagne den Grand Prix von Plumelec. Dieses Eintagesrennen gehört zu einer Serie französischer Klassiker, bei denen es nie irgendwelche Kontrollen gibt. Unter den Profis kursieren diese Rennen unter der Bezeichnung *Chaudières*. *Chaud* heißt warm, das Wort *Chaudière* wird für Leute benutzt, die aufheizen, sich warm machen, sich aufladen. Mauleon-Moulin, Châteroux-Limoges, Plumelec, Plouay, Cannes – all diese Rennen waren *Grand Prix des Chaudières*. Bei den Mannschaftsbesprechungen am Vorabend dieser Rennen hörtest du immer dieselben Worte von deinem *Directeur Sportif*: »Also Jungs, ich möchte nicht beschwören, dass es keine Kontrollen gibt. Aber es ist halt Plumelec.«

Die Reaktion war stets spontanes Gelächter.

»Wir sind alle Profis. Es ist an jedem einzelnen, sich auch genauso zu verhalten. Wenn es eine überraschende Kontrolle gibt und irgendwer wird erwischt, werde ich mein Bestes tun, um mich vor ihn zu stellen. Zumindest, was den Sponsor betrifft.«

Ich schreckte immer davor zurück, mich für eines dieser *Chaudières* zu präparieren. Also ging ich stets mit einem Minderwertigkeitskomplex ins Rennen. Weil ich nichts nahm, fühlte ich mich unterlegen. Nie machte ich auch nur den Versuch, zu gewinnen. Das war eines meiner ehernen Prinzipien: Nie würde ich mich über einen Sieg freuen können, bei dem ich zu unerlaubten Mitteln gegriffen hatte. Heute muss ich einräumen, dass vor allem psychologische Faktoren eine Rolle spielten. In meinem ersten Jahr war ich absolut grün hinter den Ohren, als ich beim Grand Prix von Plumelec an den Start ging. Ich hatte das Gefühl, nach denselben Regeln zu fahren wie alle anderen. Ich fuhr unbekümmert und wurde Achter. Doch drei Jahre später war ich ein Mann von Welt. Ich wusste, was lief, hatte aber nicht die mentale Stärke, um dennoch den Versuch zu unternehmen, etwas zu reißen.

Plumelec geht über fünfeinhalb Stunden. Es war ein garstiger Tag, regnerisch und trist. Noch müde von der Armorique lief es bei mir überhaupt nicht. Nach der Hälfte des Rennens zog sich das Feld auf einer kleinen Nebenstraße des Rundkurses in die Länge. Ich fuhr an vorletzter Stelle, hinter mir nur noch Dede. Ich wusste, dass er Probleme hatte. Also drehte ich mich um. Ich wollte sehen, wie es ihm erging. Sein Körper und Gesicht waren klitschnass und dreckig von dem Spritzwasser der Hinterräder. Er hatte irgendetwas zwischen seinen Zähnen. Eine Nadel. Als er die Plastikkappe abbiss, war mir im Nu klar, was als Nächstes folgte. Ich ließ mich hinter ihn zurückfallen und schob ihn, während er sich eine weiße Flüssigkeit injizierte – vermutlich Amphetamine. Ich wollte ihm helfen, die Angelegenheit so schnell wie möglich hinter sich zu bringen, ohne dass ihn jemand sah.

Es drehte mir den Magen um, ihn so dreckig, leidend und mit einer Nadel zwischen den Zähnen zu sehen. Ich hatte den Wunsch, sofort anzuhalten und mein Rad an Ort und Stelle stehen zu lassen. Tatsächlich gab ich das Rennen auf, fuhr aber direkt zu den Duschen. Ich war entsetzt. Nicht über Dede. Er spielte einfach nur nach ihren Regeln. Er war einfach nur ein weiteres Opfer. Nein, ich machte das System verantwortlich. Die Organisatoren, die sportlichen Leiter, die Sponsoren, all jene, die die Fäden in der Hand hielten und die Augen verschlossen. Wenn Dedes Karriere vorbei war, würde ihn dieses System einfach ausspucken – als Ex-Profi ohne einen Penny in der Tasche. Der Vorfall bestärkte mich nur in meiner Überzeugung, mich nie auf Doping in welcher Form auch immer einzulassen. Ich würde so lang und schnell fahren, wie es meine Kräfte erlaubten. Aber wenn das nicht reichte, hatte ich halt Pech gehabt. Hätte mir an diesem Sonntag in Plumelec irgendjemand einen halbwegs vernünftigen Job angeboten, ich hätte auf der Stelle zugesagt. Doch ich musste es weiter versuchen. Es gab Rechnungen, die zu begleichen waren. Es gab Verantwortung, der ich mich stellen musste. Und es glimmte ein Funken Hoffnung, vielleicht doch noch für die Tour nominiert zu werden.

Ich glaubte bis zur letzten Minute an meine Chance, es ins Tour-Team zu schaffen. Es war beinahe Besessenheit. Immer wieder nahm ich unser Mannschaftsposter heraus und kreuzte die Köpfe jener Fahrer an, die es meiner Meinung nach schon versiebt hatten. Die Köpfe der Kollegen, die noch Chancen hatten, bekamen ein Fragezeichen. Zwei Wochen vor dem Tourstart waren acht Häkchen auf dem Poster. Ich gehörte zu den drei Fragezeichen, die sich um den letzten Platz balgten. Die anderen beiden waren Frank Pineau und Hartmut Bölts.

Midi Libre war die letzte Chance, mich zu beweisen. Eine Woche lang rackerte ich wie ein Sklave für die anderen. Am Schlusstag wurde ich Dritter – auf einer Bergetappe. Ich war mir sicher, genug gezeigt zu haben. Die Entscheidung lag nun bei Vallet. Er sagte, er würde sich im Anschluss an die nationalen Meisterschaften entscheiden. Eine Woche vor der Tour. Alle europäischen Länder lassen ihre Profimeisterschaften am selben Tag stattfinden. Irland ist eine Ausnahme: Wir haben nur eine Hand voll Profis, also auch keine Profimeisterschaft. Ich verbrachte den Tag zu Hause und hoffte, dass weder Pineau noch Bölts irgendetwas reißen würden. Pineau schaffte es nicht. Doch Bölts wurde Deutscher Meister. Am Montag fuhr ich zur Besprechung mit Vallet, um mir seine Entscheidung anzuhören. Ich weiß nicht, warum ich noch so unruhig war. In der morgendlichen *L'Équipe* hatte Vallet die Qualitäten des neuen Deutschen Meisters überschwänglich gefeiert. Ich hätte zwischen den Zeilen deutlich lesen können, dass ich es nicht geschafft hatte. Aber ich wollte, dass wenigstens das Warten ein Ende hatte. Ich wollte die Entscheidung hören. Und ich bekam sie zu hören.

Ich hatte einen Monat Urlaub. Urlaub im Café de la Gare.

Vallet sagte mir, ich sollte eine kurze Pause einlegen und dann die Grundlagen für ein gutes Saisonfinale schaffen. Ich war am Boden zerstört. Auf dem Rückweg nach Vizille fing ich an zu weinen. Es überraschte mich selbst, wie tief meine Enttäuschung saß. Ich rief zu Hause in Irland an, um meinen Eltern die traurige Nachricht zu überbringen. Ich telefonierte auch mit David Walsh von der *Sunday Tribune*. Wir hatten geplant, gemeinsam ein Buch über die Tour zu schreiben: ein Tagebuch des dreiwöchigen Rennens, das seine Leser mit in den Rennsattel nahm. Jetzt war das Projekt gestorben. David fragte mich, ob ich stattdessen an den vier Toursonntagen kurze Kolumnen für die *Tribune* schreiben wollte. Ich hatte seit zwei Jahren hin und wieder etwas für den *Irish Cycling Review* zu Papier gebracht, aber noch nie etwas für eine echte Tageszeitung geschrieben. David ging also ein gewisses Risiko ein, indem er mich als Autor verpflichtete. Er wies mich an, mich kurz zu halten. Rund 500 Wörter pro Kolumne. Wenn ich Müll produzierte, wären es nur 500 Wörter Müll, und niemand würde allzu viel Aufhebens davon machen. Trotzdem empfand ich die Aufgabe als ziemlich große Verantwortung, und an dem Morgen, an dem ich den ersten Text schrieb, bereute ich auch schon, der Sache zugestimmt zu haben. Ich war unerträglich. Ich sagte Ann, sie sollte aus dem Haus gehen. Der geringste Lärm machte mich wahnsinnig. Aber als der Artikel endlich fertig war, hatte ich erst die Hälfte des Kampfes überstanden. Jetzt musste ich den Text auch noch telefonisch Wort für Wort in die Redaktion durchgeben. Evelyn Bracken saß am anderen Ende der Leitung und war äußert geduldig und verständnisvoll. Trotzdem hasste ich es. Ich wartete nur darauf, dass sie irgendwann sagen würde: »Jetzt halt mal für 'ne Minute die Luft an, mein Sohn. Das ist totaler Schrott.« Aber sie tat es nicht, und meine Tour-Kolumnen stießen durchaus auf gute Resonanz. In der ersten ging es um die Erfahrung, nicht für die Tour nominiert zu werden. In der zweiten Woche schrieb ich über meine Hoffnung, dass Kelly stark fahren würde. Sieben Tage später folgte dann ein Text, den die *Sunday Tribune* unter dem Titel »Ein Ausflug nach Alpe d'Huez« brachte:

Alpe d'Huez. Dreizehn Kilometer Kräfte verzehrender Anstieg. 21 Haarnadelkurven, in denen es auf fast 2.000 Höhenmeter hinaufgeht. Das »Blaue Band« der Tour, ein Monument ihrer glorreichen Geschichte.

Ich fuhr durch das Tal der Romanche, das besser als Tal des Todes bekannt ist, und war erfüllt von Reue. An diesem Morgen würde ich zu einem berühmten Schlachtfeld kommen, doch nicht als Fahrer, sondern als Zuschauer. Um neun Uhr war ich mit meiner Frau Ann losgefahren, überzeugt davon, dass wir die 32 Kilometer von unserem Zuhause bis zum Fuß der *Alpe* in höchstens einer Stunde zurücklegen würden. Ich hatte vergessen, dass Nationalfeiertag war.

Ganz Frankreich hatte frei, und so fanden wir uns alsbald in einem Stau wieder, fünfzehn Kilometer von Bourg d'Oisans entfernt, wo der Aufstieg begann. 25 Minuten saßen wir fest, ohne dass sich irgendetwas bewegte. Gerüchte machten die Runde, dass die Polizei die Straße wegen des hohen Verkehrsaufkommens frühzeitig geschlossen hatte.

Wir ließen den Wagen stehen und gingen vier Kilometer bis zur Straßensperre der Polizei. Es war zu weit, um zu Fuß bis zur *Alpe* weiterzugehen. Also ließen wir uns an einem langweiligen, 300 Meter langen Flachstück nieder, einen Kilometer von Rochatailee entfernt.

Als ich am Straßenrand saß, bemerkte ich schnell, dass ich als Zuschauer der Tour ein ziemliches Greenhorn war. Wir hatten keine Klappstühle dabei, um uns bequem niederzulassen. Wir hatten keine weißen Schirmmützen, um uns vor der Sonne zu schützen. Wir hatten kein Transistorradio, um uns über den Rennverlauf zu informieren.

Wenigstens hatten wir daran gedacht, einen Picknickkorb mitzunehmen. Bald verloren offensichtlich immer mehr Leute die Hoffnung, es noch bis zur *Alpe* zu schaffen. Nach und nach füllte sich unser anonymer Straßenabschnitt mit picknickenden Familien.

Die Zeit verging nur langsam. Es frustrierte mich immer mehr, nichts vom Renngeschehen mitzubekommen. Dann entdeckte ich auf der anderen Straßenseite einen erfahrenen Tourbesucher, der bestens ausgerüstet war. Ich fragte ihn, ob er etwas gehört hätte. Er erzählte mir, Fignon wäre gar nicht zum Etappenstart erschienen, und Jean-François Bernard hätte auf dem Col de la Madeleine den Anschluss verloren, läge nun fünf Minuten hinter der Spitze.

Ich war verblüfft. Bernard war mein Favorit auf den Toursieg gewesen. Neuigkeiten über Kelly hatte der ältere Herr nicht gehört. Ich ging zurück zu Ann, und wir begannen zu essen. Ich ließ mein Baguette fallen, als er zu mir herüberwinkte. Kelly lag vier Minuten zurück. *Merde!* Ich war enttäuscht.

Kelly hatte die Tour verloren. Schließlich wusste ich, dass sich diese vier Minuten alsbald verdoppeln, wenn nicht gar verdreifachen würden. Sie waren noch nicht über den Glandon, und dann kam immer noch die *Alpe*. Zum letzten Mal dankte ich dem älteren Herrn. Meine Lust, auf die andere Straßenseite zu gehen, war erloschen.

Die Werbekarawane kam vorbei. Ich erkannte Jean-Claude Valaeys, der 1986 Assistent der sportlichen Leitung in meinem Team gewesen war. Jetzt warf er Plastiktüten und Papierhüte aus dem Fenster eines kunterbunten Peugeot. Ich habe den Typen noch nie gemocht.

An der hübsch zugemüllten Landstraße warteten wir auf den Hauptakt. Rooks und Delgado gaben sich erwartungsgemäß als Erste die Ehre, und für fünfzehn Sekunden sahen wir, wie sich die beiden Helden die Landstraße hochkämpften. Ob des Schwarms von TV-Kameras, Fotografen und Fahrzeugen der Renndirektion kamen sie mir verschwindend klein vor.

Ich feuerte Claveyrolat und Colotti an, die beiden Mannschaftskollegen, die zu meinen Freunden zählen. Doch als dann andere Fahrer unseres Teams vorbeikamen, hielt ich meinen Atem in respektloser Stille an.

Eine weitere Gruppe tauchte auf. An der Spitze drei gelbe und ein blaues Trikot. Ich wusste sofort, dass Kelly in der Gruppe saß. Ich schaute auf meine Armbanduhr. Seit Delgado und Rooks uns passiert hatten, waren fünfzehn Minuten vergangen. Auch Martin Earley fuhr an der Spitze der Gruppe. Ich freute mich. Er war dort zur Stelle, wo er gebraucht wurde. Es wäre gnadenlos und ungerecht, wenn die Giganten der Landstraße gerade an jenen Tagen allein zurückgelassen würden, wenn sie ganz normale Männer sind.

Sean fuhr in der Mitte der Gruppe. In breitestem irischen Akzent feuerten wir die beiden an, doch keiner von ihnen blickte auf.

Ann hatte gesehen, was sie sehen wollte, und begann, sich auf den langen Fußmarsch zurück zum Auto zu machen. Ich selbst wollte merkwürdigerweise noch nicht gehen. Zwei Jahre zuvor war ich selbst in derselben Etappe desselben Rennens über genau dieses Stück Straße gefahren: 35 Minuten hinter der Spitze und mutterseelenallein.

Ich erinnere mich an die Aufmunterung durch die Zuschauer, die gewartet hatten. Jetzt fühlte ich mich verpflichtet, selbst zu warten. Wenn ich dabei wäre, säße ich in einer dieser Gruppen. An einem guten Tag hätte ich es vielleicht geschafft, in der Gruppe mit Kelly zu bleiben. An einem schlechten Tag säße ich in einer der Gruppen, die nun an mir vorbeifuhren. Mit 42 Minuten Rückstand.

Ich schaute in stiller Anerkennung zu. Immer noch gab es kein Anzeichen, dass sich der letzte Fahrer nähern würde. Ich entschied mich dennoch, mich auf den Weg zu machen. Ann würde längst warten. Ich glaubte, erste Regentropfen gespürt zu haben. Ich fühlte mich schuldig. Ich hätte warten sollen. Der Hahn krähte dreimal, während ich zurück zum Auto marschierte.

Mir gefiel die Alpe d'Huez-Kolumne. Ich begann, mich beim Schreiben etwas zu entspannen. Ich schaffte es mittlerweile sogar, nachts ein bisschen zu schlafen, wenn am nächsten Morgen ein Artikel anstand. Doch schon am Tag darauf passierte etwas, das meine kleine Serie abrupt enden ließ: Pedro Delgado war als Träger des Gelben Trikots positiv getestet worden.

18 Die Rettung

Der Skandal erschütterte Frankreich. Pedro Delgado, *Maillot Jaune – positif*. Es war nicht ungewöhnlich, dass Fahrer in der Tour positiv getestet wurden. Doch jetzt war einer der richtig großen Fische ins Netz gegangen. Delgado war sogar der größte Fisch im Becken. Er hatte in den Alpen die Kontrolle über das Rennen übernommen, die Etappe nach Alpe d'Huez als Zweiter beendet und alle Konkurrenten am darauf folgenden Tag in einem 38 Kilometer langen Bergzeitfahren nach Villard de Lans in Grund und Boden gefahren. Als es in die Pyrenäen ging, zweifelten wenige daran, dass er das Rennen gewinnen würde. Als sie bewältigt waren, stellte niemand mehr Delgados Toursieg in Frage. Er war in den Bergen unangreifbar. Die Tour hatte ihren neuen Champion gefunden. Dachten zumindest alle.

Die Bombe platzte in Bordeaux, vier Tage, bevor die Tour auf den Champs Elysées in Paris zu Ende ging. Jacques Chancel, ein Fernsehjournalist, der für *Antenne 2* den abendlichen Rückblick auf den Renntag moderierte, verzog nach der Etappenankunft in Bordeaux das Gesicht. Er hätte eine ernste Mitteilung zu machen. Ihm wären aus einer vertrauenswürdigen Quelle Informationen über einen positiven Dopingbefund des Gesamtführenden Pedro Delgado zugetragen worden.

Wenn ein Fahrer zur Dopingkontrolle muss, wird seine Probe auf zwei versiegelte Flaschen aufgeteilt, die dann an ein Labor geschickt werden. Zunächst wird nur eine getestet. Werden Spuren unerlaubter Substanzen gefunden, wird der betroffene Fahrer benachrichtigt. Dieser hat dann das Recht zu entscheiden, ob er die Analyse akzeptiert oder Widerspruch einlegt. Beharrt er auf seiner

Unschuld, wird die zweite Probe untersucht. Bestätigt diese Analyse das ursprüngliche Ergebnis, dann, und nur dann, darf die Presse über den positiven Dopingbefund informiert werden.

Im Delgado-Skandal lief alles ganz anders. Irgendjemand ließ die Information über die positive A-Probe durchsickern, bevor Delgado selbst informiert worden war. Vielleicht war Chancel der Auffassung, seinem Berufsstand alle Ehre zu tun, doch in meinen Augen war sein Verhalten niederträchtig. Die halbe Welt wusste noch vor Delgado, dass die erste Analyse positiv ausgefallen war. Journalisten stürzten sich wie die Geier auf ihn, doch er beharrte auf seiner Unschuld.

Am nächsten Tag waren die Rennkommissare gefordert, Licht in die Angelegenheit zu bringen. Sie bestritten, irgendwelche Informationen an Chancel weitergegeben zu haben, bestätigten aber, dass im Anschluss an das Bergzeitfahren nach Villard de Lans Spuren von Probenacid in Delgados Urin gefunden wurden, eines Mittels, das die Einnahme von Steroiden verschleiern kann. Delgado legte sofort Widerspruch ein, die zweite Probe wurde untersucht. Zwei Tage lang fuhr Delgado unter enormem Druck. Dann ergab auch die B-Probe Spuren von Probenacid. Doch unglaublicherweise hatte bisher niemand einen Blick in die schwarze Liste geworfen, in der die UCI als Radsportweltverband die unerlaubten Substanzen aufführte. Sie hatten die Liste des Internationalen Olmpischen Komitees zu Rate gezogen. Probenacid stand auf der Liste des IOC. In die Liste der UCI sollte das Mittel hingegen erst Ende August aufgenommen werden, einen Monat nach dem Ende der Tour. Man konnte Delgado nicht dafür bestrafen, dass er ein Medikament eingenommen hatte, das noch erlaubt war: Er war *blanchi*. Er war sauber.

Die ganze Affäre war höchst unappetitlich. Das Rennen war zerstört. Auch wenn Delgado nichts Verbotenes getan hatte, so gab es doch keine Erklärung für die Spuren von Probenacid in seinem Urin. Offiziell war er davongekommen. Doch für viele war er schuldig. Es war eine schwierige Zeit für alle Radprofis. Im Café in Vizille bombardierten mich die Stammgäste mit Fragen. Wenn ich mich hinsetzte, um meinen Kaffee zu schlürfen, kamen gleich die ersten Sprüche.

»Hey, Polo, ich schätze, für die Rennen nimmst du ein paar härtere Sachen als Kaffee.«

Das Gelächter war groß. Nur wenige hegten Groll gegen Delgado. »Armer Pedro«, war alles, was sie sagten: »Armer Pedro«. Unter den *Pastis*-Trinkern war es eine ausgemachte Sache, dass niemand ein solches Rennen bestreiten könnte, ohne zu dopen. Die meisten Durchschnittsbürger in Frankreich teilten diese Meinung. Delgado wurde angefeuert wie nie zuvor: »Armer Pedro«.

Und tatsächlich war Delgado einer der sympathischsten Fahrer im Peloton. Ich war äußerst überrascht, als die Neuigkeit von seiner positiven Doping-Probe die Runde machte – überrascht, dass er erwischt wurde, um genau zu sein. Die ganze Affäre manövrierte mich in eine missliche Lage. Wie konnte ich einen weiteren Artikel für die *Sunday Tribune* schreiben, ohne den Delgado-Skandal zu erwähnen? Okay, natürlich hätte ich irgendetwas schreiben können. Eine Kolumne, in der ich meinen Schock und mein Entsetzen bekundete, dass ein so großartiger Fahrer wie Delgado so etwas Verwerfliches tat und mit Doping betrogen hatte, wäre vermutlich genau das, was die Leute lesen wollten. Aber ich war ganz und gar nicht schockiert. Ich wusste, was abging. Und sobald ich zum Stift griff, hätte ich meine ehrliche Meinung sagen müssen. Ich war noch nicht so weit, um über die Dopingproblematik des Radsports zu schreiben. Dieses Thema war keines, das sich in fünfhundert Wörtern abhandeln ließ. Ich besprach mich mit David. Wir entschieden, dass es am besten wäre, meine Artikelserie frühzeitig abzubrechen. Ich kümmerte mich vorerst nicht mehr um den Journalismus und arbeitete wieder Vollzeit als Radprofi.

Die Tour im Fernsehen zu sehen, hatte mich zermürbt. Ich liebte dieses Rennen. Es zu fahren und Teil dieses ruhmreichen Zirkus zu sein, waren der Lohn für die Härten und Entbehrungen des Profidaseins. Aber das Rennen aus dem Sessel zu verfolgen, war ein Akt der Selbstzerstörung. Immer wieder dieselben Fragen. Werden sie mich am Ende des Jahres rausschmeißen? Wird mich irgendein anderes Team wollen? Was könnte ich sonst tun, außer Rad zu fahren?

Ich kam stets zu demselben Ergebnis: Ich hatte keine andere Wahl. Rechnungen waren zu bezahlen. Und mich in den Rennsattel zu schwingen, war die einzige Möglichkeit, an das notwendige Geld zu kommen. Ich zwang mich zu trainieren und versuchte, irgendwie in eine halbwegs taugliche körperliche Verfassung zu kommen. Mental war derlei noch schwieriger. Am Wochenende, an dem die Tour zu Ende ging, kam ich am Tiefpunkt an. Ich hatte mit Kelly vereinbart, ihn eine Woche lang zu begleiten und ein paar Kirmesrennen in Belgien zu bestreiten. Ich hielt an einer Autobahnraststätte in der Nähe von Lille, eine halbe Stunde Fahrt von der Grenze entfernt. Es war eine grässliche Kaschemme, ein richtig mieses Loch, und ich brachte nicht allzu viel hinunter. Während des Essens fühlte ich mich plötzlich schrecklich allein. Ich hasste die Rennen in Belgien. Ich wusste, dass ich in den nächsten Tagen richtig zu leiden hätte. Es machte mich fertig. Je mehr ich darüber nachdachte, desto angepisster war ich von den bevorstehenden Rennen. Ich hatte verflucht wenig Rennpraxis in den Beinen. Ohne Wettkämpfe hätte ich keine Chance auf ein gutes Saisonfinale. Und doch hatte ich keine Lust zu fahren. Ich begann, mich gar körperlich krank zu fühlen. Ich brauchte Zeit, um nachzudenken und die Dinge auf die Reihe zu kriegen. Nein, ich konnte einfach nicht nach Belgien fahren. Ich brauchte jemanden, um zu reden. Ich fühlte mich so gotterbärmlich allein. Wen konnte ich anrufen? Ann war ausgegangen. Meine Eltern in Dublin würden mich nicht verstehen. Ich versuchte David anzurufen, doch er war nicht zu Hause. Ich rief bei Frank Quinn in Dublin an und sprach mit seiner Assistentin Margaret. Ich weiß nicht, ob irgendetwas von dem, was ich vortrug, Sinn machte. Ich kann mich nur erinnern, dass ich sie bat, Kelly anzurufen und ihm zu sagen, dass ich nicht kommen würde. Ich legte auf und stieg in den Wagen. Ich fuhr in die andere Richtung wieder auf die Autobahn. 300 Kilometer zu meinen Freunden in Paris. Nie in meinem Leben war ich einem Nervenzusammenbruch so nahe.

Frank rief mich später am Abend an. Er konnte mich überzeugen, mich jetzt nicht gehen zu lassen. Ich sollte einfach am nächsten Tag zu

Kellys Haus in Brüssel fahren. Ich fühlte mich wie ein Idiot, als ich an seine Haustür klopfte. Doch ich wurde begrüßt, als wäre nichts geschehen. Sean und Linda waren sehr zuvorkommend. Am nächsten Tag fuhr ich das erste Rennen. Ich war entgleist, jetzt hatte ich wieder in die Spur zurückgefunden. Während meines Aufenthalts entdeckte ich einige mir bisher unbekannte Seiten des »*Iron Man*« Kelly. Eines abends gingen wir in eine Sauna in Volvoorde. Ich hatte nie verstanden, was die Menschen am Saunieren schätzten, doch Kelly bestand darauf, die Temperatur immer mehr in die Höhe zu treiben, indem er Wasser auf die heißen Steine goss. Wir hielten es fünfzehn Minuten aus. So lang es eben ging. Es war unglaublich heiß. Wir waren beide total fertig und konnten kaum noch stehen.

»Mein Gott, Kelly, du siehst aus wie von den Toten auferstanden.«

Er lachte und meinte dann: »Hast du dich nie genauso müde gefühlt, wenn du nach einem Rennen ins Ziel gekommen bist.«

Ich dachte darüber nach. Ja, mir war es schon so ergangen. Aber nur einmal. Es war beim Prolog der Coors Classic in Boulder, Colorado, ein paar Wochen vor dem olympischen Straßenrennen in Los Angeles. Das Ziel lag am Ende eines harten Anstiegs. 15 Meter vor der Ziellinie verlor ich das Bewusstsein. Als ich fünf Minuten später aufwachte, war ich in eine Decke gehüllt. Es war das einzige Mal in meinem Leben, dass ich über meine Grenzen gegangen war.

»Ja«, antwortete ich: »Einmal schon. Und was ist mit dir?«

»Ja, regelmäßig.«

Ich schaute ihn an: Er sagte ganz offensichtlich die Wahrheit.

Im Anschluss an die Woche der Kirmesrennen in Belgien stieß ich für ein Rennen in Montreal wieder zum Team. Ich mochte den Rundkurs, auf dem 1976 das olympische Straßenrennen stattgefunden hatte, und fuhr ein gutes Rennen. Direkt vom Start weg war ich überall dort präsent, wo etwas passierte – sogar beim entscheidenden Ausreißversuch. Doch ich hatte die lange Distanz noch nicht wieder in den Beinen und stieg vor dem Ziel aus. Dennoch heimste ich für diverse Sprintwertungen 1.500 Dollar ein, sodass meine Teamkollegen ziemlich zufrieden mit mir waren.

Unglücklicherweise waren weder Vallet noch sein Assistent Jacques Michaud vor Ort, um sich ein Bild von meiner Leistung zu machen.

Zurück in Grenoble besuchte ich die Teamzentrale, um nachzufragen, welche Rennen ich bis Ende der Saison bestreiten sollte. RMO war eine lausige Tour gefahren. In der letzten Woche der Rundfahrt hatte Vallet drei Fahrern erzählt, sie sollten sich für die nächste Saison einen neuen Arbeitgeber suchen: Giles Mas, Regis Simon und Michel Bibollet. Insbesondere Bibollet war außer sich. Denn noch zu Beginn der Tour hatte Vallet ihm gesagt, er bräuchte sich keine Sorgen um ein neues Team zu machen. Noch im Laufe der Rundfahrt würde er einen neuen Vertrag bekommen. Da war Michel noch hocherfreut gewesen: ein weiteres Jahr Sicherheit. Doch die Vertragsunterzeichnung kam nie zustande, und am Ende des Rennens wiesen sie ihm die Tür.

Ich hatte keine Ahnung, ob Vallet auch mich loswerden wollte. Also fragte ich ihn. Er sagte, dass er sich noch nicht sicher wäre. Er sagte mir, dass er persönlich mich schon gerne behalten würde, weil ich ein guter Teamfahrer war. Doch *Monsieur* Braillon, unser Sponsor, wollte künftig nur noch Siegfahrer in seiner Mannschaft haben. Er erzählte mir, dass Patrick Valke und Stephen Roche begonnen hatten, ein neues Team aufzubauen. Valke hätte bereits zugesagt, mich zu nehmen, wenn *Monsieur* Braillon keinen Wert mehr auf meine Dienste legen würde. Vallet meinte, dass ich es selbst in der Hand hätte. In den zwei verbleibenden Monaten könnte ich noch beweisen, dass ich meinen Platz im Team wert war. Lange Rede, kurzer Sinn: Vallet wollte mich, Braillon nicht. Doch konnte ich dem Glauben schenken? Ich war enttäuscht und verwirrt. Ich wollte wirklich glauben, dass Vallet mich gern weiterverpflichten würde. Doch es gelang mir nicht, mich davon zu überzeugen, dass er es ernst meinte. Ich erzählte Colotti und Claveyrolat, wie es um mich stand. Beide meinten, dass sie in meiner Lage hausieren gehen würden. Colotti verhielt sich sehr solidarisch und diskutierte mit Vallet, dass man mich doch behalten sollte. Vallet aber wollte sich nicht festlegen. Den ganzen August über lebte ich im Ungewissen. Auch André war empfohlen worden, sich nach einem neuen Job umzusehen. Die Nachricht wusste ihn kaum zu überraschen. Er war das ganze Jahr über schwach gefahren und hatte sich bereits mit der Situation vertraut gemacht, dass seine Karriere zu Ende gehen sollte. Dennoch war er verbittert.

Auch ich wurde allmählich verbittert. Ich nahm es den anderen persönlich übel, dass sie einen unterzeichneten Vertrag für das nächste Jahr hatten. Ihre »Hey, mir geht's okay«-Attitüde machte mich krank, auch wenn ich wusste, dass ich mich früher genauso verhalten hatte. Ich bekam allmählich Panik. Was zur Hölle sollte ich nur tun? Die Karriere eines Fahrers wurde in Ergebnissen gemessen. Ich hatte drei Jahre meiner Karriere dafür hergegeben, anderen zu helfen, Resultate einzufahren. Nur RMO wusste, welchen Wert ich für ein Team hatte. Ich dachte darüber nach, Kelly oder Roche um Hilfe zu bitten, entschied mich aber dagegen. Wenn sie mir irgendetwas anböten, dann würde ich sicherlich annehmen. Doch niemals würde ich betteln gehen. Mein Verhältnis zu Vallet verschlechterte sich rapide. Eine Woche nach der Rückkehr aus Montreal bekam ich eine neue Portion *Champignons*. Wir fuhren Paris–Bourges, ein Zweitagesrennen. Doch ich fühlte mich so unwohl, dass ich kaum im Sattel sitzen konnte – geschweige denn ein Rennen bestreiten. Vallet war nicht sonderlich verständnisvoll. Jetzt war mir klar, dass ich keine Chance mehr hatte, auch 1989 für RMO zu fahren.

Ich behandelte die *Champignons* und hatte sie alsbald ausgemerzt. Doch es gelang mir nicht mehr, zu tauglicher Form zu finden. In September fuhr ich mit dem Ziel zu den Weltmeisterschaften nach Belgien, das Rennen meines Lebens zu fahren. Ich scheiterte erbärmlich und gab fünf Runden vor Schluss auf. Genau wie in Österreich ein Jahr zuvor, heulte ich, als ich in unser Fahrerlager kam. Doch diesmal waren es Tränen der Enttäuschung, nicht der Freude. Die ganze Saison war ein komplettes Desaster.

Es war Roche, der zu meiner Rettung nahte. Nach dem Ende der Weltmeisterschaft fuhren wir zusammen zum Hotel, und er rief mich auf sein Zimmer. »Mach dir keine Sorgen um die nächste Saison, Paul.

Ich kümmere mich darum.« Ich dankte ihm und nahm sein Angebot erleichtert an. Stephen war einfach ein echter Kumpel. Wenn er etwas versprach, hielt er es auch. Selbst wenn er selbst nicht wusste, für welche Mannschaft er 1989 fahren würde, so war ich mir jetzt doch sicher, ganz gewiss zu seinem Team zu gehören. Einige meiner entlassenen Teamkollegen hörten davon, dass ich einen Ausweg gefunden hatte. Sie wussten, dass Stephen und ich gut befreundet waren. Also baten sie mich, sie bei Stephen ins Gespräch zu bringen. Ich konnte Frank Pineau nicht ausstehen und sagte ihm direkt ins Gesicht, dass es mir fern liegen würde, etwas für ihn zu tun. Doch die beiden anderen, Mas und Rault, konnte ich gut leiden. Ich traute mich nicht, ihnen zu sagen, dass ich nicht mal für mich selbst betteln gehen würde, geschweige denn für jemand anderes. Ich versprach beiden, dass ich für sie bei Stephen vorsprechen würde, tat es aber nie. Ich hatte einfach nicht den Mumm. Ich fürchtete, dass Stephen den Eindruck gewinnen könnte, dass ich zu viel verlangte. Also hielt ich den Mund. Jean-François rief Ann ein paar Mal an und hinterließ seine Nummer, damit ich ihn zurückrufen könnte. Doch ich meldete mich nicht. Er hat keinen neuen Job mehr gefunden. Ich hätte ihm gern geholfen, war aber machtlos.

Es tat mir Leid für ihn. Sechs Monate zuvor hatte er den Klassiker Bordeaux–Paris gewonnen. Sie hatten ihm für 1989 den Posten als Assistent der sportlichen Leitung versprochen. Jacques Michaud wurde zum Teammanager befördert. Denn nachdem es Vallet gelungen war, Charly Mottet zu verpflichten, und er daran ging, den Kader zu verstärken, brauchte die Mannschaft einen Manager. Dann aber kam der französische Meister Eric Caritoux auf den Markt, und Vallet bot auch ihm einen Vertrag an. Caritoux sagte zu, jedoch nur unter der Bedingung, dass er seinen früheren sportlichen Leiter Christian Rumeau mit zu RMO bringen durfte. Caritoux unterschrieb, Rumeau wurde Assistent des *Directeur Sportif*. Das hieß für Rault: Er konnte nun sehen, wo er blieb. Ich war der Ansicht, dass sie zumindest den Funken Anstand hätten aufbringen müssen, ihn ein weiteres Jahr als Fahrer zu behalten.

Das letzte Rennen für RMO war die Nissan Classic. Im Gegensatz zu 1987 genoss ich diesmal nicht das Vorrecht, die Mannschaft nach meinem eigenen Gutdünken aufzustellen. Ich war schon froh, selbst nominiert zu sein. Im Endeffekt hieß das, dass André und Clavet zu Hause blieben. Jean-Claude sollte zwar starten, doch seine Frau verlor am Tag vor unserer Abreise ihr Baby, und er hatte Wichtigeres zu tun, als ein Rennen in Irland zu fahren. Er wurde durch Esnault ersetzt. Die anderen Fahrer unseres Teams waren der belgische Sprinter Michel Vermotte und die beiden Dänen Alex und Per Pedersen. Am Tag vor dem Start besuchte mich Stephen Ryan, der Sportredakteur der *Sunday Tribune*, im Hotel. Er bat mich, ein Renntagebuch für die Sonntagsausgabe zu schreiben. Ich sagte zu.

Die Nissan Classic ging über fünf Tage. Vier Tage lang fuhr ich um mein Leben. Ich wünschte mir nichts mehr, als vor den Augen meiner Landsleute Erfolg zu haben. Auf jeder einzelnen Etappe versuchte ich alles. Doch nichts lief zusammen. In den wichtigsten Situationen erlitt ich Reifenpannen und stürzte in den Anstiegen, weil meine Kettenschaltung nicht richtig funktionierte. Zu allem Überfluss klaute auch noch irgendein Bastard meine nigelnagelneue Sonnenbrille aus meinem Hotelzimmer. Nach zwei Etappen war ich schon ziemlich angepisst. Am Morgen des dritten Tages traf ich direkt vor dem Start ein Mädchen im Rollstuhl. Sie hieß Deborah Kane, und ihr Vater Dave war zusammen mit meinem Vater Rennen gefahren. Sie selbst war die beste Radsportlerin Irlands gewesen. Doch bei einem Rennen in England krachte sie in einen geparkten Lastwagen. Sie erlitt grässliche Verletzungen und war fortan gelähmt. Wir hatten ein sehr nettes Gespräch. Sie hatte ein strahlendes Lachen. Das irritierte mich. Ich konnte nicht glauben, wie sie nach all dem Pech noch von Herzen lachen konnte. Ihr Lächeln veränderte mich. Plötzlich merkte ich, wie viel Glück ich doch hatte. Ihre enorme Stärke bewegte mich zutiefst.

Die letzte Etappe, eine siebzig Kilometer lange Schleife auf den Straßen von Dublin, wurde von *RTE* live im Fernsehen gezeigt. Die Etappe kam fünf Meilen an Coolock vorbei, wo ich als Kind aufgewachsen war. Höhepunkt waren die drei Runden um Howth Head, einen schönen Hügel direkt oberhalb des Meeres. Ich habe diesen Berg immer geliebt. Als vierzehnjähriger Schuljunge mit einem Kopf voller Träume trainierte ich hier dreimal in der Woche mit meinem Kollegen Martin Earley. Howth Head war der Berg unserer Träume. Er war Alpe d'Huez, Galibier und Tourmalet in einem. Und wir waren Merckx, Thévenet oder Van Impe. Als wir uns zum Start aufstellten, wandte sich Martin an Kelly und sagte: »Pass mal auf, was der Kimmage heute macht.« Als wir abgewunken wurden, kannte ich nur noch ein Ziel: Niemand sollte mich am Howth Head besiegen.

Wegen der Liveübertragung wurde gleich vom Start weg auf Teufel komm raus attackiert. Die erste Runde durch den Süden von Dublin war höllisch schnell. Als wir das erste Mal den Liffey passierten, hatte die Selektion bereits begonnen. Ich gehörte noch zur vierzigköpfigen Spitzengruppe. Ich wusste, dass die Entscheidung nahte, als wir bei Clontarf die Küste entlangsausten. Es ging darum, die richtige Attacke abzupassen. Als Allan Peiper mit Pascal Poisson davon stob, zögerte ich keine Sekunde und sprang mit. Die beiden waren verdammt starke Kerle, die es richtig krachen lassen konnten. Wir traten ordentlich in die Pedale, am Hafen von Howth hatten wir eine Minute Vorsprung. Nach einer Linkskurve fuhren wir durch das Dorf, und der Anstieg begann. Den ganzen Weg hinauf standen die Menschen dicht gedrängt. Ich wurde angefeuert wie nie zuvor in meinem Leben. Die Anfeuerungsrufe machten mir eine Gänsehaut am ganzen Körper, ich fühlte die Pedale nicht mehr. Am Fuß des Anstiegs übernahm ich die Führung und gab diese auch bis zum Gipfel nicht mehr ab. Ich war als Erster oben am Head. Auf der Abfahrt fuhr Vallet das erste Mal neben mich. Er sagte mir, dass ich zu viel arbeiten würde und etwas ruhiger fahren sollte. Ich nickte zustimmend, vergaß seine Order aber gleich im selben Augenblick wieder. Er hatte natürlich absolut Recht. Ich tat tatsächlich viel zu viel, aber er hatte ja auch keine Ahnung, worum es für mich ging. Wir waren in Howth. Dieser Ort war ein Teil von mir. Nichts anderes zählte.

Nach drei Runden über den Head fuhren wir Richtung Osten, und dann nach Süden zurück ins Stadtzentrum. 30 Kilometer vor dem Ziel machte sich die Anstrengung bemerkbar. Zwei Fagor-Fahrer schlossen auf, Sean Yates und John Carlsen. Sie kamen angerauscht wie ein D-Zug. Jetzt wusste ich, dass unsere Fünfergruppe nicht mehr gestellt würde. Auf dem Weg in die Innenstadt fuhr Vallet noch mal an meine Seite. Er forderte mich auf, ein bisschen zu verhandeln, um vielleicht so die Etappe zu gewinnen. Ich sprach Sean an, der ein guter Freund war, und fragte ihn, ob er vielleicht Interesse an einem kleinen Deal hatte. Er sagte nichts, also ging ich davon aus, dass seine Antwort »Nein« lautete. Das überraschte mich nicht. Yates und Peiper waren beste Kumpels. Ich wusste, dass sie zusammenarbeiten würden. Da hielt ich es für zwecklos, auch noch Carlsen oder Poisson zu fragen. Ich fuhr auf dem Zahnfleisch, als wir auf die Schlussrunde kamen. Peiper attackierte mit Erfolg und gewann im Alleingang. Ich wurde Fünfter, doch die TV-Übertragung hatte mich in einen kleinen Helden verwandelt. Nach dem Rennen gab ich ein Interview fürs Fernsehen, am nächsten Tag für einen viel gehörten Radiosender.

Dublin war mein letztes Rennen für RMO. Von meinen drei Jahren bei dem Team waren die beiden ersten unter Thévenet jene, die mir in Erinnerung bleiben werden. Hätte Stephen mir nicht unter die Arme gegriffen, hätte ich den Radsportzirkus wohl extrem verbittert verlassen. Doch jetzt konnte ich noch in ein neues Team wechseln, zu Fagor, und alles sieht im Rückblick wieder rosiger aus. Ich kann es mir erlauben, nostalgisch zu sein.

Es war immer mein Ziel gewesen, wenigstens ein Jahr lang in derselben Mannschaft wie Kelly oder Roche zu fahren. Indem er mir einen Platz bei Fagor besorgte, rettete Stephen meine Karriere. Doch ich hätte dieses Angebot nie angenommen, wäre ich nicht überzeugt gewesen, dass ich ihm als Helfer etwas zurückgeben konnte. Ich wollte aus eigener Kraft überleben und nicht den Rest meiner Profikarriere von Roches Großzügigkeit abhängig sein. Um zu überleben, brauchte ich einen guten Winter. Ich ging nach Frankreich – wild entschlossen, die Fehler des Vorjahres nicht zu wiederholen. Ich verordnete mir ein stringentes Trainingsprogramm: Fasten, Hantelübungen, Jogging, Runden mit dem Mountainbike. Weihnachten flog ich gemeinsam mit Ann für zwei Wochen zurück nach Irland. Ich achtete genau darauf, nicht zu viel zu essen, und trainierte auch während des Heimataufenthalts hart. Während der zwei Wochen traf ich Vincent Browne, den Chefredakteur der *Sunday Tribune*. Zu meiner großen Überraschung bot er mir einen Job bei der Zeitung an. Ich versuchte es zu verbergen, doch insgeheim war ich überwältigt. Wie dem auch sei, vorerst musste ich natürlich ablehnen. Ich traute meinen journalistischen Fähigkeiten noch nicht so sehr, dass ich sie Vollzeit in Anspruch nehmen wollte. Wenigstens ein letztes Jahr sollte voll und ganz dem Rad gehören. Aber ich war hocherfreut, dass er mich überhaupt fragte. Der Gedanke, eines Tages in den Journalismus zu wechseln, reizte mich. Endlich hatte ich einen Notausgang entdeckt. Im Bewusstsein, dass ich am Ende meiner Karriere einen guten Job finden könnte, würde es mir künftig leichter fallen, all die Härten und das Leiden zu akzeptieren. Zufrieden kehrte ich nach Frankreich zurück.

Im Januar trainierte ich bereits richtig hart. Eines Tages fuhr ich früh morgens durch die Vororte von Grenoble. Die Stadt lag in eisigem Nebel. Es war bitterkalt. Mir kam ein langsam fahrender Ford Transit entgegen. Er war schwarz angestrichen, und auch die Seitenfenster waren abgedunkelt. Ich brauchte eine paar Sekunden, bis mir bewusst wurde, dass es sich um einen Leichenwagen handelte. Auf der Ladefläche lag ein Sarg. Dem Van folgte nur ein Auto mit zwei Männern. Die Szenerie ließ mich frösteln. Ich entschied mich an Ort und Stelle, Frankreich zu verlassen, sobald meine Karriere beendet war. Hier wollte ich nicht sterben. Ich wollte nicht in einem klapprigen Ford zu meiner letzten Ruhestätte verfrachtet werden, wo ganze zwei Menschen um mich weinten. Meine Familie war in Irland. Meine Freunde waren in Irland. Sobald alles vorbei war, würde ich zurückkehren.

Am Ende des Monats traf ich die anderen Fagor-Fahrer. Ein Trainingslager stand an. Die Mannschaft war ziemlich schwach. Die meisten guten Fahrer hatten nach Meinungsverschiedenheiten mit der Teamleitung das Weite gesucht. Auch Regis Simon und Vincent Lavenu, zwei frühere Teamkameraden bei RMO, hatten hier einen neuen Job gefunden. Also war wenigstens die Atmosphäre nicht allzu schlecht. Die erste Trainingsrunde dauerte gleich sechs Stunden. Zurück im Hotel war ich ziemlich fertig. Am nächsten Tag wollte es überhaupt nicht rollen. Nach zwei Stunden kehrte ich um. Ich fühlte mich ausgelaugt und heruntergekommen. Bei der abendlichen Massage fragte mich der *Soigneur*, ob ich eine B12-Injektion wollte. Ich stimmte zu.

Silvano Davo war Italiener. Er hatte sich schon bei Carrera um Stephen gekümmert und war nun mit ihm zu Fagor gewechselt. Er hatte ordentlich italienisches Temperament. Doch ich mochte ihn und ging davon aus, dass er mir keine verbotenen Medikamente oder irgendeinen Scheiß verabreichen würde. Eigentlich wollte ich mir die erste Vitaminspritze erst setzen, wenn die Saison bereits drei Monate alt war. Aber was sollte es, ich brauchte sie jetzt. Ich ließ mich also spritzen und fühlte mich gleich am nächsten Tag viel besser. Während des Trainingslagers teilte ich mir das Zimmer mit Stephen. Eine tolle Erfahrung. Ich genoss das Gefühl, der Mann an Roches Seite zu sein, und hoffte, dass würde für immer so bleiben. Ich wunderte mich, dass er sein Zimmer nicht mit Eddy Schepers teilte, der seit drei Jahren sein treuer Adjutant war. Eddy hatte selbst richtig Klasse als Fahrer, er war besonnen und geradeaus. Ich mochte ihn.

Am letzten Abend des Trainingslagers saß eine Gruppe belgischer Touristen am Nebentisch. Sobald sie merkten, dass sie in einem Raum mit Stephen Roche waren, begannen sie zu stänkern. Insbesondere ein Typ war richtig widerlich. Längst stinkbesoffen quarzte er eine nach der anderen. Ich konnte nicht verstehen, warum sich Stephen den ganzen Abend mit solchen Typen unterhielt. Als er aufs Zimmer kam, sprach ich ihn darauf an.

»Warum hast du ihnen nicht einfach gesagt, sie sollen sich verpissen?«

Er lachte nur.

»Du kannst dich nicht einfach umdrehen und den Leuten sagen, sie sollen sich verpissen, Paul. Und überhaupt, hast du nicht diesen riesigen, sonnengebräunten Kerl gesehen? Das war der Mexikaner Pancho Rodriguez, ein früherer Mittelgewichtsweltmeister. Er ist der Bodyguard der Belgier.«

»Oh Gott, glücklicherweise habe ich meine Klappe gehalten.«

Am nächsten Tag fuhren wir zum ersten Rennen der Saison nach Arles. Wir übernachteten im selben Hotel wie die Jungs von RMO. Instinktiv ging ich zu ihrer Namensliste, die an der Wand neben dem Aufzug hing, und schaute nach, wer mit wem das Zimmer teilte: Clavet mit Ribeiro, Colotti mit Gilles Sanders, einem der Neuen. Ich rief Colotti an, doch er war wie immer längst in anderen Sphären – sein Kopf in den Wolken, seine Gedanken bereits in das morgige Rennen vertieft. Colotti lebte für die Rennen.

Mein erster Start für Fagor lief besser als erwartet, auch wenn ich es nicht ins Ziel schaffte. Das aber war nicht mein Fehler: Ein Bolzen an meinem Lenker löste sich kurz vor dem Ziel. Ich war gezwungen, anzuhalten. Das zweite Rennen war dann schon enttäuschender. Im Finale fuhr ich etwas zu entspannt und wurde abgehängt, als eine Windböe seitlich ins Feld fegte und dieses in seine Einzelteile zerlegte.

Nach dem zweiten Rennen teilte sich auch unsere Mannschaft in zwei Teile. Die eine Hälfte sollte den Monat bei Rennen in Südfrankreich verbringen. Die anderen sollten erst eine Woche nach Hause fahren, um dann zu einer Rundfahrt nach Venezuela und Miami zu fliegen, zur Tour of the Americas. Stephen würde jenseits des Atlantiks fahren, und da ich mittlerweile quasi zu seinem Gepäck gehörte, wurde auch ich für die Fernreise ausgewählt. Vorher blieb mir eine Woche in Grenoble. Davis rief mich aus der Redaktion der *Sunday Tribune* an, um zu fragen, wie die ersten Saisonrennen gelaufen waren. Er schlug mir vor, jede Woche ein Renntagebuch für die Zeitung zu schreiben. Ich war mir nicht sicher. Hätte ich die Auftaktrennen gewonnen, hätte ich zweifellos ohne zu zögern abgelehnt. So lagen die Dinge ein bisschen anders. In diesem Jahr hatte ich über Weihnachten mehr Opfer gebracht als jemals zuvor in meiner Karriere, ich hatte härter trainiert als in allen anderen Wintern, ich hatte mir sogar schon in der Vorbereitung Vitamine spritzen lassen. Aber wofür das alles? Ich hatte die beiden Auftaktrennen aufgegeben. Schreiben war meine Chance. Als Radprofi war ich der personifizierte Durchschnitt, und Mitläufer zählten in diesem Gewerbe ebenso wenig wie sonst in der Welt. Man sieht nicht viele Sportgrößen in den Schlangen vor den Arbeitsämtern. Doch diese sind häufig voll von wartenden Mitläufern. Eine wöchentliche Kolumne würde mir vielleicht ein paar Türen in den Journalismus öffnen. Vielleicht konnte ich so verhindern, bald Nummern ziehen zu müssen. Ich nahm Davids Angebot an.

19 Journalist im Rennsattel

Es dauerte nicht lange und schon zweifelte ich, ob meine Zusage richtig war, eine wöchentliche Kolumne für die *Sunday Tribune* zu schreiben. Das erste Renntagebuch war noch ein Klacks gewesen: Die 500 Wörter über die Auftaktrennen in Frankreich konnte ich telefonisch durchgeben. In Venezuela gestaltete sich das Ganze schon schwieriger. Ich hatte nie zuvor einen Fuß auf südamerikanischen Boden gesetzt. Überhaupt war ich erst zweimal in Ländern gewesen, in denen Toiletten und Telefone nicht zu den allgemein üblichen Haushaltsgegenständen gehörten. Venezuela war grauenvoll. Die Hauptstadt Caracas verströmte den Glanz des Reichtums. Doch schon 15 Kilometer weiter, in den Vororten, erlebte ich unglaublichste Armut. Hier waren die Wohngebiete riesige Flächen mit unzähligen, häufig wandlosen Wellblechhütten, die ein zivilisierter Mensch aus der westlichen Welt selbst als Klo verschmäht hätte. Viele der Kinder hatten keine richtige Kleidung an und sich nur ein Stück Sackleinen übergezogen. Ich grübelte darüber nach, wie unmoralisch es war, sich für Radrennen bezahlen lassen, während direkt nebenan Menschen im Elend lebten.

Es war nicht einfach, in Venezuela Rad zu fahren. Die Straßen waren voller Öl und deshalb vor allem im Nassen unglaublich glatt. Benzin war billiger als Wasser. Es war ökonomischer, einen lecken Tank vor sich hin tropfen zu lassen, anstatt ihn zu reparieren. Die Litfasssäulen und Schaufenster waren mit Wahlplakaten übersät. Die Namen der Kandidaten loteten die Grenzen der Glaubwürdigkeit aus. Wie können die Leute ernsthaft jemanden wählen, der sich »*El Tigre*« nennt? Überall lagen tote Hunde herum. Der widerwärtige Gestank verwesender Kadaver erfüllte meine Lungen und verursachte kontinuierlichen Brechreiz. All die grauenhaften Bilder nahmen mich mit, und ich wollte sie in meiner Kolumne schildern. Das Schreiben war kein Problem. Den Text dann auch zu übermitteln schon. Unser Hotel war nicht ans Telefonnetz angeschlossen. Die übliche Vorgehensweise schied also schon einmal aus. Der Übersetzer unserer Mannschaft informierte mich, dass sie im Presseraum ein Faxgerät hatten. Ich hatte noch nie mit einem solchen Kasten hantiert und war überrascht, dass er auch handgeschriebene Dokumente übermitteln konnte. Es war einen Versuch wert. Ich gab dem Übersetzer den Text und bat ihn, diesen in die Redaktion zu faxen.

Der erste Tag der Rundfahrt war ziemlich lang. Die Etappe führte von Valencia nach Caracas. Am zweiten Tag ging es auf einem Rundkurs einen der prächtigen Boulevards der Hauptstadt rauf und runter. Beide Male lief es recht gut. Ich fuhr im wahrsten Sinne des Wortes durchschnittlich. Auch die dritte Etappe sollte auf einem Rundkurs stattfinden, doch als wir uns zum Start aufstellten, sah ich, wie eine Gruppe Demonstranten die Strecke blockierte. Es war das totale Chaos. Und die angespannte Atmosphäre, die in der Luft lag, war der Stoff, aus dem ich meinen Artikel für die *Sunday Tribune* fertigte:

Radrennen boten allerlei Demonstranten in jüngster Zeit eine einfache Zielscheibe, um die Öffentlichkeit auf ihr Anliegen aufmerksam zu machen. Paris–Nizza, der Giro d'Italia, die Tour de France, allesamt erlebten zuletzt Proteste von streikenden Bergarbeitern, von Belegschaften in der Abwicklung befindlicher Werften oder von krisengeschüttelten Bauern.

Solche Proteste gelten längst als akzeptierte Störungen, mit denen unglückliche Rennveranstalter irgendwie zurechtkommen müssen. Die Organisatoren hören zu, erklären sich solidarisch und tun, was sonst erforderlich ist, um die Leute von der Straße zu kriegen.

Als ein Haufen Studenten bei der dritten Etappe der Tour de los Americas dreihundert Meter hinter der Startlinie in Maracay die

Straße blockierte, nahm zunächst niemand Notiz. Doch dann loderte das Feuer... Auf dem Feld direkt neben der langen Zielgeraden standen hohes Gras und verdorrtes Unkraut. Derlei Bewuchs war nur allzu einladend. Die Studenten zückten die Streichhölzer, und binnen weniger Sekunden brannte es lichterloh.

Ein Feuerwehrwagen traf ein und seine Besatzung begann zu löschen. Bald hatte sie den Brandherd unter Kontrolle. Doch als es darum ging, zu wenden, um dem weitergewanderten Feuer zu folgen, gab das dreißig Jahre alte Gefährt seinen Geist auf. Wir wurden Zeuge des suspekten Schauspiels, wie genervte Feuerwehrleute mit Hilfe einiger Zuschauer das Löschfahrzeug die Straße hinunterschoben.

Renndirektor Germain Blanco entschied, dass es Zeit war, einen Deal zu machen. Die Demonstranten waren auf die Straße gegangen, weil die örtliche Polizei am Tag zuvor einen jungen Studenten aus Caracas getötet hatte. *Signor* Blanco sicherte ihnen zu, dass ihr Protest gehört worden war, und bat sie, die Blockade aufzuheben. Die Demonstranten dachten über den Vorschlag nach. Sie entschlossen sich, Blanco als Geisel zu nehmen.

Wir standen mittlerweile fünfzehn Minuten an der Startlinie. Keiner von uns wusste, was dort vor sich ging. Das abgewürgte Feuerwehrauto hatte uns noch Anlass zu großem Gelächter gegeben. Doch immer noch gab es kein Anzeichen, dass ein weiteres Löschfahrzeug im Anmarsch war, als die großen orangefarbenen Flammen immer näher kamen und die Proteste der Studenten an Lautstärke zulegten. Ich begann, mich merklich unwohl zu fühlen.

Stephen Roche unterhielt sich gerade mit Fabio Parra, als eines der Promo-Mädchen in ihren Bikinis vorbeistolzierte. Er griff nach seiner Trinkflasche und versuchte, sie gestenreich abzuspritzen, verfehlte aber sein Ziel.

Stephen traf jemand anderen: einen jungen Polizeibeamten, der die Meute beobachtete, und einen Meter von Stephen entfernt stand. Das kalte Wasser prasselte ihm ins Genick. Das löste einen Alarmknopf in seinem Gehirn aus. Er zückte sein langes Schlachtermesser und drehte sich seinem Angreifer zu.

Stephen bemerkte den Ärger, der dem Mann ins Gesicht geschrieben stand, und das Schwert, das er in der Hand hielt. Seine Gesichtszüge entgleisten. Parra, der als Kolumbianer des Spanischen mächtig war, lieferte dem irritierten Polizisten reaktionsschnell eine Erklärung. Die Bombe war entschärft, doch die Anspannung blieb groß...

Allmählich verließen die meisten Fahrer die Startlinie. Einige kletterten auf die Dächer ihrer Mannschaftswagen, um eine bessere Sicht auf das Spektakel zu haben. Der zweite Feuerwehrwagen war immer noch nicht eingetroffen, als die lodernden Flamen sich rasch dem großen Metallzaun näherten, der das brennende Feld von der Straße trennte – und von uns.

Dann begann das große Rattenrennen.

Sie flitzten unter dem Zaun auf die Straße. Große, kleine, dreckige. Ihr Schiff, der Acker des Unkrauts, war im Begriff zu sinken, und wie es ihre Tradition war, brachten sie sich schleunigst ans sichere Ufer. Nicht alle vermochten, sich zu retten. Einige wurden von Autos überfahren. Anderen wurde von amüsierten Zuschauern der Kopf zertrampelt. Die Venezuelaner sind schon verdammt mutige Kerle...

Und dann flogen die Steine.

Die Studenten malträtierten die Polizisten, die sich ihnen entgegengestellt hatten, mit allem, was sich in die Hand nehmen und werfen ließ. Das war genug. Die Veranstalter – immer noch ohne ihren Renndirektor – sagten die Etappe ab.

Uns wurde gesagt, wir sollten uns aufs Rad schwingen und die fünfzig Kilometer zurück zum Hotel fahren. Wir verließen den unruhigen Ort und die wütenden jungen Menschen. Sie hatten gewonnen. Aber als wir aus der Stadt herausrollten, fragte ich mich schon, welchen Preis sie dafür wohl bezahlten müssten.

Im Peloton, das geschlossen zum Hotel fuhr, war die Laune ausgelassen: »War nett von den Studenten, uns einen Ruhetag zu gönnen.«

Einer schlug gar vor, die Demonstranten mit ins Flugzeug nach Miami zu nehmen, damit sie das Schauspiel dort wiederholen könnten.

Ein Witz nach dem anderen wurde über die Demonstranten gerissen. Niemand schien sich auch nur im Geringsten dafür zu interessieren, dass diese Studenten nur 300 Meter von uns entfernt ihr Leben riskiert hatten. Mir schlug diese oberflächliche Einstellung auf den Magen, obwohl auch ich mich schuldig gemacht habe.

Und natürlich war da noch die Rückfahrt zum Hotel. Wie viele meiner Kollegen bemerkten die Kinder, die in notdürftig aus Säcken zusammengenähten Shorts am Straßenrand standen? Wie vielen war derlei Elend völlig egal? Was war mit mir selbst? Ich weiß es nicht. Ich finde all das verwirrend. Ich fühle mich nicht wohl hier. Urplötzlich kommen mir Radrennen so belanglos vor, als eine reine Zeitverschwendung. Ich bin froh, diesen Ort zu verlassen.

Morgen fliegen wir zu zwei weiteren Rennen nach Miami. Oh ja, Miami. Der frühere Olympiasieger Alexi Grewal nennt Miami die Welthauptstadt der Sünde. Miami ist voller reicher Menschen, schöner Frauen und langer Sandstrände. Ich kann es nicht erwarten.

Mir gefiel der Text. Er erfüllte mich mit einem Schub tiefster Zufriedenheit. Ich hatte das Gefühl, den richtigen Schalter gefunden zu haben. Ich spürte, dass es funktionierte. Ich war mir sicher, etwas abgeliefert zu haben, das mehr als nur durchschnittlich war. Genau diese Tatsache stellte mich so zufrieden. Vielleicht hatte ich ja tatsächlich eine Zukunft als Journalist.

Miami war sauber, sonnig, liebenswert. Hier roch es ganz anders. Es stank nach Geld. Miami strotzte vor Reichtum. Ich hasste die Stadt. Ich kam direkt aus Venezuela hierher. Der allzu brutale Kulturschock überforderte mein Bewusstsein.

Als wir nach Europa zurückkehrten, befand ich mich in guter körperlicher Verfassung. Dennoch fehlte ich im Team für Paris-Nizza. Ich trauerte dem nicht allzu sehr nach und versuchte, in der Woche des Rennens dann halt zu Hause so intensiv wie möglich zu trainieren. Mein nächster Start sollte bei dem französischen Klassiker Mauleon-Moulin (einem *Grand Prix des Chaudières*) sein. Doch am Tag vor der Abreise erhielt ich einen höchst beunruhigenden Anruf.

Am anderen Ende der Leitung war *Monsieur* Navarro, der Teamarzt. Während Paris–Nizza hatte mich die Mannschaft für ein paar medizinische Tests nach Toulouse einfliegen lassen. Dr. Navarro rief mich an, um mir die Ergebnisse mitzuteilen. Er hatte eine Abnormalität meines Herzschlages festgestellt und verbot mir, in Mauleon zu starten.

»Ich kann noch nichts Genaues sagen. Es kann völlig unbedenklich sein. Es kann aber auch bedeuten, dass du den Radsport aufgeben musst.«

Ich war schockiert und verängstigt. Drei Tage später war ich zu weiteren Tests in Toulouse. Vierundzwanzig Stunden lang trug ich ein Aufzeichnungsgerät um meine Brust, das meine Herzschläge mitschnitt. Die Messergebnisse landeten direkt in einem Computer, um von den Ärzten analysiert zu werden. Das Ergebnis: Alles war normal. Bei der ersten Untersuchung war ein Fehler passiert, ich hatte keinerlei Probleme. Ich war mehr als erleichtert. Eine Woche lang hatte ich geglaubt, frühzeitig ins Gras beißen müssen. Doch dann übermannte mich der Ärger. Neun Tage lang hatte ich kein Rad angerührt, drei Wochen lang kein Rennen bestritten und innerhalb der kommenden zwei Wochen war ich auch für keines aufgestellt. Ich war wieder bei null. Die Opfer, die ich den Winter über gebracht hatte, die Form, die ich in Venezuela aufgebaut hatte, alles war für die Katz. Und das alles nur, weil irgendein minderbemittelter Doktor nicht richtig auf seinem Computerbildschirm lesen konnte. Ich hätte flennen können. Und das tat ich auch.

Ich weiß nicht mehr, wie es mir gelang, bei Verstand zu bleiben, während ich daran arbeitete, meine körperliche Verfassung wieder auf Vordermann zu bringen. Meine wöchentlichen Artikel für die *Sunday Tribune* halfen mir auf jeden Fall. Das Gleiche galt für einen Telefonanruf von Stephen. Doch am hilfreichsten war die Unterstützung von Patrick Valke, meinem *Directeur Sportif*. Wie die meisten anderen Teams auch hatte Fagor zwei sportliche Leiter. Pierre Bazzo, ein Ex-Profi, hatte das Sagen, Patrick Valke war sein Assistent. Patrick und Stephen arbeiteten schon ewige Zeiten zusammen. Sieben Jahre lang war Patrick sein Mechaniker. 1987 während des Giro d'Italia hatte sich die Aufgabenverteilung geändert. Die Auseinandersetzung mit Visentini hatte das Carrera-Team in zwei Lager geteilt. Stephen hatte nur zwei Leute auf seiner Seite: Eddy Schepers und Patrick Valke. Eddy unterstützte ihn auf der Straße, Patrick wurde quasi der sportliche Leiter des verbleibenden Zweimannteams. Als Fagor um seine Dienste warb, bestand eine von Stephens Grundbedingungen darin, dass Patrick sportlicher Leiter wurde.

Patricks größter Fehler in diesem Job war sein Mangel an Diplomatie. Er konnte nicht anders, als alle Dinge kompromisslos beim Namen zu nennen. Doch nicht jeder in der Mannschaftsleitung sah es gerne, als Ahnungsloser bezeichnet zu werden. So kam es, dass Patrick noch mitten in der Saison gefeuert wurde. Seine Nachfolge trat Pierre Bazzo an, und das Duo Valke-Roche verbrachte die letzten vier Monate der Saison damit, ihre Liaison mit dem baskischen Elektrohersteller sauber zu beenden. Verträge werden unterzeichnet, damit man sie einhält.

Stephen brauchte eine neue Mannschaft, und Fagor war nicht in der Lage, einen neuen Kapitän von Roches Kaliber zu verpflichten. Also entschieden beide Seiten, es auch 1989 noch einmal miteinander zu versuchen. Patrick wurde wieder als Sportdirektor eingesetzt, doch diesmal als Bazzos Assistent. So entwickelte sich ein großes Problem: Die beiden hassten einander. Das Team gleich zu Saisonbeginn in zwei Mannschaften zu teilen, war Glück im Unglück. Bazzo und Valke sahen einander nicht. Vorübergehend schien das Zweckbündnis zu halten.

Ich startete die Saison ohne Vorbehalte gegenüber Bazzo. Das hielt nicht lange an. Nach dem vermeintlichen Herzfehler brauchte ich unbedingt Rennpraxis, doch Bazzo kümmerte sich einen Scheißdreck. Ich gewann den Eindruck, dass er mich am liebsten für den Rest der Saison zu Hause gelassen hätte. Ich war der Überzeugung, dass er mich nicht schätzte und nicht bereit war, mir eine faire Chance zu geben. Einer der Mechaniker erzählte mir einmal, dass es zu Bazzos Gewohnheiten gehörte, mich und andere Teamkollegen hinter unserem Rücken zu beschimpfen. Ganz gleich, ob das stimmte: Jetzt hatte Bazzo bei mir komplett verschissen. Nie wieder rief ich ihn an, um ihn nach irgendetwas zu fragen. Unsere Gespräche beschränkten sich auf »Hallo« und »Tschüss«. Und selbst das kostete Überwindung.

Glücklicherweise hatte ich Patrick. Er sorgte dafür, dass ich in Belgien Rennen fahren konnte und unterstützte mich, wo er konnte. Anfangs fand ich nur sehr, sehr langsam wieder zu Form. Aber die Rennen hielten mich auf Trab, und Schritt für Schritt fühlte ich mich besser. Bei den Vier Tagen von Dünkirchen bestritt ich meine erste echte Rundfahrt in der ganzen Saison. Stephen gewann eine Etappe und wurde im Gesamtklassement Dritter. Er war gut in Form. Also entschloss er sich, diese auch beim Giro d'Italia zu testen. Ich war den Giro nie gefahren und fragte Patrick, ob es für mich einen Platz in der Mannschaft geben würde. Ich wusste: Italien würde alles entscheiden. Mit einer guten Leistung dort wäre ich auch bei der Tour dabei. Würde ich es nicht bringen, wäre ich am Ende. Einmal mehr musste ich meine Grenzen austesten, um zu sehen, ob ich es drauf hatte. Am 19. Mai flogen wir nach Palermo auf Sizilien.

20 Giro d'Italia

Sonntag, 21. Mai 1989
1. Etappe: Taormina – Catania (123 Kilometer)
Etappensieger: Jean-Paul van Poppel (Niederlande)
Rosa Trikot: Jean-Paul van Poppel

Die Italienrundfahrt, das zweitgrößte Etappenrennen der Welt. Drei Wochen Radsport, 3.709 Kilometer im Rennsattel. Ich war nervös vor dem Start. Dies ist nicht irgendein austauschbares Radrennen: Der Giro ist ein Monument, eine Legende. Und ich bin dabei, um Teil der Geschichte zu werden. Beim Start heute Morgen in Taormina hatte ich das Gefühl, in ein großes Abenteuer aufzubrechen. Gott weiß, was vor mir liegt. Nur Gott weiß, wie weit ich kommen werde.

Die erste Etappe – ein kurzer Tagesabschnitt über 123 Kilometer – entsprach dem Auftakt aller großen Rundfahrten. Alle waren hochgradig nervös, es gab einen Sturz nach dem anderen. Alle wollten vorne fahren, um derlei Gefahren aus dem Weg zu gehen. Aber auch aus einem anderen Grund: Die erste Etappe eröffnet wirklich allen Fahrern im Peloton die Chance, wenigstens für ein paar Sekunden und Meter einmal die Führung im Giro d'Italia zu übernehmen. Ich war mir dieser Tatsache bewusst, als ich an die Spitze fuhr. Das könnte ich meinen Enkeln später erzählen: »Der Tag, an dem Opa die Italienrundfahrt anführte«. Für eine Auftaktetappe lief es ganz okay, sieht man einmal von den Schlussrunden in Catania ab, die wirklich verdammt schnell waren. Irgendein bekloppter italienischer *Gregario*, wie die Gastgeber des Giro ihre Domestiken nennen, fuhr drei Runden vor Schluss in mich hinein. Beinahe wären wir beide zu Fall gekommen. Der Bastard war dann noch so unverschämt, mich zu beschuldigen, dass ich ihn bedrängt hätte. Er war klein, dunkelhaarig und sehr hässlich. Mir war danach, ihn zurück zu beschimpfen. Fast wäre es zu Handgreiflichkeiten gekommen. Typisch Italiener: Zu Hause fühlen sie sich stark.

Als wir im Ziel waren, kam ein Journalist auf mich zu. Mein Gesicht war verschwitzt und fast schwarz von all dem aufgewirbelten Staub sizilianischer Landstraßen. Meine Lungen pumpten noch von der Anstrengung, die mir der Zielsprint abverlangt hatte. Doch als er mich ansah, sagte er nur kühl und lapidar: »Oh, ich schätze mal, heute war nur ein leichter Aufgalopp.«

Ich blickte ihn an. Ich dachte ernsthaft darüber nach, ihm zu sagen, er solle sich mal schleunigst verpissen. Glücklicherweise erinnerte ich mich noch an Roches Worte und entschied mich, Diplomatie walten zu lassen: »Ja, ich schätze schon.«

Montag, 22. Mai
2. Etappe: Catania – Ätna (132 Kilometer)
Etappensieger: Acacio da Silva (Portugal)
Rosa Trikot: Acacio da Silva

Heute endete die Etappe mit dem Anstieg zum berühmten Vulkan. Als Kind hatte er mich in Angst und Schrecken versetzt, dieser Feuer spuckende Berg. Ich hatte mir ausgemalt, wie er ausbrach und seine Lava über das Meer strömte. Bis zu unserer Haustür in der Kilmore Avenue.

Auch diese Etappe war kurz, nur 132 Kilometer, aber wegen des Schlussanstiegs richtig schwer. Ich versäumte es, während des Rennens genug zu trinken. Im Berg war ich dann dehydriert. Und das war schade, hatte ich doch eigentlich gute Beine. So aber verlor ich drei Minuten auf den Etappensieger Acacio da Silva und kroch beinahe auf Händen und Füßen ins Ziel, als ein zerkochtes Stückchen Elend. Anderen ging es noch schlechter als mir. Greg LeMond lag noch Kilometer hinter mir und litt fürchterlich.

Bevor ich im Ziel in den Mannschaftswagen stieg, steckte ich mir noch einen Brocken Lavagestein als Souvenir ein. Ich werde ihn mit nach Hause in die Kilmore Avenue nehmen und einen weiteren Kindheitstraum wahr werden lassen.

Dienstag, 23. Mai
3. Etappe: Villafranca – Messina (32,5 km Mannschaftszeitfahren)
Etappensieger: Ariostea
Rosa Trikot: Silvano Contini (Italien)

Der Tag des Mannschaftszeitfahrens wurde für mich zum mittelschweren Desaster. Ich hatte mich von den Anstrengungen des gestrigen Tages noch nicht wieder erholt und fuhr fast nur am Ende des Teams. Doch die Kollegen waren ziemlich stark, und wir beendeten die Etappe als Zehnte. Dusche und Umkleide waren in einem Hotel neben dem Zielstrich, das auch das Pressezentrum beherbergte. Das Klappern der Schreibmaschinen und der Anblick sich grübelnd den Kopf kratzender Journalisten faszinierten mich. Werde ich im nächsten Jahr einer von ihnen sein? Sobald wir umgezogen waren, setzten wir mit der Autofähre auf das italienische Festland über. Ich hatte erwartet, dass es hier ein bisschen besser aussehen würde. Das Gegenteil war der Fall. Hier war alles noch ärmer und dreckiger.

Mittwoch, 24. Mai
4. Etappe: Scilla – Cosenza (204 Kilometer)
Etappensieger: Rolf Järmann (Schweiz)
Rosa Trikot: Silvano Contini

Ein toller Tag. Fünfzehnter bei einer Giro-Etappe. Ich habe mich endlich mal wieder selbst in Verzückung versetzt. Es ging den ganzen Tag nur rauf und runter, rauf und runter. Eine richtig harte Etappe also. Ich mag solche Kurse. Insbesondere im Finale war ich stark unterwegs und konnte mehrfach Löcher für Stephen zufahren. Für mich selbst hätte es noch besser laufen können. Aus der letzten Spitzkehre kam ich im Windschatten von Da Silva heraus, für den zwei Mannschaftskameraden den Sprint anzogen. Guter Gott, ich konnte es nicht glauben, das war wie Weihnachten und Ostern an einem Tag, ein Spaziergang zum Zielstrich. Ja, das ist es, Paul, du wirst das Ding hier gewinnen. Aber dann, 300 Meter vor dem Ziel, fuhr ein riesiger italienischer Bastard seinen Ellbogen aus und drängte mich aus Da Silvas Windschatten. Ich hätte dagegenhalten, ihn zurückstoßen sollen. Aber wir fuhren mit 60 Kilometern pro Stunde, und bei dem Tempo fehlte mir der Mut für ein Scharmützel. Sobald ich das Hinterrad verloren hatte, war ich im Nu eingekeilt und wurde peu à peu auf den fünfzehnten Platz durchgereicht. Der Italiener mit den starken Ellbogen legte sich auf die Fresse, als wir die Linie passierten, und scheuerte sich den Arsch blutig. Ich kann nicht unbedingt behaupten, dass ich Mitleid mit ihm hatte.

Donnerstag, 25. Mai
5. Etappe: Cosenza – Potenza (275 Kilometer)
Etappensieger: Stefano Giuliani (Italien)
Rosa Trikot: Silvano Contini

Mein Flirt mit dem Journalismus gerät allmählich außer Kontrolle. Ich glaube nicht, dass ich jemals nach einer Etappe so müde war wie heute. Dennoch bleibt mir keine Zeit, mich auszuruhen. Ich muss noch die letzten Seiten meiner wöchentlichen Kolumne tippen, um sie morgen in die Redaktion zu faxen. Angesichts meiner völligen Erschöpfung ist es die reinste Pein. Meine Augen fallen mir immer wieder zu, nie habe ich so viele Fehler gemacht. Heute morgen sind wir um sechs aus den Federn. Schließlich stand mit angeblich 275 Kilometern der längste Tagesabschnitt an. Doch Vincente Torriani, der Veranstalter, hatte sich verrechnet. Eigentlich war die Etappe sogar 290 Kilometer lang. Und nach der Zieldurchfahrt mussten wir dann noch eine Stunde mit dem Auto fahren, bis wir endlich im Hotel waren. Die dortigen Duschen hatten zu allem Überfluss kein warmes

Wasser. Ich schätze mal, heute habe ich alles Recht der Welt, mich ein wenig ungerecht behandelt zu fühlen. Wir leiden wie Hunde und werden behandelt wie Hunde. Das alles für ein bisschen Geld und etwas Ehre. Bin ich verrückt? Wenigstens fahre ich weiterhin relativ gut und hoffe, das wird so bleiben. Mit Patrick als *Directeur Sportif* stimmt auch die Moral im Team. Ich komme wirklich gut mit ihm klar, auch wenn er mitunter durchaus ein gnadenloser Bastard sein kann.

Freitag, 26. Mai
6. Etappe Potenza – Campobasso (223 Kilometer)
Etappensieger: Stefan Joho (Schweiz)
Rosa Trikot: Silvano Contini

Irgendein mieses italienisches Arschloch hat heute gleich am Start angegriffen. Die ersten fünf Kilometer ging es bergauf, und seine Attacke zerfledderte das Peloton in zig Einzelteile. Bevor ich wusste, was geschah, kamen mir die drei Tassen kolumbianischen Kaffees, die ich vor dem Start runtergekippt hatte, wieder hoch. Meine noch vom gestrigen Marathon schmerzenden und verspannten Muskeln brauchten ihre Zeit, bevor sie richtig ansprachen. Der ganze Anstieg war eine einzige Hölle. Er war der König des schlechten Geschmacks. Dieses Rennen fängt an zu nerven. Wo war der Giro der Legenden, in dem die Fahrer fünf Stunden gemütlich ihre Witze rissen und dann zwei Stunden richtig Rennen fuhren?

Mit dem Fax hat alles geklappt. Ich habe es dem englischen Journalisten John Wilcockson gegeben, der es heute Abend aus dem Pressezentrum losschickt. Es mag verrückt klingen, aber die Ungewissheit, ob mit meinen Artikeln wirklich alles rund läuft, belastet mich. Eigentlich sollte mir derlei keine Sorgen bereiten. Und doch bin ich zutiefst beunruhigt. Es würde mich umbringen, wenn der Text nicht rechtzeitig in der Redaktion wäre. Langsam frage ich mich auch, ob dies nicht meine neue Motivation geworden ist, das Rennen zu Ende zu fahren. Wenn ich aussteige, kann ich nicht mehr schreiben. Und mittlerweile scheine ich auch die Phase erreicht zu haben, wo mir es richtig Spaß macht, Journalist zu spielen.

Heute bin ich nicht mehr so gut gefahren und im Finale etwas eingebrochen, als eine lange Seitenwindpassage das Peloton zerteilte. Das konnte mich nicht wirklich überraschen. Die beiden letzten schweren Etappen hatten ihren Tribut gefordert. Silvano verabreicht mir regelmäßige Vitaminspritzen. Eine, manchmal zwei an jedem Abend. Langsam fühlt sich mein Hintern an wie eine Dartscheibe. Glücklich bin ich darüber nicht. Es trifft mich, dass ich mich jeden Abend pieksen lassen muss, nur um zu überleben.

Samstag, 27. Mai
7. Etappe: Isernia – Rom (208 Kilometer)
Etappensieger: Urs Freuler (Schweiz)
Rosa Trikot: Silvano Contini

Dieser Sport ist der reinste Schwachsinn. Wir kommen in die vielleicht schönste Stadt der Welt und haben nicht die Zeit, sie uns anzusehen. Das Ziel war direkt neben dem Kolosseum, aber der Sprint war so rasant, dass ich keine Chance hatte, einmal nach links zu blicken. Auf dem Weg zum Hotel kamen wir am Vatikan vorbei, ohne dass Zeit blieb, uns zumindest den großen Platz vor dem Petersdom anzuschauen. Das Hotel war die nächste Enttäuschung. Es glich mehr einer Fabrik denn einer Herberge: zu viele Teams waren dort abgestiegen, ganz zu schweigen von den Busladungen mit Touristen. Wir mussten eine Stunde warten, bis endlich das Abendessen serviert wurde. Und dann stellte sich heraus, dass es der Fraß nicht wert war. Morgen ist ein großer Tag: Die erste Bergetappe steht an.

Sonntag, 28. Mai
8. Etappe: Rom – Gran Sasso d'Italia (183 Kilometer)
Etappensieger: John Carlsen (Dänemark)
Rosa Trikot: Erik Breukink (Niederlande)

Heute endete die Etappe auf dem Gipfel des Gran Sasso d'Italia, des Großen Steins von Italien. Der Start war wiederum schnell, aber meine Beine waren gut, und ich hatte nie das Gefühl, in Schwierigkeiten zu kommen. Nach 65 Kilometern gab es auf einer langen Gegenwindpassage eine Reihe heftiger Attacken. Das Feld zerfiel in mehrere Gruppen. Auf einmal lag Stephen in schlechter Position, doch ich konnte ihn in den Windschatten nehmen und alle Löcher zufahren. Das gab mir dieselbe Genugtuung, als hätte ich die Etappe gewonnen. Bis zum Schlussanstieg wich ich nicht von seiner Seite. Drei Kilometer vor dem Ziel verlor ich dann den Anschluss an die Spitzengruppe. Es war ein hervorragender Tag für das Team: Unser Däne John Carlsen gewann die Etappe. Abends gab es zur Belohnung Champagner und ein zusätzliches Dessert. Die Stimmung war ausgelassen. Unter der Leitung von Patrick arbeitet die ganze Mannschaft gut zusammen. Alle schuften für Stephen, der immer noch gute Chancen hat, die Rundfahrt zu gewinnen. Seit Beginn des Giros teile ich das Zimmer mit ihm. Ich liebe es. Mit einem solchen Champion zusammenzuwohnen, verleiht mir zusätzliche Motivation: Ich teile seine Sorgen, ich träume seine Träume, ich durchlebe die Etappen selbst noch einmal so, als würde ich vorne liegen.

Montag, 29. Mai
9. Etappe: L'Aquila – Gubbio (221 Kilometer)
Etappensieger: Bjarne Riis (Dänemark)
Rosa Trikot: Acacio da Silva

Im Kriechgang nach Gubbio. Genau das war es, was ich heute tat: Ich kroch. Es war ein schlechter Tag, ein richtig schlechter Tag. Es schien, als hätte ich gestern zu viele Reserven verbraucht, sodass heute nichts mehr übrig war. Schon im ersten Anstieg nach gerade einmal acht Kilometern brach ich ein und fuhr den ganzen Tag lang in einer großen Gruppe von Nachzüglern, die hinter der Spitze herhetzten, um im Zeitlimit zu bleiben. Der Anstieg war furchtbar. Es war so unglaublich heiß. Ich hatte das Gefühl, mein Kopf würde explodieren. Der Teer lief wie Wasser die Straße herunter. Die Reifen klebten am Asphalt. Es kam mir vor, als führe ich durch einen Sumpf. Die Hitze machte mich fertig. Zum ersten Mal dachte ich darüber nach, das Rennen aufzugeben. Dass ich weitergefahren bin, entledigt mich nicht der Sorgen. Die Grenze zwischen Drinbleiben und Rausfliegen ist mitunter dünn. Es macht mir Angst. Ich möchte dieses Rennen unbedingt zu Ende fahren, aber Hitze und Steigungsprozente können die stärkste Entschlossenheit dahinschmelzen lassen. Heute bin ich haarscharf an der Grenze vorbeigeschrammt.

Nach dem Ende der Etappe mussten wir noch ewig bis zum Hotel fahren. Ich saß in einem Auto mit Robert Forest und Laurent Biondi. Beide waren stark gefahren und zwitscherten die ganze Fahrt wie zwei Spatzen. Sie wussten, dass ich einen schlechten Tag gehabt hatte. Das steigerte ihre gute Laune zweifellos noch zusätzlich. An ihrer Stelle hätte ich mich sicherlich genauso verhalten, also nehme ich es ihnen nicht übel. Es ist nur so absurd: Erwachsene Männer benehmen sich wie Kinder und freuen sich, gegenüber einem Rivalen ein paar Punkte gut gemacht zu haben. Aber wie schon gesagt, ich wäre nicht anders.

Dienstag, 30. Juni
10. Etappe: Pesaro – Riccione (36,8 Kilometer Zeitfahren)
Etappensieger: Lech Piasecki (Polen)
Rosa Trikot: Erik Breukink

Was für ein wunderbarer Ort. Unser Hotel steht nur fünfzig Meter vom wundervollsten Strand entfernt, den ich jemals gesehen habe (auch, wenn meine derzeitige Lage eine objektive Einschätzung trüben mag). Das Problem nur: Wir können ihn nicht nutzen. Auf jeden Fall bleibt die Aussicht von der Terrasse überwältigend. Nackte Brüste und Tangas. Unser sexueller Frust steigert sich ins Unermessliche. Die Mechaniker lassen es sich richtig gut gehen: Sobald ihre Arbeit getan ist, steuern sie die Stadt an. Für eine lange Nacht. Und dann beim morgendlichen Frühstück durchleben sie mit

Wonne noch einmal ihre lustvollen Beutezüge. Im Hotel gegenüber sonnten sich zwei ältere Frauen nackt auf ihrem Balkon. Mir war es zu peinlich, hinzusehen, aber Patrick holte die ganze Bande auf unser Zimmer. Die versammelte Mannschaft starrte zunächst ungläubig, um dann allerlei Obszönitäten hinüberzurufen.

Die 36 Kilometer über die kurvenreiche Küstenstraße waren eine harte Prüfung. Aber ich genoss sie. Ich fuhr mit angezogener Handbremse, gab vielleicht 80 Prozent, und holte dennoch einen Russen vom Team Alfa Lum ein, der drei Minuten vor mir gestartet war. Ich hätte nie gedacht, dass einmal der Tag kommen würde, an dem ich Russen im Zeitfahren einholen konnte. Die freie Zeit am Nachmittag nutzte ich, um meine Sachen zu waschen und einen Teil des Artikels für Sonntag zu schreiben.

Stephen ist im Gesamtklassement auf den zweiten Platz hinter dem Holländer Erik Breukink vorgerückt. Mit seiner Leistung ist er zufrieden. Doch sein Rücken bereitet ihm ziemliche Schmerzen. Sein Arzt ist mit einem Privatjet eingeflogen, um ihn zu untersuchen. Er war gerade aus Wimbledon zurückgekehrt, wo er einen anderen Patienten behandelt hat: Boris Becker. Roche macht keine halben Sachen.

Die Nacht war anders als sonst. Nachdem wir das Licht ausknippsten, unterhielten wir uns noch mehr als eine Stunde lang darüber, ob und wie er das Rennen gewinnen kann. Das ist eine ganz neue Erfahrung, die mich begeistert und motiviert – zu arbeiten, um den Giro zu gewinnen. Heute hat Stephen unter Beweis gestellt, dass er alle Chanen hat. Ich muss bis zum Ziel immer an seiner Seite bleiben. Ich möchte sein Leutnant sein.

Mittwoch, 31. Mai
11. Etappe: Riccione – Mantua (244 Kilometer)
Etappensieger: Urs Freuler
Rosa Trikot: Erik Breukink

Irgendwann im Laufe der Nacht hatte sich das gute Wetter in Riccione aus dem Staub gemacht. Als wir morgens aufwachten, regnete es aus einem verfinsterten Himmel. Noch bevor wir die Außenbezirke der Stadt verlassen hatten, waren wir nass bis auf die Knochen. Die 240 Kilometer fuhren wir durch einen nicht enden wollenden Regenguss. Meine Laune fügte sich nahtlos in die trübe Umgebung ein. Ich hasse es, im Regen Rennen zu fahren. Alles wird so unbequem. Das Spritzwasser von den Hinterrädern füllt deine Augen mit jeder nur erdenklichen Art von Schmutz. Die kalte Nässe peinigt jede einzelne Hautpore. Wenn es in Wimbledon regnet, ziehen sie eine Plane über den Platz, und die Leute machen es sich bei einem Tee gemütlich. Wir Radsportler waren schon immer die Landstreicher der Sportwelt: Werf' uns einen Heiermann in die Trikottasche, und wir machen alles, was du willst.

Heute war einer der seltenen Tage, an denen ich gestürzt bin. Es passierte dreißig Kilometer vor dem Ziel. Das Tempo war hoch, alle kämpften um die guten Positionen im Feld. Irgendwer berührte ein Hinterrad, sodass alle hinter ihm bremsen mussten. Doch angesichts der Nässe griffen die Bremsbeläge nicht richtig, und dreißig von uns fuhren in den armen Kerl. Ich habe mich glücklicherweise nicht verletzt. Nur ein paar Schnitte und Kratzer. Es war halt einer dieser Tage, die du am besten schnell vergisst.

Donnerstag, 1. Juni
12. Etappe: Mantua – Mira (148 Kilometer)
Etappensieger Mario Cipollini (Italien)
Rosa Trikot: Erik Breukink

Heute gab es schon wieder einen Sturz, und der war viel schwerwiegender als gestern. Es passierte hundert Meter vor dem Ziel bei mehr als sechzig Kilometern pro Stunde. Mindestens sechs Fahrer kamen zu Fall. Überrascht hat es mich nicht, so verrückt, wie die Bastarde hier fahren. Drücken, schieben, Ellbogen ausfahren: Meine Erfahrungen in Cosenza hatten mich gelehrt, dass sich nur die besonders Mutigen und Dummen auf einen Sprint mit Italienern einließen. Der Sturz sah ziemlich böse aus. Insbesondere den Dänen

Rolf Sörensen hat es schwer erwischt. Als ich an ihm vorbeifuhr, lag er am Absperrgitter, das Blut strömte nur so aus seinem Kopf heraus. Ein Rennbeamter musste eingreifen, damit er nicht seine Zunge verschluckte. Dann brachten sie ihn umgehend ins Krankenhaus. Erst solche Bilder erinnern einen wieder daran, welche Risiken wir in diesem Sport in Kauf nehmen. Ich fragte Stephen, ob es ihm ähnlich erginge. Er nickte. Aber dann verdrängst du es wieder. Es geht nicht anders. *C'est la vie.*

Morgen fahren wir in die Dolomiten hinein, die das Rennen entscheiden werden. Wieder steht eine Bergankunft auf dem Programm. Es geht zu den drei Gipfeln von Lavaredo. Es heißt, dieser Anstieg sei unglaublich steil.

Freitag, 2. Juni
13. Etappe: Padua – Tre Cime de Lavaredo (207 Kilometer)
Etappensieger: Luis Herrera (Kolumbien)
Rosa Trikot: Erik Breukink

Auf halber Strecke der 207 Kilometer langen Etappe begann es zu regnen. Je näher wir den Bergen kamen, desto heftiger schüttete es. Der Lavaredo war tatsächlich genauso steil, wie gemunkelt wurde. Wir litten höllisch. Kurz vor dem Gipfel verwandelte sich der Regen in Graupel, dann in Schnee. Als wir von den Rädern stiegen, waren wir schockgefrostet. Jemand geleitete mich in die Küche eines Hotels an der Ziellinie. Dort bekam ich einen Kübel warmes Wasser und heißen Tee. Ich war fast fertig mit dem Waschen, als Greg LeMond hereinkam. Ich hatte ihm am Fuß des Anstiegs überholt. Bei ihm ging gar nichts zusammen. Er zitterte und machte keine Anstalten, seine Schuhe und Socken auszuziehen, bevor er in den Wasserkübel stieg. Er sprach aus, was alle dachten.

»Mein Gott, was für ein schrecklicher Tag.«

Stephen war am Abend etwas enttäuscht. Er hatte Zeit auf Breukink eingebüßt. Er denkt darüber nach, morgen alles auf eine Karte zu setzen und den Fehdehandschuh zu werfen. Alles oder nichts. Eine Attacke, mit der er das Rennen gewinnt oder verliert. Denn morgen hat die Rundfahrt ihr bisher heftigstes Rendezvous mit dem Hochgebirge. Die Etappe ist zwar nur 130 Kilometer lang, aber es geht über fünf Pässe.

Samstag, 3. Juni
14. Etappe: Misurina – Corvara (131 Kilometer)
Etappensieger: Flavio Giupponi (Italien)
Rosa Trikot: Laurent Fignon

Wenn ich an die hunderttausende von Kilometern denke, die ich gefahren bin, seit mein Da' mir mein erstes Rennrad schenkte, werden mir die 130 zwischen Misurina und Corvara immer am stärksten im Gedächtnis bleiben. Ich erinnere mich an jeden einzelnen Kilometer, jeden einzelnen Meter. Dieser Tag war unglaublich.

Am Morgen der Etappe war es bewölkt, aber noch trocken. Doch jeder wusste, dass der Regen kommen würde. Ich fragte Silvano nach einem Koffeinzäpfchen. Nur als Versicherung für den Notfall. Als wir uns zum Start aufstellten, fielen die ersten Tropfen. Die meisten Fahrer drehten sofort um und eilten zu ihren Teamfahrzeugen, um zusätzliche Kleidung zu holen. Ich streifte ein paar wollene Armlinge über, konnte aber meine Handschuhe nicht finden. Ich hatte sie im Hotel vergessen. Bevor ich wieder aus dem Auto sprang, zog ich die Folie des Koffeinzäpfchens ab und führte es mir ein. Es waren nur noch fünf Minuten bis zum Start und ich hoffte, dass Zeug könnte unmittelbar seine Wirkung tun. Ich brauchte einen Aufzug. Page, einen Aufzug, schnell!

Sunday Tribune
11. Juni 1989

Wie soll man einen Tag wie den heutigen erklären? Dieser Tag war so komplett anders als all die anderen, die ich im Laufe der sechzehn

Jahre erlebt habe, in denen ich Radrennen fahre. Die 130 Kilometer lange Etappe von Misurina nach Corvara war eine der kürzesten der ganzen Rundfahrt. Aber mit fünf Bergen, die zu überwinden waren, versprach sie auch eine der härtesten zu werden. Sie hielt ihr Versprechen.

Als wir auf den Marmolada zufahren, den dritten und schwersten Anstieg des Tages, gehöre ich zu einer vierzigköpfigen Gruppe, die bereits zehn Minuten hinter der Spitze liegt. Seit dem Start hat es geregnet. Ich versuche die Passhöhe auszumachen, kann sie aber nicht sehen. Ein Haufen bösartiger schwarzer Wolken verhängt den Gipfel.

Ein imposantes Gewitterdonnern macht uns die Gefahren bewusst, die auf uns warten. Aber wir klettern weiter. Der kalte Regen verwandelt sich in Graupel und dann zehn Kilometer vor der Passhöhe in Schnee. Hunderte von Zuschauern verlassen ihre lauschigen Plätze im Auto, um uns anzufeuern.

Zweitausend Höhenmeter über dem Meer halte ich an, um meine Regenjacke aus der Trikottasche zu holen. Eine Gruppe von Tifosi umringt mich. Einer hält mir mit seinem Schirm die Schneeflocken vom Leib. Ein anderer gibt mir ein Stück Zeitung, um es unter mein Trikot vor die Brust zu klemmen. Dann fahre ich wieder los, und ihre Rufe erwärmen mich, während ich mich aufmache zu meinem Kalvariengang.

Man sollte wissen, dass es kein wirkliches Problem ist, bei Schnee einen Berg hochzufahren. Bei 175 Herzschlägen pro Minute erzeugt dein Körper genug Wärme, um dem schlimmsten Wetter zu trotzen. Das Verhängnis nimmt erst seinen Lauf, wenn du auf der anderen Seite wieder hinunterfährst.

Auf der Abfahrt spielt die physische Anstrengung keine Rolle mehr. Es geht nur noch um die mentale Konzentration, im richtigen Moment zu bremsen und zu steuern. Der Puls sinkt und dein Körper produziert nicht länger die notwendige Hitze. Binnen Minuten sonderst du keinen Schweiß mehr ab, sondern schlotterst furchtbar vor Kälte.

Der Schneefall ist so dicht, dass er allmählich die Ritzel am Hinterrad verstopft und die Kette anfängt zu springen. Man kann kaum etwas sehen. Unsere Gruppe ist auseinander gefallen. Jeder fährt für sich allein ab.

Kälter, immer kälter wird mein Körper. Die Beinmuskulatur verhärtet sich, die Arme fangen an zu vibrieren. Ich trage keine Handschuhe. Sie waren das Letzte gewesen, was ich vor der Abreise zum Rennen in den Koffer gepackt hatte. Aber heute habe ich sie im Hotel liegen gelassen. Meine Hände frieren allmählich am Lenker fest. Es fällt mir immer schwerer zu bremsen.

Ich überhole meinen jungen französischen Teamkollegen Francis Moreau. Er krümmt sich am Straßenrand, um seine Hände zu wärmen. Er schaut mich an, als ich vorbeifahre. Seine Augen sagen mir, dass er genug hat.

Ich bekomme es mit der Angst zu tun. Ich schreie so laut ich kann, um mich selbst anzutreiben. Aber es wird immer schwieriger, an den Bremshebeln zu ziehen. Ich fahre an den Straßenrand, um anzuhalten.

Ich schüttele meine Arme und Finger, behauche sie mit eisigem Atem, um sie zu wärmen. Die Kälte ist mir in die Blase gestiegen. Ich muss urinieren. Beinahe überrascht sehe ich zu, wie von der gelben Flüssigkeit, die meinen Körper verlässt, Dampf aufsteigt. Ich halte meine Finger in den warmen Strahl, um sie aufzutauen.

Ich verstehe immer noch nicht, warum ich es nicht wie Moreau gemacht habe und in den warmen Mannschaftswagen eingestiegen bin. Die Bedingungen sind schlichtweg unmenschlich. Kein *Directeur Sportif* dieser Welt kann einen Fahrer kritisieren, der an einem solch grauenvollen Tag aufgibt.

Aber Roche ist vorne dabei. Was ist, wenn er die Führung übernimmt? Aber auch das ist nicht der Grund, warum ich weiterfahre. Ich nehme an, dass es diese besondere Herausforderung ist, die mich antreibt. Nur der Stärkste überlebt. Das spricht die kannibalistischen Instinkte an, die irgendwo in mir stecken. Absurd, oder?

Ich bin so glücklich, als ich im Tal ankomme. Die verbleibenden beiden Anstiege des Tages werden nicht mehr allzu schwer sein. Es ist eine Gnade, wieder klettern zu dürfen und etwas Wärme zu produzieren. Alsbald beginnt mein Mund zu zucken. Bis zur Hälfte des Anstiegs winsele ich vor Schmerz wie ein Köter. Dann wird mir langsam wärmer. Unser Teamwagen fährt neben mich. Der Mechaniker klebt zwei Verpflegungsbeutel um meine Hände. Das macht die beiden letzten Abfahrten des Tages deutlich erträglicher.

Ich passiere die Ziellinie dreiunddreißig Minuten nach dem Etappensieger Flavio Giupponi. Als wir im Hotel ankommen, gibt es wieder einmal kein warmes Wasser. Nun, wie soll auch nach einem Tag wie heute irgendjemand auf die Idee kommen, warmes Wasser zu verlangen? Es ist mir egal. Ich schlüpfe mit meinen dreckigen Beinen einfach in eine Trainingshose und sage: »Für das Abendessen braucht ihr mich nicht zu rufen. Weckt mich einfach morgen früh und setzt mich auf mein Rad.«

Am Abend durchströmen mich Glücksgefühle. Zehn Fahrer haben die Etappe aufgegeben. Zwanzig sind außerhalb des Zeitlimits ins Ziel gekommen, dürfen wegen der Wetterbedingungen aber weiterhin im Rennen bleiben. Ich habe überlebt. Ich bin ein Kannibale.

Sonntag, 4. Juni
15. Etappe (a): Corvara – Trient (131 Kilometer)
Etappensieger: Jean-Paul van Poppel (Niederlande)
15. Etappe (b): Trient – Trient (83,2 Kilometer)
Etappensieger: Lech Piasecki
Rosa Trikot: Laurent Fignon

Eine geteilte Etappe. Zum Frühstück gab es eine Kletterpartie über den Val-Gardena-Pass, eine lange Abfahrt und ein paar flache Straßen auf dem Weg nach Trient. Auf dem Val Gardena schneite es heftig. Die Leiden des gestrigen Tages wiederholten sich, auch wenn es heute nicht ganz so schlimm war – wir hatten uns diesmal vorbereitet. Beim Start der Etappe hatte ich so viel Klamotten an, dass ich aussah wie das Michelin-Männchen. Aber selbst das genügte nicht, auf der Abfahrt fror ich erneut ein. Koffein hatte ich nicht dabei. Gestern hatte sich mein Herz beim ersten Anstieg angefühlt, als würde es im nächsten Moment aus meinem Brustkorb springen. Aber anschließend war die Wirkung verpufft, und ich begann, mich krank zu fühlen.

Sie mussten uns nicht unbedingt über den Val Gardena fahren lassen. Nichts wäre leichter gewesen, als die Etappe um den Berg herumzuführen. Aber die furchtbaren Wetterbedingungen des gestrigen Tages hatten dem Rennen viel Publicity beschert, also hielten sie auch heute am geplanten Kurs fest. Es ist reine Ironie: Val Gardena ist besser bekannt als Austragungsort im alpinen Ski-Weltcup. Doch bei einem Wetter wie diesem wäre jedes Skirennen abgesagt worden. Als wir die Abfahrt in Richtung Trient in Angriff nehmen, verwandelte sich der Schnee in Graupel und dann in Regen. Es war nicht gerade ein guter Tag, um Radprofi zu sein.

Das Wetter änderte sich. Beim nachmittäglichen Rundstreckenrennen um die Stadt war es warm und sonnig. Ich fühlte mich ziemlich kaputt, als ich zum Start rollte. Doch eine irische Stimme aus der Zuschauermenge ließ mich aufhorchen. Sie gehörte der Cousine meiner Frau, die in Mailand lebte. Da Sonntag war, hatte sie die Gelegenheit genutzt und war mit dem Zug gekommen, um das Rennen zu sehen. Ich erzählte ihr vom Schnee und von den grauenvollen Bedingungen am Vormittag, aber irgendwie kam es nicht bei ihr an. Sie sah nur voller Faszination auf all die bunten Trikots und das Sonnenlicht, das sich in den blanken Speichen spiegelte.

»Es muss aufregend sein, Teil von all dem zu sein«, sagte sie.

»Nein«, antwortete ich: »Nicht im Geringsten.«

Es hatte nicht den Anschein, dass sie mir glaubte.

Montag, 5. Juni
16. Etappe: Trient – S. Carerina Valfurva (205 Kilometer)
Abgesagt wegen schlechten Wetters

Welch ein glücklicher Tag. Als wir aufwachten, wurden wir Zeuge eines erneuten heftigen Regengusses. Eigentlich stand eine weitere Bergetappe auf dem Programm, bei der es über den berüchtigten Gaviapass gehen sollte. Die Stimmung am Frühstückstisch war entsprechend schwermütig. Niemand im ganzen Hotel wollte an diesem Tag Rad fahren. Wir alle wussten, was uns erwartete. Ich war mir sicher, keinen weiteren Tag voller Schnee und Schüttelfrost zu überstehen. Alles was ich wusste, war, dass ich so weit fahren würde, wie es nach rationalen Maßstäben ging. Wir zogen unsere Rennkleidung an und drängelten uns in der Kammer der *Soigneurs*, um unsere Beine und Körper mit wärmenden und schützenden Ölen einreiben zu lassen. Patrick war zu einem Meeting der Teammanager gerufen worden. Er kam zurück, als wir gerade den Massageraum verließen. Wir schauten ihn an, hoffend, aber ohne ernsthafte Erwartung. Es war mucksmäuschenstill, als er sprach.

»*Messieurs*, wegen eines Erdrutsches am Gaviapass habe ich die Freude, Ihnen mitteilen zu dürfen, dass die Etappe abgesagt wurde. Heute ist Ruhetag, ihr könnt wieder ins Bett gehen.«

Die Reaktion war ein ungezügelter, mehrstimmiger Jubelschrei. Ernste, trübsinnige Gesichter öffneten sich schlagartig zu einem breiten Grinsen. Chaubet, Forest und Biondi begannen, vor Freude auf- und abzuspringen und zu tanzen. Binnen Minuten war alles nur noch ungehemmte Blödelei. Ich war zutiefst erfreut. Wir wuschen unter der Dusche das Massageöl von unseren Beinen und verbrachten den ganzen Morgen unter der warmen Bettdecke, während draußen eisiger Regen gegen die Fenster prasselte.

Dienstag, 6. Juni
17. Etappe: Sondrio – Meda (137 Kilometer)
Etappensieger: Phil Anderson (Australien)
Rosa Trikot: Laurent Fignon

Unser Glück setzt sich fort. Da alle Straßen nach St. Caterina de Valfurva gesperrt waren, wurde der Start ein ganzes Stück weiter in

Richtung Sondrio verlegt. So verkürzte sich die Etappe auf nicht allzu anstrengende 137 Kilometer. Die andere positive Nachricht lautete, dass überraschend der irische Tifosi per Fahrrad angereist war. In Form von George O'Rourke. *Big George*, wie er in Dublins Radsportkreisen nur genannt wird, ist einer der leidenschaftlichsten Anhänger dieser Sportart. Er hatte zu Zeiten meines Vaters begonnen, Rennen zu fahren, und obwohl er in seiner Karriere vermutlich öfter ausgenommen wurde als jeder andere noch lebende Fahrer, glaube ich nicht, dass ich jemals einen leutseligeren Menschen getroffen habe. Er gesellte sich vor dem Start für einen Kaffee zu uns und unterhielt uns mit Geschichten von seiner Radtour durch die Alpen. »Mein Gott, George, bei den Bedingungen muss es ganz schön hart gewesen sein«, warf ich ein. »Das war es. Mir ging es ganz schön dreckig«, antwortete er lachend.

Mittwoch, 7. Juni
18. Etappe: Mendrisio – Monte Generoso (10,7 Kilometer Zeitfahren)
Etappensieger: Luis Herrera
Rosa Trikot: Laurent Fignon

Ein zehn Kilometer langes Bergzeitfahren. Ich fuhr zwar stark, aber ohne an die Grenzen zu gehen und wurde Fünfundvierzigster. Das war gut, denn weiter vorne hatte ich als Profi nie ein Zeitfahren beendet. Außerdem lag ich damit einen Platz vor dem amtierenden Weltmeister Maurizio Fondriest – eine weitere Geschichte, die ich später im Ohrensessel zum Besten geben kann.

Donnerstag, 8. Juni
19. Etappe: Meda – Tortona (198 Kilometer)
Etappensieger: Jesper Skibby (Dänemark)
Rosa Trikot: Laurent Fignon

Mit Ausnahme der letzten fünfzig Kilometer ein leichter Tag. Zum Schluss war es aber richtig hart. Meine Beine sind weiterhin gut, was mich für die letzte Woche einer großen Rundfahrt doch etwas überrascht. Noch zwei schwere Bergetappen und das abschließende Zeitfahren, dann ist es geschafft. Ich muss noch dreimal alles geben. Ich darf nicht einbrechen.

Freitag, 9. Juni
20. Etappe: Voghera – La Spezia (220 Kilometer)
Etappensieger: Laurent Fignon
Rosa Trikot: Laurent Fignon

Heute haben wir Chaubet verloren. Er wurde nach dem ersten Anstieg abgehängt und gab kurz darauf auf. Es treibt dich in den Wahnsinn, wenn du so viel gelitten hast wie er und dann so kurz vor dem Ziel aufgeben musst. Ich bin mir sicher: Wäre morgen eine leichtere Etappe, hätte er irgendwie durchgehalten. Doch auch morgen wird es richtig schwer. Auch ich habe heute die Anstrengungen der letzten Wochen gespürt. Die gute Form der vergangenen beiden Tage war wieder verschwunden. Gegen Ende der Etappe war ich in Schwierigkeiten. Abends übermannte mich eine tiefe Müdigkeit. Aber jetzt muss ich nur noch morgen durchhalten, dann geht es wieder nach Hause.

Samstag, 10. Juni
21. Etappe: La Spezia – Prato (216 Kilometer)
Etappensieger: Gianni Bugno (Italien)
Rosa Trikot: Laurent Fignon

Ich habe es geschafft, aber es war knapp. Nach dem ersten Anstieg ereilte mich ein Hungerast. Hätten mir nicht zwei Système-U-Fahrer, Thierry Marie und mein früherer RMO-Kollege Jean-Louis Peillon, etwas von ihrer Verpflegung gegeben, hätte ich nicht mehr weiter gewusst. Am Abend ist das Selbstbewusstsein zurückgekehrt. Es ist nur noch eine Etappe, ein Zeitfahren über 55 Kilometer. Zum ersten Mal in drei Wochen weiß ich, dass ich das Ziel erreichen werde.

Sonntag, 11. Juni
22. Etappe: Prato – Florenz (53,8 Kilometer Zeitfahren)
Etappensieger: Lech Piasecki
Girosieger: Laurent Fignon

An diesen Moment hatte ich an jedem der vergangenen einundzwanzig Tage gedacht: Der Augenblick, 300 Meter vor der Ziellinie, wenn du aufblickst und das finale Banner siehst – *Arrivo*. Ich wusste, was ich jetzt zu tun hatte. Alles war genau geplant. Als ich die Ziellinie überquerte, nahm ich beide Hände vom Lenker, warf Küsschen in Richtung des Banners und schwenkte meine geballte Faust im Triumph. Das Abenteuer war vorbei, ich hatte überlebt. Meine innere Genugtuung war enorm. Der Albtraum, die Tour von 1987 aufgegeben zu haben, war begraben, ich konnte wieder erhobenen Hauptes meinen Job machen. Ich war wieder ein Gigant der Landstraße.

21 Carnon Plage

Ein Strand. Ein warmer, sonnenüberfluteter Strand mit Aussicht aufs blaue Mittelmeer. Wind, eine kühle, prächtige Brise, die in die Wellen weht. Sand, heißer, goldener Sand, der die nackten Füße versengt.

Weit weg sind die verrückten Tifosi. Lichtjahre entfernt vom Pinkeln auf die eigenen Finger, von Nadeln in meinem Hintern, vom ohrenbetäubenden Lärm der Autohupen und vom Schweiße meines Angesichts liegt Carnon Plage. 20 Kilometer hinter Montpellier ist dies genau der richtige Ort für einen Radprofi, der gerade den Giro d'Italia gefahren ist. Eine Woche nach der Rückkehr aus Italien verbrachte ich hier mit Ann vier der vielleicht entspanntesten Tage unseres Lebens. Wir frühstückten spät – Kaffee und Croissants auf der sonnigen Terrasse unseres Apartments. Anschließend stieg ich aufs Rad, fuhr für zwei Stunden an der Küste lang und nutzte aus, dass meine Frau kein Interesse hatte, riesige Ansammlungen hübscher Mädchen zu bewundern, die ihre wundervollen Körper bräunten. Zurück im Apartment duschte ich kurz und nahm eine leichte Mahlzeit zu mir, dann gehörte unser Nachmittag dem Strand. Es war ein großartiges Gefühl, einfach nur dazusitzen und nichts zu tun. Ich schlief, las, schaute umher und dachte nach.

Ich dachte eine ganze Menge nach.

An den Abenden aßen wir auswärts, bewunderten bei Spaziergängen am Hafen die kunstvollen Segelboote und tranken Bier auf der Terrasse eines Cafés. Zum ersten Mal in meiner Karriere konnte ich ernsthaft behaupten, dass alle Dinge im Lot waren. Es war ein guter Giro gewesen: Stephen war Neunter geworden, Carlsen hatte eine Etappe gewonnen, Fagor die Mannschaftswertung, und ich war als 84.

von 198 ins Ziel gekommen. Meine Zukunft war in trockenen Tüchern. Man hatte mir zugesichert, dass ich so lange einen Platz im Team hätte, wie Stephen konkurrenzfähig blieb. Und man hatte mir gesagt, dass ich zum Team für die Tour gehören würde. Ja, alles war rosig. Doch am dritten Abend unseres Urlaubs traf ich in einer Kneipe die Entscheidung, dass ich all das nicht mehr wollte. Ich entschloss mich, meine Karriere nach der Saison zu beenden.

Seit ich das erste Mal auf ein Rennrad gestiegen war, hatte ich immer versucht, gegenüber mir selbst ehrlich zu bleiben - ein Charakterzug, den ich von meinem Vater geerbt habe. Es stimmte, dass ich einen soliden Giro gefahren war. Aber in meinen eigenen Augen hatte ich versagt. Ich war nicht in der Lage, in den Bergen an Stephens Seite zu bleiben. Ich war nicht stark genug, ihn im Flachen in den Schlepptau zu nehmen. Auf Tage, an denen ich zu echter Hilfe fähig war, folgten regelmäßig schlechte Tag. Ich hatte einen Job an Stephens Seite sicher, doch war ich ihn auch wert? Würde er mich auch in seinem Team haben wollen, wenn wir nicht befreundet wären? Ich glaube nicht.

Ich war einfach nicht gut genug, und der Giro hatte es mir vor Augen geführt. Ich hatte in der Rundfahrt alles gegeben, was in mir steckte. Ich hatte mich drei Wochen lang mit Vitaminen und Mineralstoffen aufgepäppelt. Und wofür? Um Durchschnitt zu sein! Ich wollte mir nicht für den Rest meiner Karriere Nadeln in meine Pobacken stecken lassen, nur um Rennen durchzustehen und Mittelmaß zu sein. Nicht mehr, seit ich einen Ausweg hatte - den Journalismus.

Mein Renntagebuch von der Italienrundfahrt hatte in Irland viele positive Reaktionen ausgelöst. Stephen Ryan, der Sportredakteur der *Sunday Tribune*, sagte mir, dass ich anfangen könnte, wann immer ich wollte. Doch was mich besonders zufrieden stellte: Meine Aussichten auf einen Job als Journalist beschränkten sich nicht auf die *Tribune*. Auch ein Konkurrenzblatt buhlte um meine Dienste. Ich war außer mir vor Freude. Die Zukunft sah nicht gerade düster aus. Also entschloss ich mich in einer ruhigen Bar am Ufer und nach drei

Tagen, an denen ich meine Optionen abgewägt hatte, als Radprofi aufzuhören. Ich würde die Tour bestreiten, die Saison für Fagor zu Ende fahren und dann meine Laufräder an den Nagel hängen.

Eine Woche vor dem Start der *Grande Boucle* organisierte Patrick zwei Kirmesrennen für uns in Belgien. Ich hatte eigentlich vorgehabt, den anderen noch nichts von meiner Entscheidung zu erzählen, am Saisonende aufzuhören. Aber irgendwann musste ich es ihnen ja sagen. Sie verhandelten bereits seit Monaten mit Fagor über einen neuen Vertrag, aber die Dinge entwickelten sich nicht wie erhofft. Eigentlich hätte der Vertrag schon zu Beginn des Giros unterschrieben sein sollen, dann am Ende des Giros, jetzt zum Start der Tour. Doch immer wieder fand Fagor eine neue Ausrede, um den Abschluss herauszuschieben. Wir wussten alle, worauf ihr Spiel hinauslief. Sie wollten sehen, was Stephen in der Tour zu Wege brachte, bevor sie mit ihm für ein weiteres Jahr verlängerten. Am Wochenende der Kirmesrennen in Belgien hörte Patrick von einer Möglichkeit für Stephen und sieben seiner Teamkollegen, zum kolumbianischen Team Postobon zu wechseln. Patrick erzählte mir von dem Vertragsangebot und sicherte mir zu, ich wäre im Falle des Falles einer der sieben, die Stephen mitnehmen würde. Es freute mich, dass Stephen mich immer noch in seinem Team haben wollte, aber ich fühlte mich verpflichtet, ihm und Patrick von meinem Entschluss zu berichten. Ihre erste Reaktion war der Rat, nichts zu überstürzen. Aber sobald ich ihnen von meiner Chance erzählte, Journalist zu werden, meinten beide, ich wäre ein Narr, wenn ich sie sausen ließ. Nach dem Gespräch hatte ich das Gefühl, meine Schultern wären von einer Zentnerlast befreit. Ich war nicht länger Bestandteil von Stephens Planspielen für die nächste Saison. Ich war abgesprungen. Jetzt gab es keinen Weg mehr zurück.

Die Rennen in Belgien waren eine Katastrophe. Meine Beine waren noch immer schwer von der Sonne in Carnon Plage, mein Kopf nicht richtig bei der Sache. Ich kehrte nach Grenoble zurück und bestritt ein paar schwere Trainingsausfahrten durch die Berge, um mich auf die Tour vorzubereiten. Eine dieser Ausfahrten führte mich zum Galibier. Es war, als führe ich die Linien meines Gedächtnis entlang. Ich hatte diese Steigung nicht mehr gesehen, seit ich vor zwei Jahren aus der Tour ausgestiegen war. Allein den Galibier zu erklimmen, empfand ich als seltsam. Es war, als würde ich in ein leeres Fußballstadion einlaufen. Wie in Trance fuhr ich den Berg hinauf, ließ jeden Pedaltritt meines letzten Besuchs wieder aufleben. Ich sah meinen Namen auf der Straße stehen, in allmählich ausgeblichener weißer Farbe und neben denen von Roche und Earley. Ich las all die anderen ausgeblichenen Namen. Sie erinnerten mich an einen Friedhof – die nur noch schwach lesbaren Buchstaben hatten etwas von verwitterten Grabsteinen. Würde ich meinen Namen auch in drei Wochen lesen können? Würde ich es bis hierher schaffen?

22 Der letzte Kreuzzug

Samstag, 1. Juli 1989
Prolog: Luxemburg (7,8 Kilometer Einzelzeitfahren)
Etappensieger: Erik Breukink (Niederlande)
Gelbes Trikot: Erik Breukink

Es ist ein tolles Gefühl, wieder Teil dieses Rennens zu sein. Die Tour ist im Wandel, sie wird immer moderner. Bei meinem ersten Start 1986 schwang noch *Monsieur* Lévitan das Zepter als Renndirektor. Aus den Lautsprecher dröhnte Akkordeonmusik in der Endlosschleife, um der Veranstaltung ein ganz besonderes französisches Flair zu verleihen. Das ist vorbei: Das Rennen hat sich verjüngt, überall hörst du nur noch Bon Jovi und Jean-Michel Jarre. Die Geschmacksnote des Monats heißt Paul Mc Cartney. Heute Morgen haben sie sein »*My Brave Face*« mindestens zehnmal gespielt. Ich hasse den Song.

Er dürften verdammt schwierige drei Wochen werden, und dabei meine ich nicht nur das Rennen an sich. Wir sind noch nicht einmal gestartet, und schon hat die Stimmung im Team ihren Tiefpunkt erreicht. Fagor hat Stephens Vertragsforderung für die nächste Saison immer noch nicht akzeptiert. Bei den mündlichen Verhandlungen kommen sie sich näher, eigentlich hätte alles schon vor einem Monat in trockenen Tüchern sein sollen, und doch ist noch alles beim Alten. Die anderen Fahrer haben auch noch keinen Vertrag in der Hand. So mancher macht sich allmählich Sorgen, was im nächsten Jahr wird.

Das zweite Problem ist, dass Pierre Bazzo bei dem Rennen als verantwortlicher sportlicher Leiter agieren wird. Eine von Stephens Forderungen, um für ein weiteres Jahr zu unterschreiben, lautete, dass Patrick das Tourteam leitet. Fagor hatte dem ursprünglich auch zugestimmt, doch drei Tage vor dem Start warfen sie ihre Entscheidung über den Haufen. Patrick ist zwar vor Ort, muss sich aber damit zufrieden geben, hinter Bazzo die zweite Geige zu spielen – eine Demütigung, die ihn umbringt. Auch mich kotzt es an: Ich respektiere Bazzo nicht, ich habe keinerlei Vertrauen in seine Kompetenzen als *Directeur Sportif*, und genau das weiß er auch.

Patrick nimmt die Sache richtig mit. Sie hatten ihm nicht erlaubt, beim morgendlichen Prolog das Teamfahrzeug hinter Stephen zu steuern. Zum ersten Mal seit neun Jahren konnte er seinen Freund in einem Zeitfahren nicht begleiten. Wir schauten uns Stephens Auftritt gemeinsam auf meinem Hotelzimmer an, und Patrick war so aufgeregt, dass Tränen über sein Gesicht liefen. Stephen fuhr einen schwachen Prolog. Die Mechaniker hatten ein Vorderrad montiert, dessen Reifen langsam Luft verlor. Außerdem hatten sie vergessen, seinen aerodynamischen Zeitfahrhelm mit zum Start zu bringen. Er war außer sich vor Wut. Als er ins Hotel zurückkam, lieferte er sich ein heftiges Wortduell mit Bazzo, das beinahe in einer handfesten Rauferei geendet wäre. Ich habe ihn nie zuvor so wütend gesehen.

Mein eigener Prolog war ähnlich trübselig. Diese kurzen Zeitfahren liegen mir eh nicht, eine Prise Tour-de-France-Nervosität tat ihr Übriges. Die spektakulärste Nachricht des Tages war, dass Pedro Delgado zwei Minuten und vierzig Sekunden zu spät zum Start kam. Abends habe ich zu Hause angerufen und mit meinem Bruder Christopher gesprochen. Es waren nicht gerade Komplimente, die er für meine Leistung übrig hatte: »Delgado hätte dich fast noch geschlagen.« Die sarkastische kleine Sau.

Sonntag, 2. Juli
1. Etappe: Luxemburg – Luxemburg (135,5 Kilometer)
Etappensieger: Acacio da Silva (Portugal)
2. Etappe: Luxemburg – Luxemburg (46 km Teamzeitfahren)
Etappensieger: Super U
Gelbes Trikot: Acacio da Silva

Endlich etwas Ruhm. Heute standen zwei Halbetappen auf dem Programm: morgens ein Straßenrennen über 130 Kilometer, nachmittags ein Mannschaftszeitfahren. Nach dem Zeitfahren lud mich der französische TV-Sender *Antenne 2* zu einem Auftritt in der Talkshow ein, die er täglich vom Ziel jeder Etappe überträgt. Normalerweise konzentrieren sie sich allein auf die Stars, doch in diesem Jahr haben sie eine tägliche Rubrik eingeführt, in der sie die eine oder andere kleine Leuchte im Fahrerfeld interviewen. Mein *Raison d'être* war meine allmähliche Wandlung zum Journalisten. Ich nutzte die Zeit, die sie mir gaben, um auf die Situation meines früheren Teamkollegen André hinzuweisen. Ich wollte an dem Mythos rütteln, dass Radprofis ein glamouröses Leben hatten. Ich war noch nicht einmal warm geworden, da wurde ich schon abgewürgt. Die Moralkeule scheint bei diesen Fernsehtypen nicht gerade angesagt zu sein. Hier ist eine andere Attitüde gefragt: »Rüttel bloß nicht an dem Boot herum, in dem wir alle sitzen. Hör auf, uns zum Kentern zu bringen. Erzähl uns voller Bewunderung und Ehrfurcht von den Fignons und LeMonds dieser Welt, aber kein Wort mehr. Das ist es, was die Leute hören wollen.«

Abends rief ich Ann an. Sie hatte meinen TV-Auftritt verpasst – typisch. Doch auch von der Fernsehsache abgesehen hatte ich einen schlechten Tag. Ich fuhr ziemlich armselig. Vielleicht war die Auszeit nach dem Giro zu lang. Keine Ahnung. Ich weiß nur, dass ich im Moment Probleme habe. Am Morgen fuhr ich so schlecht, dass ich mich gezwungen sah, für das nachmittägliche Mannschaftszeitfahren ein Koffeinzäpfchen einzunehmen. Vor dem Start rollten wir uns zwanzig Kilometer ein, und dabei wollte ich mir das Ding einführen. Aber das war ungünstig, weil Bazzo mit seinem Wagen direkt hinter uns herfuhr. Ich wollte nicht, dass er irgendetwas mitbekam. Er würde triumphieren, wenn er sähe, wie ich mir den Finger in den Arsch steckte. Und ich hatte keine Lust, mich ihm und seinen Sticheleien zum Fraß vorzuwerfen. Ich hielt an, gab vor, pinkeln zu müssen, und führte mir das Ding am Rande der Landstraße ein. Es war entwürdigend. Ich wusste, dass das Zeug keinen großen Unterschied machen würde. Es war lediglich eine Überlebensversicherung. Ich dopte, kein Zweifel, aber was ich nahm, war ein Taubenschiss gegenüber dem, was andere taten. Es grämte mich. Doch dies war meine letzte Tour. Ich wollte sie nicht schon am zweiten Tag aufgeben müssen.

Ich fuhr stärker als bei den Mannschaftszeitfahren im Giro, doch ich war weit davon entfernt, etwas Großartiges zu vollbringen. Am Abend bin nicht gerade stolz auf mich.

Montag, 3. Juli
3. Etappe: Luxemburg – Spa-Francorchamps (241 Kilometer)
Etappensieger: Raul Alcala (Mexiko)
Gelbes Trikot: Acacio da Silva

Die erste lange Etappe, 240 Kilometer. Die meiste Zeit hatten wir starken Gegenwind, was das Feld deutlich abbremste. Der Wind war mein Glück im Unglück, denn ich hatte wieder einen schlechten Tag. Auch Stephen hat Probleme: All die Verhandlungen und Diskussionen regen ihn auf. Die Moral des Teams sinkt weiter. Bazzo spricht von mir jetzt als »*Le Journaliste*« – mit einem höhnischen Unterton, der mich ziemlich nervt. Auch einige der Fahrer nennen mich jetzt »*Le Journaliste*«. Doch aus ihrem Mund klingt es eher wie ein Kompliment. Meine Unterhaltungen mit Bazzo beschränken sich nur noch auf »*Bonjour*« und »*Bonsoir*«. Ich überlege schon, ob ich auch das einstellen soll.

Gestern beim Zeitfahren hatten wir keine Scheibenräder. Eigentlich hätten sie schon eine Woche vor Beginn der Tour angeliefert werden sollen. Doch als wir sie dann dringend brauchten, waren sie einfach verschwunden. Unser Nachschub an Trikots und Rennhosen ist ebenfalls abhanden gekommen. Es ist das reinste Chaos.

Morgen geht es über etliche Kopfsteinpflasterstücke nach Wasquehal. Die Tour 1989 befährt zum ersten Mal französischen Boden. Ich hasse Kopfsteinpflaster.

Dienstag, 4. Juli
4. Etappe: Lüttich – Wasquehal (255 Kilometer)
Etappensieger: Jelle Nijdam (Niederlande)
Gelbes Trikot: Acacio da Silva

Heute war es grauenhaft. Abends schmerzt mein ganzer Körper vom Ritt über dieses grässliche Kopfsteinpflaster. Du hoppelst über die Landstraße, die Eier fliegen dir um die Ohren, die Hände schwellen an, die Füße schmerzen.

Die Etappe ging nicht einmal zweihundert Meter von dem Haus in Wasquehal entfernt zu Ende, in dem wir als Amateure gewohnt hatten. Wenn ich daran zurückdenke, wird mir bewusst, wie viel seitdem passiert ist. Ich bin einen weiten Weg gegangen – und immer noch unglücklich.

Mittwoch, 5. Juli
Transfer: Lille – Dinard

Der Morgen war ein einziges Durcheinander. Die Veranstalter hatten einen Flieger gechartert, der uns nach Dinard bringen sollte. Doch mit dem gab es irgendwelche Probleme, und so mussten wir den ganzen Morgen warten, bis endlich eine Ersatzmaschine bereitstand. Gegen Abend sind wir noch zwei Stunden mit dem Rad gefahren, um unsere Beine etwas zu lockern. Dann habe ich noch Zeit gefunden, meine Wäsche zu machen und an meinem nächsten Artikel zu arbeiten.

Abends habe ich dann den Jackpot geknackt: Phillipe Brunel von der *L'Équipe* rief mich an und fragte, ob er für ein Interview vorbeikommen könnte. Er tauchte auf, als wir gerade mit dem Abendessen fertig waren. Die anderen Jungs konnten es nicht glauben, dass er wegen mir da war. Die französischen Fahrer würden ihren Schwanz gegen ein Interview in der *L'Équipe* eintauschen. Ich spürte ihren Frust, als ich vom Tisch aufstand, um mich mit ihm zu unterhalten.

Brunel wusste mich ziemlich zu beeindrucken. Er war intelligent und schien seinen Job offensichtlich zu lieben. Wir unterhielten uns über meine Herkunft und mein Verhältnis zu Stephen und Sean. Ich strich meine Kommentare zu Kelly und Roche auf ein Minimum zusammen und versuchte erneut, eine Lanze für Chappuis zu brechen. Unser Gespräch dauerte bis lang in die Nacht. Er erzählte mir von seiner Leidenschaft für den Journalismus. Auch ich kam ins Schwärmen. Meine Kritik am Umgang mit Chappuis hatte ihn beeindruckt. Er sagte, er wäre nicht gnadenlos genug, um Radprofi sein zu können. Ich verstand das als Kompliment.

Donnerstag, 6. Juli
5. Etappe: Dinard – Rennes (73 Kilometer Einzelzeitfahren)
Etappensieger: Greg LeMond (USA)
Gelbes Trikot: Greg LeMond

Der erste Zeitfahrtag. Patrick bestand darauf, Stephen zu begleiten. Bazzo gab nach und fuhr das Begleitauto hinter einem der anderen. Greg LeMond gewann die Etappe, und ich konnte es nicht glauben. Vor drei Wochen hatte ich ihn noch an den Anstiegen im Giro abgehängt. Ich freute mich für ihn, denn er hatte eine schwere Zeit durchgemacht, seit er 1986 die Tour gewann. Heute schlug er mit Stil zurück. Er legte den Beweis ab, ein echter Champion zu sein.

Ich genoss die Einsamkeit des Zeitfahrens. In den vergangenen Tagen hatte es im Feld einen Sturz nach dem anderen gegeben. Schön, den Nerven einen Ruhetag zu gönnen. Dieser Paul-McCartney-Song nervt mich. Als sie ihn vor dem Start spielten, setzte er sich in meinem Kopf fest. Mein Gehirn spulte ihn immer wieder aufs Neue ab. Auf jedem Kilometer des Zeitfahrens. Es war grauenhaft.

Freitag, 7. Juli
6. Etappe: Rennes – Futuroscope (255 Kilometer)
Etappensieger: Joel Pelier (Frankreich)
Gelbes Trikot: Greg LeMond

Scheiße! Kein anderes Wort könnte diese Etappe trefflicher zusammenfassen. Ich kam mir vor wie ein Jojo. Den ganzen Tag musste ich immer wieder vom Rad und dann wieder neu in Gang kommen. Stürze, Reifenpannen – heute blieb mir nichts erspart. Die letzten fünfzig Kilometer der Etappe kroch ich wie ein Tier durch den Rinnstein. Und in der Gosse, so nah am Rand der Straße, ist es besonders gefährlich. Zwanzig Kilometer vor dem Ziel fuhr ich gegen eine Kante. Mein Vorderrad drehte sich zur Seite und begann wegzurutschen. Panik durchfuhr mich, ich fluchte lauthals. Die anderen dachten, ich wäre dem Wahnsinn anheim gefallen. Auch Clavet war in einen der vielen Stürze verwickelt und brach sich die Hand. Seine Tage in der Tour sind gezählt. Die *L'Équipe* hat das Interview immer noch nicht gebracht! Worauf warten die denn? So wie die Dinge laufen, bin ich vielleicht nicht mehr allzu lange dabei.

Samstag, 8. Juli
7. Etappe: Poitiers – Bordeaux (258,8 Kilometer)
Etappensieger: Etienne De Wilde (Belgien)
Gelbes Trikot: Greg LeMond

Heute ist der Artikel erschienen – und machte einen guten Eindruck. Dabei war ein kleines Foto von mir, wie ich im Fagor-Trikot vor meiner Schreibmaschine und einer halbfertigen Seite sitze. Viel von dem, was ich gesagt hatte, war gestrichen worden, aber die guten Passagen waren dringeblieben. Dominique Garde von Systèm U, einer der am meisten respektierten Fahrer im Peloton, sagte mir, dass er den Artikel über mich gut fand. Das freute mich. Ich fühlte mich ein bisschen wie der Lech Walesa des Fahrerfelds. Ich war der Rebell aus gutem Grund.

Doch das war das einzig Positive an diesem Tag. Die meisten der 260 Kilometer fuhren wir durch starken Regen, im Ziel hatte ich ziemlich schlechte Laute. Eine Minute, nachdem ich den Zielstrich überquert hatte, sprach mich Jim McArdle von der *Irish Times* an. Die *Sunday Tribune* hatte ihn geben, Kontakt mit mir aufzunehmen. Sie warteten dringend auf meinen Artikel. Ich konnte nicht begreifen, dass sie ihn nicht schon längst in den Händen hatten. Vor der Etappe hatte ich einem Hotelportier 25 Pfund gezahlt, um die sechs kopierten Schreibmaschinenseiten nach Irland faxen zu lassen. Hatte der Bastard die Kohle einfach eingesackt? Scheinbar. Ich tobte. Mit dem Sprint, in dem ich zum Hotel raste, hätte ich vermutlich die Etappe gewonnen. Ich sprang vom Rad und rannte zur Rezeption. Ob sie ein Faxgerät hätten? Ja, ich hatte Glück. Ich galoppierte die Treppe hoch zu meinem Zimmer und kramte das Original des Artikels raus, das ich glücklicherweise in meinem Koffer verstaut hatte. Ein weiterer Sprint zur Rezeption und ab mit dem Text ins Faxgerät. Puuuh, geschafft!

Wie eilig ich es hatte, meinen Artikel loszuschicken, führte mir eine Sache urplötzlich vor Augen: Ohne es zu merken, hatte ich mich von einem schreibenden Radprofi in einen Journalisten im Rennsattel verwandelt.

Sonntag, 9. Juli
8. Etappe: La Bastide d'Armagnac – Pau (157 Kilometer)
Etappensieger: Martin Earley (Irland)
Gelbes Trikot: Greg LeMond

Zum ersten Mal in dieser Woche fand ich einen Draht zu meinen Beinen. Ich fuhr gut, als es im Finale zur Sache ging, und schaffte es sogar zu attackieren. Zu meiner großen Freude konnte Martin die Etappe gewinnen. Drei Kilometer vor dem Ziel riss er aus und siegte im Alleingang. Ich wusste, dass er gewinnen würde. Schon eine Stunde vor dem Ziel hatte ich es Kelly prophezeit. Ich hatte es im Urin, dass er es machen würde. Als wir Pau erreichten, spitzte ich die Ohren, was der Rennkommentator Daniel Mangeas verkündete. Als ich hörte, wie er rief: »M-A-R-T-I-N E-A-R-L-E-Y«, riss ich triumphierend eine Faust in den Himmel. Ich war außer mir vor Freude für Martin, aber... Warum muss es eigentlich immer ein »Aber« geben, wenn ich etwas über Martin sage?

Ich glaube, das rührt immer noch daher, dass wir als Amateure so erbitterte Rivalen waren. Ich glaube, tief in mir drin, hatte ich immer das Gefühl, dass ich ein bisschen besser war als er. Das ist vorbei. Er hat etwas geschafft, von dem ich weiß, dass es mir nie gelingen kann. Ich bin neidisch auf ihn. Ich freue mich wirklich, dass er heute gewonnen hat, aber ich bin auch so etwas von neidisch auf diesen Erfolg. Vor zig Jahren, als wir beide noch zur Schule gingen und nachmittags mit dem Rad zum Howth Head fuhren, hatten wir davon geträumt, eines Tages eine Touretappe zu gewinnen. Heute hat er seinen Traum wahr gemacht. Er hat sich seinen Platz in den Geschichtsbüchern dieses großen Rennens gesichert.

Montag, 10. Juli
9. Etappe: Pau – Cauterets (147 Kilometer)
Etappensieger: Miguel Indurain (Spanien)
Gelbes Trikot: Greg LeMond

Alles schien rund zu laufen. Ich fühlte mich okay und freute mich ernsthaft auf die erste Bergetappe. Nach zwanzig Kilometern näherten wir uns dem ersten Pass, dem Marie-Blanque, als Stephen den Arm hob. Ich raste sofort an seine Seite. Es ist richtig aufregend, wenn du ihn nach einer Reifenpanne in den Windschatten nimmst und im Slalom durch die Begleitfahrzeuge jagst. Doch diesmal hatte er keinen Platten. Es war sein Knie, das lädierte Knie, das er sich im Winter 1984 beim Sechstagerennen von Paris verletzt hatte. Urplötzlich hatte es begonnen, furchtbar zu schmerzen. Wir riefen den Rennarzt herbei. Er zauberte Eisspray hervor, aber wir alle wussten, dass ein bisschen Aerosol nicht die Lösung war. Stephen war fertig, das Rennen war für ihn gelaufen, der *Bête noire* hatte wieder einmal zugeschlagen.

Gemeinsam mit Eddy, Stephens treuem Leutnant, blieb ich am Marie-Blanque an seiner Seite. Er hatte entsetzliche Schmerzen und fuhr nur noch mit einem Bein. Wir waren schnell distanziert, ließen aber auch noch eine Menge sich abmühender Leiber zurück – Männer mit zwei gesunden Knien. Ich fuhr rechts neben ihm, Eddy links. Ich achtete darauf, dass mein Vorderrad nie vor seinem war. Die ganze Zeit blieb ich eine halbe Radlänge zurück: Ich wollte seine Würde nicht noch mehr beleidigen. Fotografen und Fernsehteams umringten uns wie Geier, die darauf warteten, dass ihre Mahlzeit abkratzt. Alle wollten den Moment erleben, wenn der große Champion seinen Fuß auf den Boden setzt und das Rennen aufgibt. Doch diese Freude mochte Stephen ihnen nicht gönnen. Roche fuhr nach dem goldenen Gesetz, dass er niemals ein Rennen aufgeben würde. Er hielt durch bis Cauterets.

Es war immer mein Ziel gewesen, in den Bergen an Stephens Seite zu fahren. Doch nicht unter diesen Umständen. Als ich sah, welche Schmerzen er hatte, riet ich ihm, sich nicht selbst zu quälen. Tränen stiegen in seinen Augen auf, als wir die Passhöhe erreichten. Er tat mir furchtbar Leid. Hätte er auf dem Gipfel aufgegeben, wäre ich ihm sicherlich gefolgt. Doch er machte weiter. Beim zweiten Col des Tages, dem Aubisque, fuhr er stärker. Nach drei viertel des Anstiegs fiel ich zurück. Eddy blieb an seiner Seite.

Abends klopfte es dann pausenlos an seiner Zimmertür. Alle wollten ihre Story, doch die Tür blieb verschlossen. Nur Patrick, Stephen und ich waren da, um zu überlegen, wie es weiterging. Ich habe Stephen nie so am Boden zerstört gesehen. Er geht morgen nicht mehr an den Start. Patrick hat ihm den Rat gegeben, nach München zu fliegen und sich behandeln zu lassen. Ich habe keine Ahnung, wie ich das Rennen ohne ihn durchstehen soll. Mit den anderen Jungs im Team komme ich nicht gerade gut klar. Ich habe mitbekommen, wie einige von ihnen schleunigst auf Schmusekurs mit Bazzo gingen, als Stephen Probleme bekam. Ich gehe mal davon aus, dass sie sich einfach Sorgen um ihre Zukunft machen. Aber auch so werde ich niemals aufhören, mich zu wundern, wie sehr sich einige erniedrigen, nur um in diesem Job zu bleiben. Stephen hat für die nächste Saison immer noch keinen Vertrag mit Fagor unterschrieben. Und heute Abend sah Patrick, wie zwei Vertreter des Teammanagements mit Greg LeMond sprachen, dem Träger des

Gelben Trikots. Dieser Abschaum. Roche hat das Hotel noch nicht einmal verlassen, schon verhandeln sie mit potenziellen Nachfolgern.

Dienstag, 11. Juli
10. Etappe: Cauterets – Luchon (136 Kilometer)
Etappensieger: Robert Millar (Schottland)
Gelbes Trikot: Laurent Fignon (Frankreich)

Patrick wusste, was mir durch den Kopf ging. Er sah mich, wie ich am ersten Anstieg des Tages, dem legendären Tourmalet, von einer Gruppe nach der anderen überholt wurde. Er wusste, dass ich im Begriff war aufzugeben. Er fuhr neben mich und versuchte mich vom Durchzuhalten zu überzeugen. Ich schaute ihn an und dachte nach. Das Letzte, was Roche mir vor seiner Abreise nach Paris gesagt hatte, war, dass ich es bis nach Paris schaffen sollte. Patrick meinte, ich würde Stephen enttäuschen, wenn ich jetzt vom Rad stieg. Er hatte den richtigen Knopf gedrückt, sprintend machte ich mich auf die Verfolgung der Gruppe vor mir. Ich spielte mit dem Feuer. Körperlich ging es mir ziemlich gut. Aber das Zögern, ob ich das Rennen fortsetzen sollte, hatte mich schon eine Menge Zeit gekostet. Als wir uns der Bergankunft in Superbagnères näherten, wussten wir, dass es verdammt knapp würde, im Zeitlimit zu bleiben. Am Fuße des Anstiegs waren wir ungefähr dreißig. Zwölf von uns schafften es innerhalb des Limits. Ich war drei Minuten vorher im Ziel. Abends dankte ich Patrick für seine Unterstützung am Tourmalet. Ich bin froh, noch im Rennen zu sein.

Mittwoch, 12. Juli
11. Etappe: Luchon – Blagnac (154,5 Kilometer)
Etappensieger: Matthieu Hermans (Niederlande)
Gelbes Trikot: Laurent Fignon

Am Morgen berief Bazzo im Hotel ein Teammeeting ein, »um etwas Mannschaftsgeist zu entfachen«. Patrick war nicht eingeladen. Er erzählte uns, dass Fagor auch 1990 Sponsor bleiben würde und dass die Verträge unterzeichnet würden, sobald ein Kapitän für das Team gefunden wäre.

Normalerweise halte ich mich bei solchen Treffen zurück. Es braucht eine ganze Menge, um mich in Rage zu versetzen. Aber das hier war zu viel. Es brach aus mir heraus.

»Warum hat es ein solches Meeting nicht vor dem Rennen geben? Vor zwei Wochen wäre der richtige Zeitpunkt gewesen. Jetzt ist es ja wohl ein bisschen spät, um uns über Teamgeist zu unterhalten. Und was ist mit Roche als Kapitän verkehrt? Seit zwei Monaten hält uns Fagor hin. Die Verträge hätten schon beim Start des Giro unterschrieben sein sollen.«

Bazzo war alles andere als angetan von meinem Kommentar. Sofort begann er, Roche zu kritisieren. Nur zwei weitere Fahrer verteidigten Stephen: Eddy und Laurent Biondi. Ich war entsetzt.

Unten tobte ein weiterer Krieg. Patrick stritt sich mit Julien Navarro, dem Teamarzt. Am Abend vorher war Navarro vom französischen Fernsehen interviewt worden und gab als vermeintlicher Experte Auskunft über den Zustand von Stephens Knie. Er sagte, da könnte selbst die moderne Medizin nichts mehr ausrichten. Eine solche Diagnose war verwunderlich. Kam sie doch von einem Arzt, der das besagte Knie nie behandelt hatte. Patrick war außer sich vor Wut. Er empfahl Navarro, doch besser den Mund zu halten über Dinge, von denen er keine Ahnung hatte. Patrick hat ein überschäumendes Temperament. Er hat sich einmal ein paar Finger gebrochen, als er zu Stephens Verteidigung Fausthiebe austeilte. Dass er nicht auch den Teamarzt mit Schlägen eindeckte, war schon ein kleines Wunder.

Und all dies fand schon vor der anstehenden Etappe statt. Der zweite Akt wurde eröffnet, nachdem die 150 Kilometer von Blagnac nach Toulouse absolviert waren. Jetzt war es Patrick, der eine Mannschaftsbesprechung einberief. Bazzo war zwar eingeladen, tauchte aber nicht auf – was von Vorteil war, da es sonst wohl zu gewalttätigen Auseinandersetzungen gekommen wäre. Es war auch so schon schlimm genug.

Patrick wollte die Ratten ersäufen. Er verlangte, dass sich ein jeder für die nächste Saison entweder zu Stephen oder zu Fagor bekannte. Es war etwas unfair, die Fahrer vor eine solche Entscheidung zu stellen, bevor es konkrete Angebote gab. Aber das war auch der besondere Reiz, den die Aktion für Patrick hatte. Er wollte testen, wer loyal war. Biondi legte sich fest und entschied sich für Stephen. Aber Lavenu und Chaubet verbaten sich, in ein solches Kreuzverhör genommen zu werden. Schon gab es einen heftigen Streit und ein lautstarkes Rededuell. Mich selbst betraf die Auseinandersetzung nicht mehr: Ich würde eh am Saisonende aufhören. Also hielt ich den Mund. Ich schaute und hörte zu, konnte mich aber nicht festlegen, wer richtig und wer falsch lag. Es war erst einen Monat her, und dieselben Männer waren eine verschworene Einheit gewesen. In drei Wochen war aus ihnen ein zerstrittener und verbitterter Haufen geworden. Es war eine Schande.

Noch am selben Abend wurde Patrick vom Teammanagement mitgeteilt, dass er seine Sachen packen und nach Hause fahren sollte. Es schien so, dass ihnen Navarro die Pistole an die Schläfe gehalten und ein Ultimatum gesetzt hatte: »Valke oder ich«. Morgen fliegt Patrick heim nach Lille.

Donnerstag, 13. Juli
12. Etappe: Toulouse – Montpellier (242 Kilometer)
Etappensieger: Valerio Tebaldi (Italien)
Gelbes Trikot: Laurent Fignon

Als ich vor dem Start der Etappe nach Toulouse hineinfuhr, hatte ich keine Ahnung, dass dies mein letzter Tag in diesem Rennen sein würde. Lichtjahre entfernt war mir der Gedanke, dass ich heute das allerletzte Rennen meiner Karriere bestreiten würde. All das Gezänk und die Auseinandersetzungen hatten mich genervt und entmutigt. Doch ich hatte sie bereits aus meinem Kopf gestrichen. Es gab genug andere Gründe, weiterzufahren. Wenn ich aus der Tour aussteigen würde, wäre auch mein Renntagebuch für die *Sunday Tribune* vorzeitig beendet. Das Schreiben bereitete mir so viel Spaß, allein dafür machte sich das Leiden bezahlt. Ich wollte eine weitere Tour-Medaille. Die Medaille von 1986 bedeutete mir mehr als alles andere, das ich jemals gewonnen hatte.

Doch das war vergessen, als ich schon kurz nach dem Start in Schwierigkeiten kam. Ich gab das Rennen nach fünfundfünfzig Kilometern auf.

Ich bereute es nicht. Es war beinahe eine Freude, das Rennen zu verlassen. Mein Ärger, in den Besenwagen steigen zu müssen, war nichts im Vergleich zu der Scham, die mich 1987 erfüllt hatte –

Where I can't hide
My brave face
My brave my brave
My brave face

Es war immer noch mein Plan, meine Karriere bei der Nissan Classic ausklingen zu lassen, die im Oktober in Irland stattfand. Doch bald war mir klar, dass ich nie wieder ein Rennen fahren würde. Als Radsportler war ich ein gebrochener Mann. Ich hatte meinen Willen verloren. Allein an Rennen zu denken, machte mich krank. Und nach einer Woche voller Grübelei entschied ich, dass es aus war. Ich würde kein Rennen mehr bestreiten. Es würde kein dramatisches Finale geben, kein tränenreiches Winken zum Abschied in Richtung meiner »treuen Fans«. Tränenreiche Adieus waren für Helden reserviert, und ich war kein Held. Ich war ein *Domestique*, ein Mitläufer. Und denen steht kein tränenreiches Aufwiedersehen zu. Als Profis fahren sie in der Anonymität. Also hören sie auch in Anonymität auf. Ich war einer von ihnen. Adieu.

23 In die Suppe gespuckt

Das Gesetz des Schweigens: Nicht nur die Mafia hat eines, sondern auch das Peloton. Wer das Gesetz bricht, wer mit der Presse über die Dopingprobleme des Sports redet, ist fortan ein Ausgestoßener. Sie sagen, du hättest »*craché dans la soupe*«, du hättest in die Suppe gespuckt. Indem ich dieses Buch schrieb, habe ich das Gesetz des Schweigens gebrochen. Ich habe in die Suppe gespuckt, und viele Leute werden mir das verdammt übel nehmen. Es war nicht leicht. In den Monaten des Schreibens habe ich mich oft genug gefragt, ob ich das Richtige tue. Am 28. Dezember setzte mein Gewissen zu einer letzten Attacke an – direkt bevor ich dieses Kapitel schrieb. Ich klapperte gerade wie wild auf meiner Schreibmaschine herum, als das Telefon klingelte. Meine Ma' war dran.

»Schnell, Paul, schalt mal deinen Fernseher an. *Channel 4* bringt eine Zusammenfassung von der Tour, sie zeigen gerade deinen Ausstieg.«

Ich tat wie mir befohlen und schaltete gerade noch rechtzeitig ein, um zu hören, wie Phil Liggett aufgeregt keucht, als Greg LeMond im letzten Moment den Toursieg aus den Händen von Laurent Fignon entreißt. Es waren fesselnde Bilder. Es überraschte mich, welchen Enthusiasmus ich nun für ein Rennen entwickelte, das mir fünf Monate zuvor so viele Schmerzen bereitet hatte. Ich liebte den Radsport noch immer. Aber war dies wirklich derselbe Sport, den ich erlebt hatte? Auf dem Fernsehschirm war nichts Böses zu sehen. Hatte ich überhaupt das Recht, über meine ganz eigenen Erfahrungen zu schreiben? Würden meine schockierenden Geschichten nicht zu viele Träume zerstören? Den Rest des Tages war ich mehr als aufgewühlt.

Dann begann ich, darüber nachzudenken. Wenn ich mir früher die verschwitzten Gesichter der Stars im Fernsehen oder auf Fotos anschaute, hatte ich nichts als Ruhm und Ehre erkannt. Aber was sehe ich jetzt? Ich sehe weit aufgerissene Pupillen und unnatürliche Flecken. Ich achte nicht mehr darauf, was sie essen, sondern darauf, was sie schlucken. Während ich die Muskelmassen früher ehrfürchtig beklatschte, zweifele ich nun an ihrer Herkunft.

Was ist in der Zwischenzeit nur geschehen?

Inspiriert vom Ruhm, bezaubert von ihrem Mut, hatte ich alles darangesetzt, einer von ihnen zu werden. Es war ein harter Kampf, ein Ziel, dem ich meine Jugend geopfert hatte, doch ich schaffte es. Ich wurde selbst eines der glorreichen, verschwitzten Gesichter. Unglücklicherweise aber sah das gelobte Land ganz anders aus als in meinen Träumen. Es schien vielmehr, jene Welt, der ich zu entfliehen gedachte, auf seltsame Weise widerzuspiegeln. Es war hart, verflucht hart, dort zu überleben. Und es war dreckig und korrupt. Ich wollte es wieder verlassen, musste aber feststellen, dass das fast genauso schwer war, wie es zu erreichen. Ich hatte meine Jugend hergeschenkt, um ein guter Radsportler zu werden. Aber was halfen einem solche Fähigkeiten im richtigen Leben? Nein, es gab keinen Weg zurück. Also spielte ich das Spiel nach ihren Regeln. Um zu überleben, war ich gegen meinen Willen gezwungen, zu dopen. Dreimal war das der Fall. Nie wurde ich erwischt. Hätten sie mich erwischt, wäre ich fortan – wie alle Dopingsünder – als Betrüger gebrandmarkt worden. Ist das nicht lächerlich? Ein Betrüger. Jemand, der beim Spielen bescheißt. Ich habe nie betrogen. ICH WAR EIN OPFER. Ein Opfer eines korrupten Systems, das in der Praxis nichts anderes macht, als die Einnahme von Dopingmitteln zu fördern.

Es war 1983, als die FICP als Weltverband der Radprofis im Versuch, den Sport zu modernisieren, beschloss, neue Ranglisten einzuführen. Die erste war ein Ranking für die einzelnen Fahrer, das ähnlich funktionierte wie die ATP-Rangliste im Tennis. Bei jedem Rennen gab es eine Reihe von Punkten für die Ersten im Ziel, wobei die Anzahl von der Bedeutung der Veranstaltung abhing. Die zweite

Rangliste war ein Team-Ranking. Es war einfach so, dass zu viele Mannschaften an den wichtigen Rennen teilnehmen wollten und die zu großen Teilnehmerfelder diese immer gefährlicher machten. Für die Teamwertung wurden die Punkte der fünf besten Fahrer einer Mannschaft addiert. Die besten zwanzig Teams hatten dann das Recht, an allen Eintagesklassikern und großen Landesrundfahrten teilzunehmen. Die Idee war gut, ihre Folgen waren fatal. Die Sponsoren der schwächeren Teams hatten wenig Lust, ihr Geld dafür auszugeben, in der zweiten Liga zu spielen. Einige zogen sich zurück, und ihre Sportgruppen mussten aufgeben. Andere fusionierten, und plötzlich standen zahlreiche Profis auf der Straße. Besonders schwierig war die Situation für die Domestiken. Es gab keine Weltranglistenpunkte, wenn man jemand anderem erfolgreich geholfen hatte. Die sportlichen Leiter waren angehalten, Fahrer mit Weltranglistenpunkten zu verpflichten, um den Fortbestand ihrer Mannschaft zu gewährleisten. All das führte dazu, dass die Fahrer egoistischer wurden. Es dauerte nicht lange, bis sie ihre finanziellen Vorteile aus dem neuen System zogen. Je mehr Punkte du auf dem Konto hattest, desto mehr Nullen konntest du an dein Jahresgehalt hinten dranhängen. Weltranglistenpunkte waren bares Geld.

Dass all dies auch dazu beitrug, dass das System selbst die Einnahme von Dopingmitteln beförderte, wird beim Blick auf die Liste jener Rennen klar, bei denen es Punkte zu gewinnen gab. Immer wieder war in diesem Buch von gewissen Eintagesrennen in Frankreich die Rede, bei denen es keine Kontrollen gab: von den berüchtigten *Grand Prix des Chaudières*. Man schaue sich doch als beliebiges Beispiel einmal Mauleon-Moulin an. Für Außenstehende ist es ein kleines Rennen, das ein paar Absätze in der *L'Équipe* wert ist und dem Gewinner einen netten Pokal einbringt. Aber wer in Mauleon siegt, dem winken genauso viele Weltranglistenpunkte wie dem Fünften bei Paris-Roubaix, der Königin unter den Eintagesklassikern. Also weisen sportliche Leiter zu Beginn der Teambesprechung am Vorabend von Mauleon darauf hin, dass wertvolle Punkte zu gewinnen sind, um ihre Fahrer im selben Atemzug auch daran zu erinnern, dass es hier nie irgendwelche Kontrollen gibt. Was macht man da als Fahrer? Lachst du dir mit den anderen einen oder fängst du an zu weinen, weil alles so traurig ist? Gibt es irgendeine Möglichkeit, zu gewinnen? Und für all diese *GP des Chaudières* gibt es Weltranglistenpunkte. Welch ein schwachsinniges System.

Im zehnten Kapitel habe ich über meine Erlebnisse bei meiner ersten Tourteilnahme 1986 berichtet. Vor der letzten Etappe wussten wir alle, dass kein Fahrer für die Dopingkontrolle ausgelost werden würde. Nur die Ersten der Etappe und im Gesamtklassement mussten eine Probe abgeben. Immer dann, wenn es keine Zufallstests gibt, finden die Leute einen Grund, sich aufzuputschen. Eine ganze Reihe meiner Teamkollegen zögerte nicht. Es war einfach eine gängige Methode, um sicherzustellen, dass man auf den Champs Elysées stark fuhr und im Fernsehen erwähnt wurde. Publicity steigert automatisch deinen Marktwert. Auch wenn es hier nicht um Big Business geht, aber wenn der Besitzer des Sportgeschäfts in deiner Heimatstadt sieht, wie du auf den Champs Elysées dem Feld davonfährst, bietet er dir vielleicht einen kleinen Werbedeal an. Oder ein Veranstalter von Einladungsrennen macht sich ein paar Notizen und bietet dir später ein paar Verträge an. All das summiert sich. All das bringt Bares.

Im zwölften Kapitel habe ich davon erzählt, wie ich mit dem RMO-Team die Midi Libri fuhr. Vor den beiden Halbetappen des Schlusstages führte einer unserer Fahrer, Patrick Esnault. Weil zwei Rennen an einem Tag zu bestreiten waren, gab es nach der morgendlichen Halbetappe keine zufälligen Tests. Und weil die Halbetappe am Nachmittag die letzte Etappe war, wurde auch hier kein Fahrer zur Dopingkontrolle ausgelost. Das gab uns quasi grünes Licht, uns entsprechend vorzubereiten, um die Gesamtführung des Teamkollegen zu verteidigen. Vorausgesetzt, keiner von uns gewinnt die Etappe, hatten wir nichts zu verlieren (und glaubt mir, es ist ein Kinderspiel, eine Etappe nicht zu gewinnen). Esnault brachte den Sieg ordnungsgemäß nach Hause, wir alle durften uns über einen netten Batzen Preisgeld und eine Zusatzprämie vom Sponsor freuen.

1989 begann meine Saison mit zwei Rennen in Südfrankreich, bevor ich dann zu einem Rennen nach Venezuela flog. Mein guter Freund Jean-Claude Colotti verbrachte derweil die meiste Zeit der kommenden sechs Wochen damit, für RMO Rennen an der Côte d'Azur zu fahren: den Stern von Bessèges, die Mittelmeer-Rundfahrt, den Grand Prix von Cannes und die Tour du Haut Var. Alles renommierte Rennen, alle mit Weltranglistenpunkten honoriert. Aber: NICHT EINE KONTROLLE. Im März standen dann Paris–Nizza und das Critérium International auf seinem Programm. Das hieß, zehn Tage Rennen in Folge. Nur an drei Tagen wurde kontrolliert.

Ich selbst bestritt im Mai die Trophée des Grimpeurs in Chanteloup les Vignes, ein Rundstreckenrennen in der Nähe von Poitiers, nordwestlich von Paris. Grimpeurs zählt zu den *Chaudières* und wird traditionell umfassend im französischen Fernsehen übertragen. In diesem Jahr hatten die Veranstalter Probleme, einen Sponsoren zu finden. Doch mit Unterstützung des französischen Premierministers Michel Rocard, der in der Region lebt, gelang es, die notwendigen Finanzmittel aufzutreiben - unter einer Bedingung: Stephen Roche, ein weiterer Lokalmatador, musste an den Start gehen. Stephen stimmte zu, stellte aber seine eigene Bedingung. Er bestand darauf, dass es nach dem Rennen Dopingkontrollen geben müsste. Die Veranstalter willigten ein.

Am Abend vor dem Rennen hatte Patrick Valke das Team zur Mannschaftsbesprechung um einen Restauranttisch versammelt. Er wies darauf hin, dass es morgen nach dem Rennen Kontrollen geben würde, und warnte uns, kein Risiko einzugehen. Am Morgen vor dem Rennen ging Patrick dann zu einem Treffen der sportlichen Leiter. Im Anschluss daran nahm ihn die Organisatorin des Rennens diskret zur Seite. Sie hätte ein kleines Problem: Es war kein Arzt verfügbar, um die Kontrollen durchzuführen. Denn der französische Radsportverband legt fest, welche Ärzte in den einzelnen Regionen des Landes für die Tests verantwortlich sind. Patrick bekam zu hören, dass der zuständige Doktor der betreffenden Region nicht kommen konnte, weil eines seiner Kinder Kommunion feierte. Kein Witz.

Als Patrick vom Treffen der Sportdirektoren zurückkam, informierte er uns, dass keine Kontrollen anstünden. Vielleicht hätte er einfach den Mund halten sollen, aber auf eine andere Weise war es seine Pflicht, uns die Neuigkeit mitzuteilen. Die Fahrer der meisten anderen Teams würden auch wissen, was Sache war. Einige Fahrer würden etwas nehmen, und unsere Jungs wären im Nachteil. Patrick hatte einfach seine Pflicht getan, auch wenn sie ihn ankotzte. Das war unsere Herausforderung: Wir mussten nach den Regeln spielen, die sie für uns gemacht hatten.

Wir sind nicht schuldig.

Vielleicht stimmt das nicht hundertprozentig. Einer der frustrierendsten Aspekte des Ganzen ist der Unwille der Fahrer, etwas zu ändern. Zu viele haben keine Lust, das Gesetz des Schweigens zu brechen. Die Größen des Sports reden nie über dieses Thema. Und um ehrlich zu sein, ist es ihnen auch nicht zu verdenken. Was hätten sie zu gewinnen? Auch sie waren einmal jung und unschuldig. Warum sollten sie die Anerkennung, die sie sich hart erarbeitet haben, aufs Spiel setzen. Wenn sie unerlaubte Substanzen nahmen, dann nur, weil es alle anderen auch so hielten. Es ist nicht ihr Fehler. Wenn die Rennen streng kontrolliert würden, wären sie immer noch vorn. Warum sollten sie reden? Nur damit irgendein schmieriger Kommentator sie als »Betrüger« bezeichnet? Nein, niemand darf auf Bekenntnisse von Champions warten, bevor sich die Dinge grundlegend ändern. Sie wollen nicht dastehen wie hinterhältige Teufel. Ich respektiere das. Aber wofür ich kein Verständnis habe, ist die Tatsache, dass sie – was häufig der Fall ist – den schwarzen Peter weiterreichen, mit dem Finger auf andere zeigen und sich selbst als Engel verkaufen.

Am 21. November 1989 zeigte der französische Fernsehsender *TF1* eine Sondersendung über die Dopingproblematik im Sport. Zahlreiche französische Sportler waren der Einladung gefolgt, unter ihnen mit Marc Madiot auch ein Radprofi. Als früherer Sieger bei Paris-Roubaix gehört Madiot zu den Stars der französischen Radsportszene. Er weiß, was abgeht. Er hat gesehen, was ich gesehen habe. Bei seiner Zusage für die Show wusste er genau, was ihn erwartet. Er wusste, dass sie ihm ein paar Fragen stellen würden.

Den Diskussionsteilnehmern wurden im Vorhinein aufgezeichnete Erklärungen von Sportlern und Sportlerinnen vorgespielt, deren Leben die Einnahme von Dopingmitteln beinahe zerstört hätte. Didier Garcia war einer von ihnen. 1985 war Didier Profi geworden, zwei Jahre fuhr er für das alte Systèm-U-Team. Er war neunzehn, als man ihn in Mauleon–Moulin und andere *Chaudières* schickte. In Rennen, die so schnell waren, dass es ihm zunächst wie ein Wunder vorkam. Es dauerte nicht allzu lange, und er kannte die Gründe für das unglaubliche Tempo. Er stand vor der Entscheidung, es wie alle anderen zu machen oder am Ende der Saison gefeuert zu werden. Er fing an, für die *Chaudières* Amphetamine zu nehmen. Außerdem begann er mit Corticoid-Behandlungen. Jede dieser Kuren dauerte zehn Tage. In jeder Saison machte er vier. Und im Winter fuhr er Sechstagerennen. Auf der Bahn war es noch schlimmer. Er brauchte jeden Abend Amphetamine, um fahren zu können, und Valium, um nach den Rennen eine Chance zu haben, einzuschlafen. Einmal sah er um drei Uhr morgens einen Fahrer, der komplett durchdrehte: Er haute sein Hotelzimmer zu Klump, zerbrach die Toilettenschüssel und war für fünf Minuten unansprechbar. Auch auf Didier taten die Dopingmittel allmählich ihre nachhaltige Wirkung. Seine Persönlichkeit veränderte sich, seine Freunde wandten sich ab. 1987 verlängerte sein Arbeitgeber Kas den Vertrag nicht mehr. Didier stand auf der Straße. Am Anfang war es hart, und er wurde depressiv. Drei Monate lang nahm er weiterhin Amphetamine, weil er die Kicks brauchte. Mit Hilfe seiner Freundin fand er Schritt für Schritt zu einem gesunden Lebenswandel zurück. Heute arbeitet er in einem Krankenhaus und verdient 700 Pfund. Das ist zwar nur ein Drittel der Gage, die er im Rennsattel zusammenfuhr, aber er ist glücklich.

Nachdem das Interview beendet war, wanderten die Scheinwerfer über die eingeladenen Gesprächsgäste, um deren Reaktionen einzufangen. Marc Madiot wurde um einen Kommentar gebeten. Er schaute geradeaus in die Kamera.

»Nun, das ist ein typischer Kommentar von einem Fahrer, der nie etwas getaugt hat.«

Ich war außer mir vor Wut. Ich konnte mich mit allem identifizieren, was Garcia gesagt hatte. Ich war seiner Meinung. Es wäre die perfekte Gelegenheit für Madiot gewesen, um aufzustehen und zu erklären, welchen Problemen wir ausgesetzt sind, wenn die Veranstalter sich weigern, strikte Dopingkontrollen einzuführen. Er hätte berichten können, wozu das alles führte. Doch was sagte er stattdessen?

»Typischer Kommentar von einem Fahrer, der nie etwas getaugt hat.«

Danke schön, Sankt Marc, Schutzpatron des Profi-Pelotons. Ich brauche ihn gar nicht erst anzurufen, um ihn zu fragen, was er von meinem Buch hält. Ich weiß auch so genau, was er sagen würde: »Typischer Kommentar von einem Fahrer, der nie etwas getaugt hat.«

Viele meiner früheren Kollegen werden nicht gerade glücklich darüber sein, was ich geschrieben habe. Das mag insbesondere für zwei meiner französischen Teamkollegen bei Fagor gelten. Die beiden sind großartige Kerle, nur ihre Ansichten zum Thema Doping sind merkwürdig. Sie glauben an das Gesetz des Schweigens. Wann immer sich ein großer Fisch im Netz der Dopingkontrolleure verfing, sagten sie: »*Encore un sale coup pour le vélo*« – Ein weiterer dreckiger Schicksalsschlag für den Radsport. Sie lieben ihren Sport, blenden all seine Schattenseiten aus. Radsport ist ihr Leben, ihre Leidenschaft. Beide griffen, wann immer die Situation es verlangte, freizügig zu Amphetaminen. Sie verstanden es als Teil ihres Jobs.

Einer von ihnen erzählte mir einmal eine interessante Geschichte vom Pariser Sechstagerennen 1989, die seine Sicht der Dinge veranschaulicht: In der dritten Nacht tauchte ein Ärzteteam des französischen Sportministeriums an der Bahn auf. Sie hatten die Order, die zehn führenden Fahrer zu kontrollieren. Eigentlich war geplant, einen Überraschungsangriff zu landen. Doch irgendwer hatte geplaudert. Alle Fahrer wussten vorher von den Kontrollen. Alle, die getestet wurden, waren sauber. Wäre ich selbst in Paris gefahren, hätte ich mich über eine Kontrolle gefreut, die dafür sorgte, dass alle sauber fuhren. Aber mein Teamkollege war sauer.

»Ist es da noch ein Wunder, dass die Leute nicht mehr zu den Sechstagerennen kommen? Ich meine, wir kommen unmittelbar aus einer harten Straßensaison, allesamt vollkommen am Ende. Die Leute wollen Leistung sehen, eine Show. Wie sollen wir derlei bieten, wenn nur Vittel in unseren Trinkflaschen ist?«

So sehr ich es versuche, ich kann mich mit seiner Argumentation nicht anfreunden. Ich verstehe, was er meint. Und doch gelingt es mir nicht, in seinen Worten irgendetwas Rechtfertigendes zu finden. Vielleicht liebe ich das Spiel nicht so sehr wie er.

Auch andere sind der Ansicht, dass es das Fairste wäre, komplett auf Kontrollen zu verzichten: »Lasst die Jungs doch einfach nehmen, was sie wollen. Wer sich umbringen will, soll es tun. Wir sind doch alle erwachsene Männer.«

Auszeit: 3. Januar, 16 Uhr 14

Dieses Kapitel fließt mir nicht leicht aus der Feder, die Analyse all dieser Zusammenhänge fällt mir schwer. Ich sitze in Davids Büro in der Wildnis von Kinnegad im County Westmeath und tippe. Es ist ein nettes Büro, er scheint hunderte von Sportbüchern zu besitzen. Sie führen mich jedes Mal in Versuchung, sobald ich meinen Blick von dem Blatt Papier vor mir hebe. Eines habe ich gerade aus dem Regal gezogen: »*Running in the Distance*« von Jack Buckner, einem Leichtathleten. Interessanter Kerl. Weitaus berühmter als ich: 1986 hat er den Europameistertitel über 5.000 Meter gewonnen. Ich überfliege die Seiten, das Tagebuch eines Leichtathleten im Olympiajahr 1988. Hmm, scheint ganz interessant zu sein. Wir alle wissen ja was in Seoul passiert ist, oder? Sie haben Ben Johnson geschnappt. Jack sollte irgendetwas zu diesem Thema zu sagen zu haben. Aber er handelt den Skandal in einer halben Seite ab. Buckner schreibt:

»Johnsons positive Dopingprobe richtet die Scheinwerfer erneut auf die Dopingproblematik des Sports. Zweifellos wird es endlose

Diskussionen geben und zahllose Vorschläge, was getan werden sollte. Was ich am frustrierendsten finde, ist die Art und Weise, wie die Dopinggeschichte jeden einzelnen Sportler besudelt. Es wird viele hochtrabende Reden über die Unmoral des modernen Sports geben. Doch ich und tausende anderer Olympiateilnehmer kennen kaum den Unterschied zwischen anabolen Steroiden und einer Packung Smarties. Es irritiert mich zutiefst, dass der Dopingskandal, der für mich der uninteressanteste und irrelevanteste Aspekt dieser Spiele ist, die Olympiade bestimmen wird.«

Genau das ist das Problem: Jahrelang hielten viele Menschen das Thema Doping für den uninteressantesten und irrelevantesten Aspekt Olympischer Spiele und anderer großer Sportereignisse. Wenn diese Leute endlich aufwachen und sich den Realitäten des modernen Sports stellen würden, vor allem der Tatsache, dass dieser krank ist und der Hilfe bedarf, dann ließen sich vielleicht Fortschritte machen.

Wer ist Schuld an dem Schwachsinn? Wo ist das Gegenmittel gegen diesen Krebs, der unaufhörlich auffrisst, was einmal ein aufrichtiger Wettbewerb war. Nun, der erste Schritt, um diesen Krebs zu bekämpfen, ist die Einsicht, dass er überhaupt existiert. Die Verbände des Profiradsports werden nicht zugeben, dass dieser dabei ist, an Krebs zu krepieren. Sie verteidigen das System mit der ewig gleichen Litanei: »Kein anderer Sport kontrolliert seine Akteure so regelmäßig wie wir.«

Was lässt sich also machen? Wenn dieses Buch eine Aussage hat, dann die, dass die Kontrollen unzureichend sind. Sich vor der Verantwortung zu drücken, ist keine Lösung. Früher oder später müssen sie die Dose mit den Maden aufmachen und den wahren Umfang des Missbrauchs offen legen. Die Verbände müssen sich darauf vorbereiten, ihre eigene dreckige Wäsche vor den Augen der Öffentlichkeit zu waschen, wenn sie ihrem Sport wieder Anstand verleihen wollen. Wenn es bei jedem Profirennen umfassende Dopingkontrollen gäbe, wenn überall und zu jeder Zeit mit zufälligen Kontrollen zu rechnen wäre, wenn die Strafen für Dopingsünder auf ein wirklich abschreckendes Maß erhöht würden, dann, und nur dann, können wir uns zurücklehnen.

Doch im Moment scheint dieser Wandel noch Lichtjahre entfernt. Die Leute in den entscheidenden Positionen suchen zweifellos nach einer Lösung, aber nach einer, die niemandem weh tut. Nach einer, die nicht das Bild zerstört, das sich die Öffentlichkeit und das Fernsehen von dem Sport machen. Im Businessleben ist die Moral rar gesät, und der Radsport ist längst ein Geschäft. Die Medienkonzerne haben sich mit dickem Scheckheft in der Hand Einlass verschafft – dicht gefolgt von Marketing-Managern mit lukrativen Sponsorenverträgen. Heute dreht sich alles ums Geld. Wer es auf den Bildschirm schafft, ist ein gemachter Mann. Der Radsport hat sich von seinen Wurzeln befreit. Im Profisport gibt es keine Moral mehr. Der Amateursport hat schon lange aufgehört zu existieren. Geld, Geld und noch mal Geld: Fernsehsport ist Big Business. So viele Rennveranstalter stecken ihr letztes Geld in den Sport. Das Letzte, was sie sehen wollen, ist ein Dopingskandal. Doping bringt eine schlechte Presse, der Glanz wird stumpf. Und mit der schlechten Presse suchen die Sponsoren das Weite.

Die Gerüchteküche ist eine furchtbar frustrierende Informationsquelle. Tatsachen werden häufig verdreht, aber ohne Feuer gibt es keinen Rauch. Ich habe Geschichten von Korruption gehört, bei denen sich einem der Magen umdreht: von Rennveranstaltern, die den Startern grünes Licht gegeben haben, alles zu nehmen, was sie wollen; von Urinproben, die nie in den Labors angekommen sind. Für die Verantwortlichen ist die Verlockung groß, lieber zu verschleiern, als zu gestehen. Aber ohne Geständnisse wird das System weiterhin Unschuldige einsaugen und als Opfer wieder ausspucken.

Gott sei Dank sehen wir nichts von all dem im Fernsehen. Gott sei Dank hören wir nichts von den ekelhaften Geschehnissen, den dunklen Geschäften, dem Dreck. Die Stars verdienen unseren Applaus. Ihnen gebühren unsere Anfeuerungsrufe. Sie sind nicht Schuld. Sie brauchen unsere Hilfe. Soll auch ich weiterhin den Mund halten? Nein, das kann ich nicht. Denn dann würde ich machen, was sie wollen, all jene, die vom Gesetz des Schweigens profitieren. Sie hätten es lieber, wenn wir alle in Ehrfurcht dasitzen – staunend und ohne zu hinterfragen. Nun, ich habe hinterfragt. Es ist ein so wundervoller Sport...

Ob ich mein Kind ermutigen würde, selbst eine Sportkarriere anzustreben? Nein. Ich glaube nicht.

24 André

Rumilly, Sonntag, den 29. Oktober 1989. Ein knackig kalter Oktobernachmittag. Um drei hat das grelle Sonnenlicht gerade erst die letzten, weißen Reste des starken nächtlichen Frosts beseitigt. Schon bald wird es wieder dunkel, und der Frost kehrt zurück. Der Apartmentblock ist nicht ganz einfach zu finden. Ich war erst einmal hier, spät nachts. Wir waren mit seinem Auto zu einem Querfeldeinrennen gefahren, aber ich hatte nicht wirklich darauf geachtet, wo er wohnte. Heute kommt mir so rein gar nichts bekannt vor. Irgendwie hatte ich die Gegend schicker in Erinnerung. Am Tag sieht alles etwas heruntergekommener aus. In den Blicken der Kinder erkenne ich Feindseligkeit. Vielleicht geht es ihnen andersherum genauso. Das hier sind keine Apartments, sondern eher herkömmliche Wohnblocks. Aber André wohnt definitiv in einem Apartment. Nach langer Suche finden wir ein Haus, auf das die Beschreibung passt. Es hat vier Stockwerke mit jeweils sieben Wohnungen. Auf siebenundzwanzig der Türschilder steht der Familienname, nur an einer Tür hängt kein Schild. Wir klingeln, und sie öffnet sich. Innen steht André Chappuis. Er lacht sein liebenswertes, unschuldiges Lächeln, und wir schütteln uns die Hände.

Er ist vierunddreißig, allmählich lichtet sich sein Haupt. Wir haben ihn regelmäßig damit aufgezogen. Im Fernsehen lief damals ständig ein Werbespot für Käse. Affen scharten sich um einen Esszimmertisch und sangen ein Loblied auf Käse, während ihre kahlen Stellen am Kopf glänzten. Wir sangen es immer für André. Er war wenig angetan.

Er braucht neue Schuhe. Er trägt immer noch eines der Paare, das wir vor zwei Jahren von RMO bekommen haben. Seine Jeans sehen ähnlich abgetragen aus, nur seine Lederjacke ist nett. Er hat sie von seiner Schwester bekommen. Ich habe André nicht mehr gesehen, seit wir beide vor zwölf Monaten unsere Arbeitspapiere von Vallet bekommen haben. Ich war in Panik verfallen und hatte mich um meine Zukunft gesorgt, um dann durch das Angebot von Stephen gerettet zu werden. Ich habe die Tour de France gefahren, bin ausgestiegen und jetzt Journalist. Mein Gott, es muss länger her sein als ein Jahr. André ist nicht in Panik verfallen. Er wusste, was ihn erwartet: »*Que sera, sera.*« Er war plötzlich ein arbeitsloser Radprofi. Er ist es noch immer.

Den Winter hat er in Afrika verbracht. Er gehörte zu den sechs arbeitslosen Profis, die eine Einladung erhalten hatten, über den afrikanischen Kontinent zu touren und Rundrennen gegen Amateure zu bestreiten. In Rumilly gab es auch nicht viel zu tun. Also warum nicht? Er lacht, wenn er sich an das Abenteuer erinnert. Die Amateure, in der Regel unerfahrene Schwarze, waren keine ernst zu nehmenden Gegner. Ghana, Togo, Senegal, Benin, Nigeria – endlos ist die Liste der Länder, in denen er gewesen ist. Die Tingelei war ermüdend, und die verschlagenen Altprofis griffen gern mal nach ihrem Medizinbeutel und einer kleinen Spritze. Die Tricks ihres früheren Gewerbes brachten unmittelbare Linderung. Es gab kein Geld zu verdienen, aber alle Auslagen waren gedeckt. Als die Serie zu Ende war, kehrten fünf der Zugvögel nach Frankreich zurück. Nur André blieb. Er hatte sich mit dem Veranstalter angefreundet. Der war ebenfalls Exprofi und fragte ihn, ob er ihm bei der Organisation der nächsten Rennserie behilflich sein könnte. Im Sommer flog André nach Frankreich, um neue Fahrer für die afrikanische Kampagne anzuheuern. Doch bei Profirennen tauchte er nie auf. Dafür gab es keinen Grund: Nur die Verzweifelten würden nach Afrika gehen, nur jene, die ausgemustert und desillusioniert waren. Er hatte ihre Telefonnummern.

Die Wohnung ist fast leer. André ist im Begriff auszuziehen. Er glaubt, dass es wenig Sinn hat, weiterhin Miete zu zahlen, wenn er eh nie hier ist. Der Telefonanschluss ist schon gekappt, die Möbel sind verkauft. Alles was geblieben ist, sind ein Sofa und ein Schrank mit Relikten des vergangenen Ruhms, mit Pokalen und Medaillen. Seine persönlichen Habseligkeiten hat er im heruntergekommenen Haus seiner Eltern verstaut, nur ein Stück weit die Straße herauf. Er hat seine Räder und seine Ausrüstung verkauft. Behalten hat er nur einen Rahmen und ein paar Teile, die er in Afrika gebrauchen kann.

Er muss nicht zurück nach Afrika. Tefal, der bekannte Hersteller beschichteter Küchengeräte, hat seinen Hauptsitz in Rumilly. Wenn er will, kann er sofort für 500 Pfund im Monat am Fließband anfangen. Aber er will nicht. Er ist noch nicht bereit für die Fabrikarbeit. Er ist im Moment für nichts bereit. Seit einem Jahr ist er kein Radprofi mehr, doch er hat sich immer noch nicht damit abgefunden. Es ist schwer für ihn, in Rumilly zu leben. Jeder kennt ihn. Neben der örtlichen Rugbymannschaft war er das einzige berühmte Aushängeschild der Stadt. Das war in den frühen Achtzigern, als er Etappenrennen wie das Critérium International gewann. Heute, nach sieben Jahren im Profisport, in der Tour de France, an der Spitze, ist er ein Ex, eine Größe von Gestern. Er hat kein Haus, besitzt keine Grundstücke und ist nicht verheiratet. Ihm gehört noch nicht einmal ein Auto. Er liebt Autos. Er liebt es, sie zu fahren. Er hat neunzehn besessen, seit er die Schule verlassen hat. Und alles waren tolle Autos: Er ist Porsche und Alfa Romeo gefahren. Am liebsten fuhr er BMW. Zum Schluss hatte er einen 528. Er hat ihn in Marseille gekauft, und wir dachten, es wäre heiße Ware: Eines Tages, als er den Motor nachschauen lassen wollte, teilte ihm die Werkstatt mit, dass in dem Wagen kein Motor eines 528, sondern der eines 535 steckte. Jeder andere, wäre entsetzt gewesen. André nicht. Er war begeistert – mehr PS.

Als er den BMW zerschrottete, wusste ich, dass es mit ihm bergab ging. Es war am Abend vor dem Grand Prix von Wallonien 1988, in unserem letzten gemeinsamen Jahr. Er begann, beim Abendessen Whiskey zu trinken, stürzte ihn einfach so hinunter. Die anderen machten ihre Scherze. Ich versuchte, ihn zu stoppen. Ich wusste, dass irgendetwas in ihm war, das ihn auffraß. Nach dem Abendessen hatten sie die Idee, in die Stadt zu fahren, um sich die Prostituierten hinter den Schaufensterscheiben anzusehen. André nahm seinen BMW, Esnault saß auf dem Beifahrersitz, Rault und Pineau hinten. Vor dem Hotel verlief eine mehrspurige Straße, an der Auffahrt stand eine Ampel. Sie zeigte rot. Doch André dachte gar nicht daran, anzuhalten. Er trat aufs Gaspedal, und der Wagen schleuderte über die vier Fahrstreifen. Glücklicherweise kam kein anderes Fahrzeug. Die anderen Jungs konnten nicht glauben, dass er ihr Leben aufs Spiel setzen konnte. Sie schrien ihn an, endlich anzuhalten. Das tat er auch, doch gegen seinen Willen. Einen Kilometer weiter war die Schranke eines Eisenbahnübergangs geschlossen. Die beiden auf dem Rücksitz zögerten nicht eine Sekunde und stiegen schnell aus. Nur Esnault wollte den harten Mann markieren und blieb sitzen. Die Schranke ging hoch, und André trat wieder aufs Gaspedal. Anstatt in die Stadt zu fahren, entschloss er sich, aufs Land raus zu rasen. Er fuhr viel zu schnell für die schmalen Wege. In einer scharfen Rechtskurve kam er von der Straße ab. Der BMW stellte sich an einem Stapel gefällter Bäume auf und kam zum Stehen. Esnault schleuderte mit seinem Kopf gegen die Windschutzscheibe, war aber nicht ernsthaft verletzt. André schaute unter das Fahrgestell und wusste, dass er den Wagen vergessen konnte. Rault und Pineau trafen mit einem anderen Auto am Unfallort ein und überzeugten ihn, ins Hotel zurückzukehren. Am nächsten Morgen tauchte die belgische Polizei dort auf und begann, Fragen zu stellen. André gestand, dass er einen Unfall hatte. Der BMW wurde in eine Werkstatt abgeschleppt, doch er war dem Schrottplatz geweiht. Das Gelächter war groß. Auch André lachte. Doch in seinem Inneren, das wusste ich nur zu genau, da schrie er.

Er ist im Moment ziemlich niedergeschlagen. Zugeben würde er es nicht. Ich schätze einmal, das ist der Grund, warum er nach Afrika flüchtet. Auf eine Weise kann er dort die alten Tage wieder aufleben lassen: Er kann reisen und Rennen fahren. Doch mehr als alles andere kann er dort seinen Traum noch etwas länger aufrechterhalten. Er wird nicht ewig in Afrika bleiben können. Das weiß er, aber um die Zukunft hat er sich nie geschert. Afrika ist ein Ausweg. Sein Traum wird erst dann enden, wenn er einen Fuß durch das Fabriktor setzt.

Es ist furchtbar schade, dass er nie geheiratet hat. Eine Hochzeit hätte ihm vielleicht ein Verantwortungsbewusstsein verliehen, mit dem er in der Spur geblieben wäre. Er war furchtbar in ein nettes Mädchen verschossen, das in seiner Nachbarschaft wohnte. Aber er hatte sich nie getraut, den ersten Schritt zu machen.

Wir verlassen die traurige Realität des leeren Apartments und fahren nach Annecy. Dort haben wir nur wenig Zeit für einen kurzen Spaziergang um den See, bis die Dunkelheit hereinbricht. André erzählt einen Haufen lustiger Geschichten von seinen Reisen durch Afrika. Wir schwelgen lachend in Erinnerungen an die guten Zeiten, die wir zusammen bei RMO verbracht haben. Nach ein paar Bier gehen wir in einem Restaurant essen. Als wir fertig sind, fragt er den Ober nach der Rechnung. So ist er, einfach stets der Erste, der zum Portmonee greift und für andere seinen letzten Penny gibt. Aber Ann und ich haben ihn eingeladen. Er ist unser Gast, und ich bestehe darauf, zu zahlen. Er gibt nach – unter der Bedingung, dass er beim nächsten Mal zahlen darf.

Kurz darauf kommt er uns für ein Wochenende besuchen. Ich habe über ein Rugbyspiel zu berichten, also holt Ann ihn vom Bahnhof ab. Er schenkt ihr einen Strauß Blumen und einen Schokoladenkuchen. Es ist ein nettes Wochenende, aber ich bemerke, dass er sich häufig unwohl fühlt. So als würde ihm seine Haut nicht mehr genau passen. Er scheint am glücklichsten zu sein, wenn wir in die Dorfkneipe gehen. Er mag die Atmosphäre und genießt es, auf Pferderennen zu wetten, ein paar Bier zu trinken und zu rauchen. Er raucht ziemlich viel. Marlboro – »Sie sponsern die Rennen in Afrika«, erklärt er. Morgens steht er früh auf und geht allein in die Bar, um die Zeitung zu lesen und Kaffee zu trinken. Dann kommt er mit ein paar frischen Baguettes zurück, und wir frühstücken zusammen. Eine Sache geht mir an die Nieren: Ein anderer unserer gemeinsamen Teamkollegen hat mir erzählt, dass André wegen der Kicks immer noch mit Amphetaminen hantiert. Am Tag, an dem er wieder nach Hause fahren will, lade ich ihn in die Kneipe ein und frage ihn, ob es stimmt. Er lächelt und streitet ab, sich noch aufzuputschen. Er sagt, dass er seinen Vorrat weggeworfen hat und jetzt clean ist. Ich bin nicht wirklich überzeugt. Ich erzähle ihm von meinen Plänen, ein Buch zu schreiben, und worum es gehen soll. Ich sage ihm, was ich vorhabe: »*cracher dans la soupe*«. Er lacht und meint, dass ich das Richtige mache. Aber ich weiß nur zu genau, dass er selbst derlei niemals machen würde. Was ich vorhabe, bedeutet für ihn, Kollegen zu hintergehen. Er selbst würde nie einen Teamkameraden verraten. Die Tatsache, dass keiner von ihnen einen Scheißdreck um ihn gibt, tut nichts zur Sache. Ich frage ihn nach seinen Erfahrungen.

»In meinen ersten beiden Jahren bei Sem unter de Gribaldy habe ich das Zeug nie angerührt, vielleicht einmal in meinem zweiten Jahr bei einem Kriterium. Dann unterschrieb ich bei Système U. Es war die alte Système-U-Mannschaft. Dort hatte ich mit ziemlich vielen *Chaudières* zu tun und eignete mir die eine oder andere schlechte Gewohnheit an. Einmal, zweimal, dreimal, je öfter ich mich aufputschte, desto schwieriger wurde es, wieder aufzuhören. Jedes Mal wenn ich etwas nahm, notierte ich es in meinem Tagebuch. Ich musste feststellen, dass es Jahr für Jahr immer mehr wurde.«

André wurde in seiner Karriere niemals positiv getestet. Nicht einmal. Wenn es Kontrollen gab, ging er selten ein Risiko ein. Erwischt zu werden, wäre eine Schande gewesen. Das sagt einiges über die Anzahl der jährlichen Kontrollen in Frankreich.

André wollte uns eigentlich ein weiteres Wochenende besuchen, bevor er für den Winter wieder nach Afrika gehen würde. Doch er kam nicht mehr. Er rief auch nicht mehr an. Vielleicht lag es daran, dass ich das Dopingthema angesprochen hatte. Ich weiß es nicht. Ich habe ihn seitdem nicht mehr gesehen.

Mein größter Kritikpunkt an der *L'Équipe* und allen anderen französischen Radsportmedien ist, dass sie nie mit Fahrern wie André sprechen. Dass es nicht genügend Kontrollen in Frankreich gibt, ist ein Allgemeinplatz, der nur selten thematisiert wird. Die Zeitungen und Magazine wissen um das Problem, entscheiden sich aber, ihre Seiten lieber mit Porträts der Stars zu füllen – mit den aktuellen

Größen, mit Fignon, LeMond, Kelly, Roche, und mit den Größen der Vergangenheit, mit Hinault, Merckx, Anquetil. Es geht nur um die Größen. Als Philippe Brunel von der *L'Équipe* mich während der vergangenen Tour interviewte, erzählte ich ihm von Chappuis.

»Geh zu ihm hin, sprich mit ihm, und du hast einen großartigen Artikel.«

Er stimmte zu, aber das Interview kam nie zustande. Es scheint, als würden die Andrés dieser Welt nicht existieren. Viele sind wie er unter den Teppich gekehrt. Sie haben großartige Geschichten zu erzählen, doch niemand wird sie je zu hören bekommen.

Ich weiß nicht, ob ich André noch einmal wiedersehe. Wenn ich nach Frankreich komme, werde ich nach ihm Ausschau halten. Aber ich weiß nicht, ob er da sein wird. In Irland steht meine Haustür immer für ihn offen. Aber ich habe keine Ahnung, ob er kommt und anklopft. In den vier Jahren, in denen ich Teil des Pelotons war, hatte ich die Freude und häufig auch das Unbehagen, hunderte von Radprofis kennen zu lernen. Unter ihnen allen steht André allein auf weiter Flur. Keiner war so liebenswert und bescheiden wie er.

Epilog: Die Suppe verwandelt sich in Blut

Einen Monat, nachdem ich 1990 das letzte Kapitel von »*Rough Ride*« beim Verlag ablieferte, wurde der Profiradsport von einer Reihe plötzlicher und mysteriöser Todesfälle heimgesucht. Der sechsundzwanzigjährige Johannes Draaijer, im vierten Jahr Profi bei PDM, war gerade von den Eröffnungsrennen der Saison nach Hause zurückgekehrt. In Nijamerdum verstarb er am 27. Februar im Schlaf. Das Autopsieergebnis löste ein Erdbeben in der Welt des Sports aus. Sechs Monate zuvor war ein weiterer niederländischer Profi im Schlaf gestorben. Bert Oosterbosch, Weltmeister und Etappensieger bei der Tour, verschied an einem Herzinfarkt. Er war zweiunddreißig.

Es war eine sorgenvolle Zeit für alle, die ihr Geld als Teil des Pelotons verdienten – insbesondere als sich der Besorgnis erregende Trend mit dem Tod des Polen Joachim Halupczok fortsetzte, dem Amateurweltmeister von 1989. Gerüchte über ein Wundermittel namen Erythropoietin (EPO) machten die Runde. Das Zeug war neu auf dem Markt für leistungsfördernde Substanzen. Es handelte sich um ein natürlich hergestelltes Hormon, das die Produktion von roten Blutkörperchen anregt und so die aerobischen Fähigkeiten steigert. Einen faktischen Beweis, dass EPO mit irgendeinem der Todesfälle zu tun hatte, gab es nicht. Es dauerte bis zum Oktober 1997, dass die Mauer des Schweigens endlich zusammenbrach und es erste handfeste Hinweise gab. Allmählich zeichnete sich ein schockierendes Bild ab. In den sechs Jahren seit dem Tod von Johannes Draaijer war der Sport am Abgrund entlang balanciert.

Sandro Donati ist Sekretär bei der wissenschaftlichen Dopingkommission des Nationalen Olympischen Komitees von Italien. Als früherer Nationaltrainer in der Leichtathlethik hatte er sich in den achtziger Jahren ein Renommee als Anti-Doping-Kämpfer erworben: Er war gegen den Strom geschwommen und hatte gegen die Verfahren der Bluttransfusion opponiert, die Francesco Conconi als gefeierter Sportarzt des Landes propagierte. 1993 wandte Donati seine Aufmerksamkeit dem Radsport zu. Seit zwei Jahren hatte er immer wieder Geschichten über den extensiven Missbrauch von Testosteron, Wachstumshormonen (HGH) und EPO im Peloton gehört – von einem Missbrauch, der sich nicht in der Anzahl positiver Kontrollen widerspiegelte. In der Überzeugung, diese Krankheit auszurotten, begann er nachzuforschen. Um das Gesetz des Schweigens auszuhebeln, garantierte er all jenen, die bereit waren zu kooperieren, Anonymität. Es war nicht Donatis Ziel, die einzelnen Missetäter zu überführen: Er wollte das Ausmaß des Missbrauchs offen legen und so die Ineffizienz der bestehenden Tests unterstreichen. Er sprach mit einundzwanzig Fahrern und sieben Ärzten. Auch einige Teammanager sowie eine Reihe von Fahrern, die ihre Karriere aufgegeben hatten, gingen zur Beichte. Alle Interviews wurden aufgezeichnet. Jeder Mitschnitt erhielt eine Geheimnummer und ein Siegel.

Als er seine Untersuchung beendet hatte, legte Donati ein Dossier vor, das eine traurige Geschichte erzählte. Da war das Bekenntnis von Y, einem italienischen Spitzenfahrer, der erklärte, wie er nach einer Etappe im Giro dem Tod gerade so von der Schippe gesprungen war. Vor der Etappe mit einer Ladung EPO aufgeputscht, ging er abends ins Bett und schlief zwei Stunden lang. Er bemerkte nicht, dass das sauerstoffangereicherte Blut in seinen Venen sich rasch zu einer sirupartigen Masse verdickte. EPO verwandelte sich gern in einen tödlichen Cocktail. Nicht während der Rennen, wenn ein hochtouriges, durchtrainiertes Herz das Blut mit 180 Schlägen pro Minute durch den Körper pumpt. Aber als Ys Herz im Schlaf auf fünfundzwanzig Schläge pro Minute zurückschaltete, begann sein Blut zu gerinnen und die Pumpe abzuwürgen. Hätte er sich nicht das Zimmer mit einem Mannschaftskollegen geteilt, hätte man ihn mit großer Wahrscheinlichkeit am nächsten Morgen tot im Bett gefunden.

Aber Y hatte Glück. Sein Mannschaftskollege hörte, wie er um Luft rang, und schlug sofort Alarm. Als der Mannschaftsarzt auftauchte, setzte er ihm unmittelbar eine Warfarin-Injektion, um das Blut zu verdünnen. Y überlebte, um seine Geschichte zu erzählen. Andere waren nicht so glücklich.

Als Donati begann, den Tod von Joachim Halupczok (der für ein italienisches Team fuhr) zu untersuchen, hörte er davon, dass ein Pfleger, mit dem der Pole in Kontakt gestanden hatte, ein allseits bekannter EPO-Dealer war. Und dann war da der Fall von X, einem ehemaligen Weltmeister, der nur wenige Wochen, nachdem er die Besten der Welt geschlagen hatte, dem Tode nah in die Notaufnahme seines örtlichen Krankenhauses gebracht wurde. Schockiert von der Schwere der Situation – 80 Prozent der italienischen Profis griffen zu EPO – übergab Donati sein Geheimdossier im Februar 1994 dem Olympischen Komitee von Italien. »Der Missbrauch ist längst außer Kontrolle geraten«, gab er zu verstehen: »In einigen Rennen legen sie nun in Anstiegen ein Tempo hin, das sie früher im Flachen gefahren sind! Und warum? Weil die Mehrheit bis zur Halskrause mit Mist wie EPO, Wachstumshormonen und Testosteron voll gepumpt ist. Im Sinne des Sports ist es unabdinglich, sofort einzuschreiten, um dieses Problem auszumerzen.« Aber nicht alle Mitglieder des Komitees bekannten sich zu sofortigem Handlungsbedarf. Schließlich gäbe es Nebenwirkungen zu berücksichtigen... die finanziellen Folgen... die Sensationsgier, mit der sich die Presse auf das Thema stürzen würde. Donati hatte ihnen ein Dossier präsentiert, das zu heiß war, um es anzupacken. Sie gaben ihm anderthalb Jahre, um abzukühlen.

Die drei folgenden Jahre waren die bizarrsten in der Geschichte des Radsports. In Apotheken stieg die Nachfrage nach Aspirin als blutverdünnendem Wirkstoff. In den Klassikern gewannen plötzlich Außenseiter, um dann schnell wieder in der Anonymität zu versinken. In der Tour wurden ganze Teams von seltsam selektiven Bakterien befallen. Der Profiradsprt verwandelte sich in ein gefährliches Spiel. Jedes Rennen war eine neue Episode von »Akte X«. Jeder Monat brachte neue, unerwartete Wendungen:

1) Im April 1994, zwei Monate nach der Unterdrückung des Donati-Dossiers, rissen beim belgischen Eintagesklassiker Flèche Wallone mit Moreno Argentin, Giorgio Furlan und Evgeni Berzin drei Fahrer der italienischen Gewiss-Mannschaft aus, um auf den ersten drei Plätzen ins Ziel zu kommen. Einer der Journalisten, die über das Rennen berichteten, war Jean-Michel Rouet von der *L'Équipe*. In fünfzehn Jahren als Radsportberichterstatter hatte er derlei nicht erlebt: »Ich misstraute dem Resultat«, erklärte er: »Es war einfach nicht möglich, einen Klassiker auf diese Weise zu dominieren! Am nächsten Tag ging ich zum Hotel von Gewiss, um Emmanuele Bombini zu interviewen, den sportlichen Leiter. Bombini war aus geschäftlichen Gründen zurück nach Italien beordert worden, und ich war gerade dabei, wieder zu gehen, als ich sah, wie sich drei italienische Journalisten mit Michele Ferrari unterhielten, dem Teamarzt von Gewiss. Mein Italienisch ist nicht allzu gut, also bat ich meinen Fahrer, zu übersetzen. Wir hatten uns gerade hingesetzt, als das Gespräch auf das Thema EPO kam. ›Ich selbst verabreiche es nicht‹, erzählte Ferrari: ›Aber wenn andere es machen, nun... warum nicht? Es ist nicht gefährlicher als Orangensaft.‹ Ich konnte es nicht glauben! Zwei Tage später, als Ferrari entlassen worden war und die Zeitungen voll mit der Geschichte waren, hielt Hein Verbruggen als Präsident der UCI vor dem Amstel Gold Race eine Pressekonferenz ab. Er bestand darauf, dass es nur einen minimalen EPO-Missbrauch im Radsport gab, und legte Statistiken vor, die seine Theorie bestätigten. Es war so was von scheinheilig. Wir schrieben über eine Substanz, die sich nicht nachweisen ließ, und er zitierte Statistiken von Dopingkontrollen.«

2) Später im Sommer, am Morgen eines weiteren wichtigen Rennens, hatte das Peloton gerade den Startort verlassen, als in einem mobilen Toilettenhäuschen neben dem Zeltdorf Spritzen gefunden wurden. In einer Schnelluntersuchung durch die Veranstalter wurden die Schuldigen – allesamt Mitglieder eines der kleineren Teams – ausfindig gemacht und im Ziel zur Dopingkontrolle beordert. Niemand wurde bestraft. Alle Proben fielen negativ aus.

3) 1995 unternahm der französische Verband 1.235 Tests, von denen zwanzig positiv ausfielen – umgerechnet 1,61 Prozent.

4) Im April 1996, drei Wochen vor dem Start des Giro d'Italia erhielt die NAS als Antidrogen-Einheit der italienischen Polizei eine Warnung, dass in der Toskana ungewöhnlich viel EPO verkauft worden war. Sie zogen sofort eine Verbindung und begannen mit der Planung für Razzien während der Rundfahrt. Das Rennen begann am 18. Mai mit einem Prolog und zwei Etappen in Griechenland. Also wurde die erste Aktion für den 21. Mai terminiert, wenn das Rennen nach einer Fährpassage im Hafen von Brindisi wieder italienischen Boden betrat. Am Morgen des 20. Mai begingen sie jedoch einen fatalen Fehler. Unsicher über den genauen Ankunftszeitpunkt der Fähre, riefen sie beim Nationalen Olympischen Komitee von Italien an. Irgendwer steckte den Teams die Information. Am nächsten Morgen, während sich der Rest der Fahrzeuge für die kurze Fährpassage nach Brindisi sammelte, fuhren zwölf Autos unbemerkt über die nördliche Landroute nach Italien und nahmen den Umweg über Albanien, Montenegro und Kroatien in Kauf. In jedem dieser Wagen saß ein Offizieller einer anderen Mannschaft. In jedem Fahrzeug befand sich ein kleiner Kühlschrank. EPO muss bei Temperaturen zwischen zwei und acht Grad Celcius aufbewahrt werden.

5) Noch im selben Jahr übernachteten drei Journalisten bei einer der großen Landesrundfahrten zufällig in einem der Teamhotels. Um drei Uhr nachts kamen sie aus der Stadt zurück und wollten sich gerade schlafen legen, als sie bemerkten, dass eine Tür offen stand. Neugierig geworden durch merkwürdigen Lärm schauten sie in das Zimmer und sahen, wie einer der Stars des italienischen Pelotons vom Türrahmen herabhing und Dehnübungen machte. Der Fahrer sprang sofort auf den Boden und schlug die Tür zu. Wenn sich das Blut eines Menschen verdickt, sind Dehnübungen eine Möglichkeit, dem Verklumpen vorzubeugen. Nur ein Indiz, aber auch nichts, wobei man gerade die Presse als Zeugen gebrauchen könnte.

6) Bei einem Trainingslager kurz vor den Olympischen Spielen von Atlanta wurden zwei prominente Fahrer unangemeldeten Dopingkontrollen durch ihr Nationales Olympisches Komitee unterzogen. Beide wurden positiv getestet und flogen sofort aus dem Team. Weitere Strafen wurden nicht verhängt. Die UCI wurde ebenso wenig informiert wie das IOC. Die Affäre blieb in der Familie.

7) So erinnerte sich 1996 ein französischer *Directeur Sportif*: »Es gab eine Zeit, in der die Fahrer nur eine Frage hatten, bevor sie einen Vertrag unterschrieben: ›Wie viel?‹ Heute kannst du dir sicher sein, dass sie drei Fragen stellen: ›Wer ist der Teamarzt? Welchen Rechtsanwalt hat die Mannschaft?‹ Und erst dann: ›Wie viel?‹«

8) Ende Juni 1996 wurde Philippe Bouvet, der leitende Radsportkorrespondent der *L'Équipe*, von Roger Legeay angerufen, dem Teammanager der französischen Gan-Mannschaft. Legeay wollte ihm erklären, warum zwei seiner besseren Fahrer nicht für die Tour nominiert waren. Philippe Gaumont und Laurent Desbiens würden nicht fahren, gab er bekannt: Beide mussten sechsmonatige Sperren absitzen, weil sie positiv auf anabole Steroide getestet worden waren, nachdem sie im April die ersten beiden Plätze bei der Vendée-Rundfahrt belegt hatten. Bouvet hatte bisher keine offizielle Mitteilung über die positiven Dopingbefunde erhalten und war entsprechend überrascht. Aber das war noch nicht alles. Legeay erzählte ihm auch, dass er Patrick Nedelec feuern würde, den Teamarzt. Doktor Nedelec, gleichzeitig Mitglied der Medizinischen Kommission des französischen Verbands und regelmäßig in offizieller Funktion in die Tour de France involviert, hatte Gaumont und Desbiens die verbotenen Substanzen im Winter zuvor verschrieben.

9) Jacky Durand, ein ehemaliger Französischer Meister, wurde im Sommer 1996 ebenfalls wegen Steroiden erwischt. Zwar erhielt er eine halbjährige Sperre, die ihn eigentlich bis zum kommenden Jahr ausschloss, dennoch bestritt er bereits im September wieder Rennen. Erneut gab es keine offizielle Mitteilung des Verbandes, warum die Sperre verkürzt worden war. Philippe Bouvet hörte erstmals davon, als er den Namen Durand auf einer Startliste las.

10) Das spanische Once-Team fiel während der Spanienrundfahrt 1996 einer mysteriösen Attacke von Gastro-Enteritis zum Opfer. Es hatte den Anschein, dass die meisten Fahrer der Mannschaft betroffen waren. Unbehelligt von der Erkrankung blieb Alex Zülle, der Führende im Gesamtklassement. Als offizielle Begründung wurde verseuchter Milchreis angegeben. Zülle wäre der einzige Fahrer des Teams, der nicht davon gegessen hätte. Für Jean-Michel Rouet, der über das Rennen für die *L'Équipe* berichtete, klang die Erklärung bizarr: »Auf vielfältige Weise war es eine Wiederholung des PDM-Skandals von 1991. Andere Teams, die im selben Hotel wie Once übernachteten und dasselbe Essen hatten, waren nicht krank. Auch die Symptome waren seltsam: Mit Gastro-Enteritis rennst du Tag und Nacht nur zur Toilette. Was immer sie nachts gemacht haben mögen, tagsüber schienen sie dieses Bedürfnis auf jeden Fall nicht zu haben. Wir schrieben, dass das nicht normal sei. Wir haben nichts von EPO oder dergleichen geschrieben, nur, dass es nicht normal war. Sofort wurden wir für den Rest des Rennens von Jalabert und Saiz boykottiert.«

Auf diese Weise ging es endlos weiter. Angst hatte das Peloton gepackt. Misstrauen an allen Ecken und Enden. Zynismus regierte. Je mehr die Journalisten fragten, desto mehr blockten die Offiziellen ab. Rouet und Bouvet hatten genug gesehen. Gerüchte machten die Runde, dass sie mit einer Untersuchung begonnen hatten, die den Sport in seinen Grundfesten erschüttern würde. Als der Winter nahte, machte sich das Gefühl breit, dass etwas geschehen musste. Am 23. Oktober passierte es. In einem offenen Brief, der in der *L'Équipe* abgedruckt wurde, äußerten Daniel Baal als Präsident des Französischen Radsportverbandes, Roger Legeay als Präsident der Französischen Profivereinigung und Jean-Marie Leblanc als Direktor der Tour de France ihre Sorge, dass der Kampf gegen Doping verloren war. Der Brief war an den französischen Sportminister Guy Drut und Hein Verbruggen, den Präsidenten der UCI, adressiert. Er forderte das IOC sowie diverse staatliche Behörden und internationale Verbände auf, »in wissenschaftliche Forschung zu investieren«, die dem System der Dopingkontrollen seine Glaubwürdigkeit zurückgeben könnte: »Wenn feststeht, dass Bluttests ein effektiveres Mittel des Nachweises sind, müssen wir die Gesetzgebung sofort ändern. Wir müssen die Entwicklung verbotener Praktiken stoppen, welche die Gesundheit von Sportlern riskieren und den Sport in Misskredit bringen«. Darüber hinaus betonte der Brief den Bedarf, »die Forschung zum Gebrauch von Corticoiden und Testosteronen trotz der auf diesem Gebiet auftretenden Schwierigkeiten fortzusetzen und den Kampf gegen den anhaltenden Einsatz von anabolen Steroiden außerhalb der Wetttbewerbssaison zu verstärken.«

Dass die drei mächtigsten Männer zu dem bisher stets tabuisierten Thema öffentlich Stellung bezogen, räumte die letzten Zweifel an der Schwere der Situation aus. Der Brief war, wie Philippe Bouvet in derselben Ausgabe der *L'Équipe* bemerkte, ein »*Cri d'Alarme*«: »Sicherlich mussten wir nicht bis zum Herbst 1996 warten, um zu bemerken, dass es ein Dopingproblem gibt. Oder dass dieses Problem auch in anderen Sportarten existiert. Aber im Radsport ist es nun einmal sehr relevant. Gibt es Beweise? Nein, außer den ein oder zwei Fahrern, die hin und wieder ertappt werden (und man wundert sich manchmal selbst, wie das passiert), gibt es keinerlei Beleg. Aber wir sollten uns nicht selbst betrügen und uns einreden, dass wir kein Problem hätten.«

Nachdem die Mächtigen gesprochen hatten, dauerte es nicht lange, bis die Mauer des Schweigens zu bröckeln begann:

– Am 25. Oktober, also zwei Tage nach Veröffentlichung des Briefes, bestätigte Flavio Alessandri als früherer Arzt der italienischen Nationalmannschaft gegenüber der *Gazzetta dello Sport*, dass er ein paar Jahre zuvor gemeinsam mit Sandro Donati vom Nationalen Olympischen Komitee an einer Untersuchung des Dopingmissbrauchs im Radsports gearbeitet habe, die nie das Licht der Öffentlichkeit gesehen hätte. Als der Journalist daraufhin Mario Pescante anrief, den Präsidenten des Olympischen Komitees von Italien, stritt dieser die Geschichte ab.

– Am 26. Oktober gab der prominente Politiker Walter Veltroni bekannt, dass er sofort Nachforschungen bezüglich des fehlenden Dossiers anstellen würde.

– Am 28. Oktober erklärte Pescanter, dass er das Dossier gefunden hätte. Dieses wäre aber zu »verallgemeinernd«, um für die Öffentlichkeit von Wert zu sein.

– Am 29. Oktober wurde das Dossier der Untersuchungsbehörde übergeben.

– Am 30. Oktober wurde der gesamte Inhalt des Dossiers für die Öffentlichkeit freigegeben.

– Am 8. November, einen Tag vor der Präsentation des nächstjährigen Giro d'Italia, forderte eine Delegation italienischer Profis mit den früheren Weltmeistern Gianni Bugno und Maurizio Fondriest an der Spitze die Einführung allgemeiner Bluttests mit Beginn der Saison 1997.

Die *L'Équipe* veröffentlichte ihre Untersuchung »*Le Terrible Dossier*« im Januar 1997. Auf vier Ausgaben verteilt erzählte der Artikel zunächst die Geschichte hinter der Unterdrückung des Donati-Dossiers, um sich dann auf die Situation in Frankreich zu konzentrieren. In der zweiten Folge kamen zwei Ärzte zu Wort, in der dritten zwei Fahrer. Jean-Michel Rouet betont: »Als wir anfingen, trafen wir auf die übliche Mauer: ›Ah, ihr wollt also wieder anfangen, in der Scheiße rumzurühren. Warum sucht ihr euch immer uns aus?‹ Wir traten mit zahlreichen Fahrern in Kontakt: mit solchen, die noch fuhren, und mit anderen, die ihre Karriere beendet hatten. Für mich hätte das Ganze keinen Wert gehabt, wenn wir ihre Namen anonymisieren würden. Wir hatten uns ausgerechnet, dass Gilles Delion reden könnte. Während seiner Karriere hatte er es immer abgelehnt, in Doping verwickelt zu werden. Er hatte stets mit Bitterkeit über das Thema gesprochen. Und dann entdeckte ich etwas, das Nicolas Aubier in einer der Tageszeitungen aus der Bretagne gesagt hatte, und dachte, dass auch er vielleicht mitmachen würde.«

Das Interview mit Nicolas Aubier erschien in der *L'Équipe* vom 16. Januar. Pierre Ballester stellte die Fragen.

Nicolas, Sie sind fünfundzwanzig Jahre alt, seit vier Jahren Profi und haben sich jetzt entschlossen aufzuhören. Warum?

Wegen der Atmosphäre, die diesen Sport regiert. Radprofi zu sein, ist ein fantastischer Beruf, der aber immer unnatürlicher geworden ist. Teuflisch.

Ohne die Pferde scheu machen zu wollen, Sie sprechen von Doping?

Ja, Doping. Es war nicht möglich, so weiterzumachen. Mit einer oder zwei Ausnahmen kannst du nicht konkurrenzfähig sein, ohne zu diesen Mitteln zu greifen.

Wie haben Sie das Problem in Angriff genommen?

Als ich zu Beginn der letzten Saison meinen Vertrag unterschrieb, riet mir jemand aus dem Team, und zwar keiner der Ärzte, dass es Zeit wäre, mich selbst zu behandeln. Bis dahin war ich drei Jahre für ein anderes Team gefahren. Und während ich zwar hin und wieder etwas gespritzt hatte, schlug mir dieser Typ jetzt etwas vor, das weitaus ernster war. Er meinte, ich sollte eine EPO-Behandlung machen. Die Kur bestand aus sieben Ampullen mit Eprex 4000, die ich mir über den Zeitraum von einem Monat verteilt in Form subkutaner Injektionen verabreichen sollte. Gleichzeitig sollte ich viel Aspirin einnehmen, damit mein Blut flüssig blieb. Ich lehnte ab. Mein Start in die Saison war schlecht. Ich fing mir eine Zahnentzündung ein und als ich bei Paris–Nizza aussteigen musste, bot mir dieselbe Person eine Injektion mit einem Medikament aus Aminosäuren an, das er aus Italien besorgt hatte und das die Regeneration fördern würde. Ich wollte es nicht nehmen, aber... nun, bei mir lief es nicht gut. Ich fühlte die Pistole auf meiner Schläfe, und so gab ich wie viele andere nach. In Etappenrennen bestand die Dosis aus jeweils einer nächtlich verabreichten Tablette und Spritze. Aber weil ich völlig am Ende war, akzeptierte ich zwei Tabletten. Während einiger der früheren Rennen hatte ich fünfzig Kilometer vor dem Ziel zu Persantin gegriffen, einem Herzvasodilatator. Doch als ich meinem Arzt am nächsten Tag davon erzählte, riet er mir dringendst, die Finger davon zu lassen, also hörte ich damit auf... Was diese Person betraf, war ich fortan auf die Ersatzbank verbannt. So läuft es, entweder du fügst dich dem System oder sie stoßen dir vor den Schädel.

Und fügen sich viele der Fahrer?

Ja. Viele. Um ehrlich zu sein, glaube ich nicht, dass man es ohne EPO, Wachstumshormone oder Ähnlichem in die Top 100 der Weltrangliste schafft... nun, nein, ganz stimmt das nicht. Es gibt Chris Boardman. Während meiner beiden ersten Profijahre habe ich häufig das Zimmer mit ihm geteilt, aber nie gesehen, wie er sich eine Injektion setzte. Ich weiß immer noch nicht, wie er es geschafft hat, konkurrenzfähig zu bleiben. Er hatte seinen eigenen Arzt in Liverpool und blieb bei dem, was er kannte. Vermutlich ist das einer der Gründe, warum er seine Ziele in der Tour de France nie erreicht hat. Aber um ehrlich zu sein, es sind nicht die Fahrer, die schuld sind, es ist das System...

Wie haben Sie das herausgefunden?

Das ist einfach. So wie ich es verstehe, begann alles Ende der achtziger Jahre in Italien. Die Italiener haben alles gewonnen, die Rennen beherrscht. Sie hatten eine magische Formel entdeckt, etwas, dass sich nicht nachweisen ließ. Die Franzosen wollten nur gleichziehen. Allmählich haben wir uns auf die Sache eingelassen. Wenn wir mit ihnen mithalten wollten, brauchten wir dieselben Waffen.

Erzählen Sie mir von Ihren ersten Erfahrungen.

Meine Beförderung ins Profipeloton ging ziemlich schnell. Mit neunzehn stieg ich von einem Amateuer der dritten Kategorie zum Amateur der ersten Kategorie auf und fuhr für die Mannschaft Bataillon de Joinville. Ende 1992 unterschrieb ich dann meinen ersten Profivertrag. In meiner ersten Saison griff ich ausschließlich zu oral einzunehmenden Multivitaminpräparaten wie Supadyne und Tardiferon. Kein *Soigneur* oder *Directeur Sportif* schlug mir vor, mit Doping zu beginnen. Solche Sachen kamen sicherlich vor, aber es war die Entscheidung jedes einzelnen Fahrers, ob er mitzog oder nicht. Am Ende meiner zweiten Saison nahm ich erstmals verbotene Substanzen - ein Medikament, das zur Behandlung von Allergien und Asthma eingesetzt wird. Ich drei Jahren machte ich zweimal eine fünfzehntätige Behandlung mit Corticoiden. Dann gewann ich 1995 die Rundfahrt Poitou-Charentes, ein fünftägiges Etappenrennen. Um ehrlich zu sein, habe ich keine Ahnung, wie ich gewonnen habe. Ich hatte nichts genommen, nur ein Vitaminpräparat und eine Koffeintablette fünfzig Kilometer vor dem Ziel. Und selbst wenn es zwei gewesen wären, hätte ich kein Problem bei der Dopingkontrolle gehabt. Das änderte aber nichts daran, dass ich Angst hatte.

Die Fahrer wissen also genau, was sie tun?

Natürlich wissen sie das. Der Anstoß kommt nie vom Teamarzt oder dem Typen, der das Zeug verkauft. Den ersten Schritt machen immer die Fahrer. Das Furchtbare ist, dass der Missbrauch von Dopingmitteln schon so weit verbreitet ist, dass die Fahrer als abnormal gelten, die nichts nehmen. Man sollte sich nur einmal morgens im Hotel das Wettrennen um Eiswürfel ansehen... es ist verrückt. Wer EPO nimmt, muss sich alle zwei Tage spritzen. Und dieses Zeug muss bei der passenden Temperatur gelagert werden. Man muss sich nur auf den Flur stellen und zusehen, schon hat man eine Ahnung, wer es benutzt.

Und niemand sagt etwas?

Aber warum sollten sie? Jeder profitiert von dem System. Die Fahrer steigern ihre Leistung. Die Teams werden konkurrenzfähiger und in der Folge attraktiver für Sponsoren. Selbst ihr Medienleute... Es geht euch immer nur um Gewinner. Alle wissen genau, was abgeht. Keiner sagt ein Wort.

Sie selbst haben also nie zu EPO oder Wachstumshormonen gegriffen?

Nein, ich bin von Haus aus Kartesianist: Ich möchte wissen, wie etwas funktioniert und wohin es mich führt. Bei dem Zeug weiß das niemand. Ich ziehe es vor, aufzuhören.

Und wie beschafft man sich das Zeug – in Frankreich ist es nicht erhältlich?

Von Dealern. Das kann ein Mannschaftskollege sein oder ein Pfleger. Sie verkaufen es weiter und kassieren eine Provision. Sie beschaffen sich das Zeug in Belgien, Holland oder der Schweiz. Diese Typen profitieren also von dem System, ebenso die Labore. Man kann das Zeug selbst über das Internet bestellen.

Ist das Thema ein Tabu? Unterhalten sich die Fahrer untereinander darüber?

Auf jeden Fall, aber mit Hohn. Im Peloton geistert es als Witzelei herum, mit der die Fahrer ihre Angst verbergen. Ich bin mir sicher, dass viele Fahrer in einem ernsthaften Gespräch unter vier Augen zugeben würden, dass sie sich Sorgen machen und sich fragen, wohin das alles noch führen soll.

Was halten Sie davon, dass die Italiener unlängst die Einführung von Bluttests gefordert haben?

Das bringt mich zum Lachen. Sie waren es, die es als Erste eingeführt haben. Und nun wollen sie es ausrotten? Nun, wenn sie das tun, dann offensichtlich, weil sie mittlerweile etwas noch Raffinierteres gefunden haben. Aber wo ich das sage, muss ich auch anmerken, dass die Einführung von Bluttests eine gute Sache ist. Jemand hat mir erzählt, dass sich EPO auch im Urin nachweisen ließe – aber nur wenn du eine Probe von einem halben Liter hast! Es macht keinen Sinn, jetzt anzufangen zu träumen, dass sie ein Mittel finden, um die Bombe zu entschärfen. Aber Bluttests wären auf jeden Fall abschreckend. Die internationalen Verbände sollten nur verstehen, dass man nicht einen Panzer mit einem Taschenmesser angreifen kann. Denn wir stecken wirklich ernsthaft in der Scheiße. Es ist eine Sache, Amphetamine in Kriterien zu schlucken, bei denen es keine Kontrollen gibt. Aber EPO und Wachstumshormone sind ein weitaus gefährlicheres Spiel. Eine der größten Enttäuschungen, die ich aus meiner Karriere mitnehmen werde, ist die abwartende Haltung der Offiziellen. Warum unternehmen sie nichts? Warum haben sie nicht jeden erdenklichen Versuch unternommen, diesen Krebs auszurotten? Es scheint so, als wären die Fahrer reine Wegwerfprodukte. Roll' sie hinein für die Show und dann rangier' sie aus. Es wird Zeit, dieses Gemetzel zu beenden.

Am Tag, nachdem das Interview erschien, wurde der Präsident der UCI über die Pläne zur Einführung von Bluttests in der Saison 1997 befragt. Hein Verbruggen hatte einige bemerkenswerte Beobachtungen über die Berichterstattung in der *L'Équipe* gemacht: »Ich werde sie vermutlich enttäuschen«, informierte er Philippe Bouvet: »Aber die Berichte von Fahrern wie Delion oder Obree [Anm.: Der frühere schottische Weltmeister hatte der *L'Équipe* am 19. Oktober mitgeteilt, dass er seine Karriere beenden würde, weil er keine Chance sah gegen Fahrer, die EPO benutzen.] haben mich nicht beeindruckt, nicht im Geringsten. Wir haben es hier mit Leuten zu tun, die am Ende ihrer Karriere stehen und nicht länger mithalten können. Ich empfand es als feige, ein anderes Wort kann ich dafür nicht finden.« Aber Bouvet hielt dagegen: »Im Gegenteil, *Mister President*, es gibt Gründe zu der Annahme, dass es Feigheit ist, sich jahrelang hinter Statistiken zu verstecken, die nicht die Realität widerspiegeln.«

Bluttests wurden 1997 eingeführt. Ein kleiner Schritt für die (sportive) Menschheit. Wenn sich die Presse raushält, wird die Verschleierung der Skandale weitergehen. Es gibt noch viel zu tun.

P.S.: Es steht alles bereits geschrieben

Es war ein perfekter, sonniger Morgen. Ich stieg aus meinem Auto und folgte der Stimme des Rennkommentators zum Podium mit der Einschreibkontrolle. Als ich die ersten Fahrer sah und mir der Geruch des Massageöls in die Nase stieg, erhöhte sich schlagartig meine Pulsfrequenz. Es war der erste Sonntag im Oktober in einem Dorf names St. Arnoult-en-Yvelines, und ich war nicht aus Dublin angereist, um über Paris–Tours zu berichten, den vorletzten Eintagesklassiker der Saison. Ich war auf der Suche nach André Chappuis. Acht Jahre waren vergangen, seit wir uns das letzte Mal gesehen hatten. Dann war er aufgebrochen, um ein neues Leben in Afrika zu beginnen. Und ich hatte Frankreich verlassen, um ein neues Leben in meiner Heimat zu beginnen. Wenn die Dinge nach dem Erscheinen von »*Rough Ride*« anders gelaufen wären, hätte ich vielleicht mein Versprechen eingelöst, in Kontakt zu bleiben. Aber die Reaktionen von Roche, Colotti und Claveyrolat hatten mein Verständnis von Freundschaft erschüttert. Ich hoffte, dass André mich immer noch schätzen würde. Doch ich hatte Angst, die Wahrheit herauszufinden.

Als ich meinen Weg durch die wartenden Zuschauermassen bahnte, war ich überrascht, dass sich die meisten der Offiziellen in ihren zackigen blauen Blazern an mein Gesicht erinnerten. Aber dann bemerkte ich, dass ich mich auch an die meisten ihrer Gesichter erinnern konnte. Da standen Eric Caritoux, der einmal die Spanienrundfahrt gewonnen hatte, und Charly Mottet, ein *Ancien Maillot Jaune* der Tour de France. Da waren Maurice LeGuilloux, früher einer von Hinaults loyalsten Leutnants, und Frank Pineau, einer meiner ehemaligen Teamkollegen. Ich murmelte höfliche

Begrüßungen in Richtung jener, die selbst höflich waren, und es wurde mir bewusst, dass je mehr Dinge sich in diesem Sport ändern, desto mehr bleibt doch alles beim Alten. Wir alle sind Brüder in derselben Familie. Jene, die das Gesetz des Schweigens brechen, mögen verschmäht werden. Doch endgültig ausgeschlossen werden auch sie nicht. In jeder Familie gibt es schwarze Schafe.

Nach einer halben Stunde des Suchens gab es immer noch kein Anzeichen von André. Guy Roger von der *L'Équipe* bestätigte mir, dass er definitiv bei diesem Rennen arbeitete, wusste aber auch nicht, in welcher Funktion. Die meisten Exprofis waren angeheuert worden, um Sponsoren und Ehrengäste zu chauffieren. Ich gab den Gedanken, auch André könnte sich auf diese Weise verdingen, sofort wieder auf. Das Autofahren würde ihm sicherlich gefallen. Aber all der andere Bullshit, den dieser Job mit sich brachte, wäre einfach nicht nach seinem Geschmack. Ich hatte mich schon damit abgefunden, dass Guy sich irrte, fuhr dem Rennen voraus nach Tours und sah, wie der Russe Andrei Tchmil im Sprint gegen Max Sciandri gewann.

Eine halbe Stunde nach der Siegerzeremonie war ich auf dem Weg zum Auto, als plötzlich André gemeinsam mit einem Freund hinter den Absperrgittern am Ziel auftauchte.

»*Du Dieu!* Guter Gott!«, sagte er mit einem Grinsen, als wir uns umarmten: »Was machst du hier?«

»Ich bin nur hier, um über das Rennen zu berichten«, log ich: »Du siehst gut aus? Wie ist es dir ergangen?«

Sein Gesicht sah jünger aus, als ich erwartet hatte. Sein Haar war länger als in seinen Zeiten als Fahrer. Während er sich eine Marlboro anzündete, erklärte er, dass sie am Freitagabend von Paris herübergefahren sind, um das Ziel für die Ankunft des Rennens vorzubereiten. Die Société du Tour, die neben der Tour de France auch Paris-Tours und eine Reihe weiterer Eintagesklassiker organisiert, hatte ihm zuletzt ordentlich zu tun gegeben. Er ging aber davon aus, dass es im Winter wieder etwas ruhiger würde. Ich fragte ihn, ob er ein Bier mit mir trinken wollte, aber er war zu sehr eingespannt. Wir verabredeten uns zum Abendessen.

Als wir später zusammen am Tisch saßen, gab es so viel, was ich mit ihm besprechen wollte: seine Zeit in Afrika...seine Hochzeit und die Geburt seines Sohnes...seine Rückkehr nach Rumilly...seine Probleme, Arbeit zu finden...was er von meinem Buch hielt. Ich war mir sicher, dass er wusste, was ich über ihn geschrieben hatte - auch, wenn »*Rough Ride*« nie in Frankreich erschienen ist. Aber je länger der Abend wurde, desto weniger war ich geneigt, ihn zu fragen. Drei seiner Kollegen hatten sich zum Abendessen zu uns gesellt, und er schien sich wohler zu fühlen, über das Heute denn über die Vergangenheit zu sprechen. Also lehnte ich mich zurück, hörte den Geschichten über ihre Abenteuer auf der Landstraße zu, und betrachtete, wie er sich eine weitere Marlboro anzündete.

»Dede, du solltest nicht so viel rauchen.«

»Paul«, antwortete er: »Das Datum, der Tag, es steht alles schon geschrieben. Wir können nichts mehr ändern.«

Wir sahen einander an und lächelten.

EBENFALLS BEI COVADONGA ERSCHIENEN:

Paul Kimmage: Tour de Farce

Im Juli 2006 kehrt Paul Kimmage zurück zur Tour de France. Als Kolumnist der angesehenen *Sunday Times* erlebt, schildert und hinterfragt er ein in jeder Hinsicht bemerkenswertes und skandalöses Radrennen. Ob er sich mit Funktionären, Reporterkollegen oder offiziell rehabilitierten Dopingsündern anlegt: Paul Kimmage lässt nicht eine Sekunde einen Zweifel daran, dass er zwar die Tour weiterhin innig liebt, aber all jene verabscheut, die dieses Rennen zerstört haben.

Eine reich bebilderte Erinnerung an die vielleicht bizarrste Frankreich-Rundfahrt der Geschichte. Ein heißblütiges Tour-Tagebuch. Eine zornige, persönliche Kampfschrift gegen die Bigotterie des modernen Profisports.

Peter Winnen: Post aus Alpe d'Huez

Eine Radsportkarriere in Briefen.

»Selten wurde von einem Sportler selbst so eindrücklich der körperliche Extremismus beschrieben wie in diesen tagebuchähnlichen Skizzen über die Bergetappen.« (Süddeutsche Zeitung)

Daniel Coyle: Armstrongs Kreuzzug

Ein Jahr auf dem Planeten Lance.

Andreas Beune: Did Not Finish

Der Radsport und seine Opfer. 20 früh verstorbene Rennfahrer im Porträt.

Graeme Obree: Flying Scotsman

Ein Rennfahrerleben zwischen Fabelrekorden und Selbsthass.

Verfilmt mit Johnny Lee Miller und Billy Boyd.

Bob Roll: Bobkes Welt

Tagebücher des Radsport-Bukowski. Bizarr, komisch, turbulent.

Benjo Maso: Wir alle waren Götter

Die berühmte Tour de France 1948. Brillant recherchiert.